Gabriele Michel

Armin Mueller-Stahl
DIE BIOGRAPHIE

 aufbau taschenbuch

Armin Mueller-Stahl, geboren 1930, avancierte seit 1952 mit unzähligen Theater- und Filmrollen zu den bekanntesten und beliebtesten Schauspielern der DDR. Ab 1980 setzte er seine Karriere nicht nur in Westdeutschland, wo er u. a. mit Rainer Werner Fassbinder drehte, sondern auch international erfolgreich fort. 1989 gelang ihm mit »Music Box« unter der Regie von Constantin Costa-Gavras in Hollywood der Durchbruch. Für seine Nebenrolle in »Shine« wurde er 1997 für den Oscar nominiert. 2001 kehrte er in der Rolle Thomas Manns in Heinrich Breloers Familiensaga »Die Manns. Ein Jahrhundertroman« auf deutsche Bildschirme zurück. Seit langem ist Armin Mueller-Stahl auch als Erzähler bekannt. 1981 erschien sein Roman »Verordneter Sonntag«, es folgten u. a. »Drehtage« (1991), »Unterwegs nach Hause« (Erinnerungen, 1997), »In Gedanken an Marie-Louise. Eine Liebesgeschichte« (1998). 2004 erschien im Aufbau Verlag seine Erzählung »Hannah« sowie 2006 »Kettenkarussell«.

Gabriele Michel schloss ihr Studium der Germanistik und Romanistik mit Promotion ab und unterrichtete von 1980 bis 1993 an der Albert-Ludwigs-Universität in Freiburg. Seit 1993 ist sie als freie Journalistin tätig.

Gabriele Michel

Armin Mueller-Stahl

DIE BIOGRAPHIE

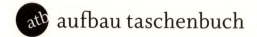 aufbau taschenbuch

Mit 46 Abbildungen

ISBN 978-3-7466-2659-8

Aufbau Taschenbuch ist eine Marke
der Aufbau Verlag GmbH & Co. KG

1. Auflage 2010
© Aufbau Verlag GmbH & Co. KG, Berlin 2010
Umschlaggestaltung capa, Anke Fesel
unter Verwendung © Mathias Bothor/photoselection
Satz LVD GmbH, Berlin
Druck und Binden CPI – Clausen & Bosse, Leck
Printed in Germany

www.aufbau-verlag.de

Für Arved und Veza,
Egon und Jan

Inhalt

Trailer	11
Hautnah	17
1 Wege übers Land	22
2 Der erste Geiger	41
3 Geschlossene Gesellschaft	51
Der Prinz betritt die Bühne	51
Neue Wirkungsstätte Babelsberg	58
Alltag in der DDR	68
Ein nationaler Star	75
Zwei Schauspielwelten	81
Eiszeit und Nestbau	85
»Ich kauf' dir eine Blume«	91
»Du sollst keinen fremden Herren dienen«	101
Gewitterwolken ziehen auf	106
Freunde und Verbündete	112
Abgesang	114
Schreibend einen Schlusspunkt setzen	123
Zwei Briefe und ein Abschied	127
4 Kämpfer und Sieger	135
Fremd im neuen Leben	135
Bewährungsproben und erste Triumphe	145
Serienheld – nein danke	158
TV-Rollen mit Profil	164
Kinofilm im Kampf mit Gesetz und Quote	171
Wer fortgehen will, muss Wurzeln schlagen	178
Intellektuelle unter sich	181
Erfolg macht Erfolg	186
Flugtickets nach Amerika	190
5 Der Westen leuchtet	197
»… in den USA bleiben mir jetzt noch die Großväter«	197
Mythos Hollywood	215

Drehtage in Amerika 222
Ein verlorener Clown 226
Die schönsten Nebenrollen 231
Flüchtige Wohnstatt für fahrendes Volk 239
Hauptrollen sind keine Erfolgsgarantie 244
Unter kalifornischem Himmel 252
Highlights 256
… und Ärgernisse 269

6 Thomas Mann und Tom Tykwer 294
Rückkehr mit Thomas Mann 294
Tödliche Versprechen 298
Die Buddenbrooks 300
The International 304
Illuminati 310
Taktstock, Bogen, Melodie 312
Bücherwelten 316
Malerei 330
Die beste Entscheidung seines Lebens 362

7 Im Glanz der Sonne 367
Achim Detjen trifft Erich Mielke 367
Würdigungen im Westen 371
And the oscar goes to 374
Doctor honoris causa 380

8 The Power of One 385

9 Weltbürger und Brückenbauer 407

10 Schlussbild 410

ANHANG

Zeittafel 415
Ausstellungen 418
Filmografie 420
Bibliographie 454
Danksagung 455
Personenregister 456

Phantasie ist Erinnerung

James Joyce

Trailer

»Gefällt es Ihnen hier?« Neugierig forschend wendet sich die alte Dame dem Mann zu, der neben ihr auf der Parkbank Platz genommen hat: »Wissen Sie, es macht mir Spaß herauszufinden, in welcher Stimmung einer ist. Ob es ein lustiger Mensch ist oder ein trauriger. Ob es jemand ist, der beschäftigt ist und laut oder mehr von der stillen Art.«

»Und was bin ich für einer?«, erwidert ihr Gegenüber halb belustigt und doch von der Ungezwungenheit der alten Dame offenkundig auch berührt.

»Das kann ich noch nicht wissen. Einer von trauriger Natur scheinen Sie nicht zu sein. Aber dann sind Sie auch ein Mensch, der keine festen Bindungen eingeht. Nur traurige Menschen sind anhänglich. Und traurig sind sie, weil sie wissen, dass alles, woran sie ihr Herz hängen, eines Tages verloren geht. Ich glaube auch, Sie sind unverheiratet.«

»Da haben Sie allerdings Recht«, lacht Dr. Schmith. »Ich bin nicht von hier«, fährt er dann nachdenklich fort. »Ich komme aus der DDR und fahre morgen wieder zurück.«

Ratlos, fast ein wenig erschrocken zuckt die muntere Greisin mit ihrem ganzen Körper zurück: »Was, dann sind Sie ja aus dem Osten.« Mit so viel Fremdheit hat sie nicht gerechnet. »Vielleicht gehöre ich doch zu den traurigen Menschen«, erwidert Schmith gedankenverloren, »und man sieht es mir nur nicht an.«

Dr. Schmith, der ehrgeizige und unzugängliche Gynäkologe in Roland Gräfs Spielfilm »Die Flucht« wird gespielt von Armin Mueller-Stahl. Und so wie die anderen Ärzte nicht recht schlau werden aus dem verschlossenen Kollegen Schmith, so hat auch Mueller-Stahl Generationen von Journalisten zwar durchaus Antworten, aber immer auch Rätsel mit auf den Weg gegeben.

Wer ist dieser Mann, der eine viel versprechende Laufbahn als Konzertviolinist abbricht und sich bald darauf als Schauspieler auf der Bühne zeigt? Der, nach einigen Monaten von der Schauspielschule verwiesen, ein gutes Jahrzehnt später als einer der bekanntesten und beliebtesten Bühnen- und Leinwandakteure seines Landes jede Menge Sympathie, Lob und Preise erntet. Der später als einziger Schauspieler der ehemaligen DDR den Schritt von Babelsberg über Deutschlands Westen nach Hollywood wagt und mit Bravour bewältigt. Der schließlich, siebzigjährig, als professioneller bildender Künstler an die Öffentlichkeit tritt.

Ein eindrucksvoller Weg. Gleichwohl entspricht Armin Mueller-Stahl nicht unserem Bild von einem »Star«. Er war nie ein Star, ist es bis heute nicht, da er in Los Angeles wohnt, der Filmstadt schlechthin, und mit den renommiertesten Regisseuren der Welt dreht. Zurückgezogen, unspektakulär lebend, zeigt er sich in der Öffentlichkeit nur dosiert und dann möglichst als ganz gewöhnlicher Mensch, nicht als unerreichbare Berühmtheit. Er arbeitet eher, als dass er sich in seinem Glanz sonnt. Dennoch hat er, bei aller Strenge, offenbar eine eigene Form entwickelt, sein Leben und sich selbst zu genießen. Er ist überzeugter Einzelgänger; gebildet, begabt, berühmt – und immer distanziert. Als »wortkarger Zeitgenosse, unzugänglich, bisweilen sogar schroff« wird er mitunter bezeichnet – und kann doch ebenso freundlich wie geistreich und charmant sein.

Auch wenn er selbst sein Leben und die Schauspielerei entschieden auseinanderhält: Armin Mueller-Stahl ist schwer zu trennen von seinen Rollen. Rollen, die oft extrem gegensätzlich sind. Wer den gutmütigen Wolfgang Pagel (»Wolf unter Wölfen«) und den gequälten Höfel (»Nackt unter Wölfen«) gesehen hat, den eisigen Thronfolger Franz Ferdinand (»Oberst Redl«) und den grobschlächtigen Bauern Leon (»Bittere Ernte«), Laszlo (»Music Box«), Krichinsky (»Avalon«), Peter Helfgott (»Shine«), Helmut Grokenberger (»Night on Earth«) und Thomas Mann (»Die Manns. Ein Jahrhundertroman«) in all ihrer Unterschiedlichkeit, der fragt sich: Wie macht er das?

Eine erste Antwort ist rasch gefunden: Mueller-Stahl hat Freude an der Verwandlung. »Ich selbst bin ich ja sowieso immer«, kommentiert er diese Lust. Seine Methode ist die genaue Beobachtung und ein präzises Gefühl für Details, für Stimmigkeit und Timing. Die zweite, tiefer reichende Antwort ergibt der Blick auf sein Leben. Hier zeigen sich die unterschiedlichen Quellen, Entwicklungen, Brüche und Ziele. Derer gibt es viele bei jemandem, der so unermüdlich tätig ist wie Armin Mueller-Stahl und der das Glück hat, gleich in mehreren Bereichen künstlerisch produktiv sein zu können. Er braucht die Aktivität. Für ihn ist die Arbeit eine Passion, sein Lehrmeister ist das Leben.

Auch dazu gibt es einen Film mit Armin Mueller-Stahl: »Im Glanz der Sonne«. Hier nimmt er sich als großväterlicher Freund des kleinen P.K. an, den nach dem Tod der Eltern und Freunde die »Einsamkeitsvögel« heimgesucht haben. Heiter und zurückhaltend zugleich nähert er sich dem trostlos grübelnden Jungen und fragt: »Hey, was ist denn mit dir los, mein Kleiner?« Als P.K. nicht reagiert, fügt er nach einer kleinen Pause hinzu: »Weißt du, mein Esel Beethoven hat mir mal ein Mittel gegen Traurigkeit bei kleinen Jungen verraten. Würdest du es gern kennen lernen? – Ja? Gut, du musst auf einem Bein stehen. Sehr gut. Nun sag dreimal: absududel, absududel, absududel. – Na, hat's geholfen?« Missmutig schüttelt P.K. den Kopf. »Ich finde, das beweist zumindest eins«, räumt der sympathische Alte schmunzelnd ein: »Nimm niemals einen Rat von einem Esel an.« Da muss der Kleine dann doch lachen, und fortan sind die beiden unzertrennlich. Doc, der Professor, Pianist und Kakteenzüchter aus Deutschland, zeigt P.K. ein neues Afrika und erklärt ihm, wie er sich die Welt eigenständig erschließen kann: »Weißt du, das Gehirn hat zwei Funktionen. Es ist zum einen das beste Nachschlagewerk der Welt, das ist schon ein großer Vorteil. Aber dann bringt der Mensch auch noch seine ganz eigenen Gedanken hervor. Die Schule stopft dich voll mit Tatsachen. Hier draußen aber wirst du lernen, was du zu fragen hast und wie du zu fragen und wie du zu denken hast. Die Natur gibt die Antwort auf alle Fragen, du musst nur lernen, richtig zu fragen, dann wirst du so viel Verstand bekommen, wie du nur haben kannst. Es gibt so viele Dinge zu lernen, dass wir keine einzige Sekunde vergeuden dürfen.«

Wer hat sich als Kind nicht irgendwann einen Vertrauten gewünscht, der wie Doc mit so viel Humor und Verständnis die Neugier auf das Leben und die Faszination des Lernens verkörpert und verkündet hätte. Mueller-Stahl selbst hat diese stärkende Initiation erfahren: als Kind in seiner Familie und Verwandtschaft, später durch Lehrer und Kollegen – vor allem aber durch sich selbst. Er weiß, was er an sich hat und von sich erwarten kann, er ist sich selbst eine zuverlässig treibende Kraft. Impulse von außen erreichen ihn nur gefiltert. Der Aufbruch, die Suche nach immer neuen Lebens- und Ausdrucksmöglichkeiten, ist ihm zum Prinzip geworden. Dabei genießt er das Glück des Tüchtigen. Das ist mehr als Erfolg. Es ist schöpferische Erfüllung, die jede Mühe vergessen lässt.

»Leben bleibt anstrengend, bis zum Schluss. Es ist wie Rad fahren: Wenn man aufhört zu treten, fällt man um.« So ist er bis heute ein Mensch, der sich immer wieder neu entwirft. Im Spiel, im Traum und durch harte Arbeit.

Ja, ich erinnere mich an eine frühe Szene. Ich stehe da, noch ganz klein und mit einem ziemlich blonden Schopf, und schaue einem Schmetterling nach. Da habe ich geträumt und mich gefragt, ob ich vielleicht auch der Schmetterling bin oder eine Stachelbeere. Und wer ich bin, wenn ich ich bin. Viele Fragen habe ich mir da gestellt. Und heute sehe ich den Jungen, der ich nicht mehr bin, und ich verstehe ihn.

Armin Mueller-Stahl

»Es war Armins fünfter oder sechster Geburtstag«, erinnert sich sein älterer Bruder Hagen. »Es waren eine Reihe Kinder eingeladen und die Gäste fein angezogen eingetroffen. Arglos ging unsere Mutter in die Küche, um Kakao zu richten. Als sie zurückkam, war die Stube leer. Armin hatte alle rausgeprügelt. Warum, war nicht mehr zu ermitteln.«

Hautnah

> Was einen zu Beginn eines Buches beim Schreiben
> gefesselt hat, was es auch sei, man darf es nie
> aus den Augen verlieren.
> *William Goldman*

Es begann mit seinem Buch. Als ich im Frühjahr 1997 Mueller-Stahls impressionistischen Erinnerungstext »Unterwegs nach Hause« las, faszinierten mich die Spontaneität und Direktheit, mit denen sich der berühmte Schauspieler hier dem Leben zuwendet. Die Unmittelbarkeit, mit der er Beobachtungen, Erlebnisse, Gedanken und auch ganz kleine und persönliche Inhalte dem Gedruckten anvertraute, schuf eine besondere Verbindung. Es war, als würde er mir seine Begegnungen mit dem afroamerikanischen Dauerredner in Los Angeles selbst erzählen, auch die Erinnerungen an gewesene Freunde in der DDR und an die jetzigen in den USA. Ich hörte regelrecht, wie er die Briefe seiner Mutter vorliest oder mit seinem jüdischen Freund disputiert, und fühlte mich von all dem direkt angesprochen.

Natürlich gab es die Filme. Mehr als die viel besprochenen blauen Augen war mir von all seinen Figuren ein Klang zurückgeblieben, seine tiefe und wohltönende Stimme. Am meisten liebte ich Helmut Grokenberger in »Night on Earth«, die kindliche, schutzlose Zutraulichkeit dieses heimatlosen Taxifahrers inmitten des trostlosen New York.

»Unterwegs nach Hause«, diese Mischung aus Erinnerung, Reflexion und Bilanz vergegenwärtigte mir aber auch erstmals, wie spannend und außergewöhnlich das Künstlerleben dieses Schauspielers verlaufen ist. Dabei beeindruckten mich anfangs mehr als seine vielseitigen Begabungen die so unterschiedlichen Stationen seiner Karriere: seine Erfolge in der DDR, der Bundesrepublik und in Amerika.

Was bedeutet es, in drei Systemen, in drei Filmwelten Erfahrungen zu machen? Was bedeutet es, jahrzehntelang über alle Brüche hinweg produktiv zu sein und immer wieder berühmt zu werden? Wie sieht dieser Lebensweg genau aus, und wo liegen die Brüche?

In einem kurzen Brief trug ich Mueller-Stahl mein Anliegen vor, eine Biographie über ihn schreiben zu wollen, ohne große Hoffnung, je eine Antwort zu erhalten. Aber schließlich ist »Alltag nur durch Wunder erträglich«, wie es bei Max Frisch heißt. Andererseits muss, wer am kindlichen Wunsch nach Wundern festhält, auch die allzeit lauernden Enttäuschungen ertragen.

Tatsächlich hörte ich monatelang nichts und hatte das ganze Projekt schon in der hintersten inneren Schublade vergraben. An einem regnerischen St. Martinstag aber traf die Antwort ein. Telefongespräche, erste Konzeptabsprachen, zögernd und vorsichtig kristallisierte sich über Wochen ein »Ja« zu meinem Vorschlag heraus. Als die Zusage dann aktenkundig war, hatte ich das Gefühl, einen Glückstreffer gelandet zu haben. Das reiche Leben eines verehrten Künstlers zu beschreiben – etwas Schöneres konnte ich mir beruflich kaum vorstellen.

Wir ahnten wohl beide zu Beginn kaum, auf was für ein waghalsiges Unternehmen wir uns da einließen. Die Biographie eines lebenden Menschen schreiben zu wollen, den man gar nicht kennt, ist im Grunde tollkühn. Ein Abenteuer und eine Herausforderung, die mich anfangs ungeheuer belebten. Aber im Laufe der Monate wich die Euphorie allmählich einem Berg von Fragen, Zweifeln und Irritationen.

Wie erschließt man sich das Leben eines fremden, viel beschäftigten Menschen, der zudem die meiste Zeit des Jahres rund 9000 Kilometer entfernt lebt? Der Hauptgewinn erwies sich streckenweise eher als Hindernislauf, das fremde Leben als Labyrinth. Überall tauchten Figuren auf und wieder ab – wie sollte ich ihnen Gesicht und Gestalt geben? Kaum hatte ich in der Fülle der Erinnerungen und Erlebnisse einen der begehrten »roten Fäden« gefunden, verästelten sich die Möglichkeiten. Auch die persönlichen Gespräche entwickelten eine aufreibende Dynamik. Lange Sequenzen des entspannten, informationsreichen Austauschs endeten unvermittelt an einer Schranke: »No entrance« stand darauf geschrieben. Manchmal schien es mir, als blinkte zugleich in roten Lettern: »It's your fault«, es ist Ihr Fehler. Meist wusste ich nicht, warum. Da die Zugänge über weite Strecken geebnet und neue Terrains leicht zu erschließen waren, bemerkte ich die verbotenen Türen immer erst, wenn ich schon dagegen geprallt war.

Gott sei Dank gab es weite Räume, in denen die sachlichen Informationen im Vordergrund standen, gut dokumentiert und irgendwie handfest. Je mehr ich über die produktiven Kräfte Mueller-Stahls erfuhr, desto größer wurden Neugier und Respekt. Nach jedem persönlichen Kontakt trug ich eine Menge Tonbänder und neue Rätsel davon. Wohl wissend, dass das alles ganz normal ist. Interviews mit Schauspielern sind notwendig eine diffizile Angelegenheit. Natürlich tun sie das, was sie am besten können – sie spielen eine Figur. Einer der ersten bleibenden Eindrücke, der sich allmählich herauskristallisierte, war: Helmut Grokenberger gibt es nur im Film – und im Verborgenen.

Nach etwa einem Jahr reiste ich nach Los Angeles. Wollte Armin Mueller-Stahl an dem Ort, in dem Wirkungsbereich erleben, wo er jetzt am meisten und wohl auch ehesten zu

Hause ist. Ich habe eine Menge gesehen – nur ihn selbst nicht. Dabei wartete er auf mich. Aber eine schwer zu entwirrende Mischung aus falscher Telefonnummer sowie fehllaufenden Faxen und Deutungen hielt uns voneinander fern. Nachdem ich aufgehört hatte, nach Gründen für diese gescheiterte Begegnung zu forschen, erschien mir die absurde Ansammlung von Stolpersteinen wie ein materialisierter Ausdruck der wohl notwendig ambivalenten Beziehung zwischen Biograph und Objekt, insofern stimmig.

Schließlich konnte ich mich nicht beklagen. Ein Fan von Bob Dylan, der sich dessen Lebensbeschreibung widmen wollte, wurde niemals vorgelassen. In seiner Verzweiflung plünderte der so erbarmungslos Abgewiesene auf der Suche nach verwertbarem Material sogar die Mülltonnen vor dem Haus seines Idols. Und von den Biographen Stanley Kubricks hieß es in einem Nachruf, »sie waren Wahnsinnige, Orchideenforscher am Polarkreis«. Kubrick weigerte sich lebenslang, überhaupt mit ihnen zu reden.

Wir dagegen trafen uns weiterhin, sogar zu ausführlichen Gesprächen. Manche unserer langen Sitzungen ließen mich an den Interviewmarathon von François Truffaut und Alfred Hitchcock denken, aus dem »Mr. Hitchcock, wie haben Sie das gemacht?« entstanden ist. Nach und nach wurde dabei deutlich, dass Mueller-Stahl seinerseits auch ein Anliegen mit diesem Projekt verband. Natürlich wollte er die Chance nutzen, unausgegorene Geschichten sowie Missdeutungen seiner Person zu korrigieren, wollte seine Version von seinem Leben festgehalten wissen.

Somit wuchs unser beider Engagement von Gespräch zu Gespräch. Als Arbeitspartner kannten wir einander nun. Ich konnte alle Fragen stellen. Wenn er wollte, dachte er lange nach. Wenn er nicht wollte, lenkte er ab; zu erzählen gab es immer viel.

Irgendwann begann sich der wachsende Text zwischen ihn und mich zu stellen. Als wirkliches Medium. Von da an hatte ich ein zweites, konstantes Objekt – und Korrektiv. Ein Korrektiv, das mir deutlich machte, wie unterschiedlich beheimatet und kompetent ich mich in den vielen Lebensbereichen fühlte, in die mich die Arbeit für dieses Buch führte. Nicht nur, dass ich nie in Ostpreußen gelebt oder vor einer Filmkamera gestanden habe. Im Grunde, so wünschte ich mir zwischendurch, müsste ich Filmwissenschaftlerin, Regisseurin und Historikerin sein. Mindestens. So aber war ich verwiesen auf mein Handwerkszeug, folgte den Geboten der wissenschaftlichen und journalistischen Recherche, hoffte auf die Solidität der Quellen und auf korrekte Schlüsse meinerseits.

Immerhin konnte ich die Unklarheiten bei dem, was ich vermitteln wollte, nun auch an meinen eigenen Sätzen ablesen. Damit löste sich die Fixierung auf mein Gegenüber. Neben das Ziel, das Leben Armin Mueller-Stahls und seine Person angemessen darzustellen, trat als zweites das gelungene Buch – »gelungen« in dem Bewusstsein, dass man »immer ein besseres Buch im Sinn hat, als man zu Papier bringen kann« (Michael Cunningham, »Die Stunden«).

Und allmählich, je mehr sich das Bild rundete, stellte sich eine neue Vorstellung von Verbindung zwischen uns beiden ein: Eines Tages säßen wir uns gegenüber mit dem fertigen Text und begegneten einander in dem Gefühl von Zufriedenheit; über dieses Leben, über dieses Buch.

1 Wege übers Land

Das Gelb der blühenden Rapsfelder wird ihn sein Leben lang begleiten. Zur Weite und Ruhe der Ostsee wird er immer wieder zurückkehren. In Tilsit, am östlichen Rand des damaligen Ostpreußen wurde Armin Mueller-Stahl am 17. Dezember 1930 geboren. Als Nebenprodukt des Käses, wie er gern ironisch anmerkt.

Ostpreußen, das bedeutet vor allem: Wasser. Das unbegrenzte Meer, verzweigte Flüsse und die reglosen, beinahe entrückten Seen im Süden des Landes. Dazu Alleen, die sich durch gelbe Getreidefelder ziehen, gesäumt von Linden, Birken, Eschen und Eichen. Kopfsteinpflaster, Pferdegetrappel, Hahnenfuß am Dorfteich und die zahllosen Störche, die hier als Haustiere gelten. Kehren sie heim aus Afrika, Ende April, dann feiert man ein Fest. Schulfrei für die Kinder, das ganze Dorf versammelt sich auf der Straße und begrüßt die Heimkehrer, die hoch über den Dächern kreisen.

Die kalten Winter schufen eine weithin weiße, gedämpfte Welt. Die Sommer waren heiß, lichtdurchflutet und weit.

»Erntezeit in Ostpreußen. Durch die Luft trieb der mehlige, trockene Staub der reifenden Ähren. Zeit der Pferdebremsen, der weißen Tücher auf den Feldern und der Strohhüte, der Vesperstunden im Gras am Feldrain, der polternden Leiterwagen. Anschirren in der Morgendämmerung. Das einsame Dengeln einer Sense, die die Vormahd schneidet. Staubwolken über den Feldwegen wie in einem Sandsturm. Kannen mit Buttermilch im Schatten einer Hocke. Kinder, die auf Erntewagen mitfahren. Feldmäuse huschten unter den Roggengarben. Strohberge bauen. Sonnenuntergang, Feierabend.

Die Pferde in die Schwemme reiten.« Man meint, die Sonne zu spüren und den Staub auf der Haut, wenn Arno Surminski in dem Bildband »Im Herzen von Ostpreußen« seine Heimat beschwört.

Doch es ist nicht nur der Zauber der Natur, der das erste Zuhause so prägend werden ließ, es sind auch die Menschen. In all ihren Widersprüchen. Kein Landstrich Europas, in dem sich im Laufe der Jahrhunderte so viele unterschiedliche Völker und Temperamente vermischten. Böse und aufbrausend konnten sie sein, die Leute hier, und der harte Schnaps machte im lieblichen Ostpreußen nur allzu oft die Runde. Aber sie waren auch gutmütig, verlässlich, von rührender Gastfreundschaft und Zugewandtheit, erinnert sich Surminski, »zärtlich wie ihre Sprache, die die rauhesten Worte mit ihrer Endung ›chen‹ besänftigte, die das Hundchen einen Schnudel nannte, den unartigen Jungen Lorbaß und die für das kühle Wort ›streicheln‹ den warmherzigen Ausdruck ›puscheien‹ erfunden hat.«

Ostpreußen war sein Nest. Die Geborgenheit und die Freiheit, die er hier fand, sind ihm zum Inbegriff von Heimat geworden. Immer wieder wird er sich an Orten niederlassen, an denen er etwas davon wiederfindet. Das Wasser, die Weite, das Gefühl von Ungebundenheit. Das Bild, das sich ihm in seinen ersten Lebensjahren eingeprägt hat, ist ihm teuer und bewahrenswert. So sehr, dass er eine Konfrontation mit der heutigen Gestalt des ehemaligen Ostpreußen fürchtet:

Nein, ich bin noch nicht wieder zu meinen Ursprüngen zurückgekehrt. Ich habe wohl Angst, genau das dort nicht mehr zu finden, was mich so beeindruckt und geprägt hat. Die Ruhe, die Herzlichkeit, die Offenheit. Aber vielleicht ist das auch eine Frage des Alters, vielleicht bin ich irgendwann ja so weit. Vielleicht.

Seine Mutter ist in Estland aufgewachsen und kam später

nach St. Petersburg, der Vater lebte in Memel. Nach der Oktoberrevolution floh die Familie der Mutter aus St. Petersburg ins Baltikum und kam 1918 nach Tilsit. Dort lernte Editha Maaß ihren späteren Mann kennen. 1926 kam der erste Sohn, Hagen, zur Welt, 1928 Roland und zwei Jahre darauf der dritte, Armin, gefolgt von Gisela 1936 und Dietlind 1938, der jüngsten Schwester.

Eine wahre Phalanx nordisch-germanischer Namen, mit denen sich das Ehepaar Mueller-Stahl einem zu jener Zeit vorherrschenden Trend anschloss. Den alarmierenden Beigeschmack erhält diese Entscheidung erst im Nachhinein durch die Bedeutung germanischen Namensguts für den Nationalsozialismus. Vorher waren Namen wie Hagen, Roland oder Dietlind Ausdruck jenes klassischen liberalen Nationalbewusstseins, das sich auf Herder berief und frei war von völkischen oder gar rassistischen Konnotationen. Für Armins Eltern signalisierten sie neben der nationalen Komponente vermutlich vor allem das Anknüpfen an Bildungstraditionen, denen sie sich verbunden fühlten.

Die ersten Jahre lebten sie in Tilsit. Prägende, stärkende Jahre, wie es scheint. Zwar ist der Mythos von der »glücklichen Kindheit« mittlerweile durch vielerlei Erkenntnisse und Erfahrungsberichte gründlich demontiert worden. Insofern fiel es bisweilen schwer, die Idylle zu akzeptieren, die manche von Mueller-Stahls Kindheitserzählungen evozierten. Aber es gab und es gibt sie eben doch, die unbeschwerten ersten Jahre. Zumal für vitale Kinder, denen es gegeben ist, dem Leben angstfrei und offensiv zu begegnen, die wissen, was ihnen guttut, und die sich schützen können vor dem, was sie schwächt. Ein solches Kind war Armin. Ausgestattet mit einer großen Portion Unternehmungslust und Phantasie eroberte er sich die Welt. Immer vornweg und sehr mutig sei er gewesen, erinnert sich der Bruder Hagen. Auch seine Unabhängigkeit habe sich bald gezeigt. Als Ältester hatte Hagen früh Verantwortung tragen müssen. Nachdem der Vater gleich zu Beginn des Krieges eingezogen worden war, hieß es für ihn oft vernünftig sein und der Mutter helfen, während Armin draußen spielte, seinen Träumen nachhing und Abenteuer suchte. Kein Wunder, dass Hagen dem jüngsten Bruder dessen Freiheit und Unbefangenheit manchmal auch neidete. Ein Luftikus und Draufgänger sei er gewesen, um keinen Streich verlegen. Die Anekdoten, die man von ihm erzählt, gleichen jenen Schelmengeschichten, mit denen Astrid Lindgren ihren Michel aus Lönneberga ausgestattet hat, auch er ein liebenswerter Tunichtgut. Zwar zog Armin nicht gerade seine Schwester am Kirchturm empor wie Michel Klein-Ida. Zur Verzweiflung hat er seine Mutter aber schon manches Mal gebracht: Was der Maler kann, das kann ich schon lange. Alles frisch gestrichen, und kaum war der Profi weg, nahm Armin den Mostrich und tat es ihm nach. Wand für Wand hat er sorgfältig bedacht. Spaß hat's gemacht. Das Gesicht seiner Mutter kann man sich vorstellen.

Und so etwas passierte laufend. Schlimm können die Strafen nicht gewesen sein. Denn Mueller-Stahl denkt gern an seine Kindheit. Weit zurück reicht dabei die Erinnerung. Das Erste, was er sieht, ist die Kinderfrau, die »ihr Bübche« im Wagen umherfährt. Sie hat Zeit, sie bleibt stehen und lässt den Kleinen in Ruhe die Blätter an dem riesigen Baum bestaunen. Die Fliege, den Schmetterling und das fremde Gesicht, das sich über ihn beugt. Wie wichtig all diese ersten Wahrnehmungen sind, die das Kind in seiner Neugier aufnimmt. Wir können nur ahnen, wie sehr vielleicht schon diese erste geduldige Begleiterin den Grundstein gelegt hat für die Lust am Schauen, Wahrnehmen und Beobachten, die das (Schauspieler-)Leben Mueller-Stahls später so sehr prägen wird.

Und die Frau hat nicht nur Muße, sie hat den Kleinen auch gern. Liebevoll tauft sie ihn Minchen. Dieser Name wird ihn in der DDR begleiten, unter Freunden und auch beim Publikum. Minchen, das nimmt dem ernsten, oft höflich unnahbaren Gesicht die Distanz. Minchen, das ist der, den sie lieben. Allerdings wird es später auch Menschen geben, die das »Minchen« gegen ihn wenden. Bei ihnen wird es zum Spitznamen, steht für das, was man dem Mimen vorwirft: seine skrupulöse, zögernde, komplizierte Art. Nein, zupackend ist ein »Minchen« nicht. Und so wehrt er sich denn auch mehr und mehr gegen diesen Namen, wenn er nicht mehr freundlich gemeint ist. Ob er sich den Ausdruck zärtlicher Zuwendung, der zu Beginn darin steckte, hat erhalten können und damit ein Stück innerer Heimat?

Immer war jemand da, der mich empfangen und umsorgt hat. Zu Hause und dann vor allem bei den Eltern meiner Mutter. Wenn die Schwalben Junge bekamen, wurde ich regelmäßig nervös und dachte, jetzt kann ich bald nach Jucha. Dort in Masuren hatten sich meine Großeltern nach einem Herzinfarkt meines Großvaters niedergelassen. Meine Tante Ena empfing mich in der Tür und sagte: »Nun setz dich mal, Jungchen, hier ist ein Guggelmuggel für dich.« Guggelmuggel ist verrührtes Eigelb mit Zucker. Das mochte ich sehr.

1938 ging die Familie nach Prenzlau, in dessen Nähe Hagen schon seit zwei Jahren zur privaten Erziehung in einem fremden Haushalt untergebracht war. Doch das beruhigende Gefühl, beschirmt zu sein, wurde auch durch den Ortswechsel offenbar nicht zerstört. Familiensitz wurde die Brüssowerstraße, Haus Nummer 2. Allzu lange sollten sie zwar hier nicht bleiben, dennoch wurden diese Räume für Armin zu einem richtigen Zuhause, an das er sich auch nach Jahrzehnten noch bis ins Detail erinnern kann: An die Küche, in der es nachmittags Kakao gab, an die Schlafräume, in denen sich die

Kinder vor dem Einschlafen Geschichten erzählten, und an das Ess-, Herren- oder Wohnzimmer, in dem die Familie sich zusammenfand.

Spielzeug gab es wenig, dafür draußen den Uckersee und den Hinterhof mit geheimen Ecken, Ungebundenheit in Hülle und Fülle und im Herbst gegen Abend die Kartoffelfeuer. Da knisterten die Flammen in die allmählich aufziehende Nacht, man drängte sich um die flackernde Glut, und die schwarz verbrannten Kartoffeln, deren Inneres ein wenig den salzigen Geschmack der Asche angenommen hatte, waren köstlich.

In der großen Geschwistergemeinschaft gab es nur selten Einsamkeit oder Langeweile. Zwar hatte nicht jeder sein eigenes Zimmer, aber zusammen war es sowieso spannender. Und belebt, unterhaltsam war es in diesen Räumen tatsächlich oft. Der letzten Bleibe, die alle sieben gemeinsam bewohnten und in der Armin, für einmal, all die kreativen Kräfte seiner Familie in ihrer Fülle erleben sollte. Denn die Wurzeln der vielseitigen Begabung und Produktivität dieses Künstlers liegen offenkundig hier. In einer Familie, in der jeder irgendwie Theater spielte, sang, ein Instrument spielte, zeichnete oder schrieb.

Da ist zuerst einmal die Großmutter mütterlicherseits, die mit der einen Hand den Kochlöffel und mit der anderen den Pinsel hielt. Wie muss sich dieses Bild dem Kind eingeprägt haben! Eine Erwachsene, die so ganz selbstverständlich das Spielerische mit dem Notwendigen, den Alltag mit der Kunst verband. Und es zudem verstand, das Kind an dieser glückenden Synthese teilnehmen zu lassen. Sie, die die ganze Welt als Malerin erfasste, zeigte Armin, wie reizvoll diese Perspektive sein kann.

Noch heute vermittelt mir der Geruch von Terpentinöl das Gefühl von Heimat. Kam Besuch, so fertigte Großmama statt einer Begrüßung bisweilen rasch ein Porträt des Gastes. Schmollte einer von uns, dann sagte sie nur: »Bleib so, bleib so, das wütende Gesicht will ich malen.« Meist verflog dann der Unmut rasch angesichts so viel schöpferischer Energie. Einmal, da war ich so acht, neun Jahre alt, habe ich sie porträtiert, wie sie mich malt. Das Bild gibt es noch. Die Haare sind mir nicht gelungen, da habe ich ihr eine Mütze aufgesetzt – aber sonst sieht es ihr sogar ein bisschen ähnlich.

Da klingt noch heute der Stolz des Kindes durch und lässt ahnen, welcher Reichtum hier schon früh und ohne Druck zugrunde gelegt wurde. Den Skizzenblock wird Mueller-Stahl sein Leben lang bei sich tragen, doch erst spät, sehr spät, wird er mit seinen Bildern an die Öffentlichkeit treten.

Von Tante Toni, der Großtante der Mutter, die ebenfalls malte, hat Armin neben der Begeisterung für die Welt der Formen und Farben noch ein zweites (inneres) Bild mitgenommen. Denn diese Tante, die später bis zu ihrem Tod bei Armins Mutter in Leipzig lebte, verkörpert in seiner Erinnerung die Würde in Person.

Distinguiert, immer aufs sorgfältigste gekleidet, fütterte sie die Kaninchen mit weißen Handschuhen und verlor nie die Contenance. Die Streiche der Kinder nahm sie ebenso gelassen hin wie die Widrigkeiten des Alltags. Sie wusste, wo die Bonbondose stand, und auch sonst sehr genau, wie man Kindern Gutes tut. Stolz und voller Selbstdisziplin nahm sie Schicksalsschläge und Krankheiten ohne jede Wehleidigkeit hin. Für alles, was Literatur und Theater war, hat auch sie sich immer sehr interessiert. Sie war dabei in gewisser Weise auch eine typische alte Jungfer, denn geheiratet hat sie nie. Aber sie wurde nie schrullig, sondern blieb vornehm, Respekt einflößend.

Diese Tante, Toni Nelissen von Haken, hat ein Erinnerungsbuch geschrieben, in dem neben Wissenswertem über die Geschichte Livlands auch eine durchaus problematische politische Einstellung zum Ausdruck kommt. In ihrem unbedingten nationalen Stolz richtete sie einen emphatischen Appell an ihre Nachfahren, Livland als deutsche Vorburg zu begreifen und niemals zu vergessen, »dass unsere Väter siebenhundert Jahre lang das bekannte Wort Bismarcks wahr gemacht haben: ›Wir Deutschen fürchten Gott, sonst nichts in der Welt.‹«

»Aber so etwas darf man nicht als Antizipation nationalistischen Gedankenguts sehen. Sie hat das ganz lauter und in gewissem Sinne naiv gemeint«, betont der Neffe sechzig Jahre später. Dabei weiß er natürlich, dass in der verzweigten Verwandtschaft baltischen Adels Nationalismus und auch eine konservative oder elitäre Haltung verbreitet waren. Das ist sein Ding nicht. Aber Berührungsangst hat er dem gegenüber ebenso wenig wie gegenüber dem »linken«, sozialistischen Umfeld, in dem er sich später bewegte. Politisch wird Mueller-Stahl immer auf seiner Intuition und Unabhängigkeit beharren. Entscheidungen trifft er nicht vor dem Hintergrund von Gruppenzugehörigkeit, sondern dem eigenen Urteil folgend. Und er ist nicht bereit, andere Menschen aufgrund von Vorurteilen oder Freund-Feind-Schemata zu bewerten. Stattdessen wird er immer versuchen, bei wohlfeilen Klischees durch Tiefenschärfe die Konturen der einzelnen Bestandteile eines Bildes sichtbar zu machen und Menschen, die seiner Meinung nach Achtung verdienen, differenziert und fair zu behandeln. Dazu gehört seine Tante Toni ganz entschieden. Weil sie sich noch in Alter und Krankheit durch Selbstbeherrschung und Dignität auszeichnete. »Ich habe diese Frau nie, nie klagen gehört«, erzählt er voller Hochachtung, und man ahnt in diesem Augenblick, wie sehr sie ihm auch Vorbild geworden ist.

Musikalisch war vor allem die Mutter aktiv, und Armin bekam schon mit sechs die erste Geige: neben dem Pinsel das zweite künstlerische Instrument, das ihn sein Leben lang begleiten wird. Die Musik macht ihm Spaß. Er lernt rasch, so wie er überhaupt begierig aufgreift, was ihm an kreativen Möglichkeiten in seiner Umgebung angeboten und vorgelebt wird.

Was die Schauspielerei betrifft, so ist die Familie gleich mehrfach »belastet«. Der Großvater mütterlicherseits war allgemein als »Theaterpfarrer« bekannt, seine Frau malte die Kulissen, eine Tante schneiderte die Kostüme, und schon konnte es losgehen. Die Liebe zum Theater verband auch Vater und Mutter. Denn Alfred Mueller-Stahl, Bankkaufmann von Beruf, wollte eigentlich Schauspieler werden. Schon in Tilsit hatte er als Laie beim dortigen Stadttheater und in einem Film mitgespielt. Aber fünf Kinder wollten ernährt werden, und da keine der beiden Familien Vermögen hatte, hieß es, einen soliden Broterwerb zu garantieren. Eine bittere Entscheidung. Denn die eintönige und so gar nicht inspirierende Beschäftigung mit Geld, Konten und Formularen fiel dem expressiven und künstlerisch begabten Mann schwer. Aber er ließ sich nicht entmutigen. In seiner Freizeit nutzte er jede Gelegenheit, um seine schauspielerische Leidenschaft auszuleben. Den Besuch bei Freunden gestaltete er nicht selten zur improvisierten Theatervorführung um, und auch zu Hause begeisterte er sein Publikum in immer neuen Szenen und Sketchen vor allem als Komiker.

Einprägsame Erlebnisse waren für Armin auch die Besuche im Theater oder Kino. Da alle fünf Kinder mitwollten, blieben solche Ausflüge ein rarer Luxus. Anfangs, zu den Märchenfilmen, durften die Kinder manchmal allein gehen. Später, im Krieg, gab es dann all die großen Ufa-Filme mit Marika Rökk und Zarah Leander, Hans Albers, Johannes Heesters.

Den Film »Der gefährliche Frühling« mit Paul Dahlke habe ich fünfmal gesehen. Winnie Markus spielt darin eine Chemi-

kerin. Sie hat mich so beeindruckt, dass ich dann eine Zeit lang auch Chemiker werden wollte.

Identifikation und Faszination, dazu der Zauber des verdunkelten Zuschauerraums und das Schaudern, wenn sich der Vorhang für die Leinwand oder die Schauspieler hob. Ferne, aufregende Welten, an denen man für ein paar Stunden teilnehmen konnte. Als Schauspieler zu leben, darin waren sich Kinder und Eltern einig, müsste wunderbar sein.

Noch während des Krieges verging kein Heimaturlaub, in dem der Vater nicht auf die kleine Bühne stieg. Ja, sein Sohn bewunderte ihn, wie er so mitreißend und selbst voller Spaß das häusliche Publikum zum Lachen brachte. Des Vaters Begeisterung und die Kraft des (unerfüllten) Wunsches, Schauspieler zu sein, haben sich dem jungen Armin eingeprägt – und wurden eine der Quellen seiner späteren beruflichen Entscheidung. Gibt es doch kaum eine beglückendere Art, den geliebten Menschen über dessen Tod hinaus lebendig zu erhalten, als dessen Träume zu verwirklichen.

Es war Krieg, und durch die Einberufung des Vaters war er auch in die Familie Mueller-Stahl eingedrungen. Aber der Alltag der Kinder war noch nicht wirklich davon tangiert.

Der Krieg war für mich fern in dieser Zeit. Ich konnte mir konkret darunter nichts vorstellen. Einmal habe ich Zigaretten geklaut und für ein Gewehr eingetauscht. Das habe ich dann, ganz im Karl-May-Fieber, »Stutzen« genannt und Cowboy gespielt. Wir sind auf den Schützenplatz gegangen und haben auf Konservendosen geschossen. Ich war damals völlig ahnungslos und unbefangen. Für Kinder, die Gefahr und Tod nicht selbst erlebt haben, erscheint der Krieg eben wie eine Zeit der Abenteuer und aufregenden Unordnung.

Alltag in Kriegszeiten. Für die Mutter war es nicht immer leicht, allein mit den fünfen über die Runden zu kommen. Da musste auch schon mal ein Kind ausquartiert werden. 1941 kam Armin für knapp zwei Jahre in die Familie von Bekannten. Dort wuchs er in Pankow in der Prignitz zusammen mit dem fast gleichaltrigen Gisbert von und zu Putlitz auf. Hilfsbereitschaft auch über die verzweigte und zu Teilen adlige Verwandtschaft hinaus war selbstverständlich. Das Kind wurde aufgenommen, bekam seine Schulbildung und verbrachte die Freizeit mit seinem Freund. Er fühlte sich nicht allein, wie sein ältester Bruder, der fünf Jahre zuvor das Haus hatte verlassen müssen. Für Hagen war das ein schmerzhafter Bruch. Armin dagegen befähigte ein glückliches Naturell schon damals, Neues eher als eine belebende Herausforderung denn als Beunruhigung zu erleben.

Obwohl der Weg von Prenzlau nach Jucha, wo die Eltern der Mutter lebten, weit und damit teuer war, reisten alle zusammen dorthin, wann immer es ging. Da lag dann Toll, der Schäferhund, vor seiner Hütte, da waren Tante Ena und die Großmutter und eine Schublade mit verlockenden Süßigkeiten. Hier probierte Armin an einem Vormittag dreißig Zigaretten auf Lunge und lag danach drei Tage mit einer Nikotinvergiftung im Bett. Und wenn des Großvaters Predigt am Sonntag mal wieder zu lang ausfiel, dann spielte der Lütte auf der Empore mit der Orgel oder spuckte Bonbons auf die ehrwürdigen Köpfe unter ihm. Einmal blieb so ein buntes Zuckerwerk auf einer Glatze kleben, das gab dann natürlich Ärger. Aber der Grundton im großelterlichen Haus war eine zwanglose Herzlichkeit.

Auch hier war der Krieg kaum unmittelbar zu spüren. Was Krieg wirklich bedeutet, das habe ich erst gegen Ende zu ahnen begonnen, als meine Klasse zum Panzervernichtungstrupp eingezogen wurde. Ja, genau wie der Film »Die Brücke« von Bernhard Wicki es zeigt.

Er selbst blieb nur durch einen Zufall verschont, von dem er später im »Verordneten Sonntag«, seinem ersten Roman, als Erlebnis Arno Arnheims erzählt. Für Arno fiel der Krieg aus wegen eines Bratens, »den er sich am Abend, bevor es losgehen sollte, an die Front von Pasewalk (Panzervernichtungstrupp), aus dem Keller, wo die Mutter das Eingeweckte aufbewahrte, stahl. Es handelte sich dabei um eingeweckte Ente, fettes Geflügel, das Arno mit Stumpf und Stiel verputzte, auch das Fett holte er sich mit dem Zeigefinger aus den Rändern des Glases, daran konnte keiner was ändern, Arno fraß alles alleine, denn Arno wollte satt und beflügelt an die Front. Am nächsten Tag wurde die Klasse feierlich verabschiedet. Und während der Feierlichkeit stand Arno blaß an einem Pflaumenbaum und kotzte. Der Stammführer persönlich schickte ihn nach Hause, und Arno heulte, er träumte von einem Ritterkreuz, er wollte ein Held werden und er nahm sich vor, mit dem nächsten Zug zu folgen. Doch es gab keinen nächsten Zug. Das war März 1945.«

Am 20. April 1945 fiel die erste Bombe auf Prenzlau. »Die Kinder schliefen. Plötzlich ein dumpfer Knall, ein Aufblitzen, Klirren von Glas, Schreien auf der Straße. Die Kinder, die Kinder, schrie Ena und stürzte ins Kinderzimmer. Die dreiteilige Balkontür war aus dem Mauerwerk gerissen. Das zersplitterte Glas hatte sich über die Kinderbetten ausgestreut. Armin erzählte, dass er vom Luftdruck hochgehoben wurde. Und das Seltsamste war, dass das herausgestürzte Fenster unter ihm lag. Am nächsten Morgen verließen wir unsere kalte, ungemütliche Wohnung. Alles war plötzlich fremd und grau: die leeren Fensterrahmen, die schiefen Türen, der weiße Kalkstaub auf den Möbeln«, berichtet seine Mutter in ihrem Tagebuch.

Wieder ist die Familie unterwegs. Dieses Mal auf der Flucht. Nun wird auch für die Kinder das Elend des Krieges offenbar. Die Kranken und Verletzten, die Hungernden, die Sterbenden und die Toten. Doch bei allem Entsetzen hat sie auch in dieser Zeit die Kraft der Mutter wie ein Schutzmantel umgeben. Denn diese Mutter war eine jener Frauen, die in der Gefahr, am Rand des Abgrunds, eine besondere Stärke entwickeln. »Meiner Mutter Kräfte stiegen ins Unermessliche, wenn sie helfen konnte.« Und dazu hatte die couragierte Frau, die Russisch sprach, praktisch und lebensklug handelte und in ihrem tiefen Gottesglauben offenbar eine nicht versiegende Zuversicht fand, in den Wirren der Flucht jede Menge Möglichkeiten. Dadurch vermittelte sie den Kindern die Erfahrung, dass man auch in schwierigen Situationen durch Überlegung, Geschick und Zupacken das Schicksal beeinflussen kann. Eine Botschaft, die für ihren jüngsten Sohn in Krisenzeiten immer wieder bestimmend sein sollte.

Das Ende des Krieges zeichnet sich ab. Zusammen mit ihren vier Kindern flüchtet die Mutter nach Goorstorf. Dort, so war vereinbart, wollte man sich mit dem Vater wiedertreffen. Am 30. Mai ziehen die Russen in Goorstorf ein. Der Krieg ist aus. Was das Wort »Frieden« fortan bedeuten wird, weiß noch niemand so genau. Erst einmal beginnt die mühsame Zeit des Neuanfangs. Aber der Vater, der Vater kommt nicht. Sie ziehen weiter bis Rostock, kommen dort in Quarantäne, brechen schließlich wieder auf nach Prenzlau. Dort, so hofft die Mutter, wird sich auch der Vater endlich einfinden. Doch der Weg zur Brüssower Straße endet mit einer Enttäuschung: Das Haus ist nur noch eine Ruine. Unterschlupf finden sie in der Winterfelder Straße, direkt gegenüber der Schule, in der die Mutter später als Lehrerin arbeiten wird. Wieder beginnt das Warten. Im September kommt Hagen aus russischer Gefangenschaft zurück. Aber der Vater, wo bleibt der Vater? Er wird nicht kommen. Nicht in diesem Monat, nicht in den nächsten. 23 Jahre wird es dauern, bis die offizielle Todesmeldung eintrifft: »... bedauern wir mitteilen zu müssen, daß Alfred Mueller-Stahl am 1. 5. 1945 im Reserve-Lazarett in Schönberg/Mecklenburg verstorben ist. Die Todesursache ist uns nicht bekannt.« Die Familie wird er gesucht haben, vermuten seine Söhne, und dabei als Deserteur erschossen worden sein. In den letzten Tagen des Krieges, als die, die sich nicht verloren geben wollten, immer neue Verluste heraufbeschworen.

So wächst der junge Armin vaterlos auf, unter der Ägide der rührigen, warmherzigen Mutter. Nach den Schrecken des Krieges kehrt der Fünfzehnjährige zurück in eine Welt versuchter Normalität. »Eine wirkliche Normalität konnte es ja damals nicht geben«, erzählt Hagen später, »wir hatten ja alle nichts und mussten improvisieren. Materiell war das schwierig, aber zugleich herrschte nach der Bedrängnis und Bedrohung des Krieges doch ein enormes Gefühl von Aufbruch und Freiheit. Man musste nicht mehr Angst haben und um einen sicheren Platz bangen, sondern konnte sich frei bewegen und die Suche nach einem Stuhl oder Bett wurde zum Abenteuer. Wir lebten zu viert in zwei Zimmern und hatten ja nichts, gar nichts. Also sind Armin und ich losgezogen, um Einrichtungsstücke für unsere Bleibe zu finden. Allerdings war Armin auch damals bei solchen Unternehmungen nicht besonders pragmatisch orientiert. Einmal zum Beispiel brachte er von solch einem ›Beutezug‹ aus einer Schule einen ausgestopften Adler mit. Der war schön, aber nicht gerade nützlich. Doch so etwas war typisch für ihn. In jener Zeit sind wir auch viel unterwegs gewesen und haben Musik gemacht. In kleinen Kapellen, er hat Geige gespielt und ich Klavier und wir hatten so viel Spaß zusammen.«

Ja, es war eine Zeit des Neuanfangs. Da Mangel und Leid alle betraf, war auch die Hilfsbereitschaft zunächst groß. Umso härter der Bruch, als später diese Solidarität einer zunehmenden Egozentrik wich.

Das waren für uns Kinder ja doch sehr eindringliche Erfah-

rungen. Erst all das Elend, das wir im Krieg und auf der Flucht gesehen hatten. Der Schmerz in den Gesichtern, die Angst und Verzweiflung, das Sterben. Dann die Erleichterung. Man war zwar mittellos und lebte kümmerlich, aber man konnte sich wieder bewegen und auch etwas gegen das Elend tun. Doch dann, irgendwann, galten die Werte, die die Menschen während des Krieges und die ersten Jahre danach miteinander verbunden hatten, plötzlich nicht mehr. Die Einzelnen zogen sich immer mehr zurück und versuchten, ihre Schäflein ins Trockene zu bringen. Vom vormaligen Zusammengehörigkeitsgefühl blieb kaum noch etwas zurück.

Orientierung und emotionale Stabilität bot auch jetzt die Mutter. Trotz der vielen Aufgaben und des eigenen Kummers, der immer größer wurde. Denn während Editha Mueller-Stahl noch ins Ungewisse hinein auf ihren Mann wartete, kündigte sich schon der nächste Verlust an. Bald nach dem Abitur legte sich der zweitälteste Sohn, Roland, in ein Krankenhausbett und stand nicht mehr auf. Der Tumor im Gehirn, der ihn über Monate hin gequält hatte, wurde übermächtig. Vor den Kindern hielt die Mutter die lebensbedrohliche Diagnose fern.

Ich wusste zwar, dass Roland sehr schwer krank war, aber ich ging irgendwie selbstverständlich davon aus, dass er wieder gesund würde. Und ich glaube, bei meinen Geschwistern war das ebenso.

Auch der Kranke selbst hat die Hoffnungslosigkeit seines Zustands nicht realisiert. Noch am Geburtstag seines ältesten Bruders, kurz vor seinem Tod, schreibt er einen Brief an die Familie, der viel über den emotionalen und spirituellen Kontext aussagt, in dem die Kinder aufwuchsen.

»Ach, man könnte so unglücklich sein«, heißt es da, »aber ich zwinge mich, es nicht zu sein. Ich finde, es gibt kein schöneres Gefühl, keinen schöneren Gedanken als: Gott ist mit dir, seinem Kinde, fürchte dich nicht. Und jetzt soll ich über das Ungewisse, das über meiner Krankheit schwebt, über das Heimweh, das immer wieder aufkommen will, unglücklich sein. Ich glaube ganz stark, mein Befund wird in den nächsten Tagen lauten, daß meine Krankheit ungefährlich ist und im lieben Zuhause vollständig ausheilt. (...) Ach, liebste Mutti, bete für mich, daß ich bald wieder zu Hause bin. Nun sitze ich in einem Café und schreibe diesen Brief. Punkt. Das ist meine Leidensgeschichte. Für Hagen will ich jetzt zum Sekretariat gehen. Ach wäre ich dem lieben Gott dankbar, wenn Hagen hier studieren könnte. Hoffentlich habe ich mit den Theaterkarten Glück, dann hinein ins Vergnügen. Die herzlichsten Grüße an alle Lieben in Prenzlau – Dein Dich liebender Roland.«

Mit dem Leben verbunden bis zum Schluss. Vielleicht nahm er den nahen Tod nicht wahr, aber er hat ihn auch nicht angstvoll angestarrt. Zwei Monate später, am Geburtstag seiner jüngsten Schwester Dietlind, starb er. Seine Mutter war bei ihm und überbrachte den Geschwistern die Todesnachricht. Und noch am nämlichen Tag feierten sie Geburtstag und sangen fröhliche Lieder. Sie wirkte offenbar so ruhig, so versöhnt, dass die Kinder den Tod des Bruders nicht als endgültigen Verlust erlebten. Es scheint, als sei diese Frau tatsächlich von jenem die Toten und die Lebenden verbindenden Bewusstsein getragen worden, das Todesanzeigen immer wieder beschwören und das so schwer zu erlangen ist. Als habe dieses Bewusstsein, diese emotionale Sicherheit sie befähigt, auch ihren Kindern den Schrecken vor dem Tod zu nehmen.

Allerdings sei die Angst vor dem Tod, die er als Kind zwischendurch ganz verloren hatte, später doch wiedergekehrt, erzählt Mueller-Stahl. Aber erhalten geblieben ist ihm die Fähigkeit, nicht die Verluste und das Bedrohliche im Leben wahrzunehmen, sondern die Chancen und Gestaltungsmöglichkeiten. Eine Haltung, die die Zähigkeit erklärt, mit der er sein Leben immer wieder von Grund auf neu aufgebaut hat.

Nach Jahren des Chaos von Kriegsende und Flucht gehen die Kinder wieder täglich zur Schule, das Leben gerät in ruhigere Bahnen.

Aber nun ging es los mit den Krankheiten. Weil ich unterernährt war, bekam ich Typhus, Gelbsucht und Mittelohrvereiterung. Ich musste in die Klinik, in der man mir mit Werkzeugen wie beim Klempner die Ohren operiert hat. Dass ich nun sterben würde, fand ich normal, schließlich starben dauernd Menschen um mich herum. Ich hatte auch das Gefühl, schon ein wenig weg zu sein von dieser Welt. Meine Seele war ramponiert durch all das Elend, das ich gesehen hatte. Und wer das Ende immer wieder so dicht erlebt hat, für den verschwimmen die Grenzen zwischen Leben und Tod. Als ich aus der Narkose aufwachte, war ich eine Weile irritiert, fast ein wenig enttäuscht, dass ich immer noch lebendig war. Erst allmählich habe ich wieder ins Leben zurückgefunden.

Doch selbst schlimmste Katastrophen werden im Alltag der Überlebenden allmählich wieder blasser. Die vitalen Forderungen des täglichen Lebens haben in ihrer ganzen Banalität doch auch eine erlösende, Leben erhaltende Funktion. Denn »ein jeder will leben, solange er lebt«, wie es bei Musil heißt. Und so taucht auch der junge Armin nach und nach ein in die Abenteuerwelt der Jugendlichen, in der Eroberungen und Wettkämpfe, innige Freundschaften und dramatische Rivalitäten regieren.

In Prenzlau ging er nun auch wieder in die Schule. Die Knabenoberschule war ausgebombt, also besuchten Mädchen und Jungen gemeinsam das Lyzeum. Vieles wurde improvisiert. Da einige alte Nazilehrer in der sowjetischen Besatzungszone den Laufpass bekommen hatten, unterrichteten ältere Schüler die jüngeren. So konnte sich Hagen nicht nur als Schüler, sondern bald auch als junger Lehrer hervortun. Für Armin hingegen war die Schule eher ein lästiges Übel. »Der Mueller-Stahl kann, wenn er will«, hieß es unter den Lehrern; meist aber wollte er nicht. »Er war nicht nur faul, sondern hatte den Kopf voll dummer Streiche«, berichtet die Mutter in ihrem Tagebuch. »Oft kam er später nach Hause – er saß dann auf meiner Bettkante und berichtete von seinen Abenteuern. Mir standen doch manchmal die Haare zu Berge, als ich erfuhr, was Armin und Ocka Roch (ein Klassenkamerad von Armin) sich alles ausgedacht hatten. So wurde zum Beispiel einem Schüler der unteren Klasse der Auftrag erteilt, einen Laufzettel in alle Klassen hineinzureichen, in dem es hieß, daß bei dreimaligem Läuten sich Lehrer und Schüler in der Aula zu versammeln hätten. Ocka Roch hatte geschickt eine Klingelanlage unter seiner Bank angelegt. Als er dreimal läutete, zogen Lehrer und Schüler in die Aula. Die beiden Übeltäter versperrten von außen die Flügeltüre der Aula und triumphierten, Lehrer und die gesamte Schülerschaft eingeschlossen und den Schulunterricht in Unordnung gebracht zu haben.«

Ganz wohl war auch der Mutter bei solchen Geschichten nicht. Strafen für seinen Schabernack hatte ihr Jüngster trotzdem kaum zu befürchten. Armin war zwar kein strebsamer Schüler, aber zufrieden, künstlerisch produktiv und sozial erfolgreich. Besonders im Theaterspiel stellten die Mueller-Stahl-Brüder während ihrer Schulzeit einiges auf die Beine. In Erinnerung ist ihnen beiden Shakespeares »Ein Sommernachtstraum«. Hagen spielte den Oberon, Armin den Zettel. Feuer und Flamme seien sie gewesen. Eine Tante kam an dieselbe Schule, sie nähte die Kostüme, und so wurde das Familientheater der Mueller-Stahls wieder aufgenommen. Das Spiel im Leben, das Leben im Spiel ging weiter.

Und da war nicht nur das Theater. Kurz nach dem Krieg hatte Armin seine zweite Geige bekommen und wieder zu üben begonnen; immer mehr, immer begeisterter. Und eines Tages, im März 1948, packte er seinen Geigenkasten und fuhr nach Berlin.

2 Der erste Geiger

Dazu gehört ein entschiedener Kopf. Doch der von außen besehen unvermittelten Entscheidung, die Musik ganz in den Mittelpunkt seines Lebens zu stellen, ging eine Zeit voraus, in der die Geige zur treuen Begleiterin geworden war. Armin ist erfüllt vom Zauber der Musik, die er ihr entlockt, und von den ganz eigenen Ausdrucksmöglichkeiten, die das Instrument ihm bietet. Und obwohl er mitten in der 10. Klasse steckt, spielt er bei der Musikhochschule vor. Dieser Versuch wird mit einer Absage beschieden. Die erste größere Enttäuschung, die er mit einem künstlerischen Anliegen erfährt. Es hat ihn schon getroffen, dieses »Nein«. Aber dieses Mal wird es ihm leicht gemacht, den Rückschlag zu verkraften. Denn der Ersatz, der sich auftut, ist eine reizvolle Alternative: Der damals weit über Berlin hinaus bekannte Professor Hans Mahlke bietet ihm Privatstunden an. Kostenlos. Das ist eine Chance, zugleich ein ungeheures Privileg. Mahlke, von vielen auch der »Intonationsteufel« genannt, will ihn zum Konzertviolinisten aufbauen. Allerdings befindet er: am besten sofort. Zu Hause aber wartet immerhin noch die Schule! Für Mahlke kein Argument: »Entweder Sie werden ein mittelmäßiger Geiger mit Abitur oder Sie werden ein erstklassiger Geiger ohne Abitur.« Armin entscheidet sich für den erstklassigen Geiger. Er bleibt in Berlin.

Berlin. Großstadt voller Bewegung. Schauplatz entscheidender politischer Entwicklungen und Umbrüche, zugleich kulturelles Zentrum der beiden Teile Deutschlands. Das Ende des Zweiten Weltkriegs bedeutete für Berlin zum dritten Mal in diesem Jahrhundert einen Neuanfang. In der Weimarer

Republik war die Stadt der Ort in Deutschland, an dem sich die neuen Techniken und das damit verbundene rasante Tempo exemplarisch manifestierten. Laut scheppernde Straßenbahnen und hupende Autos zwangen unerfahrene Passanten zu ständiger Vorsicht und plötzlichen Ausweichmanövern. Eine vormals undenkbare Hektik griff um sich, die die Menschen mal als Bedrohung, mal als Aufbruch und Versprechen erlebten. Souverän stellte sich der Flaneur der allgemeinen Aufgeregtheit entgegen und führte provokativ seine Schildkröte durch die Passagen spazieren. Stadt der Widersprüche.

Die Nazis hatten Berlin als »Germania« zur Welthauptstadt machen wollen. Nach 1945 war davon nur ein Trümmerfeld geblieben, durch das die hungernden Überlebenden streunten. Aber schon bald ist Berlin wieder Hauptstadt. Zugleich Symbol des geteilten Deutschlands. Als solches spiegelt und erleidet es in den folgenden Jahren jede neue Spannung zwischen Ost- und Westmächten. Zuerst und unmittelbar die Berliner Blockade, mithilfe derer die Sowjets 1948/49 versuchen, die Westmächte durch Sperrung der Verkehrswege aus Berlin hinauszudrängen.

Ich wohnte damals in Steglitz, in der Elisenstraße 1, und die Helligkeit im Osten der Stadt strahlte zu uns herüber. Im Westen war es dunkel und kühl. Ich spielte Geige, und die Räume waren nicht geheizt. Ich erinnere mich noch, dass ich mir immer warmes Wasser kochte, um die Hände warm zu bekommen fürs Üben. Meine einzige Freude war es, hin und wieder ins Theater zu gehen. So sah ich zum Beispiel Kafkas »Prozeß« und Shakespeares »Hamlet« mit Horst Caspar, dem jungen, großen Charakterdarsteller im Schlossparktheater, das war ganz bei uns in der Nähe. Außerdem gingen wir, wann immer es möglich war, sonntagmorgens in die Titaniapalast-Konzerte.

Konzerte waren für die beiden Brüder in dieser Zeit eigentlich unerschwinglich. Aber sie waren jung, unbefangen und einfallsreich. Wofür hatten sie schließlich ihr schauspielerisches Talent! Damit ließ sich schon mal etwas tricksen. »Einer stellte sich regulär in die Schlange, einer verdrückte sich in der großen Menge und, wenn es ans Kartenvorzeigen ging, rief man einfach in den großen Pulk: ›Mensch, Armin, wo bist du denn mit den Karten?‹, und schon war man drin«, erzählt Hagen mit spürbarem Vergnügen. »Vor der zweiten Sperre haben wir uns dann ein Programm gekauft und haben, scheinbar ins Lesen vertieft, die zweite Kontrolle passiert. Irgendwie sind wir so meist reingekommen. Natürlich konnte das auch mal schiefgehen. Einmal hat man mich bei einem Furtwängler-Konzert vom Platz gerufen. Ich habe dann noch versucht, mich hinter den Vorhängen zu verstecken, um doch drinbleiben zu können, aber man rief sogar die Polizei.« Peinlich sei ihnen das nicht gewesen, nein. Die Musik war ihnen wichtig, und was sollten sie denn machen ohne Geld. »Einmal, bei einem Wohltätigkeitskonzert, hatten wir uns vorne in die sechste Reihe gesetzt, als eine Kontrolle kam und fragte: ›Kann ich bitte mal Ihre Karten sehen!‹ Wir haben zum Schein etwas gesucht und dann sagte ich: ›Ich denke, das ist ein Wohltätigkeitskonzert.‹ Das war ja kühn, aber dann zog dieser Mensch plötzlich zwei Karten hervor und sagte, die sind von Herrn Grunak. Das war der Direktor des Titaniapalastes. Gut, so ließen wir uns eben einladen. Grunak mochte junge Männer. Ja, da hieß es schon ein bisschen aufpassen. Wir kamen ja aus der Provinz und waren naiv. Andererseits durfte man in dieser Zeit auch nicht zu ängstlich sein. Musste zwar immer sehr klar die Grenzen und Gefahren sehen, aber auch die Chancen und Nischen. Und da wir beide sehr konsequent waren, sind wir nie in eine dumme Situation gekommen.« Aber in die Konzerte!

Geld hatte ich in dieser Zeit so gut wie gar keins. Ich erinnere mich noch an die ersten Kreppsohlenschuhe, die mir mein Bru-

der schenkte. Ich stellte sie auf den Nachttisch, habe sie lange beguckt und war sehr stolz darauf. Und an die erste Cordhose, die mir auch mein Bruder von seinem Ersparten gekauft hatte. Später erhielt ich ein Stipendium, achtzig Mark vom Konservatorium, das war damals viel Geld.

Ab und an konnten wir auch mal ins Kino. Die ersten Filme, die ich zu jener Zeit sah, sind mir noch sehr präsent. Vor allem »Die besten Jahre unseres Lebens«, ein amerikanischer Film. Diese Geschichte von drei Soldaten, die aus dem Krieg nach Hause kommen und nur unter großen Mühen beruflich und familiär wieder Fuß fassen, hat mich sehr beeindruckt. Später gab es dann die Grenz-Kinos, wo die Leute aus dem Osten hinströmten, weil sie dort die Filme sehen konnten, die im Ostsektor schon verboten waren.

Ja, und natürlich erinnere ich mich an den Marshallplan. Da kamen die ersten Marsriegel auf und all die Butterfinger und was es sonst heute auch noch so gibt. Das alles war damals zum ersten Mal zu sehen und auch zu kaufen, aber ich konnte es mir leider nicht leisten. Doch allein die Tatsache, dass es das gab, war für mich eine merkwürdige Form von Wohlstand, der da auf uns zukam.

Das war im Mai 1949. Nach Aufhebung der Blockade wird noch im selben Monat im Westteil der Stadt das Grundgesetz der Bundesrepublik Deutschland verkündet, im Oktober in Ostberlin die Deutsche Demokratische Republik proklamiert. Ruhe wird die Stadt jedoch weiterhin nicht finden. Sie bleibt Drehscheibe im nationalen Auf und Ab zwischen Kaltem Krieg und Entspannungsbemühungen, vom Koreakrieg Anfang der fünfziger Jahre über die McCarthy-Ära in den USA, Chruschtschows Berlin-Ultimatum 1959 bis zum Mauerbau im August 1961.

In der DDR selbst war die schwerste Krise der Volks- bzw. Arbeiteraufstand am 17. Juni 1953, der in Ostberlin begann und auf das DDR-Gebiet übergriff. Zu der Zeit hatte Mueller-Stahl schon sein erstes festes Engagement im Theater am Schiffbauerdamm.

Am 17. Juni bin ich mitmarschiert. Wir hatten gerade Probe, als einer reinkam und sagte, da ist was los. Wir gingen raus, und eine große Menge strömte zur damaligen Karl-Marx-Allee. Einige von unserer Gruppe gingen mit. Ich war auch dabei.

Der Aufstand wurde von russischen Panzern brutal niedergeschlagen und offiziell als faschistischer Putsch verleumdet: Er sei von imperialistischen Kreisen mit Schützenhilfe des RIAS gesteuert worden. Gekaufte Achtgroschenjungen seien von Westberlin eingeschleust worden, um die Werktätigen aufzuhetzen, hieß es. Innerhalb der DDR wurden die Ereignisse des 17. Juni lange kontrovers diskutiert.

Nein, an den Diskussionen habe ich mich erst mal nicht beteiligt. Es gab ja dann den neuen Kurs, der sehr bald wieder der alte Kurs war. Mein Engagement bei solchen Anlässen war meist sehr intuitiv. Ich habe da Gott sei Dank eine Art spontanes Gewissen, das schlägt zuverlässig aus, wenn irgendwo oder irgendjemandem Unrecht geschieht. Da bin ich auch ganz unabhängig von anderen Meinungen und den Suggestionen der Medien. Und in diesem Juni erschien mir der Aufstand der Arbeiter gerechtfertigt. Da musste ich nicht lange nachdenken.

Nachgedacht hat er freilich schon darüber, in welchem Land er hier eigentlich lebte.

Damals gab es zum ersten Mal Momente, in denen ich nur noch wegwollte. Die DDR stand mir zum ersten Mal bis zum Hals.

Berlin war in der Nachkriegszeit aber nicht nur politisches, sondern auch kulturelles Zentrum. Mit seinen großen Theatern – dem Deutschen Theater und den staatlichen Schauspielbühnen, dem Berliner Ensemble und der Volksbühne – zählte es zu den führenden Bühnenstädten Deutschlands.

Und Filmstadt war Berlin, seit es den Film gibt. Die legendäre Vorführung 1895 im Wintergarten gilt als Geburtsstunde des Kinos. Fünfzehn Minuten lang zeigte man »Lebende Photographien« mit Hilfe eines »Bioskops«, das heißt eines Doppelprojektors, als Schlussnummer eines Varietéprogramms. Das hier angewandte Verfahren wurde zwar bald durch den sogenannten Kinematographen der Gebrüder Auguste und Louis Jean Lumière abgelöst, das Programm selbst aber hatte Erfolg und war der Beginn einer bewegten Filmkultur in Berlin: 1896 wurde in den »Wilhelmshallen« ein Vorführraum der »Deutschen Kinematographischen Gesellschaft« eröffnet, und 1903 wurden die ersten »Ton-Bilder« im Apollo-Theater gezeigt. In den Jahren 1905/1906 begann eine regelrechte Kinogründungskonjunktur, die von Berlin aus über Hamburg alle deutschen Großstädte ergriff. Am 18. Dezember 1917 fand im Hotel Adlon ein Festakt anlässlich der Gründung der Ufa statt. Nicht die einzige, aber damals doch eine der wichtigsten deutschen Produktionsgesellschaften. 1951 schließlich starteten die Berliner Filmfestspiele. Alljährlich im Frühjahr werden hier seitdem Filme aus aller Welt von einer internationalen Jury begutachtet und ausgezeichnet.

Schon damals florierte auch die Produktion von Filmen in der Stadt selbst. Zum einen durch die Vergabe von Fördergeldern, die in Berlin investiert werden mussten und so der stadteigenen Filmwirtschaft zugutekamen. Zum anderen, weil Berlin schon seit der Weimarer Republik – mit Walter Ruttmanns 1927 herausgekommenem »Berlin. Die Symphonie der Großstadt« – immer wieder als Kulisse und Ausgangspunkt für Filmgeschichten diente. So war und ist Berlin für alle, die dem Kino qua Profession oder Obsession verbunden sind, ein fruchtbares Pflaster.

Das gilt ebenso für die Tradition als Musikstadt. Denn die

Programme der beiden Opernhäuser und des Philharmonischen Orchesters wurden bald nach Ende des Krieges wieder aufgenommen. Neben den Titaniapalast-Konzerten besuchte Mueller-Stahl nun regelmäßig die Konzerte von Sergiu Celibidache, kannte bald jede von dessen Interpretationen und begann sich selbst in die Dirigentenrolle hineinzuphantasieren: Diesen Part würde er vielleicht schneller nehmen, das Largo leiser und hier, das Scherzo, unbedingt dynamischer.

In dieser Zeit wollte ich zum ersten Mal Dirigent werden. Und ich hätte das vermutlich auch gut gekonnt. Als Dirigent zu arbeiten, stelle ich mir heute noch sehr interessant vor. Mit der 4. Symphonie von Brahms könnte ich mich sofort präsentieren, so gut kenne ich sie. Dieser Berufswunsch hat sich mit am längsten bei mir gehalten.

Vorläufig aber spielte er Geige. Lebte in einem kleinen möblierten Zimmer Tür an Tür mit seinem Bruder Hagen, der inzwischen Germanistik und Anglistik an der Humboldt-Universität studierte. Beiden bot Berlin als Mekka und Melting-Pot deutschen Kulturlebens genau den Ansporn, den sie suchten. Jene produktive Mischung aus Forderung und Ermutigung, die sich in dieser Zeit in Deutschland wohl nur in der großen, pulsierenden Stadt einstellte. Sechsunddreißig Jahre wird Armin Mueller-Stahl hier leben. Sechsundzwanzig Jahre im Ostteil und zehn im Westen der Stadt.

Durch den Bruder hatte er anfangs in der Fremde auch ein Stück Familienheimat. Jemanden, der ihn gut kannte und nun miterlebte, wie er sich mit ungeheurer Energie in das Geigenspiel vertiefte. Er spielte jeden Tag sechs, sieben, acht Stunden.

Ja, ich habe schon viel geübt, aber zugleich ist mir vieles auch sehr leicht gefallen, mit dem andere sich lange mühen müssen. Dabei habe ich ganz schnell und mit großer Naivität begonnen, öffentlich aufzutreten. Über die Technik habe ich in dieser Zeit nicht viel nachgedacht, meine Finger machten das einfach so.

Armin spielt, genießt sein Können, das Eintauchen in die Welt des direkten, wortlosen Ausdrucks. Dabei wird er profitiert haben von seiner Vertrautheit mit der Malerei. Wie viel lässt sich doch von den großen Malern für die Farbgebung in der Musik lernen. Wie viele Musiker waren nicht auch, zumindest phasenweise, als Maler tätig. Armin weiß sich in der besten Gesellschaft. Er ist erfolgreich, erntet Lob und Zuspruch bei seinen Auftritten. César Franck, Mozart und Beethoven gehören zu seinem Repertoire, und immer neue Stücke erarbeitet und erobert er sich hinzu. Ja, damals hat er sich vorgestellt, Violinist zu werden.

1949 fügt er dem Geigenunterricht ein Musikstudium am Sternschen Konservatorium hinzu, die Entwicklung scheint klar. Doch dann, Anfang 1951, unvermittelt, der Entschluss: »Ich höre auf mit dem Geigenunterricht und gehe auf die Schauspielschule. Ich wollte etwas, was mich einmal wieder richtig herausfordert«, kommentiert er selbst noch heute diesen plötzlichen Sinneswandel.

Sein Bruder Hagen vermutet, dass auch ein gewisser Überdruss an dem Drill eine Rolle spielte, der diesem täglichen Üben zwangsläufig innewohnt. »Das war nichts für Armin. Er hat wie ein Besessener geübt in dieser Zeit, aber er verlor dabei auch etwas. Und sein Lehrer, der war zwar sehr berühmt, aber er war eben auch ein strenger Lehrer. Und Armin wollte sich nie in eine feste Form pressen lassen. Dafür ist sein Freiheitsbedürfnis viel zu groß.«

Einmal hat mir Professor Mahlke viermal die gleiche Etüde aufgegeben. Also übte ich zehn Minuten die Etüde und sechs Stunden, was mir Spaß machte. Die Etüde langweilte mich: Mit ganzem Bogen, halbem, Auf- und Abstrich, das war eine Tortur.

Nein, so konzertieren, eingeengt durch Noten und Frack, nein, das wollte ich auf keinen Fall.

Zweierlei dürfte mithin eine Rolle gespielt haben. Schlichte Unterforderung allein kann es nicht gewesen sein. Dies als Argument wäre ein Affront gegen alle großen Interpreten, die ihrem Instrument lebenslang treu bleiben. Vermutlich befand sich Mueller-Stahl in Bezug auf seine künftige berufliche und künstlerische Tätigkeit an einer Weggabelung. Was es hieß, die Musik zur Profession zu machen, kannte er nun. Den Reiz einer Laufbahn als Musiker – und den Preis, den er würde zahlen müssen. Nun wollte er auch noch erfahren, was die Schauspielerei als Beruf für ihn böte. Ob er tatsächlich Talent hätte? Ob sich die Freude am Spiel, die er als Laie erlebt hatte, halten würde, auch dann, wenn es ernste Arbeit ist?

So bewirbt sich Armin bei der Schauspielschule, gibt den Geigenunterricht auf und beginnt im Osten einen neuen, entscheidenden Abschnitt seines Lebens.

Dieser Neuanfang aber gestaltet sich schwierig. Schon bald wird deutlich, dass Armin auch als Schauspieler nicht den vorgezeichneten Weg von Ausbildung, Lehr- und Meisterjahren gehen wird. Doch trotz aller Kritik und Hindernisse, die ihm begegnen, trotz aller Krisen auch, die er in den ersten Jahren seiner Laufbahn erlebt, hält er an der Schauspielerei fest. Vordergründig mag der Zufall in Gestalt von unvorhergesehenen Rollenangeboten dabei eine entscheidende Rolle gespielt haben. Auch ein gewisser »sportlicher« Ehrgeiz, sich gerade angesichts der Hürden bewähren zu wollen. Aber vielleicht war er auch trotz der beeindruckenden musikalischen Begabung eher Psychologe als Mathematiker. Eher Träumer als Perfektionist. Ein Spieler in den Fußstapfen des Vaters. Einer, der bei all seinen unterschiedlichen Begabungen instinktiv genau dort verharrt, wo sich die Lebenslinien und die ihm eigenen Energien konzentrieren.

Ich wollte ursprünglich nur mal für ein Jahr in die Schauspielerei reinschnuppern. Aus dem Jahr ist dann das Leben geworden.

Manche berufliche Entscheidung wirkt nach außen wie ein widersprüchlicher, verworrener oder willkürlicher Prozess. Erst aus dem Abstand zeigt sich darin ein Muster, vielleicht sogar ein Sinn. Das gilt sowohl für Mueller-Stahls langen Weg als Schauspieler wie für sein spätes Coming-out als bildender Künstler.

3 Geschlossene Gesellschaft

Der Prinz betritt die Bühne

Als Schüler taugte Armin wirklich nicht viel. Dabei war er durchaus lernbegierig. Nur den festen Riten und Hierarchien von Institutionen mochte er sich damals schon nicht unterwerfen. Immer wieder gab es Menschen, von denen er lernen wollte, die er achtete und bewunderte. Aber jenen, die nicht die Eigenständigkeit des Adepten begrüßten, sondern Anpassung und Unterwerfung verlangten, entzog oder widersetzte er sich beharrlich. Ebenso jedem Gruppendruck und Zwang zu Gemeinsamkeit.

Keine günstigen Voraussetzungen für Erfolge in einer Lehranstalt, selbst wenn es eine für erwachsene Künstler ist. Und so muss er die Schauspielschule denn auch schon bald wieder verlassen. »Wegen mangelnder Begabung«, wie es in der offiziellen Begründung heißt. Mueller-Stahl selbst vermutet jedoch, dass es eher die Renitenz gegenüber manchen ungeliebten Lehrern war, die zu seinem Ausschluss führte. Das alte Lied: Er will sich seine Intuition nicht durch Vorschriften zerstören lassen, will nicht gegängelt oder bevormundet werden. Eher nimmt er seinen Hut. Und das nicht zum letzten Mal.

Nun war er also wieder frei und eigentlich auch bereit, zurückzukehren zur Musik. Zumal er immer noch Musik studierte und erst 1953 seinen Abschluss machen wird. Aber bevor er der Schauspielerei ganz Lebewohl sagte, wollte er sein Glück noch beim Theater versuchen. Genauer: beim Theater am Schiffbauerdamm, wo sein Bruder Hagen bei Fritz Wisten arbeitete. Der war seit 1946 Intendant des Theaters und damit zuständig für das Volksbühnen-Ensemble, dessen ursprüngliche Spielstätte am Rosa-Luxemburg-Platz noch auf den Wiederaufbau wartete. Armin spricht bei Wisten vor. Der gibt ihm eine Rolle im nachmittäglichen Märchentheater. Als singender Prinz steht Mueller-Stahl dort zum ersten Mal auf einer großen Bühne. Wenig später wird er auch im Abendspielplan eingesetzt und dadurch festes Mitglied der Truppe.

Mit diesem Schritt war eine wichtige Hürde genommen, doch die ersten Etappen der Schauspiellaufbahn Mueller-Stahls verliefen wechselhaft. In seinem Wunsch, gut zu spielen, vergaloppierte sich der engagierte Debütant immer wieder und musste manch herbe Zurechtweisung einstecken.

Ich war nicht auf Anhieb erfolgreich. Dass der Einstieg dennoch relativ gut verlief, verdanke ich ein Stück weit auch meinem Bruder. Er, als der Ältere, hatte Erfahrung und kannte mich zugleich gut. Dadurch gab er mir einen Halt. Als Lehrer an der Schauspielschule und dann auch beim Theater. So hat er zum Beispiel von Sean O'Casey »Abschied um vier Uhr früh« inszeniert, und da waren mir seine Hinweise schon sehr wichtig. Zu jener Zeit arbeitete ich auch mit einem Regisseur, Kurt Jung-Alsen, der immer »Mueller« zu mir sagte, wenn ihm nicht gefiel, was ich machte, und »Stahl«, wenn er mit mir zufrieden war. Da habe ich oft gehört: »Sehr gut, sehr gut, Mueller, lassen wir weg, was wir weglassen, kann nicht durchfallen.« Oh, hat mich das damals gefuchst. Schließlich hatte ich dafür gearbeitet. Und ich wollte doch so gern zeigen, was ich kann. Als junger Mann war das für mich sehr, sehr schmerzhaft.

Es ist selten, dass Mueller-Stahl Verletzungen thematisiert. Wenn er aber aus den frühen Jahren seiner Theaterzeit berichtet, dann ist die damals durchlebte Angst so gegenwärtig, dass plötzlich der junge Mann zum Vorschein kommt, der mit seiner Verletzlichkeit, seinem Stolz und Ungestüm sehr wehrlos auf den Brettern steht.

Fritz Wisten, der Intendant, war da ganz anders, er war einfühlsamer. Trotzdem hatte ich vor ihm großen Respekt, man kann sogar sagen »Angst«. Doch Hagen, der ja mit seiner Tochter verheiratet war, war auch hier für mich wie ein Puffer. Denn Angst blockiert, und das ist ja für einen Schauspieler eine Katastrophe.

Das wird er auch später immer wieder erleben, noch in den Staaten, als er schon ein alter Hase ist. Aber die Angst blockiert nicht nur, sie hält auch wach oder aber, wie Ernst Bloch sagt: »Angst lehrt denken.« Auf jeden Fall verhindert sie das träge Gefühl der Selbstverständlichkeit und mag damit jene besondere Form von Präsenz mitbestimmen, die Mueller-Stahl auch noch in seinem 100sten Film auszeichnen wird.

Meine erste Rolle unter Fritz Wisten spielte ich im »Armen Konrad« von Friedrich Wolf. Einen einzigen Satz musste ich sprechen: »Der Herzog rückt an.« Ich hatte ihn die ganze Nacht geübt. Einfach nur die paar Worte sagen, das reichte mir nicht. Der Mann muss sterben nach diesem Satz, sagte ich mir. Ich bin also auf die Bühne, habe meinen Satz deklamiert und brach danach hingebungsvoll zusammen. Wisten guckte mich ganz verwundert an, denn vom Sterben stand ja nichts in dem Stück. »Der Mann ist verwundet«, habe ich ihm erklärt. »Gut, gut«, meinte er da nur, »aber stirb nicht zu lange, und vor allem stirb dem Kutschera nicht in den Satz hinein.« Richtig schwierig wurde es, als man begann, mir die Rolle des Liebhabers in den Shakespeare-Stücken anzutragen. Die Liebhaber sind ja meist mehr Stichwortgeber für die anderen Figuren. Ich hingegen versuchte, Charakterrollen daraus zu machen. Aber ein stotternder strahlender Held, das klappt natürlich überhaupt nicht. Furchtbare Figuren. Keiner wollte sie sehen, weder die Kollegen noch ich. Da zweifelt man natürlich an sich.

Damit begann für ihn als Schauspieler eine Krise, aus der er sich mühsam wieder herausarbeiten musste. Er nahm privat Schauspielunterricht und versuchte, die Blockaden abzubauen und die Gewichte neu zu verteilen. Ein Prozess, den man sich etwa so vorstellen muss, wie Kleist ihn in seinem Essay »Über das Marionettentheater« beschreibt: »Da verliert ein Jüngling in dem Moment, in dem er sich selbst gegenübertritt und beobachtet, seine ganze Spontaneität, seine Grazie und Ausstrahlung – und muss sich diese in einem langwierigen Akt der bewussten Aneignung zurückerobern.«

In den jungen Jahren voller Unsicherheiten und Bewährungsdrang war dies eine harte Prüfung. Aber die Hartnäckigkeit, mit der Mueller-Stahl schon damals lernte, an sich selbst zu arbeiten, hat sich für ihn ausgezahlt. Denn wenn man im Rückblick verfolgt, wie gezielt er kontinuierlich seine persönlichen und schauspielerischen Charakteristika verfeinert und zum Einsatz gebracht hat, dann wird deutlich, wie nachhaltig ihm diese Lehrzeit genützt hat.

Bis 1954 spielt er mit dem Volksbühnen-Ensemble noch im Theater am Schiffbauerdamm. Dann zog man zum wiederhergestellten Rosa-Luxemburg-Platz, und Brecht übernahm das Theater am Schiffbauerdamm.

Ich selbst habe nie unter Brecht gespielt, das verwechseln die Leute oft, die sich in der damaligen Theaterwelt nicht auskennen. Meine Heimat war die Volksbühne.

Und das sollte sie für beinahe 25 Jahre bleiben. Ab 1952 spielte er im »Armen Konrad«, »Aschenbrödel« und anderen Theaterstücken verschiedene kleinere Rollen. Erste Erwähnung mit einem größeren Part fand er 1956 als Bruder Martin in George Bernard Shaws »Heiliger Johanna« wegen der »bemerkenswert ausgewogenen Darstellung von echtem Mitleid und Glaubenseifer«. Von da ab mehrten sich die anerkennenden, mitunter enthusiastischen Pressestimmen.

Eine Art Durchbruch bedeutete für ihn dann, wohl nicht zufällig, 1961 der Narr in Shakespeares Komödie »Was ihr wollt«. Er hat diesen Narren, wie er selbst gern erzählt, quasi auf den Kopf gestellt. Das Publikum reagierte begeistert. »Eine seiner reifsten Leistungen bot schließlich Armin Mueller-Stahl, der den Narren ganz locker, ganz überlegen, ganz voller lebendiger Geistigkeit spielte und so die verschlüsselte Philosophie des Dichters vorzüglich zum Ausdruck brachte«, lobte Der Morgen.

Als Narr konnte er auch zum ersten Mal zeigen, wie viel pantomimisches Talent in ihm steckt. Diese Fähigkeit ist zu einem der zentralen Momente seiner Schauspielkunst geworden. Zusammen mit seiner Lust an der Improvisation hat sie ihn in jungen Jahren beruflich einmal sogar regelrecht gerettet. Das war ganz zu Anfang seiner Karriere. Da war er noch keineswegs der bewährte Star, der sich auch einmal einen Lapsus erlauben kann. Noch stand er permanent auf dem Prüfstand. Dieses Mal ganz besonders, denn es handelte sich nicht um einen normalen Auftritt, sondern um einen spektakulären Anlass, bei dem er sozusagen als Teil der künstlerischen Elite und Hoffnungsträger des Landes auftrat. Versagen wäre mithin eine Katastrophe vor den Augen der Nation gewesen. So leben denn auch noch heute Panik und Triumph wieder auf, wenn er dieses Erlebnis mit dem ihm eigenen Sinn für Dramatik zum Besten gibt. Aufschlussreich für den Werdegang und die Person Armin Mueller-Stahls ist die Geschichte in mehrfacher Hinsicht. Sie zeigt seinen Humor, seine Improvisationsgabe, die ihn auch in Situationen großer Bedrängnis nicht verlässt, und eine ausgeprägte Selbstreflexion.

In den fünfziger Jahren wurde die Staatsoper mit einem großen festlichen Staatsakt eingeweiht: Franz Konwitschny dirigierte, Weltstars wurden eingeflogen, und ich sollte zu diesem An-

lass eine der schwersten Balladen von Goethe rezitieren: »Der Gott und die Bajadere«. Ich hatte Lampenfieber. Wir saßen alle in der Kantine und warteten auf unseren Einsatz. Ich trank, um die Nervosität loszuwerden, zwei doppelte Cognacs und beschäftigte mich noch mit der Ballade, denn solch einen Text muss man lernen wie Kammermusik: Man kann ihn auswendig, hat aber das Buch dabei. Schließlich hörte ich die mächtigen Schlusstakte des Wagnerstücks und gleich darauf die Stimme: »Herr Mueller-Stahl, bitte auf die Bühne.« Einmal, zweimal, dreimal – und plötzlich fiel mir ein: Ich muss ja noch durch den ganzen Keller! Das war nämlich nicht so wie bei der Volksbühne, wo man von der Kantine gleich auf die Bühne konnte. Meine Ruhe war dahin. Ich verlief mich in den langen unterirdischen Gängen; alle zehn Meter waren dort unten Lautsprecher angebracht und ich hörte die immer dringlichere Stimme: »Mueller-Stahl, bitte beeilen.« Nur durch die Hilfe einer Putzfrau kam ich schließlich doch noch rechtzeitig zur Bühne. Der Inspizient schob mich raus, ich verpasste dann noch den Aufgang für die Künstler, stolperte von hinten durchs Orchester. Völlig erschöpft stellte ich mich neben Konwitschny. Meine Knie zitterten und der Notenständer neben mir zitterte mit, es war furchtbar. Dann deklamierte ich erst einmal den Titel: »Der Gott und die Bajadere«. Just in diesem Augenblick bemerkte ich, dass ich mein Textbuch in der Kantine liegen gelassen hatte. Katastrophe. Denn sofort war auch der ganze Text weg. Was mache ich jetzt? Ich konnte ja nicht sagen, liebes Publikum, ich muss schnell noch mein Buch holen. Die Situation schien ausweglos. Ich wusste: Hier musst du als Gaukler durch. Gott sei Dank öffnete sich in dem Augenblick eine Tür im Parkett und ein später Besucher kam polternd herein. Er war meine Rettung! Ich legte eine »ungeduldige« Kunstpause ein und stempelte ihn zum Sündenbock für mein Zögern. Ich wusste, ich muss jetzt ruhig werden. Und dann habe ich einfach angefangen. Die ersten beiden Zeilen erinnerte ich noch:

Mahadöh, der Herr der Erde,
Kommt herab zum sechsten Mal ...
und dann habe ich einfach weitergesprochen, habe die ganze Ballade erfunden, dazu gespielt, und meine ganze Kraft in diesen Text gelegt. Die Erinnyen sind wirklich durch das Stadion gefegt, sie haben sich verbrannt im göttlichen Blut, und was ich da noch alles in diesem Moment gedichtet habe, weiß ich nicht mehr. Mir ist es jedenfalls gelungen, die Leute zu fesseln. Sie haben geguckt und sind mitgegangen, es war eine ungeheure Spannung im Raum, die Zuschauer waren mucksmäuschenstill. Manche haben wohl gar nicht gemerkt, dass dies nicht der Originaltext war.

Natürlich ist er stolz. Es muss sich bei ihm ein Gefühl eingestellt haben wie bei einem Sportler, der plötzlich schneller läuft oder höher springt, als er selbst von sich geahnt hat. Und natürlich wirkt die Erfahrung, dass man in einer Notsituation nicht zusammenbricht oder ausfällt, sondern im Gegenteil über sich hinauswächst, ungeheuer stärkend auf das Selbstbewusstsein.

Anschließend kam der berühmte Kollege Rolf Ludwig, ein von mir hochverehrter Schauspieler, der mir mit meinem Buch hinterhergelaufen war, auf mich zu und sagte: »Nun kann ich nicht mehr auftreten, ich bin total fertig.« Der zitterte genau wie ich. Als er dann dran war, war er natürlich doch großartig. Aber das, was er spielte, hatte er auch schon hundertmal gespielt. »Der Gott und die Bajadere« dagegen rezitiert man höchstens einmal im Leben.

Seine Improvisationsgabe hat ihn gerettet. Binnen weniger Jahre erringt er nun in immer neuen Rollen die Aufmerksamkeit und Begeisterung von Publikum und Kritikern. Eine der ersten hoch gelobten Partien war 1962 die des Prinzen in Lessings »Emilia Galotti«, »eine reife, äußerst prägnante Leistung. Von Anbeginn enthüllt er ohne Überzeichnung das in jeder Beziehung laue, gemeine Wesen dieses in Müßiggang und Begierde verweichlichten Winkeldespoten« (BZ am Abend).

Tatsächlich wird schon bei diesen Rollen deutlich, dass hier einer nicht nur »auf dem besten Weg ist, sich in die führende Reihe unserer jungen Darsteller zu spielen«, wie die Junge Welt, das Organ des Zentralrats der FDJ, damals etwas gönnerhaft meinte, sondern es im Grunde schon geschafft hat.

In diesen Rollen war ich so gut, wie ich damals sein konnte, wie später als André Bolkonski in »Krieg und Frieden«, Mercutio in »Romeo und Julia«, Marquis Posa in »Don Carlos«.

»In dieser Zeit hat mein Mann das Theater wirklich geliebt«, erinnert sich Gabriele Mueller-Stahl später. »Das Bewusstsein, in guten Stücken eine gute Rolle zu spielen, das hat ihn befriedigt und angespornt. Davon hat er oft erzählt. Wenn er auf die Bühne trat, dann gab es immer eine Woge der Begeisterung.«

Kein Zweifel, das Publikum schätzt den jungen Mimen, der seinen Figuren ganz eigene, teils neue Gesichter verleiht. Zur gleichen Zeit ist auch schon der vierte Spielfilm mit ihm auf der Leinwand und der zweite, in dem er eine Hauptrolle spielt. Für den Bühnenhelden hat eine zweite Karriere begonnen. Neben den abendlichen Vorstellungen wird er jetzt in der DDR über zwanzig Jahre hinweg kontinuierlich für Film und Fernsehen vor der Kamera stehen.

Neue Wirkungsstätte Babelsberg

Begonnen hat seine Filmkarriere allerdings nicht gerade glanzvoll: 1955 spielte er unter der Regie von Gustav von Wangenheim in dem Spielfilm »Heimliche Ehen« den jugendlichen Beau, der die Frauen bezirzt. Eine Rolle, die in enger Verbindung zu seinen Theaterparts stand, in denen man ihn, wegen »seines Gesichts, seiner volltönenden Stimme und seiner anziehend wirkenden Erscheinung über Jahre hin vorwiegend zum Liebhaber stempelte«. Mueller-Stahl hat sich gegen diese Festlegung immer gewehrt. Er ahnte, wie rasch eine solche Fixierung sich in den Köpfen festsetzen und ihn in seiner Entfaltung behindern würde. Tatsächlich meinte ein Kritiker der Schatulle schon 1962 bei der Premiere von »Emilia Galotti« wortreich diagnostizieren zu können, dass Armin Mueller-Stahl zwar »ein guter jugendlicher Liebhaber, ein ausgezeichneter Charakterkomiker« sei, als Prinz aber eine Fehlbesetzung. »Da er Liebe zu spielen hat, ist er wie sonst als Liebhaber der sympathische, frische Junge. Man glaubt ihm die Echtheit seiner Liebe. Doch hier geht es um das Gefühl eines Lüstlings, das er wohl Liebe nennt, das aber doch nur egozentrische Genußsucht ist. Ein zwielichtiger Charakter, eine zwielichtige Liebe sind darzustellen. Mueller-Stahl, der von innen nicht beide Seiten zu geben weiß, rettet sich für die eine, schlechtere, in die Äußerlichkeit, die ihm die äußerliche Inszenierung anbietet. Da sitzt man nun und fragt sich erstaunt und amüsiert, warum dieser nette Jüngling so kuriose Fratzen schneidet, die doch gar nicht zu ihm passen. Wenn er beim Frühstück im Bett die Lippen wulstet und sich auch sonst gibt, als habe er Heinrich VIII. zu spielen, dann ist das eine recht komische Darbietung. Um das Verfehlte seiner Darstellung drastisch auszudrücken: Man gönnt ihm, daß die Emilia mit ihm ins Schlafzimmer geht, und hofft nur, daß sie ihm dort die Grimassen abgewöhnt.«

Mueller-Stahl muss gekocht haben, als er diese Besprechung las. Und wenn er bis heute so nachdrücklich Wert darauf legt, immer wieder neue Figuren und Rollen zu spielen, dann rührt sein Impuls sicher auch von solch frühen schlechten Erfahrungen her. Interessant ist diese Kritik im Rückblick auch deshalb, weil der Autor seinem Opfer genau die Fähigkeit abspricht, derentwegen er später immer wieder in berühmten Filmen engagiert sein wird: das Format für zwielichtige Charaktere.

Vorläufig muss er allerdings noch die Liebhaber spielen, obwohl seine »Liebhaberausstrahlung« in den »Heimlichen Ehen« weder ihm noch dem Film geholfen hat. Das Ganze wird ein Misserfolg. »Ich habe mich bei der Premiere richtig geschämt. Am liebsten wäre ich aus dem Kino gelaufen«, erinnert er sich später.

Mueller-Stahl kehrt zur Bühne zurück. Einige der Theaterstücke werden fürs Fernsehen aufgezeichnet. Aber zum Kino selbst kommt er erst fünf Jahre später wieder. Nun sozusagen endgültig. Denn wenn er danach auch weiter auf der Bühne stehen wird: Mit »Fünf Patronenhülsen« beginnt 1960 definitiv seine zweite Laufbahn, sein Weg als Filmschauspieler.

Zu dieser Zeit wurden im DEFA-Filmstudio in Babelsberg schon seit vierzehn Jahren wieder Filme gedreht: Am 4. Mai 1946 fiel die Eröffnungsklappe für Wolfgang Staudtes Spielfilm »Die Mörder sind unter uns«, die erste deutsche Nachkriegsproduktion. Zwei Wochen später übergab Oberst Sergej Tulpanow, der Leiter der Abteilung Information der SMAD (Sowjetische Militäradministration), die Lizenz »zur Produktion von Filmen aller Art« an die DEFA Film A. G. in Gründung. Die Vorgeschichte dieser historischen Stunde für den deutschen Film ist interessant und sicher prägend für die Entwicklung des Filmschaffens in der DDR: Staudte hatte, wie in »Das zweite Leben der Filmstadt Babelsberg« referiert wird, das Exposé von »Die Mörder sind unter uns« auch dem amerikanischen Filmoffizier Peter van Eyck vorgelegt. Der hätte »in einem gebrochenen Deutsch, dafür aber in einer ungeheuer gut sitzenden Uniform erzählt, dass in den nächsten zwanzig Jahren für uns Deutsche an Filme nicht zu denken sei«. Die gleiche Ablehnung erlebte Staudte bei den Engländern und Franzosen.

Staudte erinnert sich: »Nur der russische Kulturoffizier war an meinem Projekt sehr interessiert. Ich erinnere mich noch ganz genau. Eines Nachts wurde ich zu ihm in die Jägerstraße bestellt, es gab keinen Strom und wir verhandelten bei Kerzenlicht. Er gratulierte mir und kannte jede Stelle des Drehbuchs auswendig.«

Diese Begegnung kann ohne Pathos die Geburtsstunde des deutschen Nachkriegsfilms genannt werden. Im Westen wird es länger dauern. Die Amerikaner zögern, sie wollen zuerst aufräumen, vor allem entnazifizieren. Erst allmählich werden die Studios der Ufa in Berlin und der Bavaria in München wieder hergerichtet. Dann beginnt die Zeit der Trümmerfilme: großes Schicksal, individuelle Tragödien mit so bedeutungsschwangeren Titeln wie »Menschen in Gottes Hand« und »Morgen ist alles besser«. Bald darauf gesellt sich der Heimatfilm dazu. Das »Schwarzwaldmädel« mit Sonja Ziemann zieht sechzehn Millionen Westdeutsche ins Kino.

»Der Film und die Heimat verschmelzen zu einer deutschen Einheit. Brunnen rauschen vor dem Tore, gutherzige Flüchtlinge aus dem roten Osten bringen alte Volkslieder zu Gehör, Förster förstern im dunklen Tann«, stöhnt H. C. Blumenberg in seiner Hans-Albers-Biographie und zitiert Wolfdietrich Schnurre, der schon 1950 zu einem vernichtenden Fazit über die westdeutschen Filme dieser Jahre gelangte: »Sie drehen primitivstes Mittelmaß. Sie bedienen sich antiquierter Ausdrucksmittel. (...) Sie münzen die Misere unserer Zeit in kläglichste Aufbaupathetik um. Sie übernehmen die Nazifilmschablonen, als habe sich inzwischen nicht das geringste geändert. (...) Kurz: sie tun, als bestünde das deutsche Filmpublikum aus Backfischen, Primanern und Dienstmädchen.«

Ganz anders verlief die Entwicklung des Kinofilms im Osten, in der sogenannten sowjetischen Besatzungszone. Dessen erste Lebensjahre waren von einer glücklichen, leider auch einmaligen Übereinstimmung zwischen Partei- und Kulturpolitikern sowie den meisten Filmemachern bestimmt. Zwar gab es einerseits eine Menge platter, parteilinienkonformer Schinken ohne jeden künstlerischen Wert. Produziert wurden aber auch eine ganze Reihe spannender und niveauvoller Filme, zentriert um die Frage: Wie wurden die Deutschen schuldig, wie konnten diese Gräuel geschehen? Der Hauptfeind war der Faschismus, die Hauptfigur der Mitläufer. Die Geschichten wurden aus der Perspektive des »wir«, nicht des »ihr« erzählt, der erhobene Zeigefinger wurde weitgehend vermieden. Dabei entstanden Filme, die mit der offiziellen politischen Konzeption übereinstimmten, ohne dass es verordnete Filme waren.

Wegen des außergewöhnlichen Konsenses gab es in dieser ersten kurzen Phase auch keine spektakulären Drehbuch- oder Filmverbote. Nie wieder herrschten bei der DEFA so gute Produktionsbedingungen wie in diesen ersten zwei, drei Jahren ihres Bestehens.

Als Armin Mueller-Stahl die Welt von Kamera und Maske 1960 zum zweiten Mal betrat, war von solcher Übereinstimmung nicht mehr viel geblieben. Die zweite Filmkonferenz der SED im Juli 1958 hatte rigide Vorschriften und Verbote formuliert. Sie forderte die Trennung von Künstlern und Regisseuren aus dem Westen, den Abschied vom »bürgerlichen Kino«, stattdessen Filme, die sich dem sozialistischen Realismus verpflichteten und der »Erziehung der arbeitenden Massen im Geiste des Sozialismus« dienen sollten. Von nun an überschattete der Konflikt zwischen den inhaltlichen und formalen Vorschriften der Kulturpolitik und den Positionen der Filmschaffenden die Arbeit in den und für die Studios permanent. Jedes plötzliche Tauwetter, jede politische Eiszeit zeitigten unmittelbare Auswirkungen in Babelsberg. Drehbuch- und Filmverbote, Zensur, Reglementierung und Rausschmisse gehörten bei der DEFA von da ab bis zu ihrer formalen Auflösung am 1. Juli 1992 zur Tagesordnung.

Die politischen Maßnahmen von 1958 führten erst einmal zu einem ebenso raschen wie katastrophalen Niedergang der Qualität der DEFA-Filme. Die Besucherzahlen sanken innerhalb eines halben Jahres auf die Hälfte. Einigermaßen konstant blieb nur das Interesse an Krimis und Lustspielen. Die DEFA-Künstler waren entsetzt über diesen Verfall, weil sie sehr wohl wussten, dass sich das Kino weltweit und auch in den sozialistischen Nachbarländern an ihnen vorbei entwickelte. Die Gefahr des drohenden Rückschritts wurde schließlich sogar in den Medien öffentlich diagnostiziert. Angesichts solch geballter Kritik und Besorgnis reagierte die Parteiführung mit allmählicher Neubesetzung der führenden Stellen durch jüngere Mitarbeiter und gewährte zögernd eine bis dahin undenkbare Selbstständigkeit der Studios.

Ästhetische Erneuerung bewirkten nach wenigen Jahren eine Reihe antifaschistischer Filme. Deren erster, »Fünf Patronenhülsen«, gelangte zum Jahrestag der sozialistischen Oktoberrevolution in die Kinos und löste Erleichterung und großen Beifall aus: »Wir freuen uns, daß es den Filmkünstlern gelang, dieses große Thema der Solidarität, der Unbeugsamkeit, des Durch- und Zusammenhaltens wirklich würdig zu gestalten«, kommentierte die Junge Welt. Für den Regisseur Frank Beyer begannen mit diesem Film einige Jahre intensiver Produktivität bei der DEFA, die allerdings mit dem Verbot von »Spur der Steine« 1966 ein abruptes Ende fand.

Für Armin Mueller-Stahl war der Film der Beginn einer langjährigen Zusammenarbeit mit dem beinahe gleichaltrigen Regisseur. In dessen frühen Filmen – neben »Fünf Patronenhülsen«, »Königskinder« und »Nackt unter Wölfen« – etablierte er eine der seine DDR-Karriere prägenden Rollen: die des nachdenklichen, gleichwohl entschiedenen, standhaften und mutigen Kommunisten bzw. Sozialisten. »Fünf Patronenhülsen« war dazu ein optimaler Auftakt. Allerdings ist der von Mueller-Stahl gespielte Legionär Pierre ein gebrochener Held. Um den quälenden Durst zu stillen, der ihn und seine fünf Kumpel in der spanischen Sierra heimsucht, entfernt er sich von der Gruppe. Dabei wird er von Leuten der Guardia Civil erschossen. Pierre verkörpert mithin die Gefahr, die sich für den Einzelnen ergibt, wenn er sich aus dem Kollektiv entfernt. »Wichtig war«, so Frank Beyer bei der Erinnerung an die Suche nach passenden Schauspielern für den Film, »dass dieser Pierre angenehm wirkte. Man sollte ihn nicht als miesen Verräter ablehnen, sondern die Pein durch den Durst als Auslöser für seinen selbstzerstörerischen Alleingang erkennen. Er sollte ein Außenseiter sein – aber sympathisch.« Das klingt beinahe wie eine Überschrift zum Leben Mueller-Stahls. Denn ein Außenseiter wird dieser auch in Zeiten seines größten Ruhms bleiben. Distanziert, bisweilen auch abgewandt – aber sympathisch.

Im nächsten Film sehen wir Mueller-Stahl gleich wieder als Legionär in der Fremde. Der Fernsehvierteiler »Flucht aus der Hölle«, das Gegenstück zum bundesdeutschen Gassenfeger »Barfuß durch die Hölle«, wird den jungen Schauspieler mit einem Schlag in alle Wohnzimmer bringen: Hans Roeder, Automechaniker aus Frankfurt am Main, ist für einige Jahre in die Fremdenlegion nach Algier gegangen. Dort wird er Zeuge schrecklicher Gräueltaten der Soldaten und flieht. In Großaufnahmen erleben wir diese Flucht im Gesicht

Mueller-Stahls – die Strapazen des einsamen Wegs durch die tunesische Wüste, Angst und Erschöpfung, den gehetzten Blick, die vor Durst rissigen Lippen. Unvermittelt weich und freundlich wird die verzerrte Mimik dann, als der Verfolgte einem kleinen tunesischen Jungen begegnet, in dessen Hütte er sich ausruht. Allein mit den Augen, den Gesten, seinem Lächeln schafft Roeder jetzt eine Atmosphäre von Vertrauen und Geborgenheit. Eine der Varianten des wortlosen, rein mimischen Spiels, das Mueller-Stahl immer besonders auszeichnen wird.

Die Intensität, mit der er den gejagten und zugleich couragierten Hans Roeder spielte, verhalf ihm denn auch rasch zu breiter Anerkennung und weiteren Angeboten. Es folgten schon ein Jahr später die »Königskinder« von Frank Beyer sowie »... und deine Liebe auch« unter der Regie von Frank Vogel.

»Königskinder« war der erste Film, in dem Mueller-Stahl zusammen mit Uli Thein die Hauptrolle spielte. Der Film, 1962 zu den 4. Arbeiterfestspielen uraufgeführt und ausgezeichnet beim internationalen Filmfestival in Karlovy Vary (Karlsbad), wurde ein großer Erfolg. Als Coverboy auf dem Plakat verkörpert der junge Armin alias Michael hier schon die wesentlichen Merkmale, die in den folgenden Jahren sein Image beim ostdeutschen Publikum ausmachen werden: freundliches Gesicht, das aber nicht dem Betrachter zugewandt, sondern in die Ferne gerichtet ist; das Lächeln auf den vollen Lippen ein wenig ironisch. Mit weißem Hemd, akkurat gebundenem Schlips und einem sinnenden Blick repräsentiert er eher den Typus des westdeutschen Intellektuellen als den zupackenden Proletarier. Und das wird er immer ein wenig bleiben. Auch wenn er Streusand fährt, den Humpen hebt oder geldgierige Verbrecher jagt.

»Königskinder«, nach einem Buch von Edith und Walter

Gorrish gedreht, zeigt die zerstörerischen Kräfte von Faschismus und Militarismus. Ein anrührender Liebesfilm, der das vertraute Motiv variiert und zugleich die Geschichte eines ebenso überzeugten wie sympathischen Kommunisten erzählt: Wegen seiner Aktivitäten gegen Hitler wird der Maurer Michael zu fünfzehn Jahren Zuchthaus verurteilt. Um nicht auf seine russischen Genossen schießen zu müssen, läuft er über zur Roten Armee. Dort begegnet er uns in einer der ersten Szenen des Films mit der ihn kennzeichnenden Nachdenklichkeit. Seinen ungeschickten Versuch, sich wegen seines Gipsarms mit einer Hand eine Zigarette zu drehen, kommentiert er lakonisch: »Komisch, mit einer Hand Menschen umbringen ist 'ne Kleinigkeit, aber mit einer Hand etwas Vernünftiges tun ...«

Zu diesem Zeitpunkt steht Michael kurz vor dem befreienden Flug nach Moskau. Mit im Flugzeug sitzen wird sein alter Freund und Erzrivale Jürgen. Konkurriert haben die beiden schon früh um die schöne Magdalena, wenn auch eher unterschwellig. Denn deren Herz gehört Michael, so wie dieser eine starke Liebe zu ihr empfindet. Eine Liebe freilich, die die politischen Ziele nie in den Hintergrund drängt. Unbeirrt und furchtlos schreibt Michael nächtens Parolen des Widerstands gegen die Nazis an die Mauer, kämpfend bis zu seiner Verhaftung und damit bis zur Trennung von Magdalena. Nach seinem Verschwinden übernimmt sie seine Funktion, gerät selbst in Gefahr und wird von Jürgen gerettet. Zwar hat sich dieser politisch dem NS-Staat verschrieben, aber den Freunden und zumal Magdalena ist er immer noch zugetan. Als Jürgen als Unteroffizier in demselben Strafbataillon landet, in dem Michael als politischer Gefangener einsitzt, kommt es zur dramatischen Konfrontation zwischen den beiden: Michael hat einem Mitgefangenen aus Naivität seinen Wunsch zu fliehen verraten. Er wird gesucht und schwebt in

Lebensgefahr, ohne es zu wissen. In dieser Situation begegnen sich Jürgen und Michael im Hof. Der frühere Freund zwingt Michael in den Schlamm, aber indem er ihn vermeintlich quält und demütigt, rettet er ihm tatsächlich das Leben. Denn ein zweiter – von Manfred Krug gespielter – Offizier, der Jürgen begrüßt, erkennt den im Dreck robbenden Michael nicht. Mit großer Intensität gestaltet diese Szene das zweite große Thema des Films: die enge emotionale, dabei konfliktreiche Beziehung zwischen zwei Männern.

Die Konstellation »zwei Männer, eine Frau« bestimmt ebenso den im selben Jahr folgenden Mauerbau-Film »… und deine Liebe auch«, der die verführerischen Potenzen des Kapitalismus thematisiert. Dieser Film hat eine eigene Geschichte: Ursprünglich sollte er nur anhand einer Dreiecksliebe im geteilten Berlin die Vorzüge des Ostberliner Magistrats schildern. Der Bau der Mauer am 13. August 1961 überraschte die DEFA und stellte das bisherige Buch in Frage. Der Autor Paul Wiens und der Regisseur Frank Vogel gaben ihren Akteuren jedoch kein neues Skript in die Hände, sondern nur noch die politische Richtung vor. Im geteilten Berlin wurde halb dokumentarisch gedreht, und es blieb viel Raum für Improvisationen. Armin Mueller-Stahl konnte sich in diesem vierten Kinofilm mithin voll entfalten und zudem zum ersten Mal vor der Kamera seine Liebe zur Musik offenbaren.

Wesentlich in beiden Filmen ist die ideologische Auseinandersetzung: Ulrich erliegt in den »Königskindern« dem Gedankengut der Nationalsozialisten, Klaus den Verlockungen des Westens nach Errichtung der Mauer. In beiden Fällen ist der von Mueller-Stahl gespielte brüderliche Freund ihnen überlegen. Nicht allein, weil er die richtige Position hat, sondern weil er sie auch auf überzeugende Weise vertritt: persönlich engagiert, moralisch zuverlässig, ruhig und mit wohl überlegten Argumenten.

»Armin Mueller-Stahl hat den Mut zum großen Gefühl«, lobte denn auch die Berliner Wochenpost den Protagonisten der »Königskinder«. »Der Schauspieler zeichnet den Michael mit allen Tönen und Zwischentönen eines Menschen, der nicht zum Kämpfer geboren scheint und doch kämpft, der wenig von einem Märtyrer hat und doch für sein Volk leidet, weil er das Herz eines Kommunisten besitzt. Eine Gestalt, die der Zuschauer mitnimmt in seinen Alltag.«

Alltag in der DDR

Solche Figuren brauchte die DDR in dieser Zeit besonders. Zwar führte die verordnete Abgrenzung vom kapitalistischen Westen vorübergehend zu einer inneren Lockerung und Beruhigung – aber letztlich doch nur im Sinne des schon damals verbreiteten Kalauers: »Es bleibt alles viel besser.« Unübersehbar war die Mauer auch ein Ausdruck von Schwäche – und der Bereitschaft zur Gewalt. Schon die Formulierung »real existierender Sozialismus« ist in ihrer doppelten Lesart aufschlussreich: Während die emphatische Betonung die reale Existenz beschwört, liegt darin zugleich das Eingeständnis einer Diskrepanz zwischen ideologischem Programm und alltäglicher Wirklichkeit – dieser real existierende Sozialismus hatte die Menschen nicht halten können. Nun mussten sie zu ihrem Glück gezwungen werden.

Zwar glaubten viele im Land durchaus an eine historische und ideologische Überlegenheit der DDR gegenüber der von Nazi-Elementen durchsetzten und vom Kapitalismus korrumpierten Westzone. Aber das moralische Plus konnte die zahlreichen Defizite nicht wirklich aufwiegen. Und es fehlte an beinahe allem: an Wohnungen und Widerstand, an Offenheit, Souveränität und Glaubwürdigkeit der Regierenden, an

Bananen, Schreibmaschinenpapier, schicken Schuhen, heißen Rhythmen und an Freiheit, Freiheit, Freiheit.

Wie lebt einer in solch einem System, dem die Freiheit so wichtig ist? Hat er es bereut, zurückgekommen zu sein in jenen Augusttagen nach dem Mauerbau?

Ich war damals im Westen. Freunde riefen mich an und sagten ganz offen: »Die Stimmung ist mies. Wenn du bleibst – wir haben Verständnis.« Aber der gemeinsame Film »Königskinder« sollte doch fertig werden. Vielleicht war es eine dumme Form von Loyalität, aber da wollte ich mich nicht davonstehlen. Und unmittelbar nach meiner Rückkehr war ich auch sehr einverstanden mit meiner Entscheidung: Die Schaufenster wurden bunter, die Mädchen schöner, sie flanierten nicht mehr in Westberlin, ich hatte das Gefühl, es richtig gemacht zu haben.

Eine neue tiefe Erschütterung wird dieses Gefühl erst 1968, beim Einmarsch der Russen in die Tschechoslowakei, erfahren. Bis dahin ließ es sich in der DDR leben. Wirtschaftlich waren die sechziger Jahre sogar eine Zeit des – wenn auch zögernden – Aufschwungs. Fernsehapparate, elektrische Kühlschränke und Waschmaschinen hielten Einzug in die Haushalte, und auch ein eigenes Auto konnten sich immer mehr Familien leisten. Hatte man sich einmal innerhalb des Systems eingerichtet, dann zählte allein der relative Fortschritt. Und eingerichtet hatten sich die meisten DDR-Bürger nach dem Mauerbau rasch – der Macht des Faktischen folgend, in der Praxis vermutlich durchschlagender als gedanklich.

»Um eingesperrt überhaupt leben zu können, mußte man so zu leben versuchen, als gäbe es die Absperrung nicht. Und der Versuch glückte bei den meisten Menschen sogar vortrefflich. Schon einige Wochen nach Errichtung der Mauer, als sie für die Medien im Westen an Neuigkeitswert verloren hatte und nur Fluchtaktionen sie wieder in die Schlagzeilen rückten, begannen viele schon, sie selbstverständlich zu finden und Positives an ihr zu sehen. Man lebte ruhiger in ihrem Schatten. Man war der Entscheidung, zu fliehen oder zu bleiben, enthoben; das Provisorische hatte feste Konturen bekommen; das Vorläufige sah, verstärkt durch die Haltung des Westens, der unter Protesten alles hatte geschehen lassen, plötzlich nach Dauer aus. Auf Dauer also galt es sich einzurichten, Familien zu gründen, Kinder zu kriegen, sich um besseren Wohnraum und ein Wochenendgrundstück zu kümmern, um der Karriere willen der Partei beizutreten, zumindest aber nicht unliebsam aufzufallen und sich vielleicht auch der Ideologie mehr zu öffnen; denn in politischer Dauerschizophrenie lebte es sich schlecht«, umreißt Günther de Bruyn in seinem Lebensbericht »Vierzig Jahre« die Erfahrungen unmittelbar nach dem Mauerbau.

Mit einem inneren Schutz gegen die latente Bedrohung ausgestattet, konnte man sich arrangieren. Zumal, da man im Alltag jene Form von Zusammenrücken und Solidarität erlebte, die sich bei äußerem Druck offenbar wie zwangsläufig einstellt und die in der ehemaligen DDR zu jener Nestwärme führte, die viele nach der Wende auch vermissten. Denn die Menschen liefen ja nicht herum und verfluchten tagaus, tagein das System. Beherrschend waren auch für sie die alltäglichen Freuden und Kümmernisse. Die Politik war oft sehr weit entfernt. Und »aus der Unfreiheit resultierte tatsächlich eine Form von Geborgenheit. (...) Das vielgeschmähte Kollektiv bot nicht nur die Körperwärme der Herde. Familienbeziehungen und Freundschaften waren auch deshalb wichtig, weil sie bei der Bewältigung des schwierigen Alltags halfen. Ein Schwager mit Beziehungen zu Autoersatzteilen war Gold wert und hob auch den Wert der eigenen Persönlichkeit. Vielleicht veranlasste er einen ›Kumpel‹, nebenbei mal eine Fuhre Kies bei der Großbaustelle abzuzweigen, oder einen Schulfreund, der über die Vergabe von Telefonen entschied, die Karteikarte der Warteliste nach vorn zu schieben.« Dadurch wurde die DDR allerdings nicht wirklich friedlicher oder menschlicher. Zwar gab es eine Art Idylle, aber sie war doppelbödig, letztlich Betrug. »Die Diktatur erschien im Gewande väterlicher Liebe. Sie belohnte die artigen und bestrafte die bösen Kinder, nicht um sie zu vernichten, sondern um sie zum Besseren zu bekehren«, resümiert der Historiker Stefan Wolle die besondere Dynamik im DDR-Alltag.

Doch wie in jeder Familie versuchten die Kinder, sich der Kontrolle durch den Patriarchen mit Tricks und innerer Distanz zu entziehen. Soweit es möglich war, ließen die meisten es sich gut gehen und versuchten so zu tun, als gäbe es die DDR gar nicht. Für die allfälligen Ärgernisse gab es eine eigene Meckerkultur, dazu jede Menge bissige Redewendungen und unmissverständliche Witze. Im Einverständnis über die Unhaltbarkeit der Situation konnte man es sich auf fatale Weise gemütlich machen. Denn die Unfreiheit hatte ja auch etwas Erleichterndes. Stefan Wolle dazu: »Niemanden quälte beim Autokauf die Frage Bordeauxrot oder Chinchilla. Keiner musste über den Katalogen der Reisebüros brüten, um sich zwischen Zypern und den Kanarischen Inseln zu entscheiden. Jeder war froh, im Betriebsferienheim in Mecklenburg einen Platz zu erhalten. Wenn es um den Erwerb von Fliesen für das Badezimmer ging, waren die sozialen Hierarchien und Bildungsschranken außer Kraft gesetzt und vor den meist übel gelaunten Verkäufern fast alle Menschen gleich. Doch die lange Wartezeit auf Baumaterial oder ein Auto signalisierte nicht nur soziale Gleichheit, sondern auch Kontinuität und Sicherheit.«

Im Alltag waren dann noch Erfindungsreichtum, Wachsamkeit sowie die Fähigkeit zum Lavieren und zu einer Art zweistöckigem Leben gefragt. Bekannten Personen bot zudem ihre Popularität Privilegien und einen – allerdings schwer einzuschätzenden – Schutz.

Dazu gab es diverse Nischen: Für die Neugierigen die Westmedien, für die Luxushungrigen bald die Intershops, für die Mutigen interne Diskussionszirkel und anstelle der verbotenen eine Ersatzöffentlichkeit, die sich in Kaffeehäusern, Gaststätten und Kneipen bildete.

In den fünfziger und sechziger Jahren bot gerade Berlin eine Reihe einschlägiger Lokalitäten. Als Glanzstück der Ostberliner Gastronomie galt das Nobelrestaurant Ganymed, in dem Paul Dessau und Hanns Eisler verkehrten. Nahe dem Theater am Schiffbauerdamm gab es den »Trichter«, »ein schlicht geführtes Etablissement, das auf seiner Unbehaglichkeit bestand«, so Peter Voigt in der Anthologie »Die DDR wird 50«. »Rauchig-graue Wände, kahl. Das Deckenlicht trüb, die Stühle abweisend. Diese schmucklose Kneipe am Schiffbauerdamm mit ihrem Minimum an Aufwand wurde das, was sich nicht projektieren läßt: ein Künstlerlokal. Mit Mittagstisch und abendlicher Würfelrunde.« Dann, gleich am Bahnhof Friedrichstraße, das Pressecafé. Gegründet von Hans Hagen und Klaus Poche, hatte es für das soziale Netz der Intellektuellen und Künstler eine enorme Bedeutung – und war dadurch den Regierenden ein Dorn im Auge. Einem geplanten Verbot entkam es nur durch Zufall: Just als sein Ende schon beschlossen war, bekam Hans Hagen für einen seiner Fernsehfilme den Nationalpreis. Da traute man sich nicht, »sein« Pressecafé zu schließen. Hier »verkehrten die routinierten Architekten der Leipziger Messen, lässige, gutbetuchte Herren, und andere, die beim Eintritt erst nachzuweisen hatten, dass sie die 60 Pfennige für ein Glas Tee beihaben, Studenten, junge Literaten, die in feuchten Ladenwohnungen unordentlich lebten. Hier kriegten die Modellmädchen aus der Modebranche gefaltete Zettelchen diskret neben den Eiskaffee gelegt und DEFA-Stars Autogrammwünsche neben das Sektglas. Man traf, stets gemeinsam, den jungen, schlanken Schauspieler Manfred Krug und den Philosophiestudenten Jurek Becker, die sich als leibliche Brüder vorstellten. Im Pressecafé wurden mit Freischaffenden Verträge besprochen, Honorare ausgehandelt und mit sowjetischem Brandy besiegelt.« Das Pressecafé am Bahnhof war für die Nachmittage da und hieß, im Hinblick auf das Pensum späterer Stunden, Werk Eins. Für diese späteren Stunden musste man umziehen. Bis 1956 war dafür eins der beliebtesten Ziele die »Hajo-Bar« in der grauen Albrechtstraße. Nach deren Schließung fungierte die »Möwe« in der Luisenstraße bis weit in die sechziger Jahre hinein als Zentrum des Ostberliner Kulturnachtlebens. »Sie wurde geführt, das war das Besondere, als ›Club der Bühnen- und Filmschaffenden‹, verwandte Gewerbe eingeschlossen. Hier saßen sie also auf eigenem Territorium, die Maler und Malerinnen und Bildhauer mit den Theaterleuten und disputfreudigen Journalisten, und die Getränke kamen billiger als anderswo. Den frühen Abend über dudelte das Radio an der Bar ins Leere, gegen halb elf kamen die ersten, da waren die Theater aus, dann wurde es voll und ging bis 4 Uhr früh.

Unterbezahlte (Regieassistenten, Schauspieleleven) hatten am Geldtag zunächst ihre offene Rechnung in den Kantinen beglichen, waren zur Mittagsstunde die Schulden in Eduard Lukaschs ›Trichter‹ losgeworden, am Abend lieferten sie den Rest an der ›Möwebar‹ ab und ließen aufs neue anschreiben. Angeschrieben wurde, wenn die Barfrau Traudel einen kannte. Also musste man regelmäßig hier sitzen; hier, wo die Kümmerlichen wie die Renommierten ihre gemeinsame Heimstätte hatten.

Klatschbörse und Prinzipienschmiede, Trainingsgelände für Poseure und Welt-schmerzsüchtige auf Barhockern, Amouren und Eifersuchtsduette. Die kraftvolle Singstimme der Brecht-Aktrice Elsa Grube-Deister, wenn sie in Stimmung kam; Armin Mueller-Stahl, der feinsinnige jugendliche Held Ostberlins mit dem gepflegten Flair dezenter Ironie; ein 16jähriges Büromädchen im Leopardenkleid mit dem klangvollen Namen Angelica Domröse saß schüchtern bei einem Gin Fizz und schmachtete die DEFA-Filmstars an; und der gänzlich unbehaarte E. O. Fuhrmann, der Papst in Erich Engels ›Galilei‹-Inszenierung, tanzte in früher Morgenstunde auf einem Tisch und hielt sich für Gustaf Gründgens«, erinnert sich der Schauspieler, Regisseur und Autor Voigt.

So wird es gewesen sein. Vor der Mauer und nicht viel anders nach der Mauer. Tagsüber Proben, das Einstudieren neuer Rollen, Gespräche mit Kollegen und Freunden. Der Eintritt in die Theaterwelt und am Set bedeutete für Mueller-Stahl die Eroberung einer hochbesetzten Welt. Die Arbeit und das Fiebern hin auf die nächste Probe und Premiere standen ganz im Zentrum. Er nahm privat Schauspielunterricht. Betrieb das neue Metier mit dem ihm eigenen energischen, zielbewussten Engagement. Gelegentliche Kritik, ein gemeinsames Maulen oder Lästern gehörten dazu, waren Teil des Systems, nicht der Anfang eines gezielten Widerstands. Auch er hat zwischendurch an die DDR geglaubt. Zumindest daran, dass sie mit der Vergangenheit gründlich aufgeräumt hätte und versuchte, eine Art von Gerechtigkeit für alle zu schaffen.

Anders hätte er seine Rollen in dieser Zeit auch nicht spielen können. Verdrängung ist freilich auch ihm nicht fremd. Gefeit war er zwar weitgehend gegen einen bewussten geistigen und moralischen Selbstbetrug, weil er seine Überzeugungen immer eher aus sich selbst als aus der Übereinstimmung mit anderen bezog. Aber der berufsbedingten Korruption, der gerade Schauspieler besonders ausgesetzt waren, konnte er sich nicht entziehen. Und das Dilemma, dass ein Schauspieler schlicht nur die Rollen spielen kann, die ihm angeboten werden, sollte auch für ihn nach dem Mauerbau und vor allem den desaströsen Auswirkungen des 11. ZK-Plenums im Dezember 1965 zu Ärgernissen und später massiven Problemen führen. Politisch hat er nie den Kotau gemacht, künstlerisch aber notgedrungen schon bald empfindliche Abstriche. Das Niveau seiner ersten Filme, alle von einem engagierten antifaschistischen Gestus getragen, wird er in den kommenden fünfzehn Jahren nur noch selten erreichen. Am ehesten in seinem letzten DDR-Film »Geschlossene Gesellschaft«, dort aber mit einer gänzlich gewandelten Thematik. Die Geschichte, fürs Fernsehen gedreht, wurde nach einmaliger nächtlicher Ausstrahlung abgesetzt. Bei diesem Verbot saß Mueller-Stahl allerdings auch schon auf gepackten Koffern. Seine Zeit in der DDR war abgelaufen. Noch aber stehen wir am Beginn.

Ein nationaler Star

In den antifaschistischen Filmen der ersten Hälfte der sechziger Jahre spielte Mueller-Stahl meist ruhige, entschiedene und zugleich freundliche Figuren. Dabei war es ihm wichtig, mit seinen Helden zwar Vorbilder zu schaffen, aber nicht solche, die über alle Schwächen erhaben sind. »Je glaubwürdiger ich das Gute verkörpere«, erklärte er 1963 in einem Interview im Filmspiegel, »desto glaubwürdiger werden für die Leute im Parkett meine Siege über das Böse. Ich versuche, ein ›positiver Held‹, aber kein Tugendbold zu sein.« Mal ist er in diesen Rollen mehr jungenhaft, enthusiastisch und fröhlich – mal eher der kämpferische Einzelgänger, tapfer, zäh, unnahbar. Aber auch dann wird der »weiche Kern« angedeutet.

Besonders ausgeprägt ist der Gegensatz zwischen Disziplin und Härte auf der einen, Zärtlichkeit und Fürsorge auf der anderen Seite in der Rolle des Höfel, die Mueller-Stahl in

Frank Beyers »Nackt unter Wölfen« spielt. Der Film fußt auf dem gleichnamigen Roman von Bruno Apitz. Er erzählt die authentische Geschichte eines polnischen Gefangenen aus Auschwitz, der ein jüdisches Kind ins Lager Buchenwald schmuggelt. Das Buch erfuhr eine breite Rezeption, wurde in der DDR ein Bestseller und in achtzehn Sprachen übersetzt. Die Geschichte des kleinen Jungen und des großen Konflikts, in den er die Lagerinsassen in Buchenwald stürzt, ist anrührend vermittelt und im Film überzeugend ins Bild gesetzt. Was sollen die Gefangenen tun? Wegen eines Kindes 50 000 Lagerinsassen gefährden und dazu die Arbeit der bewaffneten Kampfgruppe, die angesichts des nahen Kriegsendes den Aufstand plant? Unmöglich. Dennoch entscheiden sie sich, ihre gesamte Untergrundarbeit und die eigene Rettung für das Kind aufs Spiel zu setzen, denn der Junge ist nicht nur ein gefährlicher Störfaktor, sondern zugleich Symbol des Lebens und der Hoffnung. Für Höfel, der als Kapo und militärischer Ausbilder der illegalen Gruppe besonders exponiert ist, ergibt sich daraus eine bedrohliche Situation. Für Mueller-Stahl eine kongeniale Rolle. Wie dieser Mensch zwischen Mitgefühl, Pflichtbewusstsein, politischer Verantwortung und menschlicher Zartheit hin und her gerissen ist, mal wie ein Verurteilter die Schultern einzieht, mal streng auf pragmatische Notwendigkeit pocht und dann wieder voll Qual deren Konsequenzen realisiert, das lässt einen so schnell nicht mehr los. Eindringlich auch der Moment, als er nach Tagen der Angst und Folter in einem düsteren Bunker von den Kameraden nach draußen geführt wird und zum ersten Mal wieder die Sonne sieht. Da spiegelt sich in Höfels Gesicht ein stummer Wirrwarr aus Entsetzen über das Erlebte und Erleichterung über die Befreiung, aus Freude, Furcht, Misstrauen und Hoffnung.

Die Kritik reagierte damals begeistert: »Einen Höhepunkt

hat die Darstellungskunst Mueller-Stahls in der Gestaltung des Höfel im DEFA-Film ›Nackt unter Wölfen‹. Kaum einer wird diesen Menschen vergessen, der den ausgeklügeltsten seelischen und körperlichen Martern standhält, der sich treu bleibt bis zum Äußersten. Hinter der Bewegungslosigkeit, der beherrschten Starre des ›körperlichen‹ Gesichts dieses Antifaschisten weiß Mueller-Stahl gleichsam ein zweites, seelisches Gesicht fühlbar zu machen, in dem tausendfältige Empfindungen toben, in dem sich Schmerz und Angst spiegeln, das gepackt wird von Verzweiflung und Verzagtheit und doch wieder zur Ruhe findet, zur Zuversicht, zur Ausgeglichenheit«, heißt es in der Zeitung Freie Erde.

Und nicht nur an seinem Entstehungsort erfuhr der Film enthusiastische Aufnahme. 1963 wurde er mit viel Erfolg auf dem Moskauer Filmfestival gezeigt, und selbst im fernen Los Angeles strömten die Besucher ins Kino, um das Schicksal des kleinen Jungen und die überwältigende Befreiung von Tausenden von Lagerinsassen zu erleben.

Auch für Mueller-Stahl war dieser Film ein Meilenstein. Jahrzehnte später wird er noch betonen, dass der Höfel eine der wichtigsten Rollen in jenen Jahren für ihn gewesen sei. Eine Figur, der er sich auch menschlich nahe gefühlt habe. Und so wird in ihrer Verkörperung auch ein zweites charakteristisches Merkmal seines Spiels deutlich, das sich mit dem mimischen Talent verbindet: die Fähigkeit, Gefühle gerade dadurch zum Ausdruck zu bringen, dass er sie zurückhält. Er hat eine Form von konzentrierter Andeutung entwickelt, die sehr viel deutlicher und unmittelbarer wirkt als die bloße Expression, weil die Zuschauer die verhalten gezeigten Gefühle in der Imagination fortsetzen und sich dadurch emotional selbst in das Geschehen hineinbegeben.

Gerade »Nackt unter Wölfen«, durch sein Thema bedingt ein reiner Männerfilm, weist aber auch auf eine merkwürdige

Diskrepanz hin. Nämlich die Tatsache, dass Mueller-Stahl in all den ersten Jahren seiner Laufbahn zwar gern als Liebhaber eingesetzt wurde, tatsächlich aber die emotionalen Verbindungen und Auseinandersetzungen unter Männern sehr viel engagierter vermittelt als seine Amouren. Gegenüber den Frauen, die ihm in vielen der frühen Filme an die Seite gestellt sind, wirkt er eher hölzern. Wenn er um sie wirbt, geht das über Tanzstundencharme nicht hinaus. Wenn er sie küsst, ist das weitaus weniger sinnlich, als wenn er sich mit dem Halbbruder Klaus prügelt oder im Bunker die Folter eines faschistischen Schinders ertragen muss. Die »gelungenen« Liebhaber, das heißt die Rollen, in denen er nicht nur Solidität und Geborgenheit vermittelt, sondern auch das delikate Schillern von Eroberungslust und Sinnlichkeit, wird Mueller-Stahl erst einige Jahre später spielen, als Georg Brecher in »Columbus 64« oder Chris Howard in »Tödlicher Irrtum«. In den ersten Filmen dagegen ist eher die Verbindung zu den Männern lebendig, und es dominiert als Thema deren politische und moralische Verantwortung.

In all diesen Filmen wird die Integrität des Einzelnen und seine Loyalität gegenüber der Gemeinschaft diskutiert. Und zwar nicht einfach auf der Negativfolie des Naziterrors und -teufels. Gerade in dem Lagerfilm »Nackt unter Wölfen«, aber auch später, in Beyers Verfilmung von Jurek Beckers Roman »Jakob der Lügner«, imponiert, wie sich diese Filme jeder plakativen Abwertung der Nazifiguren enthalten. Es werden im Gegenteil die Handlungen und Positionen der eigenen Leute kritisch hinterfragt. Durch seine Ernsthaftigkeit, die Ausstrahlung von ruhiger Klugheit und Zuverlässigkeit war Mueller-Stahl wie geschaffen für diese Filme. Den Antifaschisten mit oft stummer, geballter Widerstandskraft spielte er absolut glaubwürdig.

Befragt nach seiner Rolle in dem eher holzschnittartig

komponierten Fernsehfilm »Rauhreif« von 1963 antwortete er denn auch gegenüber der Berliner Zeitung: »Ich glaube, das Entscheidende bei der Gestaltung unserer Gegenwart muß eine absolute Aufrichtigkeit im Aufzeigen der Widersprüche sein. Jeder Mensch hat Widersprüche. Wie er sich mit diesen Widersprüchen in unserer Zeit, ihren Erfordernissen, Schwierigkeiten und Schönheiten auseinandersetzt, muß man stets neu, individuell und ehrlich behandeln. Nur so können wir mit den Mitteln der Kunst für die Menschen Helfer sein in der Lösung ihrer Konflikte.«

Daraus spricht ein starkes pädagogisches Ethos, darin liegt auch eine entschiedene, unbotmäßige psychologische Position. Denn das öffentliche Bekenntnis zur Normalität, ja zur Notwendigkeit innerer Widersprüche stand dem propagierten Menschenbild der sozialistischen Ideologie zu offenkundig entgegen, als dass solche Äußerungen nicht auffallen mussten. Darin kündigte sich zwar kein Widerstand an, aber das Bekenntnis zur Dissonanz.

Mueller-Stahl wird seinen Unmut und seine Kritik meist auf eher verhaltene, intellektuelle Weise äußern, im Film ebenso wie im Leben. Durch die daraus resultierende Ausstrahlung wurde er während seiner DDR-Karriere eine Art Gegenpol zu seinem damaligen Kollegen und Freund Manfred Krug. Wobei der Gegensatz, der die beiden während ihrer gemeinsamen DEFA-Zeit auf der Figurenebene verband, ihnen anfangs sogar zur wechselseitigen Profilierung verhalf. Exemplarisch zeigt sich dies in zwei Fernsehmehrteilern, in denen Krug und Mueller-Stahl auf bezeichnende Weise unterschiedliche, teils komplementäre Rollen spielten. Denn Helmut Sakowski, der Drehbuchautor von »Wege übers Land« (1968) und »Die Verschworenen« (1971), hat die Polarität der beiden Figuren Krug und Mueller-Stahl in seinen Geschichten jeweils gezielt eingesetzt.

Als Jürgen Lesstorff erscheint Mueller-Stahl in »Wege übers Land« erstmals mit Schnauzer, kühl und unnahbar, dann wieder zärtlich und einfühlsam. Die Geschichte spielt während des Zweiten Weltkriegs. Schneidig in Uniform betritt der wohlhabende Lesstorff die Szene. Für ihn ist der »Krieg wie eine Badekur« und er will ihn nutzen, will es zu etwas bringen. Da ist ihm die einfache Gertrud im Wege, die ihm den Hof führt und mit der er bis dato gern geschlafen hat. Kein Wort mehr von Hochzeit, »seine Kinder brauchen reines Blut«. Aber in die markigen Worte und harten Gesten mischen sich immer wieder Zögern und Mitgefühl. Dieser dynamische Erfolgsmensch ist empfindsam, ohne es zu wollen, wohl auch ohne es so recht zu wissen. Und er ist ein Verführter. Verführt von den glänzenden Uniformen und Reden der Militärs und dem weltgewandten Charme der schönen Gräfin wird er zum Nazi, zum Mörder wider Willen. Gerade deshalb tritt er forciert auf – seine Sensibilität, die er als Schwäche verkennt, darf sich nicht durchsetzen. Sein Widerspruch gegen Vernichtungsmaßnahmen ist genauso zögerlich wie später seine Unterstützung für Gertrud, als diese ein jüdisches Kind retten will. Eine gebrochene Figur, der Mueller-Stahl sein ganzes Spektrum an rasch wechselnden Ausdrucksformen leiht. Dieser Lesstorff bleibt ein Außenseiter in beiden Welten. Die Außenseiter sind Mueller-Stahl immer gut gelungen.

Ganz anders Manfred Krug. Sein Willy Heyer erscheint zum ersten Mal – typisch und programmatisch – als Monteur und roter Widerstandskämpfer. Während Lesstorff in der Regierung sitzt, agitiert Heyer im Konzentrationslager. Später wird er der erste kommunistische Bürgermeister in Rakowen. Und zwar mit seiner ganzen Person. Er nimmt kein Blatt vor den Mund und scheut keine Auseinandersetzung. Mit abenteuerlichen Mitteln lehrt er die verbohrten Altnazis in Rakowen den Sozialismus. Hier trifft er auf Lesstorff. Aus der Kriegsgefangenschaft heimgekehrt, will der nur noch seine Ruhe haben und am liebsten Gertrud zurück. Die aber hat sich menschlich und politisch schon längst dem geradlinigen Heyer zugewandt. Der feine Bauer mit seiner komplizierten Seele hat gegen den herzoffenen Kämpfer verloren.

Der Gegensatz zwischen dem zupackenden und unkomplizierten proletarischen Typ und dem vergrübelten, scheuen oder beherrschten, manchmal unergründlichen Intellektuellen zieht sich durch fast alle Filme, die die beiden jungen Stars Krug und Mueller-Stahl in der DDR gemeinsam drehten. In ihrer Gegensätzlichkeit verkörperten sie zwei Typen, die für die DDR-Zuschauer beide hochbesetzt waren. Später wird sich dieser Kontrast nur noch als Divergenz äußern. Wo Manfred Krug (schon) war, wollte Mueller-Stahl nicht sein, und wo Mueller-Stahl hinging, dort konnte Manfred Krug ihn nie erreichen.

Zwei Schauspielwelten

Mitte der sechziger Jahre hatte sich Armin Mueller-Stahl als gefragter, angesehener und beliebter Schauspieler etabliert, sowohl auf der Bühne als auch bei Film und Fernsehen. Das Wandern zwischen den verschiedenen Medien war durchaus üblich. Erfolgreiche Bühnenschauspieler wurden immer wieder zum Film abgeworben, seltener verlief der Weg umgekehrt. Dabei war das Interesse der Darsteller an Leinwandrollen auch schlicht pekuniär begründet. Als Mueller-Stahl 2008 auf der Berlinale vom Progress-Filmverleih für sein Lebenswerk geehrt wurde, erzählte er von den Anfängen seines Schauspielerdaseins:

Für »Fünf Patronenhülsen« gab es eine Tagesgage von 200 Mark – das war beim Theater das Salär für einen ganzen

Monat. Solange ich nur auf der Bühne stand, war mit dem warmen Essen oft Mitte des Monats Schluss. Dagegen war der Leinwandlohn natürlich fürstlich.

Das Nebeneinander von Bühne und Leinwand führte freilich auch dazu, dass manche Entscheidung für eine Rolle weniger von inhaltlichen als von logistischen Erwägungen bestimmt war. Die Termine der Proben und Aufführungen mussten miteinander koordiniert werden. Da fiel auch schon mal eine Rolle unter den Tisch, die man gern gespielt hätte. Zwei Grundprinzipien aber versuchte Mueller-Stahl treu zu bleiben: der Variation und der Verantwortung. Bezogen auf seine Filme heißt es in dem schon erwähnten Filmspiegel-Interview: »Mir macht es Freude, mich jedesmal im Spiel zu verändern, eine neue Figur zu ›produzieren‹. Und jedesmal filme ich so, als hätte ich noch nie gefilmt. Damit wir uns recht verstehen: Den Berg von Leidenschaften, Haß, Liebe, Sehnsüchten und Träumen, der eine Gestalt ausmacht, ersteige ich stets aufs neue. Nur so entstehen echte Menschen – keine Schemen. Wobei unsere Spielfilme sicher nicht immer geeignet scheinen, das zu praktizieren. Manches Drehbuch bringt noch zuviel fertige Resultate.«

Auf der Bühne führte ihn diese Lust an der Veränderung zu »Macbeth«, dem Mercutio in Shakespeares »Romeo und Julia« und einer Darstellung des Sekretärs Wurm in Schillers »Kabale und Liebe«, die von allen Seiten mit charakteristischen Termini gelobt wurde: »Eine große Leistung, die herausragendste neben der [Lady] Milford, drängt sich fast zwangsläufig in den Vordergrund«, hieß es in Der Morgen, »die Interpretation des Wurm durch Armin Mueller-Stahl: Kein Schurke steht da auf der Bühne, sondern ein schwarz gekleideter, hagerer Mensch mit fast weißem Gesicht, in dem sich keine Emotion spiegelt. Gemessene, fast ›gefrorene‹ Bewegungen verbergen nicht eine gewisse Traurigkeit, eine

Melancholie, die selbst dem eifernden Dienst am Präsidenten zugrunde liegt.« Ähnlich lobte die Autorin der Zeitschrift Theater der Zeit: »Die konzeptionell und darstellerisch herausragende Leistung ist der Wurm von Armin Mueller-Stahl. Gänzlich fehlen die von Schiller vorgegebenen Charakteristika: tückische Mausaugen, herausgequollenes Kinn ... kein Bösewicht, kein konfiszierter widriger Kerl, sondern ein Mann von durchschnittlichem, unauffälligem Äußeren, aber von weit überdurchschnittlichen Fähigkeiten. Verschlossen, etwas schwerfällig, von heftigem, sorgfältig beherrschtem Lebensanspruch, aber auch von hoher Empfindsamkeit und verletzbarem Selbstgefühl.«

Neben der Lust am immer neuen (Selbst-)Entwurf steht für Mueller-Stahl die pädagogische Verantwortung des Schauspielers im Vordergrund. Ausgehend von der Rolle des André Bolkonski, die er in einer durch Erwin Piscator dramatisierten Fassung von Tolstois »Krieg und Frieden« spielte, formulierte er in einem Porträt der Berliner Zeitung vom 5. Juni 1963 seine Überzeugung von der Verantwortung der Kunst und des Künstlers: »Meiner Meinung nach sollte sich jeder Schauspieler unserer Zeit nicht allein verantwortlich für seine Rolle, sondern für das Gelingen des gesamten Kunstwerks fühlen. Das hat natürlich verschiedenste Konsequenzen. Es beginnt mit dem Lesen eines Drehbuches, Fernsehmanuskriptes oder Theaterstücks: Nicht die Größe und Attraktivität der angebotenen Rolle sollten entscheidend für deren Annahme sein, sondern die künstlerische Aussagekraft des ganzen Werkes – die Einsicht in die Notwendigkeit, darin spielen zu müssen.«

Das wird er dreißig Jahre später beinahe noch genauso sagen. Nicht immer bürgt freilich der gelungene pädagogische Auftrag für künstlerischen Wert. Auch Mueller-Stahl wird in Filmen mitspielen, die vor lauter Belehrung und gutem Willen leblos geworden sind, zum Beispiel in »Januskopf« (1971/72), einem der Filme des »dokumentarischen Realismus«, mit denen die DEFA-Leute nach 1965 auf die neuen politischen Vorgaben zu antworten versuchten, oder in primär komischen Filmen wie »Die Hosen des Ritters von Bredow« (1972/73) und »Nelken in Aspik« (1975/76), die gelegentlich zu bloßem Klamauk abrutschen.

Wenn Mueller-Stahl im Rückblick urteilt, die besten Filme in der DDR hätte er in den ersten Jahren gemacht, dann sind damit vor allem die inhaltlich anspruchsvollen antifaschistischen Filme gemeint. Hier konvergieren seine Rollen und seine persönliche Ausstrahlung, Ernst und Jungenhaftigkeit, Sehnsucht und Scheu, Eigenständigkeit und die Suche nach Gemeinschaft.

Das gilt ebenso für seine damaligen Rollen im Fernsehen. Zwar war die Verflechtung des Fernsehens mit dem Propagandagebot der Partei noch sehr viel enger als die der DEFA-Studios, aber Mueller-Stahl war bekannt und gefragt genug, um auch einmal Rollen ablehnen zu können, wenn sie ihm zu banal oder plump ideologisch erschienen.

Es ist eine besondere Mischung aus Glaubwürdigkeit, Freundlichkeit und humanistischem Ethos, für die er steht: Der »West-Typ«, der, differenziert und zugleich engagiert, eine sozialistische Position vertritt, für die das menschliche Miteinander im Zentrum steht. Keine dogmatische Ideologie, sondern eine humanistische Philosophie.

Diese humanistische Philosophie beinhaltete für Mueller-Stahl allerdings auch die Forderung nach Möglichkeiten der ungehinderten persönlichen Entwicklung. Dabei zählte für ihn die berufliche Selbstverpflichtung immer mehr als Lob und Erfolg von außen. Und künstlerisch war er ein fordernder und unruhiger Mensch. Die Erweiterung der eigenen Fähigkeiten war ihm wichtiger als die Einbindung in eine feste

Gruppe. Der Erfolg hat den Wunsch nach freier Entfaltung seiner Kräfte nicht verstummen lassen. Bald schon wird dieser unruhige Geist ihn in Schwierigkeiten bringen.

Eiszeit und Nestbau

Die ersten Jahre nach dem Bau der Mauer waren für die DEFA eine produktive Zeit, vielgestaltig an Themen, Gegenständen und stilistischen Varianten. In dieser Zeit versuchte man auch, bekannte Schauspieler wie Angelica Domröse, Jutta Hoffmann, Marita Böhme, Erwin Geschonnek, Manfred Krug und Armin Mueller-Stahl gezielt in komischen oder allgemein unterhaltenden Filmen einzusetzen. Sie sollten sich so zu wirklich populären Akteuren entwickeln und einen intensiven Kontakt zum Publikum aufbauen können. Diese Verbindung war in der Tat spezifisch. Das Verhältnis zwischen Schauspieler und Publikum war nämlich in der DDR in gewisser Weise persönlicher, inniger als im Westen. Es gab nicht den unerreichbaren Star. Das Publikum und die Akteure auf Leinwand oder Bühne verband jene zwiespältige Vertrautheit, die das Zusammenleben im Ostteil Deutschlands insgesamt prägte. Eine Vertrautheit, die Mueller-Stahl seinen Abschied von der DDR später besonders schwer machte. Doch auch dieses Mal sollte das Tauwetter nicht lange andauern. Schon mit dem 11. Plenum des ZK der SED im Dezember 1965 brach für die DEFA ein tiefer und langer Winter an. Zwei Filme wurden auf dem Plenum selbst verboten, zwölf weitere Verbote folgten. Filmwissenschaftler und -funktionäre wurden entlassen, Zensur und Selbstzensur lähmten von jetzt an die Produktionen.

»Da gingen Leben kaputt und künstlerische Entwicklungen wurden brutal abgebrochen«, resümiert Klaus Poche, der selbst mit Arbeitsverboten reichlich Erfahrung machte und im Juni 1979 sogar aus dem Schriftstellerverband ausgeschlossen wurde. »In gewisser Weise endete damit auch die große Zeit der DEFA. Die hatte sie nur solange es um den Antifaschismus ging. Weil die DDR in diesen Filmen ja immer gut war und der Feind woanders, lobte man die Künstler für ihre Kritik. Nach dem Mauerbau rückte der Klassenfeind weg. Nun richteten sich das Augenmerk und auch die Kritik nach innen, und nun war die Kritik plötzlich nicht mehr genehm. Da hieß es von seiten der Politiker: ›Was ist denn bloß aus euch geworden?‹ Tatsächlich aber hatten sich nicht die Künstler geändert, sondern lediglich die Generation, die Themen und die Blickrichtung. Diese neue Generation wollte nicht mehr rückwärts gewandt schreiben und drehen, sondern die eigenen Geschichten und Probleme behandeln. Aber diese neue Art von Engagement war nicht mehr gefragt. Die Hoffnung, man könne nun nach dem Mauerbau richtig loslegen, wurde nicht erfüllt. Stattdessen produzierte man Klamauk.«

Tatsächlich mussten Regisseure wie Frank Beyer und auch Klaus Poche selbst das Verbot ihrer Filme mehrfach erleben. Sie waren Künstler, die sich weiterhin dem erklärten Ziel der DEFA verpflichtet fühlten, aufklärerische Filme zu machen, die die Gesellschaft analysieren und beeinflussen wollten: Beyer spektakulär 1966 mit »Spur der Steine«, Klaus Poche im selben Jahr mit »Jahrgang 1945«, beide zusammen 1978 mit der Fernsehproduktion »Geschlossene Gesellschaft«, dem letzten Film, in dem Mueller-Stahl in der DDR spielen wird.

Die Mehrzahl der Filme, die ab Mitte der sechziger Jahre bei der DEFA entstanden, waren somit Ergebnis von Kompromissen. Ein Ausweg führte in die Komödie, die gern auch mal zur bloßen Albernheit geriet. Einen zweiten Ausweg bot die schiere Unterhaltung, so die große Zahl von Indianerfilmen. Anstoß zum Nachdenken sollten die Filme des sogenannten »dokumentarischen Realismus« bieten, beispielsweise »Der Dritte« von Egon Günther (1971) und »Januskopf« von Kurt Maetzig (1971/72). Wenn das Spektrum der Rollen, die Mueller-Stahl zwischen 1965 und 1976 gespielt hat, sehr breit war, so lag dies nicht primär an seiner Experimentierlust, sondern eher an der Notwendigkeit, im Strom der parteilinienkonformen Filme die Rollen zu finden, mit denen er sich wenigstens halbwegs identifizieren konnte.

So setzt er denn auch die Zäsur in seiner künstlerischen Entwicklung beim Film sehr früh an, wenn er im Rückblick urteilt, nach »Nackt unter Wölfen« (1962) sei sein künstlerischer Weg erst einmal zu Ende gewesen.

Ein frühes Opfer der rigider werdenden Filmpolitik wurde schon der Fernsehvierteiler »Columbus 64« von Uli Thein. Mueller-Stahl spielt darin den verkannten Schriftsteller Georg Brecher, der seine Misserfolge als großer Autor mit Reportagen über die Welt der Werktätigen zu kompensieren versucht. Durch seine Kontakte und Erfahrungen mit der Arbeitswelt reift er schließlich zu einem ernsthaften Menschen heran, der Verantwortung für sein Leben und seinen unehelichen Sohn übernimmt.

Diese Rolle war für Mueller-Stahl anfänglich neu: Unstet, im Erotischen experimentierend und sich um die Arbeit herum lavierend, verkörpert er nicht mehr die vertraute Solidität, sondern eher einen attraktiven Tunichtgut. Zumindest zu Beginn des Mehrteilers. Durch seine positive Entwicklung im Sinne des sozialistischen Menschenbildes verliert er allerdings zunehmend an Pepp und Witz. Der gereifte Brecher ist dann nur noch ein glücklicher Kleinbürger.

Für Mueller-Stahl war der Film in zweierlei Hinsicht wichtig. Zum einen war es der erste, bei dem er am eigenen Leib die vernichtende Kraft der Zensur erfuhr. Eine Erfahrung, die für ihn extrem erschreckend war.

Der Film enthielt ursprünglich sehr viel politische Kritik. Aber davon ist kaum etwas übrig geblieben. »Der ewig qualmende und sich mit dem Daumen über die Lippen fahrende Dramaturg, Nahke, der neben Uli stand und aufpaßte. Nahke verkörperte das wachsame Auge der Partei, und er war wachsam. Er schnitt um. Ohne Uli. So schneidet man keinen Film, so schneidet man ein Konsumbrot, Genosse Nahke! Damals schwor ich mir, nie einen Film als Autor und Regisseur in der DDR zu machen. Die Demütigungen, die Uli erleben mußte, wollte ich nicht erfahren. Der amputierte Vierteiler, der schließlich gesendet wurde. Ich schämte mich«, heißt es dazu in seinem Erinnerungsbuch »Unterwegs nach Hause«.

Wichtig war »Columbus 64« für ihn persönlich gleichwohl, weil er ihm zu dem Geld verhalf, mit dem er sich sein erstes richtiges Zuhause gestalten konnte. Bis dahin hatte auch er sich mehr recht als schlecht in der schwierigen Wohnungssituation behelfen müssen, für die die DDR weit über ihre Grenzen hinaus berüchtigt war:

In der Senefelder Straße hatte ich ein möbliertes Zimmer, danach wieder ein möbliertes Zimmer in der Raumerstraße. Von dort zog ich um auf die andere Straßenseite in die erste eigene Wohnung: ein Zimmer, Küche und sogar ein Bad, alles mit Ofenheizung natürlich. Dann kam der steile Aufschwung, eine Zweizimmerwohnung mit Zentralheizung und Bad. Kurz darauf verliebte ich mich in das Haus im Wendenschloss. Das war kein Schloss, sondern das Viertel hieß einfach so, und eigentlich war es auch nicht das Haus, das mich so faszinierte, sondern vielmehr das Grundstück. Die Nähe zum Wasser erinnerte mich an Ostpreußen und Masuren.

Bald konnte ich das Haus erwerben. Ich bot den Mietern meine Wohnung zum Tausch an, doch diese weigerten sich, aus-

zuziehen. Es folgte ein zäher, jahrelanger Kampf. Erst mit der Unterstützung von Hans-Peter Minetti, Sohn von Bernhard Minetti und Mitglied im Zentralkomitee, gelang es mir, meine Ansprüche durchzusetzen. Als dann nach fünf Jahren das Haus endlich leer war, musste erst einmal einiges renoviert werden. Viel habe ich selbst gemacht. Anfang der siebziger Jahre schließlich konnten wir – meine spätere Frau und ich – endlich einziehen. Ich habe mich dort sofort wohl gefühlt: Der Blick auf die Dahme (Spree), die Ruhe, die vom Wasser ausging, das tat mir einfach gut.

Das Wendenschloss sollte dann auch die erste und letzte wirkliche Heimat der Familie im Osten sein.

1973 haben wir geheiratet, am 11. März 1974 kam unser Sohn Christian auf die Welt. Privat ging es mir gut. Ich war glücklich. Aber beruflich wurde es dafür immer unbefriedigender. Ich spürte: Lange kann es so nicht mehr weitergehen.

Noch aber ist Armin Mueller-Stahl einer der vielbeschäftigsten Schauspieler seines Landes. Er hat inzwischen den Darstellerpreis der DDR, den Nationalpreis, das Banner der Arbeit und für seinen Wolfgang Pagel in der Fallada-Verfilmung »Wolf unter Wölfen« einen silbernen Lorbeer des Deutschen Fernsehfunks (DFF) bekommen. Auf der Bühne wird er für die Rolle des Megasheriffs in »V wie Vietnam« von Armand Gatti hoch gelobt. Das Spektrum seiner Filmrollen ist breit. Er spielt die Hauptrollen in verschiedenen Fernsehmehrteilern und ist in ganz unterschiedlichen Genres auf der Leinwand zu sehen. So tritt er 1967 zusammen mit Erwin Geschonnek, Angelica Domröse und Monika Gabriel in Günter Reischs »Ein Lord am Alexanderplatz« auf. Als schrulliger Kriminologe Dr. Achim Engelhardt wurde er darin von der Kritik spontan mit Lob bedacht: »Armin Mueller-Stahl war bisher eigentlich auf Abenteuerliches und Dramatisches spezialisiert«, kommentierte die Nationalzeitung Berlin,

»seine Heiterkeit konnten bisher nur die Theaterbesucher erleben. (...) Gerade mit seinem leisen Witz zeigt er nun einen sympathischen Mitarbeiter unserer Staatsmacht, der manches dazu beiträgt, daß aus dem falschen Lord ein ehrenwerter Mann wird.«

In der Tat: Wie dieser weltfremde Wissenschaftler hier im Leben und auf den Füßen der Frauen herumstolpert, das spielt Mueller-Stahl so komisch und liebenswert zugleich, dass man den Tölpel gernhaben muss. Dieser Schauspieler liebt die Verlierer. Jene, denen es nicht gelingt, richtig Fuß zu fassen im Leben, und jene, die erst am Abgrund oder in der Katastrophe all ihre Kräfte entfalten. Es wirkt, als ob da einer, selbst an Erfolg gewöhnt, den Ringenden und Scheiternden all seine Sympathie und seinen Witz verleiht, als wären sie ein verschwiegener Teil von ihm. Immer wieder – und zugleich viel zu selten – wird er die Außenseiter und Unbeholfenen durch seinen Charme zu den menschlichen Gewinnern machen.

Aber ebenso wenig wie auf die dramatischen will er sich auf die komischen Rollen festlegen lassen. Die Suche, das Neue und das Wagnis sind Antriebe seiner Produktivität. Und warum sollte er sich nicht auch als Held von Abenteuerfilmen versuchen? Die Darstellung von Flucht und Verfolgung in »Fünf Patronenhülsen«, »Die letzte Chance« und »Flucht aus der Hölle« haben ihn schließlich schon ein Stück weit als Abenteurer präsentiert. Warum also nicht auch mal ein Western? Zumal Indianerfilme neben den Geschichten für Kinder in den Zeiten des langen ideologischen Winters das Hauptproduktionsgebiet für die DEFA waren. Zwölf wurden allein zwischen 1966 und 1979 in Koproduktion mit Rumänien, Jugoslawien, der UdSSR und Kuba gedreht. Filme, die im Osten dem westdeutschen Dauerbrenner mit Winnetou und Old Shatterhand vergleichbar populär waren.

In »Tödlicher Irrtum«, Indianerfilm Nr. 5, geht es um den Kampf amerikanischer Unternehmer im Ölgeschäft. Einen Kampf, den sie nach kapitalistischen Regeln gegen die eigentlichen Besitzer des Öls, die Indianer, führen. Dabei sprechen die Weißen scheinheilig von Partnerschaft – tödlicher Irrtum der Indianer, dass sie ihnen glauben. Diesem Irrtum erliegt auch der Hilfssheriff Chris Howard, den Armin Mueller-Stahl als Halbblut in seiner ersten, allerdings auch einzigen Rolle in diesem Genre spielt. Hier trinkt, reitet, schießt und pokert er wie ein routinierter Westernheld und ist dabei vorbildlich gut, ritterlich allen Damen gegenüber und mit seinem Dreitagebart so attraktiv, dass er es mit den westlichen Indianerhelden allemal aufnehmen kann. Befragt, ob ihm der Sheriff Spaß mache, antwortete er damals: »O ja, schließlich ist diese Rolle die Erfüllung eines Jugendwunsches: reiten und nicht herunterfallen, schießen und treffen, raufen und gewinnen. Einer sein, der nur von hinten erschossen werden kann.« Das wird er, im übertragenen Sinne, sein Leben lang bleiben.

»Ich kauf' dir eine Blume«

Doch trotz der unterschiedlichen und teils sogar reizvollen Rollen, die Mueller-Stahl auf der Bühne und Leinwand spielt, ist er an einem Punkt angekommen, wo ihm das Schauspielern allein nicht mehr reicht.

Ich fühlte mich nicht mehr ausgelastet, wollte noch etwas Zusätzliches machen. Dabei war es nie mein Ziel, Teil der Musikszene zu werden. Ich hatte von Beginn an im Kopf, etwas ganz Eigenes zu machen.

Er wollte sich nicht mehr damit begnügen, gelegentlich mal auf der Bühne oder in einem Film ein bisschen zu singen oder auf der Geige zu spielen. Seit Jahren schon hatte er selbst Lieder geschrieben und getextet.

Begonnen hat es bei den Dreharbeiten zu »Preludio 11«, 1963. Wir drehten in Kuba gerade zu der Zeit, als die Kubakrise, ausgelöst durch den Versuch der Stationierung sowjetischer Raketen, ihren Höhepunkt erreicht hatte. Kurt Maetzig, der Regisseur, wollte deshalb die Arbeit sofort abbrechen. Er hatte, wie er selbst eingestand, einfach Angst. Aber wir saßen, zusammen mit einer französischen und einer russischen Produktion, im Hotel fest und konnten uns nicht einigen, was wir tun sollten. Die Deutschen wollten nur schnell nach Hause, die Russen waren besoffen und die Franzosen wollten gegen die Amerikaner kämpfen. An solch einem Saufabend bat mich ein russischer Dokumentarfilmer, einen Song für seinen Film zu schreiben.

Ich ging auf mein Zimmer und schrieb ein wunderbares langes Lied, aber ich war ja auch völlig betrunken. Am nächsten Morgen kam dann die Ernüchterung – das ganze Opus war unbrauchbar, nur die letzten Zeilen waren gut, die hatten Schwung:

> *Es war einmal ein Reiter*
> *Der ritt und so weiter*
> *Er hat es gekonnt*
> *Bis an den – Rizont*
> *Ho-ri-ri-zont.*

> *Er fühlt sich betrogen*
> *Es war doch gelogen*
> *Er steht vor 'nem Abgrund*
> *Die Erde ist nicht rund.*

Diese Liedzeilen wurden, von einer Gitarre begleitet, für den Film aufgenommen. Und das machte mir Mut. Fortan habe ich immer mal wieder meinem Ärger Luft gemacht, indem ich Texte niederschrieb, obwohl ich mich selbst nicht für einen guten Versemacher hielt. Dafür liebe ich die Musik und die Literatur einfach zu sehr. Trotzdem bin ich dann mit diesen Liedern aufgetreten und beim Publikum sofort gut angekommen. Begleitet hat mich der wunderbare Gitarrist Werner Pauli, mit dem mich eine jahrelange Freundschaft verband, richtiger verbindet. Später sind wir dann manchmal im Quartett aufgetreten. So habe ich auch Günther Fischer kennengelernt, der mich für eine Aufnahme auf der Flöte begleitete. Ich war begeistert von seiner Begabung. Wir sind ins Gespräch gekommen und daraus ist dann eine Freundschaft entstanden. Wir haben dann sehr oft öffentlich zusammen musiziert. Mir machte das Texten Spaß, weil es mir eine Möglichkeit eröffnete, mich kritisch zu äußern, so zum Beispiel in dem Lied »Marie mit der dicken Nase«:

> *Marie hat eine Nase*
> *Die war sehr dick und groß*
> *Die Neugier macht die Nase*
> *So dick und groß wie'n Kloß.*
>
> *Marie hätt' ohne Nase*
> *Bekommen einen Mann*
> *Nur stieß der, der mal wollte*
> *Sich an der Nase an.*
>
> *Doch eines Tages kam er*
> *Mit dickem großem Ohr*
> *Das hatte er vom Lauschen*
> *Stellt sich als Bräut'gam vor.*
> *Sie hatten einen Sohn*
> *Mit dickem, großem Mund.*
> *Die dreie waren glücklich*
> *Sie hatten ihren Grund.*

Dann kommt eine Nachschrift, die mir nicht so geläufig ist, weil ich sie immer weglassen musste:

> *Natürlich warn sie Stasi*
> *Mit Nase, Ohr und Mund -*
> *Sie kriegten hohe Orden*
> *Und schnüffelten sich wund.*

Eigentlich hatte ich das Lied wegen dieser letzten Strophe geschrieben, aber bei Auftritten durfte ich immer nur bis »Grund« singen. Manchmal habe ich trotzdem den Refrain gesungen, dann haben die Leute getobt. Die Melodie ist schön, ein bisschen wie Prokofjew. Obwohl damals wirklich sehr vieles verboten war, konnte man in den Konzerten – ganz im Gegensatz zum Film – bis an die Grenzen gehen, weil das Publikum nicht ganz so groß war. Ich war da ganz hemmungslos:

> *Weil die Welt so richtig rot noch nicht läuft*
> *Und sich mancher Genosse vor Kummer besäuft*
> *Und auch ich besoffen in die Kissen flenne*
> *Fleh ich zum Himmel, obwohl ich niemand dort kenne*
> *Für mich, die Genossen und andere Leute*
> *Unser tägliches Rot gib uns heute.*

Heute würde ich mich gar nicht trauen, die letzte Zeile zu sagen, aus Furcht, jeder könnte an Krieg denken. Aber damals wurde sie nie missverstanden. Die Konzerte waren meist ausverkauft. Die Leute wollten diese Lieder hören, und ich hatte die Möglichkeit, schauspielerisch viel dazuzulernen. Zum Beispiel hatte ich eine Nummer, die hieß »Vier Haltungen eines Geigers«: Ich spielte einen Anfänger, einen Caféhausgeiger, einen Konzertviolinisten und auch eine Clownsnummer. Vieles habe ich einfach ausprobiert und ich war dabei immer mein eigener

Fürst. Ich hatte nicht die Regierung als Kralle im Nacken, sondern nur die Leute, und die haben es gemocht, das meiste zumindest.

Das Liedermachen war für Mueller-Stahl ein Ventil. Bei seinen Auftritten erfuhr er eine neue Form von Gemeinsamkeit. Besonders wenn er auf dem Land sang, war er für Stunden entfernt von der allgegenwärtigen Zensur und mit Menschen verbunden, die ähnlich dachten und empfanden wie er. Raus aus dem Clinch um Cliquen, Gerüchte und Verbote. Ein beinahe freier Musikant mit Lust am frechen Widerstand.

Allerdings ist das Liedermachen nicht eigentlich mein Terrain. Dafür bin ich ein viel zu anspruchsvoller Musiker. Manche meiner Texte sind witzig und poetisch, aber so richtig wirken sie eigentlich nur mit der Melodie.

Und durch seinen Vortragsstil. Denn erst durch seine Mimik und Gestik, durch Verzögerungen und Akzentsetzungen bekommen Mueller-Stahls Lieder letztlich ihr Profil. Dabei erinnert sein Vortrag bei manchen an den eigenwilligen Balladenstil Biermanns. Entschieden mehr auf jeden Fall als an den Musiker Manfred Krug, der sich einerseits im Gebiet des Schlagers bewegte, dem die DDR-Bürger aber vor allem den Import des amerikanischen Jazz verdankten. Dabei agierte Krug rein autodidaktisch und intuitiv – Noten beherrscht er, wie er mit einer gewissen Genugtuung anmerkt, bis heute nicht. Mueller-Stahl hingegen, mit seinem abgeschlossenen Musik- und Geigenstudium, feilte an jedem Ton.

Damals hatte ich ein Grundprinzip: einfacher Text, anspruchsvolle Musik, schwieriger Text, leichte Melodie. Zum Beispiel für »Die blaue Kuh«, ein Lied, dessen Text lang und hintergründig ist – wer oder was trinkt sich da aus oder hackt sich die Beine weg, die Partei?, wurde ich oft gefragt –, für einen solchen Text musste ich eine ganz schlichte musikalische Begleitung finden.

Es war mal eine blaue Kuh
Die war wie andere Kühe
Die war nicht sehr viel schlauer
Die war nur etwas blauer
Und überaus empfindlich
Und ungeheuer kindlich.

Es war mal eine blaue Kuh
Die kicherte beim Melken
Kam spät am Tag der Melkersmann
Und faßte sie am Euter an
Begann sie gleich zu lachen
Es war dann nichts zu machen.

Es war mal eine blaue Kuh
Die hatte einen Einfall
Ganz früh trank sie
Die Milch sich aus
Der Milchmann ging ganz leer nach Haus
Und blökte ihm noch hinterher
Nun ist der Eimer nicht mehr schwer.

Es war mal eine blaue Kuh
Die trank sich schon vier Tage
Da wurde sie ganz hager
Und klein klein klein ganz mager
Bald war sie so wie eine Maus
Und trank sich immer weiter aus.

Es war mal eine blaue Kuh
Die hat sich ausgetrunken
Da war sie weg
Da war sie aus

*Armin Mueller-Stahl im Alter von drei Jahren
(Archiv Armin Mueller-Stahl)*

Die Eltern, Editha und Alfred Mueller-Stahl (Archiv Armin Mueller-Stahl)

Dietlind, Gisela, Tante Ena, Armin und Hagen zusammen mit ihrer Mutter, stehend (Archiv Armin Mueller-Stahl)

Hagen, Armin und Roland, die drei Brüder (Archiv Armin Mueller-Stahl)

Mit Manfred Krug in »Fünf Patronenhülsen«
(Progress Film-Verleih)

Zusammen mit Annekathrin Bürger in »Königskinder«
(Progress Film-Verleih)

»Ich selbst und kein Engel«, mit Lipe Linkowski
(Archiv Armin Mueller-Stahl)

Als Narr in Shakespeares
»Was Ihr wollt«
(Archiv Armin Mueller-Stahl)

»Abschied vier Uhr früh«,
zusammen mit
Marianne Wünscher
(Archiv Armin Mueller-Stahl)

*Als Kapo Höfel in »Nackt unter Wölfen«, mit Gerry Wolff
(Progress Film-Verleih)*

*»Jakob der Lügner«, 1974, auf den Schienen Reimar Joh. Baur
(Progress Film-Verleih)*

»Tödlicher Irrtum«, zusammen mit Gojko Mitic
(Archiv Armin Mueller-Stahl)

Dreharbeiten mit
Frank Beyer
(Archiv Armin Mueller-Stahl)

Zusammen mit Jean Marais bei
den Moskauer Filmfestspielen,
Ende der 60er Jahre
(Archiv Armin Mueller-Stahl)

Beim Konzertauftritt mit Werner Pauli
(Archiv Armin Mueller-Stahl)

Mit den Freunden Inge Heym, Helga Poche, Klaus Poche,
Stefan Heym und Frau Grimm vom Bertelsmann-Verlag
(Archiv Armin Mueller-Stahl)

*Zusammen mit Frau Gabriele und Sohn Christian
(Archiv Armin Mueller-Stahl)*

> So groß nur noch wie eine Laus
> Danach nur noch ein blauer Fleck
> Der lachte noch
> Dann war er weg.

»Die blaue Kuh« und ein paar andere Lieder sollten von Amiga, einer Produktionsfirma, sogar auf Platte aufgenommen werden. Im Vorfeld wurden dann aber die Texte geprüft, es gab Randbemerkungen, wie »sehr zweideutig«, und plötzlich wurde man hellhörig, zum Beispiel bei dem »Lied von der Pflaume«:

Für Walter Ulbricht

> War ein Baum ganz voller Äpfel
> War beinah ein Apfelbaum
> Nur ganz oben in der Spitze
> Wächst ganz einsam eine Pflaum.

Aus der Platte ist dann nichts mehr geworden, aber aufgetreten bin ich weiterhin mit Erfolg. Nur einmal habe ich einen Reinfall erlebt. Das war beim Theaterfestival in München. In der DDR glaubte man ja, wenn man bei uns berühmt ist, dann sei man überall berühmt. Das war aber eine völlige Fehleinschätzung. Die Leute in München haben auch die meisten Texte nicht verstanden, weil sie den Kontext nicht kannten. In der DDR hingegen gab es ein großes Einvernehmen mit dem Publikum. Außerdem ermöglichte mir mein musikalisches Programm auch zu reisen.

So war er in den Jahren 67 und 68 zusammen mit Günther Fischer in Oslo, Algier, Wien, Warschau und mehrere Male in Westberlin. Außerdem trat er in dieser Zeit zusammen mit Werner Pauli, der klassische Gitarre spielte, ebenfalls in Westberlin, dazu in Kopenhagen, Helsinki und Kairo auf.

Allerdings erschwerten mir meine Auftritte als Musiker und Entertainer zunehmend das Leben als Schauspieler. Ich hatte ein Sakrileg begangen, weil ich mich der Unterhaltungsebene geöffnet hatte. Mir war das aber inzwischen egal. Ich habe im Fernsehen eine Show moderiert – nicht wie ein Conférencier, das hätte ich nicht gekonnt, sondern wie ein Clown. Dabei habe ich ungeheuer viel gelernt für die Schauspielerei. In der »Burgparty«, einer Fernsehshow mit Schlagersängern, war ich der zentrale Kopf und habe mein »Nachbarlied« gesungen:

> *Bei der Familie Nachbar*
> *Ist jeder bei etwas dabei*
> *Der Mann ist in der VP*
> *Die Frau in der LPG*
> *Der Sohn in der Armee*
> *Dessen Frau in der Partei*
> *Das jungsozialistische Töchterchen*
> *ledig und frei.*
>
> *Samstags fahrn sie im Trabant*
> *Durch das Land*
> *Der Mann von der VP usw.*
>
> *Familie Nachbar sucht für das*
> *Töchterchen einen Mann*
> *Einen Mann von der VP*
> *Einen Mann von der LPG*
> *Einen Mann von der Armee usw.*
>
> *Das jungsozialistische Töchterchen erwartet*
>   *ein Kind*
> *Ein Kind von der VP?*
> *Ein Kind von der LPG?*

Ein Kind von der Armee?
Sie war am Jahrestag in Berlin dabei.

So etwas war dann erlaubt.

Später, 1976, hatte ich sogar eine eigene Show. Wegen meiner Popularität hatte man mir die zugebilligt: »Ich kauf' dir eine Blume« hieß sie. Aber wirklich meine eigene Show war sie dann doch nicht. Manche meiner Lieder wurden ganz verboten, bei manchen wurde der Text zensiert. Alles Kritische und Parodierende, das sich auf die Politik, die Regierung oder irgendwelche Missstände bezog, wurde gestrichen. Stattdessen sollte ich dann englische Lieder singen.

Das tut er auch, und Frank Sinatras »I did it my way« in deutscher Fassung wirkt dabei Zeile für Zeile so unpathetisch ernst empfunden, als habe er schon eine Ahnung vom nahenden Abschied gehabt.

Irgendwie waren mir solche Eingriffe zum damaligen Zeitpunkt schon egal, ich war bereits fertig mit der DDR. Und wenn man sich die Aufnahmen heute anschaut, dann ist es beinahe rührend, wie unbeholfen diese Show produziert wurde. Und auch das Niveau ist erschreckend! Zwei, drei Lieder sind von mir, und sie sind gut, aber die meisten anderen sind ziemlich schrecklich.

In dieses harsche Urteil sind wohl die Distanz der Jahre und die gewachsene Professionalität eingegangen, vor allem aber ist offenkundig die damalige Frustration wieder aufgelebt. Für Unbetroffene hat der Blick zurück auch etwas Berührendes. Zeigen die Auftritte doch, bei aller Anpassung an mittlerweile überlebte Vorstellungen von Show und Unterhaltung, den jungen – sehr jungenhaften – Mueller-Stahl in vielen Ausdrucksfacetten, die der Westen nie kennengelernt hat. Vor allem den Komiker. Da sieht man Armin Mueller-Stahl als monologisierende Klofrau mit schiefem Kopf und als berlinernden Postbeamten, der die Briefmarken nach Geschmack unterscheidet. Man muss zweimal hinschauen – aber er ist es! Er treibt mit spürbarer Lust seinen Spaß, für die Leute, mit den Leuten – und auch wenn es nostalgisch ist, denkt man unwillkürlich: Schade, dass man ihn später, im Westen, öffentlich so nie mehr erlebt hat.

Er tritt auf als bunt geschminkter Clown, geigt zusammen mit dem damals berühmten Egon Morbitzer – »eigentlich wollten wir Vivaldis ›Doppelkonzert‹ spielen, aber das war wieder zu anspruchsvoll, es durfte dann nur ›Yesterday‹ sein« –, spielt Gitarre und singt die fremden wie die eigenen Lieder mit seiner wohltönenden, wohltuenden Stimme, der man immer weiter zuhören möchte. Selbstironisch präsentiert er sich mit dem einjährigen Filius am Klavier und in flotten Tanzeinlagen als der beliebte Achim Detjen vom »Unsichtbaren Visier«. Am Schluss dann das von ihm selbst geschriebene Lied »Bin Gaukler seit über zwanzig Jahren schon«; schöner und passender hätte er den Schlusspunkt nicht setzen können.

Wenn ich gekonnt hätte, wie ich damals wollte, wenn ich auch die gesellschaftliche Animation und Anerkennung gefunden hätte, dann hätte ich gern eine Art schauspielerisches Entertainment gemacht so wie Yves Montand. Von der Erfüllung dieses Wunsches habe ich dann aber im Westen Abstand genommen. Ich hätte mir die Texte von anderen schreiben lassen müssen. Mir gerät vieles zu rasch ins Skurrile, was für anspruchsvolle Texte weniger tauglich ist.

Solange man ihn lässt, genießt er aber seine musikalischen Auftritte und versucht mehr und mehr, sich von den politischen und kollegialen Zwängen unabhängig zu machen. Da er sich mittlerweile zwischen alle Stühle gesetzt hat, wird er nun auch von allen Seiten angegriffen. Den einen ist er zu sehr auf die Unterhaltungsebene gerutscht, den anderen gilt er als elitär oder arrogant. »Die Theaterfamilie reagierte befremdet: Der ißt ja gar nicht mehr in der Kantine, der meint wohl, er wäre was Besseres.« Einigen Filmleuten wird er durch seine Fernsehpopularität suspekt, den Schauspielerkollegen durch seine Musik und manchen einfach durch die Tatsache, dass er alles parallel bewältigt: Theater, Film, Fernsehen und auch noch Konzertauftritte, da kann doch nichts Gutes mehr entstehen. Aber im Gegenteil: Sein Erfolg reißt nicht ab. Niveauverluste sind nicht nachlassendem Können oder Engagement auf seiner Seite geschuldet, sondern dem allgemeinen Trend. Seine Beliebtheit beim Publikum ist unverändert groß.

»Du sollst keinen fremden Herren dienen«

Anfang der siebziger Jahre steht er als viel gelobter Leander in Molières »Arzt wider Willen« auf der Bühne. Er spielt in erfolgreichen Fernsehfilmen mit, auch in Kinofilmen ist er häufig zu sehen, etwa in den großartigen Filmen »Der Dritte« von Egon Günther (1971) und »Jakob der Lügner« von Frank Beyer (1974). Für die Geschichte der DEFA-Filme war Frank Beyers beeindruckende Adaption des gleichnamigen Romans von Jurek Becker ein Meilenstein: Er wurde als erster DDR-Film für einen Oscar nominiert, den er dann allerdings doch nicht erhielt.

In Frank Beyers »Jakob der Lügner« spielt Mueller-Stahl nur eine kleine Nebenrolle; 1997 wird er in einem Remake von Peter Kassovitz die zentrale Rolle des Dr. Kirschbaum übernehmen.

Egon Günthers Studie über die Emanzipation einer jungen Frau in »Der Dritte« war zu jener Zeit einer der mutigsten und wichtigsten Filme, die in der DDR gedreht wurden. Günther griff einen Stoff auf, den Slatan Dudow schon 1963 in seinem Film »Christine« hatte gestalten wollen. Wegen des plötzlichen Todes von Dudow – er kam bei einem Unfall ums Leben – wurde das Projekt damals nicht realisiert.

Margit Fließer, die Hauptfigur in »Der Dritte«, ist eine selbstständige Frau, die mit ihren zwei Töchtern alleine lebt und nach zwei gescheiterten Beziehungen den »Richtigen« sucht. In formal anspruchsvollen Rückblenden zeigt der Film ihre entscheidenden Lebenssituationen und die Männer, die dieser Suche vorangegangen sind. Mueller-Stahl tritt als ihr zweiter Liebhaber auf. Als Blinder, dem sich Margit Fließer anfangs eher aus Mitleid zuwendet, verführt er sie auch durch die Poetik seines Werbens. Aber schon bald verkehrt sich seine Bedürftigkeit in Machtgesten. Mit beklemmender Intensität vermittelt Mueller-Stahl, wie der Gebrechliche seine Schwäche durch strengste Kontrolle der Wirklichkeit zu überwinden versucht, um dann wieder in Rausch und Ressentiment zu versinken. Wieder ein Film, in dem er mit sparsamen Mitteln spürbar macht, wie ein Mensch zwischen gegensätzlichen Gefühlen zum Monstrum werden kann. Hier vernichtet er sein Gegenüber nicht durch vitale Gewalt, sondern durch Kälte. Dieser Film war zu seiner Zeit für die Filmschaffenden in der DDR sowohl formal wie inhaltlich richtungweisend. 1972 lief »Der Dritte« als Beitrag der DDR auf dem Festival von Venedig und wurde so auch über die Grenzen hinaus bekannt.

Insgesamt gab es zwischen 1969 und 1973 noch einmal Auftrieb im DDR-Kino und Hoffnung auf ein offeneres geistiges Klima. Es war die Zeit der internationalen Verträge zur Bundesrepublik Deutschland und Westberlin, die DDR wurde diplomatisch anerkannt und beide deutschen Staaten wurden UNO-Mitglieder. In der DDR brachte vor allem der Wechsel von Ulbricht zu Honecker im Mai 1971 einen spürbaren Hoffnungsschub. Nach dem verhassten, verachteten, mit hämischen Witzen bedachten Ulbricht konnte es mit dem Dachdecker aus Wiebelskirchen nur besser werden. Honecker war für die meisten Bürger ein weitgehend unbeschriebenes Blatt. Wer entsann sich schon noch an seine Zeit als FDJ-Chef oder an die Tatsache, dass er es gewesen war, der auf dem 11. Plenum im Dezember 1965 die Attacken gegen kritische Künstler geführt hatte?

Honecker verstand es zudem, kleine Zeichen richtig zu setzen. So bewies der ehemalige Jugendfunktionär ein Herz für junge Leute. Die begehrten Blue Jeans, die bis dahin als Symbol westlicher Dekadenz gegolten hatten, wurden erlaubt, ebenso die verpönte Beatmusik, die 1965 pauschal unter das Verdikt kapitalistischer Unkultur gefallen war. Auch in der Versorgungslage zeigten sich hier und da Verbesserungen, die die vage Hoffnung auf mehr nährten. Ideologisch war Erich Honecker ein »Mann der kleinen Kompromisse, der Meister des stillen Nachgebens und des ›so tun als ob‹. Westfernsehen war nicht direkt verboten und nicht direkt erlaubt – aber die Verkaufsstellen des sozialistischen Einzelhandels boten die Apparate mit dem integrierten ›Westfarbsystem (PAL)‹ an. Der Umlauf von D-Mark als ›Zweitwährung‹ war nicht direkt verboten und nicht direkt erlaubt. Aber nur die Existenz der allgemein zugänglichen Intershops verlieh ihm ökonomischen Sinn«, kommentiert Stefan Wolle ironisch. »Ausreiseanträge zu stellen war nicht direkt verboten und nicht direkt erlaubt. Aber die umfangreiche Genehmigungspraxis, für die es eigentlich gar keine juristische Grundlage gab, führte zu immer mehr solcher Begehren.« Und auch kulturpolitisch praktizierte die SED-Führung eine vorsichtige Öffnung. Unter dem Signum von »Weite und Vielfalt« lockerte sie manche dogmatische Verhärtung. Insofern passt es atmosphärisch, dass Armin Mueller-Stahl in dieser Zeit, den Jahren 1974/75, noch eine seiner populärsten Rollen spielen wird.

Nachdem er sich am Theater mit Peter Hacks' »Schöner Helena« bzw. mit deren Regisseur Benno Besson herumgeplagt, im Fernsehen einige unspektakuläre Rollen gespielt hatte und die Arbeit mit Egon Günther und Kurt Maetzig (»Januskopf«) abgeschlossen war, kam wieder eine Anfrage vom Fernsehen: Man plante einen dreiteiligen Spionagefilm und ließ fragen, ob er Interesse an der Hauptrolle habe.

Ursprünglich war dafür Gojko Mitić vorgesehen, der damals die Hauptrolle in all den Indianerfilmen spielte, das östliche Pendant zu Pierre Brice. Aber dann hieß es, wohl eine Anordnung von oben, es wäre doch schön, wenn diese Rolle einer von unseren Schauspielern übernähme. Zumal Mitic, weil er Jugoslawe ist, einen Akzent habe. So wurde ich angesprochen. Ich hatte gerade den Nationalpreis bekommen und wollte die Rolle spielen, befürchtete aber, dass es bei den drei Folgen nicht bleiben würde. Schließlich nahm ich dennoch an und hatte mir auch schon ganz genau überlegt, wie ich diese Rolle spielen wollte. Ich wollte daraus eine Abenteuerfigur machen, keinen Parteiauftragsmenschen.

Solche Gedankengänge machen deutlich, was Mueller-Stahl selbst später über diese Zeit immer wieder sagt: Er hatte es damals satt und ihm war es mittlerweile auch schon egal, wie seine Aktionen und Statements im Politbüro aufgenommen wurden. Natürlich kommt darin auch eine bestimmte Sicherheit zum Ausdruck. Andere DDR-Bürger mussten fürchten, für vergleichsweise geringe Formen von Widerstand nach Bautzen geschickt zu werden. Insofern machen die Ereignissse um »Das unsichtbare Visier« noch einmal konzentriert deutlich, wie privilegiert Mueller-Stahl war – und warum ihm das alles trotzdem nichts genutzt hat.

Nun spielte ich und habe in meinen Text immer wieder eigene Bemerkungen eingeflochten, sodass die Figur ein anderes Profil bekam. Nach vier Wochen sagte der Regisseur: »Ich habe die Muster gesehen. Du spielst immerhin einen Genossen, und so, wie du die Rolle jetzt interpretierst, können wir es nicht machen.«

Nun wurden also die Muster dem Staatssicherheitsdienst vor-

geführt, auch Herrn Mielke persönlich, und der war begeistert: »Endlich haben wir eine Figur, wie wir sie immer wünschen«, soll er gesagt haben, »eine, die nicht so nach Partei riecht.« Ich konnte jetzt so weiterspielen, wie ich wollte. Und noch etwas wurde von den oberen Etagen festgelegt: Dieser Spion, der ursprünglich von der Sowjetunion aus eingesetzt werden sollte, sollte jetzt einem DDR-Auftrag folgen. So musste der Anfang des Films noch einmal neu gedreht werden. Das war ja ungeheuer peinlich.

Für den Regisseur. Und für ihn – Armin Mueller Stahl alias Werner Bredebuch alias Achim Detjen – ein Triumph.

Die Geschichte vom »Unsichtbaren Visier« begann mit viel Schwung und Spannung und zeigte Mueller-Stahl als charmanten Spion in ungewohntem Outfit. Achim Detjen war der perfekte Ost-James-Bond. Smart und gut gekleidet, stellte er den Frauen und Verbrechern nach. Aber er erschöpfte sich nicht darin, sondern gab dieser Rolle in der Tat einen ganz eigenen, ihm eigenen Akzent. Denn dieser wagemutige Held war nicht nur couragiert und sexy, sondern voll intelligenter Ironie und Sensibilität, ein absoluter Sympathieträger: Für viele Fernsehzuschauer in der DDR und den östlichen Nachbarländern die Rolle, mit der sie Mueller-Stahl über Jahrzehnte hin identifizieren sollten – ebenso wie für die westdeutschen Spionagefans nur Sean Connery der echte – und nichts als – James Bond ist. Auch die Kritik war des Lobes voll und befand von Mal zu Mal, die Serie solle weitergehen, »solange Armin Mueller-Stahl Spaß am Mittun behält«. Den sollte er allerdings bald verlieren.

Es kamen nun immer neue Staffeln raus, ganz wie ich es befürchtet hatte. Denn ich wollte ja gerade nicht der ewige Spion werden. Und die Bücher wurden auch immer schlechter und ich merkte immer deutlicher: Hier muss etwas zu Ende gehen.

Gewitterwolken ziehen auf

Mit diesem resümierenden Satz kennzeichnet Mueller-Stahl im Rückblick den Prozess, der zu seiner – wie er es nennt – »Scheidung« von der DDR geführt hat. Vorher hatte er sich über all die Jahre immer wieder mit dem System arrangiert. »Es war wie in einer Ehe. Wir haben gequengelt und gezankt, uns aber nie wirklich gewehrt.«

Doch die Ärgernisse und Demütigungen häuften sich.

Ich weiß nicht, was damals in den Köpfen meiner Kollegen am Theater vor sich ging. Ich gehörte ja am längsten zum Ensemble, fast 25 Jahre. Vielleicht war da Eifersucht im Spiel: »Der kriegt immer die besseren Rollen, der geht neuerdings immer weg.« Anfangs bin ich gern in die Kantine gegangen, aber ich bin einfach kein Gruppenmensch. Ich kannte inzwischen all die Witze von den Kollegen, es langweilte mich. Also bin ich nach meinen Auftritten immer gleich weggegangen. Und dann wurden die Rollen immer kleiner.

Ärgernisse gab es in dieser Zeit etliche. Manche sind ihm wirklich unter die Haut gegangen.

So trat ich in dieser Zeit beispielsweise in Halle, wo meine Schwester Gisela als Dramaturgin arbeitete, in einer Show als Clown auf. Auf dem Plakat für diesen »Zirkus, Zirkus, allez hop« stand der Name eines Schlagersängers ganz groß und meiner ganz klein drunter. Das hat mich schon gewurmt.

Vielleicht auch, weil er die hämische Freude manches übel wollenden Kollegen ahnte.

Der Neid war ein großes Problem. Wie so oft, wenn man zu dicht aufeinanderhockt, wurden einfach Urteile aufgeschnappt und weitergegeben und daraus dann Geschichten konstruiert. Ich habe das einmal selbst erlebt. Da warnte man mich, »deine Maskenbildnerin, wenn die den Mund aufmacht, lügt sie wie gedruckt«. Ich war zunächst etwas irritiert, merkte dann aber schnell, dass da nichts dran war. So wurden die wildesten Verleumdungen in die Welt gesetzt. Und sicherlich ist man auch über mich hergezogen: »Der tritt mit Schlagersängern auf, der macht eine Show, der kriegt den Hals nicht voll«, oder so. Ich tauge aber nicht als schwarzes Schaf. Bei mir gibt es eine Grenze. Wenn sie erreicht ist, gehe ich weg, auch wenn man mir 20 Millionen fürs Bleiben bieten würde.

Man glaubt es ihm sofort. Nur ist es mit dem Weggehen allein natürlich nicht getan. Es bewahrt ihn zwar vor Wiederholungen, nicht aber vor Wunden und Narben.

Dann gab es auch ganz handfeste Auseinandersetzungen mit Benno Besson. Er war ein guter Regisseur, aber ein schlechter Intendant. Wir hatten schon eine Weile Probleme miteinander. Er versuchte mich kleinzukriegen, mich zur Anpassung zu zwingen, was ihm aber nicht gelang. Die Rolle des Menelaos in »Schöne Helena« war eigentlich schon das Ende meiner Theaterkarriere. Als dann noch verkündet wurde, alle Schauspieler ab 45 sollten entlassen werden, hat es mir gereicht. Ich habe gekündigt – und seitdem tatsächlich auch nie wieder Theater gespielt.

Wer Armin Mueller-Stahl nur im Westen, das heißt als Filmschauspieler kennt, für den ist im Grunde kaum nachvollziehbar, welche Laufbahn da so sang- und klanglos zu Ende ging. Auch ein Stück großen persönlichen Engagements wurde durch Frustration und Ärgernisse erstickt. Vergegenwärtigt man sich die Ursprünge seiner Schauspielleidenschaft, das Vorbild des Vaters, die Präsenz des Theaters in der Familie und die ersten Auftritte zusammen mit den Geschwistern, dann wird klar: Hier endete eine große Liebe. Seine Liebe gegenüber dem Theaterspielen ebenso wie die, die ihm das Publikum entgegenbrachte.

Das Ansehen und die Sympathie, die Mueller-Stahl in seiner alten Heimat auch als Bühnenschauspieler genoss, ist noch 25 Jahre später spürbar. So gibt es im Archiv der Volksbühne nicht nur eine Menge Material, sondern auch ein sehr lebendiges, begeistertes Erinnern an »unseren Mueller-Stahl«. Man ist stolz, dass einem der Protagonisten ihrer Bühne eine so breite und anhaltende Anerkennung zuteil wird. Die freundliche Archivarin schickte mir auf meine Anfrage hin nicht nur zu jedem gewünschten Theaterstück Besprechungen, sondern kündigte ihrerseits eine Personalmappe an, die die Volksbühne zu all ihren Schauspielern angelegt habe, mit Interviews und Porträts. Eine Woche später meldete sie sich wieder, bedauernd und ratlos: »Ich verstehe es nicht, aber die Sammlung zu Mueller-Stahl ist nirgendwo zu finden. Obwohl er ja einer der renommiertesten Schauspieler bei uns damals war. Ich kann mir das nur im Zusammenhang mit der Biermann-Geschichte erklären. Danach war er ja hier in Ungnade gefallen und da muss die Mappe wohl aussortiert worden sein.« Aussortiert ist ein freundliches Wort. Der Staatssicherheitsdienst ließ offenbar keine Möglichkeit aus, belastendes Material aufzutreiben.

Schon vor der Unterzeichnung der Biermann-Petition hatte Mueller-Stahl immer wieder seine Meinung unmissverständlich kundgetan. Den Ärger der Staatssicherheit provozierte er allerdings besonders durch seine Kündigung beim »Unsichtbaren Visier«. Es gehörte schon Courage dazu, ausgerechnet die Rolle abzulehnen, die ihm nicht nur die Anhängerschaft der Zuschauer, sondern auch einhelliges Lob der Politgrößen garantieren würde. Aber in Bezug auf seine künstlerische Laufbahn war Mueller-Stahl zeitlebens ab einem gewissen Punkt verblüffend klar und kühn in seinen Aktionen. Verblüffend für einen Menschen, der eher abwägend und skrupulös wirkt. Auf jeden Fall konnte die Entwertung der höchstoffiziellen Anerkennung, die in seiner Kündigung steckte, nicht unbemerkt bleiben. Insofern war diese vordergründig nur berufliche Entscheidung zugleich eine politische Aussage.

Und auch bei den Kinofilmen war die gute Zeit für ihn mittlerweile deutlich vorbei.

Die ernsthaften Regisseure hatten Mühe, mich zu besetzen, weil ich mich auch der Unterhaltungsebene geöffnet hatte. In mir vollzog sich genau das Gegenteil. Mir war es egal, was die Leute von mir dachten. Ich wollte nur noch weg, suchte nach einem Grund.

Und der sollte sich ihm bald bieten. Denn aller vordergründigen Liberalisierung zum Trotz hatte Erich Honecker, wie Stefan Wolle in seiner »Heilen Welt der Diktatur« erläutert, von Beginn seiner Amtszeit an einen eher regressiven Kurs gesteuert: »Er war der Mann der Staatssicherheit und mit seinem Machtantritt vollzog sich auch der Aufstieg Erich Mielkes ins oberste Gremium der Macht. Für das MfS bedeutete das eine politische Aufwertung und die Möglichkeit zum ungehemmten personellen, technischen und ›flächendeckenden‹ Ausbau. Mit Honecker begann auch eine neue Welle der Militarisierung der Gesellschaft, insbesondere des Bildungswesens von den Kindergärten bis zu den Universitäten. Er verschärfte die Sicherheitsbestimmungen, konzentrierte weiter den Einfluß der SED und stutzte die Blockparteien auf die Funktion des kommunalen Ausputzers zurück. (...) Neue Klassenkampfparolen lösten das parteioffizielle Harmoniegesäusel von der ›sozialistischen Menschengemeinschaft‹ ab. Der unterschwellig verbreitete DDR-Stolz wurde in den Medien zugunsten einer starken Betonung der Vormachtstellung der Sowjetunion verdrängt. Die Zeichen standen also auch rein ideologisch auf Verknöcherung des Systems. Trotzdem hat dies innerhalb und außerhalb der DDR kaum jemand wahrgenommen. Im Osten fiel man auf die Politik des Bonbonverteilens gern herein, und im Westen ging Stabilität über alles.«

Mueller-Stahl aber mochte sich nicht mehr zufriedengeben mit den gelegentlichen »Bonbons«, die ihm zufielen – so sehr er Süßigkeiten sonst auch mag. Die patriarchale Entmündigungsstrategie nach dem Motto: »Wenn du hübsch artig bist, werde ich dir immer ein bisschen mehr erlauben«, hing ihm zum Hals heraus. Er wollte endlich selbst bestimmen, was er wann wo sagen, spielen, drehen würde und wohin ihn seine Reisen führen sollten. Und er wollte sich endlich auch künstlerisch weiterentwickeln können. Denn die Bequemlichkeit, die das DDR-System bei aller Repression ja in sich barg und die viel zu ihrem lang währenden Bestehen beigetragen hat, wirkte sich auch im kulturellen Leben aus. Das gesamte System war auf Dauer und Sicherheit angelegt. »Die Schlagersternchen der fünfziger Jahre trällerten ihre Lieder bis zum bitteren Ende. Im Fernsehen der DDR boten die Schauspieler bis zum Rentenalter und darüber hinaus immer die gleichen Rollen«, so Wolle. Genau das aber wollte Mueller-Stahl ganz entschieden nicht.

In der DDR wurde man gehindert, sein Talent zu entwickeln. Irgendwann hatten die Rollen, die man mir anbot, keinen Reiz mehr. Alles wiederholte sich nur noch. Mit dem Theater hatte ich gebrochen und mit der Musik kam ich auch nicht mehr weiter.

Ein Ausweg aus dieser Sackgasse sollte sich ihm bald bieten: Am 16. November 1976 war Wolf Biermann nach einem langen und Aufsehen erregenden Konzert in Köln von der Parteiführung aus der DDR ausgebürgert worden. Einen Tag darauf wurde auf Initiative der beiden Autoren Stefan Heym und Stephan Hermlin eine Stellungnahme formuliert, mit der die Unterzeichner gegen diese Ausbürgerung protestierten. Auch Mueller-Stahl hat diese Liste unterzeichnet – und war dadurch als Künstler mit einem Schlag kaltgestellt. Nach Jahren der Popularität, der Preise und Angebote beginnt mit der

Unterzeichnung der Biermann-Petition für ihn eine Art Berufsverbot. Ein absoluter Bruch, den zu vollziehen er drei Jahre brauchen sollte.

Die Ereignisse um die heftig umstrittene Ausbürgerung Wolf Biermanns und die Petitionsliste können ohne Übertreibung als ein erster entscheidender Schritt im Prozess der Selbstauflösung der DDR angesehen werden. Insbesondere was die Intellektuellen anbelangt, die niemals zuvor in vergleichbarer Form öffentlich gemeinsam gegen eine staatliche Maßnahme protestiert hatten. Dabei war dieser Protest für viele weniger ein Engagement für die Person Wolf Biermanns als gegen dergleichen Willkür und Gewalt. Verbindend war für die Unterzeichner nicht einmal eine allseitige Ablehnung des Regimes, sondern lediglich die Ablehnung des Ausbürgerungsakts.

Bei Mueller-Stahl aber ging die Kritik weiter. Für ihn stand diese Ausbürgerung – zumal angesichts von zahllosen abgewiesenen Ausreisegesuchen – exemplarisch für all jene unwürdigen Verbote und Vorschriften, Verhinderungen und Verbiegungen, die er sich nicht mehr gefallen lassen wollte. Einmal muss Schluss sein! Was das für ihn bedeutete, sollte er bald erfahren.

Über Jahre hinweg hatte bei mir pausenlos das Telefon geklingelt. Nun plötzlich: Totenstille. Ich war beruflich von einem Tag zum anderen kaltgestellt. Als Schauspieler stirbt man ja einen ganz geräuschlosen Tod und in diesem Sinn war ich nach 1976 gestorben.

Bleiben aber wird er noch drei Jahre, getragen von der Familie, den Freunden, dem Schreiben.

Freunde und Verbündete

Anfangs, in den ersten aufgewühlten Tagen und Wochen nach der Unterzeichnung der Biermann-Petition, war die aufbauende Wirkung der alten und plötzlich neuen Freundschaften groß. Anschaulich wird dies beispielsweise in den Erinnerungen Günter de Bruyns, der in seinem Lebensbericht »Vierzig Jahre« die solidarisierende und euphorisierende Wirkung beschreibt, die der gemeinsame Widerstand für viele hatte: »Es ging nicht mehr allein um Biermann, sondern um einen Versuch intellektueller Emanzipation. Nicht der Inhalt der Petition, in der man jede Schärfe vermieden hatte, war entscheidend, sondern die Tatsache, daß es sie gab. Zum ersten Mal hatte man sich im Protest zusammengefunden. Das stärkte das Selbstbewußtsein und klärte die Fronten. Der Riß zwischen den Protestierern und den parteitreuen Schreibern sollte sich nie mehr schließen. Solange die DDR existierte, blieb für die Beurteilung eines jeden sein Verhalten in diesen Tagen wichtig: Freund und Feind maßen Vertrauen und Mißtrauen daran. Nie war die Verbundenheit der Individualisten so stark wie in diesen Stunden. Noch wußte man nicht, wie die Partei reagieren würde, fürchtete aber das Schlimmste, und diese Ungewißheit gerade war es, die die Stimmung hob. Sollte die Stasi vermutet haben, daß hier (...), im Kreis der Verschwörer, weitere Pläne ausgeheckt würden, hätte sie sich geirrt. Wir waren mehr wie die Kinder, die einen frechen Streich ausgeführt hatten, ihn in verschworener Gemeinschaft genossen und die Angst vor den bösen Folgen durch Lachen und Schwadronieren zu vergessen versuchten.«

Ähnliches formuliert Klaus Poche salopp: »Wir haben uns zusammengedrängt wie die Kühe beim Regen. Jedes Wochenende trafen wir uns, bei Manfred (Krug), bei Stefan Heym oder bei Armin. Wir haben beratschlagt, unsere Eindrücke und Befürchtungen ausgetauscht und uns einfach gegenseitig gestärkt.«

Für Mueller-Stahl waren diese stärkenden Freunde neben Klaus Poche und Stefan Heym vor allem Frank Beyer und der Drehbuchautor Wolfgang Kohlhaase, mit dem er oft segeln ging. Dazu der Schauspielerkollege Uli Thein, der Karikaturist Willy Moese, und dessen Frau, Maria Moese, die erste und sehr beliebte Fernsehansagerin der DDR, die zusammen mit der Frau Frank Beyers vom Fernsehen gefeuert wurde, weil die beiden sich geweigert hatten, eine Erklärung für die Ausbürgerung Biermanns zu unterzeichnen.

Natürlich gab es auch immer mal wieder Freundschaften auf kurze Zeit. Gerade in einem Beruf wie dem meinen entstehen aus sehr intensiven Arbeitsbeziehungen vorübergehende Freundschaften. Kommt man in ein neues Team, werden wieder neue Kontakte geknüpft. Es gibt eben nur ein paar wenige Freundschaften, die das alles überdauern.

Nach seinem Ausreiseantrag, den Mueller-Stahl bald nach der Unterschriftenaktion gestellt hat, hielt er nur noch zu ganz ausgewählten Menschen Kontakt. Denn insgesamt wurden die Beziehungen und auch die Freundschaften nach der anfänglichen Euphorie bald zunehmend problematisch. Ein gemeinsamer Feind ist eben ein schwaches, flüchtiges Bindeglied. Allzu bald sollte sich zeigen, dass die Unterschrift mit ihren Folgen für jeden Einzelnen eine ganz eigene Bedeutung in dessen Lebensgeschichte und für alle weiteren Entscheidungen hatte. Die Kühe waren auseinandergerückt, nun stand jeder wieder allein im Regen, und das Leben war schwieriger geworden. Denn die Unterzeichner begannen sich nun teilweise untereinander misstrauisch zu beäugen: Welche Konsequenz sollte man selbst aus dem einmal geäußerten Protest ziehen – und welche die anderen? In dem

Roman »Verordneter Sonntag«, den Mueller-Stahl während der drei Jahre, die er noch in der DDR lebte, schrieb, wird dieses unterschwellig quälende Misstrauen – in nur leicht verschlüsselter Form – immer wieder Thema: »Die Freundschaften werden von Tag zu Tag komplizierter«, heißt es da. »Von den dreien, die mir geblieben sind, ist mir besonders einer ans Herz gewachsen: Hans Gawriloff. Hans hat die gleichen drei Freunde wie ich. Hans hat zwei Tage nicht angerufen. Warum ruft er nicht an, denke ich, warum rufe ich nicht an, denkt er. Hans ist sensibel, Hans hört Flöhe husten, Hans nimmt übel. Wir nehmen alle nur noch übel. Wir mißtrauen uns gegenseitig. Unsere Freundschaften werden durch das ständig zu besprechende eine Thema überfordert. Die Verletzlichkeiten sind unkontrollierbar geworden, wir scheinen sie geradezu zu trainieren, ich rufe ihn nicht an, weil ich darauf warte, daß er mich anruft. Es ist schlimm. Wie Eheleute.«

Abgesang

Die Rechnung der Partei war aufgegangen. Sie hatte den nur losen Verbund der Petitionslistenunterzeichner nach anfänglichen Irritationen rasch erkannt und daraus ihre Strategie abgeleitet: Jeder sollte mit individuell abgestimmten Mitteln behandelt werden. Das betraf die Aufforderung, sowohl die Unterschrift als auch eventuelle berufliche Anliegen oder Ausreiseanträge zurückzuziehen. Auch Mueller-Stahl hat man nahegelegt, seine Unterschrift zurückzuziehen – und die Aussichtslosigkeit dieses Versuchs rasch erkannt. Für ihn war klar: Er wollte die DDR verlassen, aber den Zeitpunkt selbst bestimmen.

Er stellte einen Ausreiseantrag, der wenige Tage später bewilligt wurde.

Ich wusste aber zu diesem Zeitpunkt schon, dass ich mein Buch noch in der DDR zu Ende schreiben wollte. Und ich fragte: »Wenn ihr mich nicht drängt – kann ich dann noch nach Hiddensee in Urlaub fahren?« »Natürlich«, hieß es, »kannst du noch hier Urlaub machen.« Als ich aus den Ferien zurückkam, wurde ich wieder ins Rathaus gerufen: »Ihr Antrag ist abgelehnt.« Offenbar hatte man die Hoffnung, ich hätte den Antrag nur aus einem Gruppendruck heraus gestellt und würde mich nun, indem man mir die Ausreise verweigerte, wieder auf mich selbst und meine eigentlichen Wünsche besinnen. Das war aber ganz falsch, ich wollte ja raus, aber erst, wenn ich innerlich mit der DDR ganz abgeschlossen hatte. Dieses Ansinnen war allerdings in gewisser Weise naiv. Denn wer einen Ausreiseantrag gestellt hatte, war ja ein Feind des Systems. Das realisierte ich aber erst viel später so richtig, als man uns durch Morddrohungen Bange zu machen versuchte.

»Das war im Januar, als wir gerade in den Westen gezogen waren. An den Tag genau kann ich mich nicht mehr erinnern, aber an die Ereignisse sehr wohl.« Der Schock ist bei Gabriele Mueller-Stahl fast zwanzig Jahre später noch zu spüren. »Wir fuhren zum Übergang an die Charité, Linienstraße. Denn wir mussten etwas beim Zoll wegen unseres Bootes erledigen. Das Zollamt ist dort ganz in der Nähe. Da bemerkte ich plötzlich, so ganz unbefangen war man ja in solchen Situationen nie, dass ein Skoda hinter uns herfuhr. Ich machte auch meinen Mann darauf aufmerksam. Beide stuften wir dies erst einmal als eine Geste der Einschüchterung ein. Als wir anhielten und aus dem Auto ausstiegen, kam der Skodafahrer, ein Mann Mitte, Ende dreißig, der sein Auto bereits geparkt hatte, auf uns zu: ›Passen Sie mal auf, Herr Mueller-Stahl, dass es Ihnen nicht so geht wie Dr. Schmith in dem Film ›Die Flucht‹. Damit spielte er auf den Arzt an, der bei einem Fluchtversuch umgebracht wird. Der Skodafahrer stieg wieder in sein Auto und fuhr weg. Mein Mann hat diesen Vorfall damals gar nicht so an sich herangelassen, aber ich bin wirklich wahnsinnig erschrocken und war zugleich empört über diese Unverschämtheit. In der folgenden Zeit hatte ich große Angst. Zumal man ja kurz vor unserem Umzug in Wendenschloss noch eingebrochen hatte.«

Was aber hat Mueller-Stahl und seine Familie dann überhaupt so lange gehalten? Auch in den Jahren seiner erfolgreichen Karriere gab es keine kontinuierliche politische Identifikation mit dem System. Er war, wie er selbst sagt, in all den Jahren zeitweise mit vielem einverstanden, dann aber auch wieder mit vielem überhaupt nicht. Den Impuls, in die Partei einzutreten, hatte er beispielsweise nie. Aber lange hat er die Arbeitsbedingungen geschätzt, die ihm hier geboten wurden – insbesondere beim Film und hier vor allem bei Frank Beyer, mit dem er in beinah symbolischer Weise seinen ersten (erfolgreichen) und dann seinen letzten Film drehte.

Mueller-Stahl hat das Besondere, das die Filmarbeit in den frühen Jahren der DEFA auszeichnete und das ihn so geprägt hat, 1962 in der Deutschen Filmkunst umrissen. »Das Kollektivwerk Film« heißt der Text über die Regiepraxis von Frank Beyer, in dem er die Merkmale dieser Zusammenarbeit beschreibt: »Kollektivwerk meint, daß Beyer, wie andere Regisseure auch, mit einem ganzen Stab von wiederkehrenden Künstlern arbeitete, vom Drehbuchautor bis zum Kameramann, Komponisten, Architekten, und auch einer Reihe fester Schauspieler. Der Vorteil dieses Kollektivs: Genaue Kenntnis des Partners, das Bemühen, ihn zu verstehen – mit der Zeit entwickelt sich eine Sprache, die jedem Mitglied des Kollektivs verständlich ist –, Vertrauen in den anderen und das gemeinsame, das gleiche Wollen, das scheint mir der Sinn eines Kollektivs zu sein.«

Diese Zusammenarbeit ermöglichte die Produktion gelungener, niveauvoller Filme – und führte zu einer Reihe von Freundschaften, die offenbar eine beglückende Synthese von Arbeits- und Privatleben ermöglichte. Durch die Festanstellung der Schauspieler bei der DEFA traten zudem Rivalität und Starkult verglichen mit den Riten in der westlichen Filmwelt zurück. Die gemeinsame Sache, der kollektiv erarbeitete Film als Ziel, schuf in diesen Jahren eine besondere Form des produktiven Miteinanders. Und für Mueller-Stahl, dem es immer schon mehr Spaß machte, Eigenes und Neues zu erproben, als Vorgeschriebenes nur auszuführen, ergab sich innerhalb solch eingespielter Teamarbeit auch manches Extra. So hat er beispielsweise seine kleine Rolle in dem Abenteuerfilm »Kit & Co« mit so großem Erfolg improvisiert, dass die Kritik im Eulenspiegel an diesem »aufwendigsten Fehlschuß, der je aus Babelsberg abgefeuert wurde« nur eine Figur gelten ließ: »Das einzige Kabinettstück liefert Armin Mueller-Stahl als ostpreußisch parlierender Saloon-Besitzer. Seinen Slavovitz führt er als dienstfertig-geldliebenden Schankwirt vor, der lustig-listig Anteil hat am Taumel um das goldene Kalb im schneereichen Alaska.« Wer dies liest, begreift noch einmal ganz anders, warum Mueller-Stahl nach seinem Wechsel in die Bundesrepublik zuerst und mit so viel Begeisterung mit Fassbinder zusammengearbeitet hat. Aber solche fruchtbaren und befriedigenden Arbeitserlebnisse gab es mittlerweile nicht mehr. Warum also noch bleiben?

Ich wollte auch von meinem Publikum langsam Abschied nehmen und auch Rücksicht auf meine Familie nehmen. Meine Frau arbeitete als Hautärztin, mein Sohn hatte seine ersten Freundschaften im Kindergarten, das kann man ja nicht alles von heute auf morgen abbrechen.

Und schließlich gab es noch das Buch, das er schrieb. Es spielt in der DDR, es verarbeitet die Erfahrungen, die er hier gemacht hatte – in der DDR sollte es auch zu seinem Ende kommen.

Während dieser Zeit gab es mehrere Gespräche im Politbüro. Man wollte ihn dazu bewegen, seinen Ausreiseantrag zurückzuziehen, bot ihm die Möglichkeit zu Auslandsreisen an.

Aber das waren alles nur strategische Angebote. Die wollten sehen, was ich mache, wie ich reagiere. Sie waren Spieler und Berechner. Ich habe aber nichts gemacht, nur mein Buch weitergeschrieben.

Das stimmt nicht ganz. Er hat auch noch einen letzten Film hier gedreht, seinen Abgesang. Zuvor hatte er mit dem Film »Die Flucht«, der zum Zeitpunkt der Petitionsliste gerade fertig geworden war, sehr unmittelbar erlebt, wie man ihn zur Unperson machte: Dr. Schmith bekam auf dem Plakat einfach den Kopf umgedreht. Auf dem Oberkörper mit Arztkittel und Stethoskop sitzt sein Hinterkopf. Das wirkt ziemlich absurd. Gerade diese törichte, weil so gar nicht werbewirksame Entscheidung macht heute noch sichtbar, welche Strafaktion gegen den berühmten Mimen hier begonnen hatte. Man war offenkundig wild entschlossen, ihn zumindest als Schauspieler auszulöschen.

Die Idee zu seinem nächsten und letzten Film in der DDR war noch in der Zeit entstanden, als er viel mit Klaus Poche zusammengesessen hatte. Es sollte die Geschichte über eine Ehe werden, die in ihren Krisen und Verstrickungen Spiegel der politischen Missstände wäre, eine Möglichkeit also, die eigene Kritik deutlich und zugleich indirekt auszusprechen.

Klaus Poche hat das Drehbuch tatsächlich geschrieben und natürlich fragte er, ob ich mitmachen würde. Andere Anfragen in dieser Zeit hatte ich konsequent abgelehnt, wie etwa die Rolle in »Anton der Zauberer«, die Uli Thein dann gespielt und für die er in Moskau eine Auszeichnung bekommen hat. Ich hätte sie gern übernommen, aber ich hielt es für unseriös, den Film zu machen und dann abzuhauen. Dann wäre auch der Film weg vom Fenster gewesen. Aber nur noch das Buch vor meiner Ausreise zu Ende schreiben wollte ich auch nicht. Da hätte ich ja die Aufmerksamkeit erzeugt, die ich vermeiden wollte. Mir war weder nach öffentlichen Auseinandersetzungen noch nach Statements, also musste ich Versteck spielen. Das war schlimm für mich, andererseits hat man das ja immer ein Stück weit gemusst in der DDR. Mit Bauchgrimmen habe ich deshalb die Rolle in »Geschlossene Gesellschaft« angenommen. Klaus Poche konnte ich nicht ohne Begründung absagen. Aber es ist mir verdammt schwer gefallen, zu drehen, ohne zu wissen, wie lange ich noch bleiben würde. Geredet habe ich darüber mit niemandem, nicht einmal mit Frank Beyer. Am ersten Drehtag erfuhr ich dann auch noch, dass Werner Lamberz, ein hohes Mitglied im Politbüro, bei einem Hubschrauberabsturz ums Leben gekommen war. Das war schrecklich. Noch einmal mehr wurde mir der Boden unter den Füßen weggezogen. Lamberz hatte sich im Politbüro eigene Freiräume geschaffen und seine Stimme hatte großes Gewicht. Mit ihm hatte ich vier oder fünf längere Gespräche geführt und dabei das Gefühl gewonnen, dass wir uns nähergekommen waren. Ich hatte den Eindruck, wir verstanden uns und er würde die Dinge jetzt in eine Richtung bewegen, die wir beide als gut ansahen. Sein plötzlicher Tod war deshalb ein Schock für mich. Menschlich, aber auch, weil ich dadurch noch heimatloser wurde im eigenen Land.

Der Tod von Werner Lamberz, der als weltoffener Funktionär sowohl das Vertrauen Erich Honeckers wie Sympathie bei einem Teil der Bevölkerung hatte gewinnen können, war für viele DDR-Bürger ein einschneidender Verlust. Lamberz hatte es durch seine Souveränität und Eloquenz verstanden, gerade intellektuellen Gesprächspartnern ein Gefühl von Akzeptanz und Verständnis zu vermitteln. Dass er gleichzeitig zumindest im deutsch-deutschen Verhältnis eher als »Scharfmacher« denn als »Liberaler« agierte, hatte für die Menschen im Land angesichts seiner positiven Wirkung wenig Gewicht. So ist es nicht erstaunlich, dass auch für Armin Mueller-Stahl mit Lamberz eine Art »letzte Hoffnung« starb, dieses Land in »wohlwollendem Einverständnis« zu verlassen.

Ich habe danach auch zu niemandem mehr in diesen »Regionen« solches Vertrauen gefasst. Ich wollte es auch gar nicht mehr. Wir sind in dieser schweren Zeit – ich nenne es so, denn innerlich war es für uns eine schwere Zeit, weil wir plötzlich so an den Abgrund geschoben worden waren – bewusst zu dem ein oder anderen Empfang gegangen, von dem wir wussten, dass er nicht gern gesehen war. Die sollten mitbekommen, dass wir nicht vorhatten, uns wieder hübsch einzuordnen. Das Angenehme war, dass dort dann auch einige Leute waren, die uns gefielen. Mit dem damaligen niederländischen Botschafter beispielsweise und seiner Frau verbindet uns noch heute eine – wenn auch lose – Freundschaft. Und mit den Düsbergs, er ist heute Botschafter in Brasilien, ebenso. Treue und Zuverlässigkeit sind etwas Schönes.

Ansonsten habe ich mich damals völlig zurückgezogen, nur mit Klaus Poche oder Stefan Heym hatte ich ab und an Kontakt. In so einer Zeit macht man ja auch komische Sachen. Ich habe mir zum Beispiel einen Volvo gekauft, nicht etwa weil ich ihn als Statussymbol gebraucht hätte. (Immerhin gab es davon in der ganzen DDR damals gerade mal tausend und eigentlich wurden sie fast nur für Ministerien und die Partei importiert.)

Aber ich war so unzufrieden und hatte das Gefühl, ich müsste mir etwas zum Spielen kaufen. Also habe ich einen Gobelin, den ich noch besaß, verkauft und den Volvo dafür erstanden. Das war natürlich ein völlig blödsinniger Akt. Denn den Volvo habe ich später im Westen für 1000 DM verkauft und der Erlös für den Gobelin hätte mich vermutlich über die ganze erste Zeit ge-

bracht, in der wir wenig hatten. Aber wenn man versucht, immer nur Dinge zu tun, die rational und vernünftig sind, dann ist das Leben langweilig.

Er schrieb also nicht nur sein Buch, sondern drehte auch den Film. Als der fertig war, hieß es in einem streng vertraulichen Papier des Komitees beim Fernsehen der DDR vom Dezember 1978: »Das Komitee hat in der letzten Sitzung eine völlig einhellige Einschätzung des Films ›Geschlossene Gesellschaft‹ vorgenommen und wird die Lehren weiter auswerten. Zusammengefaßt: Das ist ein Film, der von revisionistischen und damit feindlichen Positionen her den realen Sozialismus verleumdet. Er ist ein Angriff auf die Grundwerte unserer Gesellschaft, auf die Positionen des VIII. und IX. Parteitages, die auf das Wohl der Menschen gerichtet sind. In dieser Geschichte voller Aggressionen und Brutalitäten soll der Eindruck erweckt werden, daß bei uns angeblich der Glücksanspruch der Menschen nicht verwirklicht wird. Er ist außerdem ein Film, der künstlerisch sehr schwach ist, langweilig und elitär, der modernistische Gestaltungsformen nachäfft, die im Kapitalismus längst abgehalftert sind.«

Die Beobachtungen sind nicht falsch, nur die Bewertung. Denn in der Tat wirkt die »Geschlossene Gesellschaft«, die Mueller-Stahl noch einmal mit Klaus Poche, Frank Beyer und Jutta Hoffmann verband, ein wenig wie das Gegenstück zu Bergmans »Szenen einer Ehe«. Der Film ist unter psychologischen Gesichtspunkten sogar spannender als Bergmans expressives Drama, weil sich die Ehekrise zwischen dem Architekten Robert und der Sozialarbeiterin Ellen leiser, verbaler, intellektueller vollzieht. Jutta Hoffmann konnte hier eindringlich die ganze Palette ihrer Ausdrucksmöglichkeiten zwischen zart und zäh, derb und verletzlich präsentieren. Mueller-Stahl als Robert wechselt zwischen Zynismus, strenger Traurigkeit und einem vitalen Bedürfnis nach unverstellter Lebendigkeit. Während bei Bergman geschrien, geschlagen und dann wieder auf offener Szene geliebt wird, sind die Vorwürfe, Enttäuschungen und Gehässigkeiten zwischen den beiden hier in feinsinnig analysierende Reden gesteckt. Die Verachtung wird mehr in Blicken als in Handlungen vermittelt. Still und umso deprimierender zeigt der Film die Sackgassen, in die sich die beiden einzeln und gemeinsam manövriert haben. In vielen kleinen Szenen verweist er auch auf die gesellschaftlichen Faktoren, die diesen emotionalen Krieg verstärken. Noch einmal wird gezeigt, wie sich in den Mikrokosmos des Intimbereichs die makrokosmischen Strukturen einzeichnen und dass Wohn- und Schlafzimmer Schauplätze gesellschaftlicher Konflikte sind. Die Verstörung, die falschen Bilder, mit denen sich die Ehepartner einsperren, der kindliche Glückswunsch und der bittere Zynismus, der sie davon trennt, all dies wird mit feinem Gespür auch für die geschlechtsspezifischen Ausdrucksformen für Unglück, Nähe und Hass vermittelt. Nicht nur wegen der »Dekadenz« im Privaten, sondern auch wegen der offenen Gesellschaftskritik konnte dieser Film damals nicht wohlmeinend aufgenommen werden. »Die Programmgestaltung am 29. 11. hat hoffentlich dazu beigetragen, dass dieser Film von möglichst wenigen Zuschauern gesehen wurde«, heißt es abschließend in der Stellungnahme des Komitees. Das hatte sie in der Tat. Der Film kam über diese einmalige Ausstrahlung zu mitternächtlicher Stunde nicht hinaus.

Für Mueller-Stahl war das rasche Verschwinden der »Geschlossenen Gesellschaft« nicht nur ein weiterer Beleg für das Ende seiner Karriere in diesem Land, sondern auch eine geöffnete Tür. So standen seiner Ausreise zumindest kein Film und kein Freund mehr entgegen.

Die Produktionsbedingungen hatten sich im Laufe der Jahre ohnehin zunehmend verschlechtert. Regisseure wie Beyer, Günther oder Gräf drehten im Westen oder gar nicht. Kinoerfolge wie »Der Dritte« und »Die Legende von Paul und Paula« hatten Alarm ausgelöst und in der Folge erneute Stagnation. Erst einige Jahre später kam es durch die Freigabe lange blockierter Projekte zwischen 1978 und 1980 zu einem neuen Aufschwung.

Schreibend einen Schlusspunkt setzen

Als er nach 1976 keine Aufträge mehr bekam, begann Mueller-Stahl zu schreiben. Ein Buch, das seinen Abschied von der DDR schildert und ein Stück weit auch erklärt. Der Impuls ist bemerkenswert und kennzeichnend zugleich. Einerseits wendet er sich damit etwas höchst Vertrautem zu, das ihn mit der Familie, aus der er kommt, verbindet und ihm von daher in instabilen Zeiten das Gefühl von Zugehörigkeit und Geborgenheit vermittelt. Denn in der verzweigten baltischen Verwandtschaft war es seit jeher gang und gäbe, Memoiren, Aufzeichnungen oder auch geschichtliche Betrachtungen niederzuschreiben.

Andererseits war er selbst mit dem Schreiben bislang noch nicht an die Öffentlichkeit getreten. Die selbst getexteten Lieder lebten von seinen Auftritten, nicht auf dem Papier. Bezeichnend für ihn ist somit, dass er sich in dieser Phase persönlicher Bedrängnis ganz neu herausfordert. Die Konzentration auf das Buch wird ihn abgelenkt haben. Die intellektuelle Auseinandersetzung mit der beklemmenden Situation und ihrer Vorgeschichte schuf Distanz. Und die Erfüllung eines neuen, selbst gesetzten Ziels gab ihm auch die Möglichkeit, Zufriedenheit mit der neu gewonnenen Produktivität und Professionalität zu erfahren in einer Zeit, da ihm der gewohnte Erfolg so plötzlich und völlig versagt war.

Der Titel »Verordneter Sonntag« enthält mehrere Bedeutungen. Zum einen hatte Mueller-Stahl sich und seiner Familie, wie er erzählt, in den düsteren und unsicheren Jahren 1976 bis 1979 das Vergnügen, den Sonntag, quasi verordnet. Ganz bewusst haben sie sonntags gemeinsam Dinge gemacht, die sie genießen wollten – so wie später Rohdorf und Nießwandt, die beiden Hauptfiguren des Romans. Andererseits ist das Buch aber auch das Produkt eines andauernden, von außen »verordneten Sonntags«. Vorher, als er unentwegt und oft mehrgleisig beschäftigt gewesen war, hatte er allenfalls mal an den Sonntagen schreiben können. Jetzt war diese freie Sonntagszeit als Permanenz über ihn verhängt worden – da wollte er sie wenigstens nutzen.

Erzählt wird die Geschichte von Rohdorf und Nießwandt, die sich in einer Hautklinik begegnen, Freunde werden und versuchen, sich neue Formen des Erlebens zu erobern. Rohdorf hat mit einer frischen Psoriasis gute Heilungschancen. Nießwandt dagegen präsentiert mit trotzigem Stolz eine schier endlose Liste von Krankenhaus-, Heilanstalt- und Gefängnisaufenthalten. Ein Stück Elendsgeschichte in und mit dem sozialistischen System.

In Rohdorfs viel zu schwerem Gepäck – »nie mehr, schwor er sich, wird er den Koffer so vollpacken« – befindet sich aber auch das Tagebuch seines Freundes Arno Arnheim, der das Land inzwischen verlassen hat. Immer wieder vertieft er sich in dessen Aufzeichnungen; wiedererkennend, amüsiert, distanziert. Nießwandt bewahrt eine große Mappe mit Beschwerden, Protokollen, Berichten von Unrecht, Demütigungen und Niederlagen auf. Daran schreibt er weiter, daraus liest er Rohdorf vor.

Der Inhalt dieser beiden Dokumente zusammengenommen ergibt – freilich indirekt präsentiert – ein kritisches, ein deprimierendes Bild von dem Land, in dem Rohdorf und Nießwandt leben. Auch ihre ganz persönliche Situation ist miserabel. Rohdorf hat sich gerade von seiner Familie getrennt, von Nießwandts Unglück mit Frau und Kind erfahren wir erst nach und nach. Trotz alledem, und bestärkt durch das unerwartete Einverständnis, das sich zwischen ihnen einstellt, erwächst aus ihrem gemeinsamen düsteren Philosophieren der Wunsch nach Erlebnissen:

»Von ganzem Herzen, von ganzer Seele und von ganzem Gemüte nehmen wir uns vor, unser Leben zu verlängern, indem wir jeden Tag etwas erleben. Als Erlebnisse wollen wir solche anerkennen, die wir bisher nicht als solche anerkannt haben, herrenlose Erlebnisse, deren es so viele wie Sand am Meer gibt, wenn sie nur beachtet würden.« Und in der Tat erleben die beiden Figuren zwei ereignisreiche Ausflüge, in denen sie die starren, gewohnten Bahnen verlassen, schlichte Ungeheuerlichkeiten wagen, staunend über sich selbst, zufrieden. Zwei verordnete Sonntage – für Nießwandt werden es die letzten sein.

Nun waren die Kommentare zur ersten Veröffentlichung Mueller-Stahls meist weniger auf die Geschichte von Rohdorf und Nießwandt konzentriert als auf die Tagebuchaufzeichnungen des Schauspielers Arno Arnheim. Weil diese, so las man den Roman damals allgemein, die Gründe für des Autors Ausreise aus der DDR und ihre (Vor-)Geschichte enthalten. Das ist sicher zutreffend. Die eindeutige Zuordnung der Themen und Figuren wird aber der tatsächlichen Komplexität der Konstellation nicht gerecht. Denn nicht nur Arno Arnheim, auch Hans Rohdorf repräsentiert zu Teilen Leben und Persönlichkeit des Autors. So findet sich die Rührung über »perfekte Leistung«, die Rohdorf in seinen Selbstreflexionen etwas beschämt erwähnt, später in einem Interview Mueller-

Stahls wieder, ebenso wie diverse Ängste, die Rohdorf gesammelt hat »wie seltene Steine, Hühnergötter, die er als Glücksbringer sorgfältig verwahrt«.

Anekdoten, Reflexionssplitter, beglückende und bedrückende Erlebnisse Rohdorfs werden durch andere Texte des Autors als dessen eigene kenntlich, zum Beispiel jener »Tod der fünfköpfigen Familie des Reichsbahndirektors Knallberg, mit der die Familie Rohdorf die dreieinhalb Zimmer teilte. Sie starb an Typhus oder Tuberkulose. Erst der Vater, dann die Mutter, nach und nach die drei Kinder.« So geht der Tod der realen Familie Knoll, den Mueller-Stahl später in »Unterwegs nach Hause« aus dem Tagebuch seiner Mutter zitierend erwähnt, hier schon in den Roman ein.

Nun sollen solche Hinweise keineswegs einladen, den Autor beständig hinter seinen Figuren zu suchen oder gar decouvrieren zu wollen. Im Gegenteil: Da in diesem Buch Autobiographisches auf verschiedene Figuren verteilt ist, gerät das Ganze vom vermeintlichen Schlüsselroman zum Vexierbild. Mueller-Stahl hat tatsächlich, wie H. C. Blumenberg in seiner Rezension damals anmerkte, im Grunde drei Bücher geschrieben, die er dann kunstvoll und mitunter – bewusst? – verwirrend miteinander verknüpfte. An einigen Stellen ist in Arnos Aufbruch die Ausreise von Manfred Krug eingeflossen. Dass Rohdorf und Arnheim nicht nur enge Freunde sind, sondern auch die Funktion des Alter Ego füreinander übernehmen, wird im Text selbst, in einer Aufzeichnung Arnos, explizit zur Sprache gebracht: »Rohdorf ist ein Tiefstapler, er hält sich für feige, unentschlossen und phantasielos und ist es gar nicht. Er ist intelligent, aufsässig, starrköpfig, in der Starrköpfigkeit anstrengend, sensibel, meist zu sensibel. Niemand kennt ihn besser als ich, und niemand kennt mich besser als er. Er ist eine etwas veränderte Ausgabe von mir.«

Aber auch das ist nur eine der möglichen Lesarten. Tatsächlich sind gerade die Hauptfiguren vielschichtig: als fiktive Gestalten autobiographisch fundiert, als Sprachrohr authentischer Figuren Teil einer erfundenen Geschichte. So wie der Autor sich zeigt, entzieht er sich. Der Text ist Fiktion, Spiegel und Dokument zugleich.

Zwei Briefe und ein Abschied

Das Buch ist fertig, jetzt will er weg. Eingelenkt, Geduld gezeigt hat er lange genug. Schließlich war die Zeit zwischen 1976 und 1979 nicht die erste Krise, die er in der DDR erlebt hatte. Da waren der 17. Juni 1953 und vor allem die Niederschlagung des Ungarischen Aufstands durch sowjetische Truppen 1956.

Damals stand mir die DDR zum ersten Mal bis zum Hals. Dann 1968, der Einmarsch in Prag. Wie bitter und trostlos war es, sich gegenüber den tschechischen Freunden schämen zu müssen. Anfang 79 reichte es mir. Ich schrieb Honecker einen Brief, berief mich auf meinen ersten Antrag und bat ihn, nun endlich gehen zu dürfen.

Genau genommen gab es sogar noch zwei Briefe, und der Tonfall, die Andeutungen und emphatischen Appelle machen sie zu einem ebenso sprechenden wie bestürzenden Dokument über die Hintergründe, die Mueller-Stahl dazu veranlassten, die DDR verlassen zu wollen. Den ersten Vorstoß machte er am 13. März 1979.

»Sehr geehrter Genosse Honecker, ein sehr kurzfristiges Angebot, in einem Film der BRD eine Hauptrolle zu spielen, eine Rolle, nach der sich ein Schauspieler alle zehn Finger leckt, liegt vor, ein annehmbarer Film in jeder Hinsicht. Diese Arbeit wurde mir abgelehnt, warum, weswegen, ich weiß es nicht.

Ich verzichte darauf, alle meine Querelen, die ich in unzähligen Gesprächen und auch schriftlich dargelegt habe, zu wiederholen, nur soviel, es wurde mir Vertrauen zugesichert, zugesichert auch, daß Partei und Regierung auf mein Hierbleiben Wert legen, versprochen, im kapitalistischen Ausland arbeiten zu können, überhaupt ein größerer beruflicher Spielraum ... heute nun muß ich feststellen, daß jene Versprechungen nicht gelten, nie gegolten haben. In mehreren Gesprächen mit Werner Lamberz, dessen viel zu früher Tod mich tief betroffen gemacht hat, wurden diese Angebote erhärtet, lagen sie konkret auf dem Tisch. Heute nun, da ich mich das erste Mal auf diese Absprache berufen möchte, steht keine Genehmigung, steht ein Verbot. Kein Wort der Erklärung, keines der Verständigung, verboten, so einfach geht das.

Wort gegen Verbot. Das ist deprimierend und unverständlich, da doch eine Reihe von Kollegen im kapitalistischen Ausland auftreten, auch im Fernsehen und auch zum Ansehen der Republik. Wenn es nun daran liegen sollte, daß, wie mir mitgeteilt wurde, diese Arbeit unerwünscht sei wegen meiner Mitgliedschaft im Fernsehensemble, werde ich, dies vorweg gesagt, aufhören es zu sein, werde ich die Mitgliedschaft aufkündigen. Es ist doch wirklich schwer zu begreifen, daß damalige Absprachen, dem Fernsehmitglied angeboten, heute, eben wegen dieser Mitgliedschaft, keinen Bestand mehr haben sollen. Ich bin mir über die Ungewöhnlichkeit dieses Briefes im klaren, aber meine Situation ist es auch, und ich sehe diesen Brief als die letzte Möglichkeit an, Klarheit in dieser Angelegenheit zu schaffen. Ich bitte Sie um eine kurzfristige Genehmigung, die Zusage müßte in dieser Woche erfolgen, da der erste Drehtag am 19. März stattfinden soll.

Ich bedanke mich und grüße Sie, Armin Mueller-Stahl«

Wie sehr dieser Brief aus einem mühsam gezügelten Affekt geboren wurde, ist nur zu offensichtlich. Denn dass Mueller-Stahl, der sonst so gründlich und liebevoll an der Grammatik, dem Rhythmus seiner Sätze feilt, eine regelrecht falsche Konstruktion in einem Brief passieren ließ, der ihm so eminent wichtig war, spricht für sich. Aber weder das emotionale Engagement noch der Versuch, es zu zügeln und zu kaschieren, haben ihm geholfen. Am nämlichen Tag notierte Honecker an den Rand des Schreibens: »Kommt nicht in Frage.«

Ein Vierteljahr geht ins Land und was sich in diesen Monaten im Inneren des dermaßen Abservierten abspielte, davon lassen seine immer wieder unvermittelt aufbrausenden Erzählungen noch gut zwanzig Jahre danach etwas ahnen. Denn wenn Mueller-Stahl seiner eigenen Wahrnehmung zufolge auch abgeschlossen hat mit seiner ersten beruflichen Heimat, gibt es tatsächlich kaum ein Thema, bei dem er sich so engagiert. Zum einen, wenn es um die unehrliche und selbstgerechte Art geht, in der die Wende teils vollzogen wurde, um die Arroganz auf westlicher und die Larmoyanz auf östlicher Seite. Besonders aber, wenn er über die Enttäuschungen, Ärgernisse und Demütigungen spricht, die ihn zum Entschluss brachten, ausreisen zu wollen. Und so spiegelt der zweite Brief jene Mischung aus Anpassung und Aufbegehren, Verzweiflung und Verbitterung, in der er sich damals befand. Bisweilen dringt sogar eine fast kindliche Ungläubigkeit durch, dass jene Figuren, die man doch irgendwo als Autoritäten anerkannt hatte, tatsächlich so lieblos, unzuverlässig und uneinsichtig sein sollten. Schon der gewundene Anfang des Textes macht spürbar, wie lange sich der Verfasser damit gequält hat – in dem Bemühen, alles richtig zu sagen (als ob es darum gegangen wäre!).

»Sehr verehrter Genosse Honecker, ich denke, daß es vorkommen darf, daß ein in seinem Land populärer Schauspieler in einer für ihn ausweglosen Situation sich an das Staatsoberhaupt wendet; dies vorweg, damit geklärt ist, daß ich nicht leichtfertig und unbedacht Ihre Zeit in Anspruch nehme. Ich bitte Sie mit allem Nachdruck, mir und meiner Familie die schon vor zwei Jahren genehmigte, dann verweigerte Ausreise zu genehmigen. In diesem Brief steckt der Wunsch und das Angebot, diese Angelegenheit fair abzuwickeln. Als ich Sie vor kurzem bat, es mir zu ermöglichen, in der BRD einen wichtigen, einen annehmbaren Film drehen zu dürfen, tat ich es, weil mir eine Traumrolle angeboten wurde (von den ca. 60 Spiel- und Fernsehfilmen, die ich machte, hätte dieser zweifelsfrei zu den drei Wichtigsten gehört), die ich, weil ich glaubte, sie obendrein besonders gut spielen zu können, auch spielen wollte, tat ich es, weil mir wichtig schien zu klären, ob eine früher gegebene Zusage Bestand hat, tat ich es, weil ich hoffte, daß irgendwie und irgendwo ein Gespräch zustande käme, das Aufschluß darüber gibt, ob noch eine Spur von gegenseitigem Vertrauen vorhanden ist. Es kam kein Gespräch zustande, lediglich ein lapidar mitgeteiltes Verbot ... vom Fernsehen der DDR. Der Tatsache, daß ich im Sommer 77 einen Ausreiseantrag stellte, gingen unzählige Querelen voraus, die verdeutlichten, so schien es, wie wenig Wert auf mich gelegt wurde. Arbeitsstreichungen, Drohungen, Gerüchte, Briefe, die nicht beantwortet wurden, kurz: Ich wurde behandelt wie jemand, den man nicht haben will. Während ich meine Sachen verpackte, kamen andere Gesprächspartner mit neuen Gesprächsinhalten; waren es vorher Unfreundlichkeiten, waren es nun ausschließlich Freundlichkeiten; zum Beispiel: das Angebot, im kapitalistischen Ausland arbeiten zu dürfen. Man sprach wörtlich von einem ›Peter-Schreier-Status‹.

Wie sehr kann man das eigentlich mißverstehen? War das Versprechen, im kapitalistischen Ausland arbeiten zu dürfen, am Ende gar kein Versprechen? Nur eine freundlich machende Wortattrappe? Oder habe ich mir dieses Versprechen verwirkt? Und wenn ja – wodurch?

Die Mißverständnisse haben sich vervielfältigt, die klärenden Gespräche dagegen auf Null reduziert.

Damals, als mir der schon genehmigte Antrag verweigert wurde, akzeptierte ich stillschweigend diesen Vorgang, machte mir Vorwürfe, die weiße Fahne zu früh gehißt zu haben; ich wollte nicht fehlen, wenn in strittigen Fragen eine großzügigere Handhabung verwirklicht würde. Auf die Zeit wollte ich vertrauen, die normalisierte, besonders aber auf den Film ›Geschlossene Gesellschaft‹, der helfen sollte, den entstandenen Mißtrauensberg, der zwischen meinen Kollegen und mir nach dem Ausreiseantrag entstanden war, abzutragen. Die Vorgänge um diesen Film, von Verantwortlichen zunächst gelobt, später von Verantwortlichen als feindlich abqualifiziert, haben mich sehr betroffen gemacht. Dadurch, daß eine öffentliche Auseinandersetzung um diesen Film nicht geduldet wurde, dadurch, daß diese Tatsache eine hinter der Hand geführte erst möglich machen konnte, ist das deprimierende Spiel des Mißtrauens wieder voll im Gang. Mehr denn je. Der Vorsitzende des Fernsehens, der es fertigbrachte, einen Drehtag zu unterbrechen, um die Zurücknahme meiner Unterschrift von der leidigen Biermann-Petition zu erzwingen, hat bis heute, zweieinhalb Jahre danach, nicht das Herz gehabt, mir von sich aus ein klärendes Gespräch anzubieten, da doch alles ungeklärt blieb; die Gründe meines ersten Antrags haben fast alle noch Bestand. (...)

Die DEFA hat sich überhaupt nicht um mich gekümmert. Die Tatsache, daß ich den Hauptpreis für unseren Film ›Die Flucht‹ in Karlovy Vary entgegennahm, fand kaum Beachtung, weder in unserer Presse noch bei der DEFA, ein bedauernswerter Vorgang, den ich beim Gen. Pehnert beklagte, der meine Sorgen aus unzähligen Gesprächen bestens kennt. Was hätte ich noch tun sollen? Mit dieser Geste legte ich sowohl den Kollegen als auch der internationalen Fachwelt klar, daß ich zur DDR gehöre. Irgendwann hätte das Mißtrauen mir gegenüber auch wieder aufhören müssen. Die traurige Bilanz: Ich habe in den letzten zwei Jahren ganze 40 Tage gearbeitet, 40 Drehtage am Film ›Geschlossene Gesellschaft‹, und so wie er gezeigt wurde, wäre er besser nicht gezeigt worden, Gespräche und Post bestätigen mir das.

Es scheint nicht nur so, daß dieselben Leute, die mir damals meinen Entschluß, weggehen zu wollen, verübelten, mir heute verübeln, daß ich nicht gegangen bin. Mittlerweile, so hat es den Anschein, ist das Verhältnis zu denen, die 77 weggingen, entkrampfter als zu mir, der ich blieb. Am Ende bin ich nur jemand Lächerliches, Sentimentalisches, jemand, der gebellt und nicht gebissen hat, jemand, der die Lippen gespitzt und nicht gepfiffen hat, kurzum: jemand, der nicht ernst zu nehmen ist, mit dem nach Belieben verfahren werden kann. Aus diesem Zustand will ich mich schnellstens befreien.

Mit herzklopfendem Nachdruck bitte ich Sie darum, und ich möchte wiederholen, was ich in meinem ersten Antrag formulierte: Niemand wird glauben, daß mir mit meinen knappen 50 Jahren so was wie materielle Vorteile oder eine neuerliche Karriere vorschwebt, bis zum Rentenalter verbleiben mir nur noch wenige Jahre, selbst zu bestimmen, wie ich leben und meine Probleme lösen will – ich möchte für mich selber zuständig sein dürfen. Ich bitte Sie, die Ausreise für mich, meine Frau und meinen fünfjährigen Sohn zu genehmigen. Wir wollen zu meinem Bruder und der übrigen Familie in der BRD. Ich bitte Sie sehr, meinen Antrag zu be-

willigen, mein Entschluß ist endgültig. Ich grüße Sie ... Armin Mueller Stahl
Ich bitte um nichts, außer daß ich behandelt werde wie jemand, der diesem Lande auch genützt hat.«

Dieser zweite Brief ist erschütternd. Auf jeden Fall macht er die Hartnäckigkeit der Verbitterung verständlich, die bei vielen Gesprächen mit dem ehemaligen DDR-Star unversehens zum Ausdruck kommt. Die Tiefe der Verletzung resultiert dabei vor allem aus dem intensiven Bemühen um Einverständnis und Anerkennung, mit dem sich Mueller-Stahl manches Mal an der Grenze des für ihn Zumutbaren bewegt hat. Es war tatsächlich wie bei einer Ehe. Auch dort sind Zurückweisung und Trennung besonders schmerzhaft, wenn sich der Abgewiesene vorher mit großem Einsatz um Harmonie bemüht (und dafür die eigenen Aggressionen verleugnet oder verschwiegen) hat. Je größer die Anpassungsleistung und Selbstverleugnung, desto tiefer gehend die Demütigung, wenn sie nichts nützen. Und das taten sie nicht. Auch beim zweiten Mal wird sein Anliegen abgelehnt. Weil sich »eine sofortige Genehmigung des Ausreiseantrags politisch nicht günstig auswirken würde«, wie es in der damals freilich nicht mitgelieferten Begründung hieß. Aber schon im September 1979 wurde beschlossen, mit dem Aufbegehrenden »die Formalitäten für eine zeitweilige Ausreise (für 3 Jahre) unter Beibehaltung der Staatsbürgerschaft der DDR« abzuwickeln.

Zuvor hatte es noch ein Gespräch mit einem Genossen Fensch vom Zentralkomitee gegeben. Aber ich habe gleich zu Beginn gesagt: »Wir können über alles sprechen, nur nicht über meinen Brief.« Und das war's dann. Ich bekam ein Ausreisevisum für drei Jahre und konnte gehen. Diese Form des Visums war eine taktische Maßnahme, mit der die DDR-Regierung ihr Gesicht wahren konnte. Uns war das so unlieb nicht. Meine Frau hatte ja ihre Verwandtschaft in der DDR und so konnte sie sie weiterhin besuchen.

Ein Filmangebot aus dem Westen gab es auch, dem Aufbruch stand also nichts mehr im Weg. Und während die Familie den Winter noch in Wendenschloss verbrachte, packte Mueller-Stahl die Koffer und reiste zu den Dreharbeiten nach Westberlin, schweren Herzens und mit einem mulmigen Gefühl: All die Warnungen, er werde mit beinahe fünfzig als Künstler im Westen keinen Anschluss mehr finden, sie hatten ihre Wirkung getan.

Denn das Geheimnis unseres Berufs liegt darin, dass Erfolg Erfolg macht. Und nun hatte ich drei lange Jahre lang keine Möglichkeit mehr gehabt, meine Erfolgsfähigkeit zu überprüfen. Dadurch war ich doch auch sehr verunsichert. Dass ich meine Familie würde ernähren können, damit hatte ich schon gerechnet. Aber nicht mit einer raschen zweiten Karriere.

Doch genau die sollte bald für ihn beginnen.

4 Kämpfer und Sieger

Fremd im neuen Leben

Der Winter ist keine gute Zeit, um die Ufer zu wechseln. Rau und unwirtlich lädt er nicht dazu ein, sich eine neue Heimat zu suchen. Aber auch drohende Trostlosigkeit konnte Mueller-Stahl jetzt nicht mehr aufhalten. Das Buch war fertig, die Ausreise genehmigt, zum Bleiben gab es für ihn keinen Grund mehr.

Dass die Ausreisegenehmigung auf drei Jahre begrenzt war, hatte dabei kaum etwas mit seinem speziellen Fall zu tun. Die Befristung entsprach vielmehr der zum damaligen Zeitpunkt üblichen Praxis. Dem Politbüro ebenso wie Mueller-Stahl aber war bewusst, dass dies ein endgültiger Schritt war.

Ja, es ist ihm schwergefallen, der DDR den Rücken zu kehren. Trotz aller Querelen, Verbote, Verleumdungen und bedrohlichen Erlebnisse. Schließlich galt es Abschied zu nehmen von einem Publikum, das ihn, solange er auftreten und drehen durfte, treu mit Bewunderung und Respekt bedacht hatte. Allerdings war diese Verbindung durch das dreijährige Quasi-Berufsverbot empfindlich gestört worden. Popularität ist eine lebendige Beziehung, die genährt sein will.

Der Aufbruch bedeutete auch Abschied von den Freunden, von denen ihm einige wenige doch noch nahestanden. Denn gerade weil Mueller-Stahl nie ein Gruppenmensch war, hat er einzelne Freundschaften sehr gepflegt. Nicht als Kumpanei, nicht als symbiotische Seelenverwandtschaft, sondern als Begegnung zwischen freien Menschen, die einander interessieren und zugewandt sind. Allerdings hatten auch hier die Erfahrungen mit und nach der Biermann-Petition ihre Spuren hinterlassen. Irgendwann war die Zeit der aufgeregten Nähe übergegangen in vorsichtige, misstrauische Distanz. Gemäß seinem Temperament hatte sich Mueller-Stahl geradezu verkrochen in dieser Phase. Die Arbeit für sein Buch ersetzte die umtriebigen Dreh- und Bühnenarbeiten zwar teilweise, aber es gab kein soziales Netz mehr, dem er sich wirklich hätte anvertrauen wollen.

Abschied nehmen hieß es auch von einem Haus, das durch seine wunderbare Lage direkt an der Dahme eine echte Heimat gewesen war und in der jüngsten Vergangenheit ein bergender Rückzugsort. Hier hatte er nicht nur mit seiner Familie gelebt, sondern mit den Freunden Feste gefeiert und abends mit Blick auf den gemächlich dahinfließenden Fluss den Tag verabschiedet, sommers wie winters. In mühevoller Heimarbeit hatte er dies Kleinod renoviert und auch wenn es, wie er immer wieder betont, kein Schloss war – ein glückliches Leben hatten sie darin doch geführt. Wenigstens für eine Weile. Er, seine Frau Gabriele und der kleine Christian. Der hatte jetzt seine Freunde und den Kindergarten gleich um die Ecke. In Wendenschloss war die Familie geborgen.

Bei Arno Arnheim im »Verordneten Sonntag« liest sich das so: »Es wird Frühling, die Sonne scheint, Rasen und Bäume werden grün, einige Segelboote auf der Müggel, es ist schön bei uns. Wer in unserem Haus sitzt, weiß, daß dieses Haus keine vorübergehende Bleibe sein sollte, hier wollte ich erst unter dem Deckel weg, und dann sollte es für unseren Sohn Christoph sein. Die Genossen fanden mein Haus auch schön, sehr sogar, keiner wird glauben, daß ich es aufgeben werde.«

Aber er wird. Schweren Herzens, aber ohne Zögern. Er wollte, wie er immer wieder sagt, die DDR nicht beim Komma, sondern beim Punkt verlassen. Und dieser Punkt ist jetzt erreicht.

Auch wenn er zwischendurch sehr unsicher ist, was ihn wohl »drüben« erwartet. Armin sei schon skeptisch, auch bang gewesen, ob er beruflich – d. h. in seiner Berufung als Schauspieler und Künstler – wirklich wieder würde Fuß fassen können, erinnert sich Klaus Poche an ihrer beider Gespräche aus dieser Zeit.

»Mein Mann war wirklich überhaupt nicht zuversichtlich«, erzählt auch seine Frau. »Manchmal sagte er, wenn ich Geige spielen muss in einem Kaffeehaus-Orchester, dann muss es eben auch so gehen. Und das hat er ernst gemeint. Er hatte regelrechte Alpträume. Ich teilte seine Sorgen nicht, denn schließlich waren die Menschen im Westen ja nicht anders. Weshalb also sollte seine Begabung hier dann plötzlich nichts mehr gelten. Ich glaubte sehr wohl an die Möglichkeit einer zweiten Karriere.«

Auf der anderen Seite der Mauer war man denn auch tatsächlich schon aufmerksam geworden auf den Star aus dem Osten und seine Ankunft. Am 22. Oktober 1979 meldeten gleich mehrere westdeutsche Zeitungen die anstehende »Umsiedlung« des DDR-Stars. »Armin Mueller-Stahl, einer der in der DDR bekanntesten Schauspieler, der in der Verfilmung des Romans ›Nackt unter Wölfen‹ von Bruno Apitz die Hauptrolle spielte, hat ein Ausreisevisum erhalten, das auf drei Jahre befristet ist«, hieß es in der Frankfurter Allgemeinen und weiter: »Er will mit seiner Frau und seinem kleinen Sohn in den Westen kommen. Wann das geschehen wird, ist noch unklar.«

Wie fährt man an einem solchen Tag über die Grenze? Allein, die Familie blieb vorerst noch zurück. Wie fühlt sich einer, der bis zum Schluss um einen würdigen Abgang gerungen hat und nun so ohne Versöhnung stumm und einsam das

Land verlässt, in dem man ihn früher umjubelt hat? Das hat auch etwas Unwirkliches. Vielleicht hat er es wie eine Filmszene erlebt. Point of no return. Die Schultern straffen und dem Neuen möglichst furchtlos entgegengehen.

Fassung bewahren, um eine neue Fassung zu finden. Schließlich fährt er nicht in sein Traumland, sondern hat sich für die nahe liegende, realistische Alternative entschieden. Den Westen Berlins kennt er ja aus der Zeit seines Musikstudiums. In gewisser Weise ist es also eine Art Rückkehr. Aber die erste Zeit gestaltet sich dennoch schwierig.

Äußerlich ist es mir zwar nicht schwergefallen, mich hier zu akklimatisieren. Die Straßen und Plätze waren mir vertraut. Aber nun war ich nicht mehr Musiker, sondern Schauspieler. Als solchen kannte man mich hier im Grunde schon und nahm mich daher auch gut auf. Aber ich war allein. Meine Familie saß in Wendenschloss auf gepackten Koffern. Im Januar 1980 fiel dort auch noch die Heizung aus. Es war der letzte Tag, kalt und trostlos. Sie übernachteten bei unseren Freunden, der Familie Moese. Das war ein schwerer Abschied für meine Frau. Gott sei Dank ist meine Schwiegermutter eine sehr tatkräftige und couragierte Frau, die ihr geholfen hat.

Auch für Mueller-Stahl selbst ist das plötzliche Alleinsein im graukalten Westberlin nicht gerade beflügelnd – trotz Dreharbeiten, gelegentlicher Fahrten in den Osten und der Aussicht auf den baldigen Umzug. Zumal ihn die Fahrten in die DDR auch immer wieder an die bedrohliche Präsenz der Stasi-Leute gemahnen. So ist er denn froh, als im Januar 1980 Gabriele und Christian nachkommen. Endlich wieder zu dritt. Allerdings sind die Probleme dadurch noch lange nicht zu Ende. Auch der Neuanfang als Familie beginnt mit Schwierigkeiten.

Unseren Christian traf die anfängliche Isolation in der fremden Umgebung am härtesten. Er war damals fünf und noch im

Kindergarten. Er wurde von den Zehlendorfer Familien nicht eingeladen, weil wir ein Ostkennzeichen am Auto hatten. Die Leute dachten immer gleich an die Stasi und nahmen deshalb Abstand von uns. Der Kleine hatte in dieser ersten Zeit nur eine einzige Freundin: eine siebzigjährige Frau, die in unserem Haus im dritten Stock wohnte.

Auch unsere Wohnung war nicht gerade das, wovon wir geträumt hatten. Wir schauten nicht mehr auf Dampfer wie im Osten, sondern auf die S-Bahn. Ein halbes Jahr später sind wir dann in die Bismarckstraße am kleinen Wannsee umgezogen. Das war auch für meinen Sohn angenehmer, weil in diesem Gebäudekomplex viele Kinder wohnten, mit denen er spielen konnte. Meine Frau fand nun als Hautärztin wieder eine Stelle, auf einer Krebsstation in einem Berliner Krankenhaus. So hatte sie Arbeit, war aber dort ganz eigenen Belastungen ausgesetzt.

Finanziell gesehen ging es uns nicht gerade rosig. Die Gage von meinem ersten Fernsehfilm schrumpfte schnell. Mit 3000 DM in der Tasche fuhren wir in den Urlaub und nach der Rückkehr hatten wir nichts mehr. Zum Glück gab mir dann der Verlag, der mein Buch herausbrachte, 2000 Mark monatlich, damit wir wenigstens das Geld für die Miete aufbringen konnten.

Nachdem seine Frau die Facharztausbildung am Virchow-Krankenhaus beendet hat, verdient sie durch gelegentliche Praxisvertretungen etwas hinzu. Aber von einem regelmäßigen, ausreichenden Gehalt, wie es Mueller-Stahl im Osten bezogen hatte, ist er weit enfernt.

Allerdings lagen bei seiner Ankunft schon zwei Angebote auf dem Tisch. Niklaus Schilling, einer der »Autorenfilmer«, die sich um die Resonanz eines breiteren Publikums bemühten, hatte ihn schon längere Zeit zuvor wegen einer Rolle in einem Spionagefilm angesprochen. »Die Verhandlungen liefen beinahe konspirativ, denn Mueller-Stahl lebte ja noch in Ostberlin und offiziell lief da gar nichts«, erinnert sich Schilling. »Der Westen leuchtet!« hieß der Streifen sinnigerweise, um den es ging. Viele der früheren Kollegen mögen neidisch gedacht haben, der leuchte ihm viel zu sehr.

Weil Schilling aber das Geld für den Film noch nicht zusammen hat, spielt Mueller-Stahl zuerst einmal in einem Fernsehfilm. Der damalige ZDF-Fernsehspiel-Redakteur Heinrich Carle hatte den beliebten Ost-Star schließlich schon lange auf der Wunschliste: »Wir suchten ein unbekanntes Gesicht, einen Mann vom Typ ›Humphrey Bogart‹. Als Mueller-Stahls anstehende Ausreise, über deren Hintergründe und Dauer in den Medien ziemlich unterschiedliche Versionen kursierten, bekannt wurde, haben wir ihn sozusagen gleich beim Grenzübertritt engagiert.« Für einen Krimi, den er gern gespielt hat. Denn »Die längste Sekunde« erzählt eine eigenwillige Geschichte: Eines Tages erwacht ein Mann in einer Klinik und erfährt durch den Arzt, dass man ihn mit durchtrennter Kehle vor einem Haus gefunden hat. Er selbst hat Gedächtnis und Sprache verloren und weiß nicht einmal, ob er sich die Kehle selbst durchgeschnitten hat oder Opfer eines Mordanschlags ist. Mit reglosem Körper und wachsamem Blick liegt er wie ein lauerndes Tier in seinem Bett. Seine Hände irren verkrampft über die Bettdecke, als könne er dort Hinweise auf seine Person finden. Dann greift er zur Narbe an seinem Hals, wie um sich seiner durch sie zu vergewissern. Denn zumindest für die Erinnerung an die Attacke ist diese rote, fleischige Linie eine unübersehbare Spur. Sie markiert im Wortsinn eine Zäsur, von der aus er sein Leben neu zusammensetzen muss. Durch sein Bewusstsein geistern Namen, verschwommene Gesichter, Bruchstücke von unverständlichen Szenen. Im Traum wird er verfolgt von peinvollen Situationen, die sich ihm nicht erschließen. Umgeben von einem misstrauischen Polizeibeamten, der ihn für einen Simulanten und Gauner hält, einem wohlmeinenden Arzt und einer munter plaudernden Krankenschwester, macht er sich auf die Suche nach sich selbst. Ein mühsames Unterfangen. Denn sosehr er auch in sich hineinstarrt, dort herrscht Leere. Unsicher und abweisend zugleich antwortet sein Blick auf die Fragen des Arztes und die Verdächtigungen des Kommissars Sandmann.

Solcherart ganz ohne Worte eine Figur zu präsentieren hat Mueller-Stahl gereizt. Und das Thema lag in gewissem Sinne nahe. Denn auch für ihn, der vor Neuanfängen nicht zurückschreckt, war der Wechsel in den Westen in vielerlei Hinsicht einschneidend und beängstigend. So verkörpert Mueller-Stahl denn auch die Suche Victor Paceks nach seiner Geschichte und Identität in besonderer Eindringlichkeit.

In den Kleidern seines Zimmergenossen flüchtet er bei erster Gelegenheit aus dem Krankenhaus und sucht Bianca Hiller auf, die Frau, die ihn vor ihrer Tür gefunden und ihm das Leben gerettet hat. Als Victor bei Frau Hiller läutet, hat er noch kein einziges Mal gelächelt. Das wird er auch für den Rest des Films nicht tun. Zwar nimmt er das Angebot der einsamen Frau an und beginnt, bei ihr als Assistent zu arbeiten und zu leben, aber menschlich taut er nicht auf. Ihn bewegt nur eins: Er will, er muss seine Identität wiederfinden, die er in gewisser Weise die ganze Zeit bei sich trägt. Denn genau darin liegt die Leistung Mueller-Stahls in diesem Film: Bevor wir von den dunklen Geschäften Paceks erfahren, hat er sie uns alle schon ahnen lassen. Trotz der faktischen Hilfsbedürftigkeit wirkt dieser Mann nie als Opfer. Sein Gesicht ist eine Maske, durch die keine Regung dringt. Seine korrekte Kleidung ist ein Panzer.

Wie ein Raubtier, »keine vernunftmäßige Erklärung suchend, sondern den Gesetzen eines vergessenen Wissens folgend«, durchstreift er die Straßen Frankfurts. Verfolgt von anonymen Bedrohern, verfolgt er selbst die Fährten, die ihm Fetzen der Erinnerung, Gerüche, Geschmäcke, Träume und ihm selbst unerklärliche Impulse andeuten. Sucht Botschaften, die ihm Auskunft geben über seine Herkunft, seine Geschichte und Persönlichkeit. Immer auf der Hut, distanziert bis zu Kälte, bedroht und bedrohlich zugleich. Dieser Victor-Weinrich-Hurtmann, als der er sich nach und nach erkennt, ist eine zutiefst beunruhigende Figur. Gejagter, aber immer auch Jäger, weckt sein Schicksal keine Anteilnahme. Man möchte diesem Victor nicht begegnen, geschweige denn helfen – auch wenn die gutherzige Bianca es so aufopferungsvoll tut.

Im Grunde genommen war es gewagt, beim ersten Film im Westen eine so düstere Figur zu spielen. Denn dieser Victor ist kein Schimanski oder Kommissar Stoever, kein stattlicher Arzt, engagierter Lehrer oder strahlender Kapitän. Sympathie konnte er mit dieser Rolle beim Publikum nicht wecken. Im Gegenteil: Unheimlich ist dieser Krimi nicht so sehr durch seine Story als vielmehr durch den unergründlichen und abweisenden Pacek. Das muss Mueller-Stahl bewusst gewesen sein. Freilich liegt darin, so viel Zufall bei der Wahl der Rolle auch mitgespielt haben mag, zugleich eine gewisse Konsequenz. Die Botschaft, mit der Mueller-Stahl sich dem westdeutschen Publikum vorstellt, ähnelt jener, mit der er später in Costa-Gavras' »Music Box« seine erste Kinorolle in den Vereinigten Staaten kommentieren wird:

»Ich kann nicht zeigen, dass Mike Laszlo ein guter Mensch ist. Aber ich kann zu zeigen versuchen, dass ich ein guter Schauspieler bin.« Und das hat er mit Victor Pacek zweifellos getan. Allerdings muss er auf das Lob für die gelungene schauspielerische Leistung eine ganze Weile warten. Denn es dauert fast ein Jahr, bis der Film gesendet wird. So bleibt man im Westen vorläufig abwartend, ob der Neuankömmling sich auch hier bewährt.

Ganz still bleibt es freilich auch jetzt nicht um ihn. Schließlich ist er nicht nur als Filmschauspieler, sondern auch als Bühnenmime berühmt. Rasch kommen Anfragen und Angebote von nahezu allen großen Bühnen im deutschsprachigen Raum.

So nahm zum Beispiel Klaus Michael Grüber wegen des Stücks »Sechs Personen suchen einen Autor« mit mir Kontakt auf. Daraus ist dann aber nichts geworden. Nach meinem Bruch mit der DDR, der mir wahrlich schwergefallen ist, hatte ich nämlich keine Lust mehr, die Rangordnung »Der Regisseur ist alles, der Schauspieler nichts« zu akzeptieren. Die Volksbühne kam auch noch mit einem anderen Stück auf mich zu und das Hamburger Thalia-Theater bot mir sogar an, dass ich darüber nachdenken sollte, in welchem Stück ich gerne spielen würde. Wien, das Burgtheater bot mir Mackie Messer an und eine andere Bühne den »König Lear«, selbst das hat mich nach meinen Theatererlebnissen nicht mehr interessiert.

Wirklich gute Jahre am Theater habe ich ungefähr sechs oder sieben erlebt. Da spielte ich in guten Stücken große Rollen, und das Publikum hat mich sehr angenommen. Aber das war irgendwann leider vorbei. Lust, wirklich Lust aufs Theaterspielen hatte ich danach nur noch einmal. Das war in Ungarn, als wir mit Peter Kassovitz »Jakob der Lügner« drehten. Da haben wir »Ein verrücktes Paar« von Donald Petrie auf Ungarisch im Theater gesehen, und das war umwerfend. Der Schauspieler, der Mattheaus Rolle spielte, war so toll, dass ich am liebsten auf die Bühne gesprungen wäre, um Jack Lemmons Part zu übernehmen. Da vibrierte es im Körper. Aber sonst – nein!

Tatsächlich ist er nach der Ausreise aus der DDR nie mehr zur Bühne zurückgekehrt. Ein Freund, Dietmar Mues, den er 1985 bei den Dreharbeiten zu »Jokehnen« kennenlernte, sieht noch einen anderen Grund für diese Entwicklung. Armin habe, meint er, nachdem er mit seinen vielen Talenten viel ausprobiert hatte, instinktiv begriffen, dass es für eine herausragende Karriere im Westen einer Konzentration bedürfe. »Vermutlich war sein Blick damals auch schon auf Amerika gerichtet, bewusst oder unbewusst. Auf jeden Fall hat er wohl ziemlich bald gespürt, dass er in der aktuellen Situation des deutschen Kinofilms und angesichts der Vorherrschaft des Fernsehens in Deutschland nicht das würde erreichen können, was ihm vorschwebte. Er aber wollte zeigen können, was er kann. Und einer der Grundsteine einer großen Karriere, zumal in diesem D-Zug Westen, ist sicher, sich nicht zu verplempern. Das hat Armin intuitiv begriffen und danach hat er gelebt. Also hat er mit großer Professionalität die Posen, Blicke und Ausdrucksformen perfektioniert, in denen er die meisten Energien von sich bündelt. Mit denen er sich mithin bei den Zuschauern eingräbt und die Profis aufmerksam macht auf sich.« Dabei fällt einem der König aller Komiker ein, Charles Spencer Chaplin, der auch einige seiner mimischen Charakteristika und Handlungsgags durch seine Filme hindurch immer wieder probend wiederholt und genau so zu ihrer großen Wirkung geführt hat.

Wie bewusst auch immer diese Entscheidung und Entwicklung von Mueller-Stahl selbst betrieben worden sein mag, das Ergebnis ist eindeutig. Er hat zwar in den acht, neun Jahren, in denen er in Deutschland und dem europäischen Ausland drehte, sehr viel ausprobiert – aber er hat auch sehr viel abgesagt und in der Vielfalt der Angebote und Versuchungen seinen Weg abgesteckt. Dass er dabei auch in vielen schwachen Filmen und Flops mitgewirkt hat, gesteht er selbst freimütig ein. Manchmal ist es das Geld, das ihn dazu genötigt hat, manchmal hat er sich auch schlicht vertan.

Denn nicht immer sieht man einem Drehbuch an, ob daraus

ein guter Film wird. Es gibt auch Filme, da merkt man selbst beim Drehen die Probleme nicht. Man verlässt das Set mit einem guten Gefühl und dann, wenn man den Streifen zum ersten Mal sieht, ist das Entsetzen oder die Enttäuschung groß. Beim Schneiden kann viel passieren.

Ich hatte nun »Die längste Sekunde« gedreht, und wieder zu warten war hart für mich. Denn ich stand ja auf dem Prüfstand, auch wenn ich kein ganz Unbekannter war. Die Anerkennung an einem neuen Ort muss man sich immer wieder neu erringen.

Dann aber, endlich, nach der Erstausstrahlung der »Längsten Sekunde« im Juli 1980 – von der Welt dramatisch mit den Worten angekündigt: »Das ZDF bewahrt den Star vor dem kalten Wasser« – folgen Lob und neue Angebote.

Bewährungsproben und erste Triumphe

Die wichtigste Offerte kam von Rainer Werner Fassbinder. Der eigenwillige Regisseur hatte schon ein paar Filme mit Mueller-Stahl aus DDR-Zeiten gesehen und auch die Rolle des Victor Pacek hatte ihn überzeugt. So ließ er anfragen, ob Mueller-Stahl den Baudezernenten von Bohm in seinem Spielfilm »Lola« spielen wolle. In weiteren Rollen Mario Adorf und Barbara Sukowa. Das war ein Topangebot, eine Art Eintrittskarte in die westdeutsche Kinolandschaft, gleich in die Loge.

Dieses Engagement hat eine Weiche gestellt für die weitere Karriere Armin Mueller-Stahls in Westdeutschland – bis hin zu seinem Abschied. Fassbinder vermittelt Mueller-Stahl aber auch gleich zu Beginn einen Eindruck von den Tücken des westdeutschen Filmgewerbes, nicht zuletzt da die Zusammenarbeit mit ihm, dem exzentrischen Regie-Star, durchaus aufreibend sein kann.

Der Ärger begann – wie Mueller-Stahl in seinem Fassbinder-Porträt 1992 im Zeitmagazin schildert – mit der Gage. Mueller-Stahl drehte gerade zusammen mit Curd Jürgens, Hans Christian Blech und Thekla Carola Wied die Fernsehverfilmung des Romans »Collin« von Stefan Heym, als Fassbinder durch den Produzenten anfragen ließ, wie teuer er sei.

Ich hatte keine Ahnung, kannte meinen Westpreis noch nicht. – »Ich werde mich kundig machen«, sagte ich, kriegte aber nichts raus, jedenfalls nichts Ernsthaftes, worauf ich meinen ersten Westpreis hätte gründen mögen, also sagte ich: »Machen Sie einen fairen Vorschlag, und ich werde ja sagen. Aber in drei Tagen werde ich wissen, was die anderen haben, und ich denke«, sagte ich (mit meinem Noch-DDR-Bewußtsein), »da der Bohm die größte Rolle ist, werden Sie mir am meisten bieten müssen. Stimmt's?« »Fast«, erwiderte der Produzent. »Adorf wird etwas mehr bekommen, einen Hauch mehr wegen seiner Internationalität.« »Ich bin auch international, Richtung Osten«, sagte ich, »also gut, bieten Sie, einen Hauch mehr kriegt Adorf«.

Natürlich war Mueller-Stahl wütend. Offenbar hielt Fassbinder es für selbstverständlich, dass Mueller-Stahl als Ossi trotz Leistung und Erfolg weniger wert sei als der westdeutsche Kollege. Diese Haltung sollte ihm, wie vielen seiner DDR-Kollegen, noch öfter begegnen. Eine westdeutsche Arroganz, die sich mitnichten auf größere künstlerische oder handwerkliche Fertigkeiten stützen konnte. Im Gegenteil.

Mueller-Stahl aber weiß, was er wert ist – und lässt sich nicht gern für dumm verkaufen. Auch nicht von einem Fassbinder. Die Zusammenarbeit sollte unter fairen, würdigen Bedingungen geschehen.

Drei Tage später wusste ich's: Mario Adorf bekam das Doppelte und die Sukowa ein Drittel mehr. Nun war ich dran. Ich musste meiner Drohung Taten folgen lassen, da ich nun wusste, dass Fassbinder ein Schlitzohr war. Ich entschloss mich, meinen Zorn darüber, dass er mich für so dämlich, so unprofessionell hielt, produktiv zu machen: Ich nahm mir vor, alle anderen Schauspieler an die Wand zu spielen. Aber wie – ohne ihn? Doch dieser Gaukler, dieser Spürhund, dieses Genie ahnte meine Absicht, unternahm nichts dagegen, im Gegenteil, er unterstützte meine Rache gegen ihn. Alles ließ er mich machen. Ich spielte Geige, trug Knickerbocker, rauchte und rührte mit einer brennenden Zigarette den Tee um. Fassbinder strahlte. Er unterstützte meinen ungezügelten Spieldrang, trank Weißbier und tanzte in den Pausen.

Somit verdanken wir diesem Ärger immerhin einige der schönsten Szenen in einem der schönsten Fassbinder-Filme: »Lola«. Denn wie in den soliden und arbeitsamen von Bohm durch seine Verliebtheit plötzlich das Chaos einbricht und wie Mueller-Stahl das spielt, ist einfach hinreißend. Die Unbeholfenheit und Naivität, die von Bohm bei aller sachlichen Kompetenz lebenspraktisch an den Tag legt, wirkt nicht lächerlich, sondern stets überaus sympathisch. Diesen Menschen muss man, wie die Mutter der gewieften Lola befindet, einfach gernhaben. Er ist ein durch und durch ehrlicher Typ, kindlich offen, arglos in seinen Wahrnehmungen, Vorstellungen und Ausdrucksformen. Das zeugt natürlich in einem so offenkundig korrupten und durchtriebenen Milieu wie der Kleinstadt Coburg auch von einer bedenklichen Naivität. Aber von Bohm ist dabei so liebenswert, dass er einen dauert, als er schließlich der Strategie der Schuckerts und Wittichs so blauäugig auf den Leim geht. Man wünscht sich, seine Welt der Rechtschaffenheit und wahren, romantischen Gefühle möge Recht behalten.

Aber das tut sie nicht. Von Bohm ist der Verlierer. Wo er an die Liebe glaubt, wird er schlicht gekauft. Lola heiratet ihn zwar, aber sie wird ihr unstetes (Liebes-)Leben weiter führen.

Durch ihn hat sie ihr Ziel erreicht, ein Mitglied der bürgerlichen Kreise zu werden. Jetzt braucht sie ihn nur noch, um diesen gesellschaftlichen Rahmen zu wahren. Die abgebrühte Art, mit der sie von Bohm an sich bindet und emotional ausnutzt, ihn zum Objekt und Steigbügelhalter macht, ist dabei nicht einmal empörend. Sie ist gesellschaftlich völlig legitimiert und von Bohm ist der gutmütige Außenseiter, der mal naiv, mal verzückt, mal empört und in den eindringlichsten Szenen mit einer bangen Ahnung das laszive und korrupte Leben um sich herum beobachtet.

Auch in diesem Film sind seine Augen ein Kristallisationspunkt. »The blue eyed heroe« nannte der Cinéaste ihn in einer Besprechung von »Lola«, und seine blauen Augen sind in der Tat wie eine Art Wegweiser durch die Geschichte. Dynamisch und entschieden durchstreifen sie sein Wirkungsfeld beim ersten Besuch an seinem neuen Arbeitsplatz. Warm, herzlich im häuslichen Kontakt mit Lolas Mutter und Tochter. Blitzend vor freudiger Erwartung, als er sich für das erste Rendezvous mit Lola rüstet – und besagte lächerliche Knickerbocker anzieht. Wild umherirrend bei seiner Begegnung mit Lola im Nachtclub – traurig, unsäglich traurig dann, als er schließlich auf ihrer Bettkante sitzt. Am eindringlichsten aber ist das Gemisch aus Zufriedenheit, Freude und Unsicherheit, das in seinen letzten Blicken liegt: Lola ist seine Frau, aber auf was hat er sich eingelassen? Er ist selbst Teil der korrupten Gesellschaft geworden – wird er je wieder er selbst sein?

»Lola« ist auch eine Liebesgeschichte. Im Grunde die erste seit zwanzig Jahren, die Mueller-Stahl auf großer Leinwand in einer Hauptrolle dreht. Wer »Königskinder« und »... und deine Liebe auch« kennt, wird sich erinnert fühlen und zugleich die Entwicklung verfolgen können, die sich in den Ausdrucksformen des Mimen vollzogen hat.

In den frühen Filmen verkörperte Mueller-Stahl den naiven, nichts als guten Liebhaber; mehr noch den Werbenden, der eher Bewunderung als Begehren zeigt. Ungebrochene Figuren, die mit ihrer Gradlinigkeit und moralischen Lauterkeit keinen Zweifel aufkommen ließen. Als junger Mann kann man so etwas spielen. In Interviews und Bildern aus dieser Zeit erschien auch der Schauspieler so: jungenhaft, entwaffnend integer, klug und darin auch sehr selbstbewusst, zuverlässig ganz ohne Frage.

Später, viel später, bei den Dreharbeiten zu »Music Box«, suchte man verzweifelt Fotos, die den von Mueller-Stahl gespielten Mike Laszlo als jungen Mann zeigen sollten. »Warum nimmst du nicht meine?«, fragte er den Regisseur Costa-Gavras, »ich habe Jugendbilder mitgebracht.« »Du siehst zu anständig aus«, konterte der und traf es damit auf den Punkt: Fragen, Skepsis, aber auch eine charmante Unbefangenheit spiegelten sich im Gesicht des jungen Armin Mueller-Stahl – aber kein Abgrund.

Zwanzig Jahre danach ist das anders. Immer noch gelingt es Mueller-Stahl, die Tollpatschigkeit glaubhaft zu machen, mit der von Bohm – fremd gegenüber dem eigenen Begehren – der romantischen Inszenierung Lolas aufsitzt. Die Inbrunst, mit der er neben Lola in der Kapelle kniet und singt, ist entwaffnend. Mit gut fünfzig Jahren so viel Gutgläubigkeit und hehres Gefühl zu vermitteln ist eine Leistung. Aber von Bohm durchläuft einen Schnellkurs in Fragen der Realitätsbewältigung. Er erlebt die eigene Manipulierbarkeit – durch seine Gefühle. Er erlebt die eigene Käuflichkeit – durch seine Gefühle. Durch seine Unerfahrenheit im Umgang mit seiner Sexualität wird er zum Spielball jener politischen und sozialen Kräfte, die er unter Kontrolle bringen will. Er wird auseinandergenommen und Stück für Stück wieder zusammengesetzt. Und all diese Stadien spiegeln sich in seinem Gesicht. Der ahnungsvolle, gleichermaßen nach innen wie nach außen gewandte Blick zeigt: Nicht nur von Bohm, auch Mueller-Stahl hat sehen gelernt. Ganz konkret bei den Dreharbeiten zu diesem Film. Denn es galt, eine Kraftprobe zu bestehen. Mit Fassbinder, dem ebenso genialen wie tyrannischen Regisseur, aber auch mit einer Versuchung.

Mit Fassbinder zu drehen war in jener Zeit in mancherlei Hinsicht das attraktivste Angebot, das ein deutscher Schauspieler bekommen konnte. Für Mueller-Stahl galt dies in besonderer Weise. Nicht nur weil er, im Westen neu, von der Popularität des berühmten Regisseurs profitierte und weiter hätte profitieren können, sondern auch wegen ganz konkreter inhaltlicher Affinitäten. Denn in wesentlichen Punkten vertrat dieser exzentrische Künstler eine sehr traditionelle Idee von Kinofilm, die der Mueller-Stahls entgegenkam. Außerdem war er »mit Abstand der beste Regisseur, mit dem ich je gearbeitet habe«, so Mueller-Stahls Urteil immerhin noch 1992.

Als »Fassbinder-Mann« hätte er sich zudem in der nicht gerade viel versprechenden deutschen Kinolandschaft einen festen und exquisiten Ort verschafft. Angeboten hätte sich eine solche Entscheidung auch, weil die Dreharbeiten mit Fassbinder trotz aller Querelen die vergnüglichsten waren, die er je erlebt hat, wie er noch Jahrzehnte später in seinen »Drehtagen« beinahe wehmütig erinnert: »Ohne Streß, ohne Anstrengung. Nach neunzehn Tagen waren sie vorbei, und man hatte das Gefühl, nun müßte die Arbeit losgehen.«

Über den fertigen Film, der hohes Lob errang und ihm selbst den Bundesfilmpreis einbrachte, hat sich Mueller-Stahl allerdings auch geärgert. Beim Schneiden sind einige der schönsten Szenen, die er gespielt hatte, geopfert worden. Und dies ohne erkennbaren erzählerischen oder dramaturgischen Grund, wie er meint. Fassbinder hatte offenkundig seine Rolle zusammengeschnitten, um anderen Schauspielern mehr Raum und Entfaltung zu geben. Richtig leidgetan habe es ihm um die Szene mit der kleinen Geige, die hätte er schon gern drin gehabt, erzählt Mueller-Stahl mit leichtem Groll.

Durch solche Willkür gemahnte Fassbinder ihn an die Fußangeln der Abhängigkeit, die Mueller-Stahl nie, nie mehr spüren wollte. Dennoch: Fassbinder hätte spannende Filme, Ansehen und zudem Rettung vor allen Serienangeboten des Fernsehens garantiert. Warum er dennoch nein sagte und welche Wirkung er mit diesem Nein bei Fassbinder erzielte, davon erzählt er genüsslich in seinem Fassbinder-Porträt:

Am letzten Tag fragte er mich, wann wir uns wiedersehen, ich sagte: »Na, bei der Premiere.« »Das sowieso«, raunzte er und ging. Die Freude auf mich war irgendwie dünner geworden. Aber von mir nicht unbeabsichtigt. Während der ganzen Drehzeit versuchte ich, eine Distanz aufrechtzuerhalten, mich weder vom Team noch von ihm vereinnahmen zu lassen. Nachdem ich mich aus den Klauen der DDR befreit hatte, wollte ich in keine Klauen mehr. Aber drehen mit ihm, ja, mit dem größten Vergnügen.

Aber Fassbinder war auch ein extrem launischer Mensch. Erst hat er mich in »Lola« geliebt, und dann hat auch er mir die schönsten Szenen rausgeschnitten. In »Veronika Voss« gab er mir eine Nebenrolle, und als wir uns beim Münchner Oktoberfest trafen, sagte ich ihm: »Meine Rolle ist ja sehr zusammengeschrumpft. Du hattest mir doch erst die Hauptrolle versprochen.« »Ja«, meinte er »wir wollten es ein bisschen proletarischer.« »Ich möchte dir aber gern zu meiner Rolle noch ein paar Punkte sagen«, entgegnete ich ihm und er antwortete: »Schreib doch am besten alles auf.« Das wollte ich erst gar nicht, weil es ja so aussehen würde, als wollte ich das Drehbuch korrigieren. Aber er insistierte und so schrieb ich meine Vorschläge nieder und nahm dadurch natürlich auch Veränderungen in dem Part von Ro-

sel Zech vor, die die Veronika spielte. Rosel Zech war darüber empört, auch Peter Märthesheimer, der Drehbuchautor, der an Fassbinder einen bösen Brief schrieb. Das war wie eine Kriegserklärung gegen mich.

Nachdem zuerst alle begeistert gewesen waren von ihm, schlug ihm nun die blanke Ablehnung entgegen. Und so willkürlich, wie diese Zurückweisung gekommen war, verschwand sie auch wieder. Nachdem er mit Hilmar Thate die große Saufszene gedreht hatte, war er plötzlich wieder gut angesehen. Solche Willkür und Sprunghaftigkeit sind aber nichts für Mueller-Stahl.

Ärgerlich war zudem, dass Fassbinder dann später im Drehbuch genau das verändert hat, was ich vorgeschlagen hatte. In gewissem Sinne hat er sich doch davor gedrückt, sich wirklich mit mir auseinanderzusetzen. Und ich sah es gar nicht ein, mich ihm zu fügen.

Trotz dieser Querelen ist »Die Sehnsucht der Veronika Voss«, der letzte Teil von Fassbinders Nachkriegstrilogie und zugleich der letzte große Kinofilm vor seinem Tod, eine beeindruckende Geschichte geworden. Mueller-Stahl erscheint als Exmann des alternden UFA-Stars Veronika verschlossen, kühl und doch auf eine zarte Weise um seine drogensüchtige Frau besorgt. In der einzigen direkten Begegnung mit Veronika, draußen im gemeinsamen Landhaus, bei viel Alkohol und bitterer Erinnerung, gemahnt seine Rolle an die des Robert in der »Geschlossenen Gesellschaft« von Klaus Poche und Frank Beyer. Hier wie dort spielt er einen Mann, der seinen desillusionierenden Erfahrungen und Einsichten nichts mehr entgegensetzt. Ernüchtert, dabei nicht wehleidig, will er die Absurdität, die Härte und Sinnlosigkeit des Lebens, wie er sie erlebt, nicht mehr leugnen, nicht mehr fliehen. Damit sind beide Figuren genau das Gegenteil des Baudezernenten von Bohm: Während jener der Welt und sich selbst mit einer beinahe unerschütterlich konstruktiven Einstellung und auch Blauäugigkeit begegnet, sind diese gezeichnet durch bitteres Wissen und eine daraus resultierende unpathetische Resignation.

Die so unterschiedlichen Rollen in den beiden dicht aufeinander folgenden Fassbinder-Filmen machen einmal mehr ein Grundmuster sichtbar, das fortan – deutlicher noch als in den Filmen in der DDR – die schauspielerische Entwicklung Mueller-Stahls kennzeichnen wird.

Denn wenn er auch schon in der alten Heimat Rollen mit den verschiedensten Inhalten und Profilen gespielt hat, so werden es ab jetzt immer wieder regelrecht gegensätzliche Figuren sein, denen er seine Gestaltungskraft widmet. Neben dem Bauern wird er den Kaiser, neben dem Naziverbrecher den jüdischen Patriarchen, neben dem warmherzigen Doc den verbissenen Vater Helfgott spielen. Es ist, als wolle er sich nunmehr, nachdem er (sich) das breite Spektrum seiner Darstellungsmöglichkeiten bewiesen hat, durch eine Verdichtung, durch Zuspitzung der Rollenprofile die Anforderungen höher schrauben. Unverkennbar sein Bestreben, noch die unvereinbarsten Charaktere und Handlungsweisen mit sparsamen, konzentrierten schauspielerischen Mitteln glaubhaft zu verkörpern. Und auch die Anforderung an sich selbst, sich immer wieder in extrem gegensätzliche Figuren hineinversetzen zu müssen und dabei während des Drehens offen, improvisationsbereit und im Zusammenspiel kreativ zu bleiben.

Es ist vermutlich diese Mischung aus Professionalität, Entschiedenheit und unbändiger Spielfreude gewesen, die Armin Mueller-Stahl für Fassbinder zu einem so begehrten Schauspieler gemacht und die Zusammenarbeit so produktiv gestaltet hat. Trotz der offensichtlichen Unterschiede zwischen den beiden. Und obwohl sich Mueller-Stahl ganz unbeirrt von der Fassbinder'schen Schauspielerfamilie ferngehalten hat.

Er tat noch mehr. Da, wo andere sich unter Druck setzen, drangsalieren und demütigen ließen, hat er mit Fassbinder gekämpft – und in entscheidenden Punkten gewonnen:

»Eines Tages gab es eine Situation, wie sie fast jeder Film vorzuweisen hat, in der alles auf des Messers Schneide steht. Fassbinder hatte einen ellenlangen Text in der Mittagspause geschrieben, auf den er sich wie ein Rohrspatz freute, den sollte ich nämlich sprechen, spielen, in der ersten Einstellung nach der Pause. Wird Mueller-Stahl es schaffen? Wie verhält er sich, wenn nicht? Wie, wenn ja? Fragen. Fassbinder auf der Lauer. Na, na? Ich las den Text, versuchte das Wesentliche mir einzuprägen, drum herum mußte ich, ob ich wollte oder nicht, improvisieren. Und Fassbinder? Er wollte nur rauskriegen, ob und wie ich zu piesacken sei. Blicke. Na, na? Dank dem Schicksal, daß ich improvisieren gelernt hatte, aus dem Hut, aus dem Stegreif, außerdem wollte ich ihm ums Verrecken kein Vergnügen bereiten. ›Wollen wir probieren?‹ fragte er grinsend, händereibend. Ich spürte Gefühlsböen von allen Seiten, die Stunde war da, die Naht- und Prüfstelle. ›Proben? So was probt man nicht, so was dreht man‹, sagte ich so nebenbei und vor allem so humorlos wie möglich. Kein ›na, na‹, der Glanz in seinen Augen verlor sich, Entwarnung, der Krieg war vorbei, er hatte die Lust am Piesacken verloren.«

Diese und ähnliche Szenen, die Mueller-Stahl in seinem Fassbinder-Porträt beschreibt, legten den Grundstein für die spezifische Beziehung zwischen Fassbinder und ihm. Aber er sah ebenso klar, dass er als Mensch mit diesem Berserker nur würde arbeiten können, wenn die Grenzen klar gezogen und seine Würde gewahrt bliebe.

Dafür hat er gesorgt. Und indem Mueller-Stahl die Opferrolle so entschieden verweigerte, entließ er Fassbinder aus dem Zwang zu quälen. Denn der, nahezu vaterlos aufgewachsen, entwarf sich als Vaterersatz für fast alle Menschen, die er um sich versammelte. In einer vehementen Auseinandersetzung mit der »Sehnsucht des Rainer Werner Fassbinder« beschreibt einer seiner langjährigen Begleiter, Kurt Raab, wie der Regisseur in seiner Truppe als Familienoberhaupt fungierte und wie jeder und jede um seine Gunst, Zuneigung und Liebe buhlte. Auch wenn er diese Abhängigkeiten genoss, es hat ihn wohl befreit, dass da einer kam und sich ganz unaufgeregt dieser Struktur entzog. Einer, der den Patriarchen durch sein Auftreten von der Vaterrolle entband und möglicherweise sogar momentweise diese Rolle für ihn übernahm.

Fassbinder hat es ihm gedankt. Durch kleine Momente, in denen er so etwas wie eine geheime Verschwörung zwischen ihnen beiden entstehen ließ. Durch seine Wertschätzung, mit der er ihn immer wieder als einen der besten deutschen Schauspieler hervorhob. Und vor allem dadurch, dass er es ihm ermöglichte, seine ganze unbändige Spielleidenschaft zu entfalten.

Das wiederum hat Mueller-Stahl an diesem Regisseur fasziniert.

»Danke, Rainer, so viel Freiheit gab's noch nie für einen Schauspieler«, schrieb er in Die Zeit, und weiter: »Vielleicht wäre ich eines Tages nicht mehr meiner Meinung gewesen. Und wäre Fassbinder-Schauspieler geworden. Wer weiß!«

Dazu gab es dann keine Möglichkeit mehr. Im Frühjahr 1982 wurde »Die Sehnsucht der Veronika Voss« bei der Berlinale in Berlin uraufgeführt. Fassbinder bekam den Goldenen Bären. Am 10. Juni fand man ihn tot in seiner Wohnung. Für den deutschen Kinofilm ein Verlust, der bis heute nachwirkt. Für Mueller-Stahl ergab sich aus diesem frühen Tod die Notwendigkeit, seinen Ort und seine Rollen in der westlichen Medienlandschaft noch einmal von vorn zu erkunden.

Gedreht hatte er freilich zu der Zeit schon wieder mit einem anderen Regisseur. Im selben Jahr wie »Lola« war auch der Agententhriller »Der Westen leuchtet« von Niklaus Schilling auf die Leinwand gekommen. Ein Film, der ihn von der Story her noch einmal in seine DDR-Vergangenheit zurückführte: Harald Liebe alias Rainer Lesniak reist aus der DDR nach München, um dort einen Informanten zu überprüfen. Der Kollege, den die Stasi der Doppelspionage verdächtigt, entpuppt sich als eine attraktive Frau, die mit ihrer nicht minder reizvollen Tochter ein luxuriöses Leben führt und deren Schönheit und Charme Harald Liebe rasch erliegt. Kunstvoll entwickelt der Film, wie die beiden Spione in ihrem Gefühl und Begehren beständig den Mechanismen der Beobachtung und Kontrolle ausgeliefert sind. Jede Regung wird von Misstrauen begleitet, ihre Zuneigung durch Kamera und Wanze, die eigenen Arbeitsmittel, bedroht. Ein spannendes Thema, eine geschickt konstruierte Geschichte. Aber dem Film fehlt die Zuspitzung. Es mangelt an Spannung und einer schlüssigen Psychologie der Figuren. So war Mueller-Stahl nie so recht glücklich über dieses Projekt, wenngleich ihn Die Zeit in der Agentenrolle nachdrücklich lobte.

Niklaus Schilling wollte den Film unbedingt mit mir machen. Wie eine Glucke hat er aufgepasst, dass ich ja keine anderen Aufträge annehme. Ich sagte ihm zu, da sich in jener Zeit die Bücher ja nicht gerade auf meinem Tisch stapelten und ich nehmen musste, was mir angeboten wurde. Ich habe dann versucht, das Beste daraus zu machen. Die Figur des Harald Liebe hat mich sehr gereizt. Einen Mann zu spielen, der verfolgt wird, sich allmählich in seinen eigenen Fangstricken verfängt und dann plötzlich verschwindet. Leider ist das nur im ersten Teil des Films gelungen. Das Zuschnappen der Falle ist für mich im

Film nicht hörbar, nicht sichtbar geworden. Ich hätte vor allem das Ende gerne anders gehabt, aber ich konnte meine Vorschläge nicht durchsetzen.

Vermutlich hat schon mit diesem Spielfilm, seinem zweiten in Westdeutschland, für Mueller-Stahl das begonnen, was sich als wiederkehrende Schwierigkeit mit dem bundesrepublikanischen Film erweisen wird: Es gab nur selten Filme und Rollen, die ihn reizten bzw. zufrieden stellten. Arbeiten mit vergleichbarem Niveau und Erfolg wie bei Fassbinder wird er in Deutschland mit deutschen Regisseuren nur noch punktuell erleben. Er wird sich durchkämpfen zwischen lukrativen, aber oft uninteressanten (Fernseh-)Angeboten auf der einen Seite und reizvollen Rollen in den meist publikumsfernen Autorenfilmen auf der anderen. Er wird manches drehen, um Geld zu verdienen, und manches nicht drehen, obwohl er damit viel Geld verdient hätte. Immer auf der Suche nach spannenden Arbeiten – und seinem eigenen Weg.

Immerhin: Die Unkenrufe ostdeutscher Kollegen und Parteimitglieder hatten sich binnen weniger Jahre als falsch erwiesen. »Mit fünfzig wirst du im Westen nicht mehr Fuß fassen«, hatte man ihm prophezeit und neben eher subtilen Botschaften von Neid und Bestrafung auch versucht, ihn mit ganz expliziten Drohungen einzuschüchtern: »Die haben doch nicht auf Sie gewartet, Sie sind zu alt für einen Neuanfang. Sie werden Ihrer Starposition in der DDR noch nachtrauern.«

Alles leere Formeln. Allerdings zeigte sich immer mehr, dass der Westen nicht nur künstlerisch ein schwieriges Terrain für ihn war. Mit seiner Neigung zu eigenwilligen Positionen und partieller Unnahbarkeit, seinem differenzierten Selbstbewusstsein und »überzeugten Einzelgängertum« eckte er so manches Mal an.

Aber sich neuerlich in Kleinkriegen aufreiben, sich einfügen und die Faust in der Tasche ballen, das wollte er auf keinen Fall. Manches von dem, was er mit seinem Abschied von der DDR hatte hinter sich lassen wollen, begegnete ihm nun allzu rasch wieder. Also streckte er die Fühler aus und begann, die Flügel zu trainieren. Später, als er schon lange in Los Angeles lebt, wird er noch immer gelegentlich das Gefühl bekommen, dass man sich für diesen freien Flug auch an ihm rächt.

Serienheld – nein danke

»Wieso ziehen Sie Amerika deutschen Serien vor?« Mit dieser Frage eröffnete ein deutscher Journalist in den neunziger Jahren sein Interview mit Mueller-Stahl und brachte damit einen der neuralgischen Punkte zur Sprache, der zur ausdauernden Verstimmung zwischen Teilen der deutschen Filmwelt und dem abtrünnigen Star beigetragen hat: Nicht mit attraktiven Leinwandangeboten hatte man den Berühmten halten wollen, sondern als Serienheld. Dieser Versuch zeugte freilich nicht nur von der desolaten Situation des deutschen Films, sondern auch von einer beachtlichen Ignoranz gegenüber der Person Mueller-Stahls. Hätte man dessen Karriere aufmerksam wahrgenommen, hätte niemandem verborgen bleiben können, dass dies eher ein Weg sein würde, ihn zu vertreiben.

Und so antwortete Mueller-Stahl, wie er in den »Drehtagen« berichtet, auch rundheraus: »Wieso? Ich will Ihnen das mit den deutschen Serien erklären, das gilt nur für mich. Nachdem ich mich aus den Klauen und Grenzen der DDR 1979 wegbegeben hatte, wollte ich mich nicht in die Hände und Klauen eines Intendanten oder einer Serie begeben, wollte die Grenzen überfliegen. Wenn's nach mir ginge, gäb's überhaupt keine Grenzen mehr. Beide Deutschländer sind sich nämlich auf beeindruckende Weise ähnlich, was die Grenzen und das Enge angeht.«

»Ich verstehe Sie, aber Sie müssen auch verstehen«, entgegnete der Journalist, der offensichtlich nicht zu den Apologeten der Fernsehserien gehörte, »unser deutsches Publikum liebt Serien. Serienhelden sind Giganten gegen Sie, und das deutsche Publikum macht sich keinen Deut aus Ihnen, da können Sie Karriere in der Welt machen oder nicht, gleichgültig.«

Der Mann hatte Recht. In der »Filmwelt«, bei Kritikern, Produzenten, Kollegen, gibt es bis zum heutigen Tage Stimmen, die dem Aufstieg Mueller-Stahls mit mehr oder weniger offenem Ressentiment begegnen. Und auch ein Teil des westdeutschen Publikums hat Mueller-Stahl seinen Wechsel in die Vereinigten Staaten zumindest insofern übel genommen, als es ihn mit Vergessen straft. Der Name »Mueller-Stahl« weckt bei vielen Film- und Fernsehkonsumenten allenfalls ein vages Erinnern: »Hat der nicht mit Fassbinder und im Fernsehen auch mal in Krimis gespielt?« Hat er! Die Älteren, die den Krieg bei sich tragen, erinnern sich oft noch konkret an »Jokehnen« und »An uns glaubt Gott nicht mehr«. Aber dass Mueller-Stahl sich nicht einreihen wollte in der Reihe »Unsere liebsten Fernsehstars«, das hat ihn vielen Deutschen entfremdet.

Die Chance hätte er in der Tat gehabt. Nach Ausstrahlung der ersten Filme kamen mehrere und auch lukrative Angebote. Anstelle von Siegfried Lowitz hätte er den »Alten« spielen können. Als distinguierte Variante des wortkargen, mürrischen und doch zugleich einfühlsamen Kommissars. Auch einen Piloten in »Airport« bot man ihm an. Den großen Bellheim, den später dann Mario Adorf übernahm, hätte er wohl gespielt, wenn ihm nicht ein anderer Film zuvorgekommen wäre.

Die Herzen des deutschen Fernsehpublikums hätte er sich aber wohl am ehesten errungen, wenn er die Figur des Professors Brinkmann in der »Schwarzwaldklinik« angenommen hätte, die man ihm nach »Lola« antrug. Mit weißem Kittel, generös und schön, die blauen Augen hätten sich dabei gut gemacht.

Ich habe diese Angebote sehr ambivalent erlebt, räumt er später ein. Künstlerisch waren sie genau das, was ich nicht mehr wollte. Finanziell waren sie eine Versuchung. Schon bei dem »Alten« bot man mir die höchste Gage, die einem deutschen Schauspieler bis dato je im Fernsehen gezahlt worden war. Damals hatte ich nichts, auch nichts in Aussicht. Aber eine Familie, die ja finanziert sein wollte. Und schließlich hat jeder Mensch ein gewisses Bedürfnis nach Sicherheit.

Ich hätte die Rolle des »Alten« vielleicht sogar angenommen, wenn man für zwei Jahre die Konzeption der Figur geändert hätte. Denn man konnte ja nicht einfach sagen: Lowitz raus und Mueller-Stahl rein. Die Figur hätte auf meine Stärken abgestimmt werden müssen. Bei Lowitz war es seine Grantigkeit, bei mir hätte es etwas ganz anderes sein müssen. Ich wollte einerseits auf den Humor abheben und dann aber auch eine gewisse Gesichtsökonomie betreiben. Etwa wie Inspektor Grubach in Soderbergs »Kafka«, der sein Gegenüber allein durch ein Zucken der Mundwinkel und die zusammengekniffenen Augen in die Enge drängt.

Es zeigte sich bald, dass das nicht ging. Dieser Kommissar lebt ja gerade davon, dass er so nachdrücklich präsent ist. Auf diese Weise ist er in achtzig Länder verkauft worden. Er ließ sich nicht umpolen, und das war ja letztlich auch gut so. Hätte ich die Rolle angenommen, dann wären alle finanziellen Sorgen schlagartig beseitigt gewesen. Aber es hätte wohl auch das Aus meiner schauspielerischen Entwicklung bedeutet.

Ein wenig muss das sehr viel später auch Siegfried Lowitz so gesehen haben. Obwohl ihn Kommissar Köster nicht nur bei uns, sondern weltweit berühmt gemacht hat, zog er sich 1986 von der Rolle zurück und verbrachte seine letzten beruflichen Jahre erfolgreich auf Theatertournee, wollte endlich wieder schauspielern und sich vom Korsett des »Alten« befreien, auch er.

Das zweite exponierte und lukrative Angebot, das Mueller-Stahl im Westen erhielt, war die bereits erwähnte Rolle des Doktor Brinkmann in der »Schwarzwaldklinik«. Hier wurde er gleich zu Beginn gefragt, als gerade die ersten Drehbücher vorlagen. »Es gab wochenlange Gespräche mit Mueller-Stahl und eine beglückende gemeinsame Arbeit am Drehbuch«, erzählt Wolfgang Rademann, der Produzent der »Schwarzwaldklinik«. »Das war außergewöhnlich, dass der avisierte Hauptdarsteller schon an den Büchern mitwirkte. Auf Distanz ging Mueller-Stahl dann aber gleich, als er hörte, dass dies kein einfacher Fernsehfilm, sondern eine Serie werden sollte. Das war ihm nicht geheuer, da hatte er wohl schlechte Erfahrungen gemacht. Das Geld spielte bei seiner Entscheidung eher keine Rolle, denn darüber hatten wir noch gar nicht gesprochen. Auch die weibliche Entsprechung zu seiner Rolle war noch nicht ausgeguckt. Aber er wollte sich nicht festlegen. Als er dann absagte, war ich am Anfang natürlich ungehalten und dachte, das hätte er sich auch früher überlegen können, da hätte man nicht so viel Zeit verplempern müssen. Aber er hatte schon den richtigen Riecher. Denn wir haben ja dann die Anzahl der Drehbücher noch vor Drehbeginn von 13 auf 26 erhöht, einfach weil sie so gut waren. Und aus der Retrospektive betrachtet hat sich seine Entscheidung für uns beide dann als regelrechter Glückstreffer erwiesen. Für ihn, weil er seine große Hollywood-Karriere gemacht hat, was er ja damals noch nicht wissen konnte. Und für mich, weil sich der Klaus Wussow als Idealbesetzung erwiesen hat. Aber ganz leicht gefallen ist dem Mueller-Stahl das Nein damals nicht. Als wir uns später noch mal trafen, erzählte er mir, dass er in der Nacht nach der Absage nicht geschlafen habe. Wer weiß, wenn wir uns noch mal begegnet wären und ich Druck gemacht hätte ... Aber im Nachhinein finde ich die ganze Entwicklung sehr positiv.«

Diese letzte Einschätzung würde Mueller-Stahl sicher bekräftigen. Sonst hört sich die Geschichte bei ihm etwas anders an:

Ja, ich habe das schon sehr ernsthaft erwogen. Ich hatte ja nichts. Anzunehmen hätte erst einmal eine gewisse Sicherheit gebracht. Also dachte ich, ich spiele zwölf Folgen und dann fahre ich gegen einen Baum und der Doktor ist tot. Gleichzeitig wusste ich ja, dass ich mir wirklich Mühe geben würde, es gut zu machen. Dann kam mir aber meine Frau zu Hilfe. Sie las die Bücher und meinte, die sind ja flach wie eine Pfütze. Und sie konnte das als Ärztin ja beurteilen. Dem Rademann sagte ich dann: »Muss das wirklich sein, Schwarzwaldklinik, ich denke immer an Schwarzwaldmädel.« »Aber ich habe für diesen Titel gekämpft«, entgegnete er. Das alles war deutlich genug: Hier musste ich »Nein« sagen. Und das hat man mir in der Bundesrepublik wohl übel genommen.

Aber schließlich war er durch seine Erfahrungen mit dem »Unsichtbaren Visier« gewarnt. Serie – nie mehr. Auch wenn es ihm zu Geld und Ruhm verhelfen würde, ein Professor Brinkmann wollte er nicht sein.

Wie es ist, populär zu sein, wusste ich ja schon. Das ist auch anstrengend, ich wollte es nicht um jeden Preis und für immer.

Woher er den Mut nahm, sich gegen die Sicherheit von Gage und Fernsehglanz für das Wagnis zu entscheiden?

Nachdem ich einmal meine exponierte Stellung in der DDR aufgegeben hatte, fühlte ich mich irgendwie frei, auch noch wei-

ter abzusagen. Oft muss man als Schauspieler genau das machen, was man nicht will. Aber man muss auch die Grenzen und Gefahren erkennen.

Wer solch attraktive Angebote ablehnt, zumal wenn er aus dem Osten kommt, der dünkt sich wohl was Besseres. Zu anspruchsvoll sei Mueller-Stahl, zu intellektuell, hieß es schon mal gern. Manchen galt er als arrogant. Zudem war er durch die beiden Filme mit Fassbinder teuer geworden. Und er war entschlossen, seinen Wert zu behaupten. Ein eigensinniger, unbequemer Typ. Hinter der Hand wurde auch schon mal vom »Quotenkiller« gesprochen. Dabei war das eigentlich nicht korrekt. Denn seine Fernsehfilme liefen ja gut. Schwierig war es eher mit den Leinwandproduktionen. Und das lag schließlich nicht an ihm. Auch hat er sich dem Fernsehen durchaus nicht entzogen. Er hat der Tatsache, »dass man sich in Deutschland im Fernsehen hochdienen muss, um dann mit dem matten Glanz des Fernsehruhms noch einige Filme machen zu können«, wie er es einmal formuliert, durchaus Rechnung getragen. Aber er hat sich auch hier wenigstens aussuchen wollen, auf welche Rollen er sich einließ.

So hat er zum Beispiel Krimis gespielt. Einmal in der Reihe »Sonderdezernat K 1«, in einem Durbridge-Kriminalstück, bei »Derrick« und schließlich in dem Tatort »Freiwild«, »in dem Wolfgang Staudte – ich lernte ihn leider viel zu spät kennen – noch einmal an seine alte Form anknüpfte. Ich habe diese Filme gewissermaßen ›rückwärts‹ gespielt. Habe damit mein Publikum in der DDR bedient, denn die haben ja alle Westfernsehen geguckt.«

Dabei fand er Figuren, durch die man Mueller-Stahl teils in ganz neuen Ausdrucksformen erleben konnte. Aber sie tauchten auf und verschwanden. Da gab es nicht das beruhigende Wiedererkennen des vertrauten Helden, der zum Alltag seiner Fans gehört. Mueller-Stahl spielte ohne Netz. Meist Einzelgänger, Unikate. Wo das Fernsehen ihm solche interessanten Individuen und Außenseiter antrug, hat er sie in der Regel auch angenommen.

TV-Rollen mit Profil

»Ich habe im Fernsehen schöne Rollen gemacht, die man mir fürs Kino nie angeboten hat. Manche dieser Filme hätte ich mir durchaus auf der großen Leinwand vorstellen können«, kommentiert Mueller-Stahl gelegentlich sein angeblich so ablehnendes Verhältnis zum Fernsehen. Zum Beispiel Stefan Heyms »Collin«, nach einem Drehbuch von Klaus Poche. Neben Hans Christian Blech und Curd Jürgens, für den es eine seiner letzten Rollen war, ging Mueller-Stahl hier noch einmal tief in seine DDR-Geschichte zurück. Daneben zwei Filme über jenes Thema, das ihn lebenslang beschäftigen wird. »An uns glaubt Gott nicht mehr« von Axel Corti und Georg Stefan Troller und »Jokehnen oder Wie lange fährt man von Ostpreußen nach Deutschland?« nach einem Roman von Arno Surminski. 1985 erschien der Krimi »Hautnah«. In all diesen Filmen spielte Mueller-Stahl Rollen, in denen er zum Teil mehr Wirkung entfalten konnte als in manchem Kinofilm.

»Collin« verband Mueller-Stahl schon bald nach seiner Ausreise mit zwei seiner engsten Freunde aus der DDR, Klaus Poche und Stefan Heym. Mit einer packenden Mischung aus Pragmatik und Pathos werden hier in der Konfrontation zwischen dem Schriftsteller Collin und dem Parteisekretär Urak die ideologischen und persönlichen Konflikte innerhalb der DDR-Partei und -Ideologie entfaltet. Bedrohlich und penetrant verkörpert Hans Christian Blech den kaltschnäuzigen Machtpolitiker Urak, der doch hinter seinem forschen Gestus bisweilen die eigene Angst nur mühsam verbergen kann; Curd Jürgens dagegen spielt den empfindsamen, zornigen, angstvollen und liebebedürftigen alternden Schriftsteller, dem seine Einsichten nur selten zur Souveränität verhelfen.

Mueller-Stahl erscheint hier einmal nicht in der Rolle des Intellektuellen. Im Gegenteil: Als verantwortlicher Arzt im Volkskrankenhaus ist er der Pragmatiker, der seine Sensibilität hinter Zynismen verbirgt. Während seine Exfrau Christine Roth sich um die diffizilen Befindlichkeiten der oberen Kader kümmert, amputiert er Beine und schiebt die Sterbenden ans Fenster, damit sie vor ihrem Tod noch einmal ein Stück Himmel sehen. Er nennt die Dinge beim Namen, und diese Rolle eines nüchternen Tatmenschen steht Mueller-Stahl gut. Vermutlich besser als ein schöner Doktor Brinkmann.

Auch in »Hautnah« spielt er eine Figur, in der sich ein Stück Alltag verdichtet. Der Krimi ist angesiedelt im Milieu von Korruption und perfektem Verbrechen, in der Welt von Technik, Ton und Kamera. Dold, den Mueller-Stahl mit Schiebermütze, Lederjacke, Dreitagebart und ewig kaltem Zigarettenstummel im Mundwinkel mimt, ist ein hoch qualifizierter Beobachter, der mit seinen Kameras auf einen Immobilienmakler angesetzt wird: »Besucher, Vertragsabschlüsse, Dokumente – wir brauchen alles.« Also gehen Dold und sein Kompagnon Charlie an die Arbeit. Professionell cool installiert Dold seine Geräte – und zeigt dann zum ersten Mal Gefühl: Fasziniert von dem, was seine Kamera alles zu zeigen vermag, zoomt er den fetten Rodinski ganz dicht heran und freut sich an der Schärfe der Aufnahme. Ihm geht es nicht um die abgebildeten Gegenstände, sondern um technische Perfektion. Begeistert spielt er am Bildschirm und lässt die Zuschauer teilnehmen an einer neuartigen Form von Voyeurismus: Aus jeder Distanz, ohne selbst in Erscheinung zu treten, können sie dem Objekt ihres Interesses hautnah auf den Leib rücken. Leider verliert Dold über seiner Begeisterung für das technisch Mögliche den Blick für das menschlich Mögliche. Zu spät erkennt er die Verflechtung im Netz seiner Auftraggeber, zu spät, viel zu spät vor allem die wahren Motive der schönen Frau, die ihn so gekonnt verführt hat. Während er genussvoll neben ihr wegdämmert, inspiziert sie seine Videobänder – und macht ihn in der Folge selbst zum Gejagten.

Die Doppelbödigkeit von Beobachten und Selbst-beobachtet-Werden, Vertrauen und Zweifel, Intimität und Verrat erinnert an den Spionagefilm »Der Westen leuchtet«. Während Liebig aber immer nur smart verschlossen durch die Hochglanzräume von Flughäfen, Büros und edlen Wohnungen schreitet, ist dieser Dold einer, der sich im Untergrund bewegt und emotional völlig aufgeht in dem, was er da tut. Kein Krimineller, aber durch Beruf und Typ immer mit einem Bein in der Rotlichtszene oder auf der Flucht. Ein Spürhund, ein einsamer Jäger – und ein Besessener. Besessen von der Magie der Bilder, die mehr zeigen können als die Wirklichkeit. Dieser Dold, man ahnt es, ist kein Gewinner. Ein Träumer ist er. Wie ein Kind taucht er ein in die magischen Welten von Bild und Stimme. Das muss Mueller-Stahl fasziniert haben.

Dabei hätte er nach der Lektüre des Drehbuchs beinahe abgesagt. Erst beim Drehen hat er gemerkt, was sich in der Figur verbirgt. Und das hat er dann voll ausgespielt. Mit seiner ganzen Liebe für ein ehrliches Scheitern. Denn wenn Dold den hartgesottenen Killern nachspürt, dann tut er dies mit der Hilfe eines engagierten Journalisten, der genauso gutgläubig und fern von der Kaltschnäuzigkeit der Macher ist wie er selbst. »Du bist zu langsam für deinen Job, du blickst nicht durch«, kontert kühl die Schöne, als ihr Verrat aufgeflogen ist und sie dem fassungslos-wütenden Dold gegenübersteht.

Und dann, in den Schlussszenen, gewinnt dessen oft mürrisches, misstrauisches oder abwesendes Gesicht ganz ungeheuer an Leben. Als Dold erkennt, dass er von zwei Seiten gejagt wird und keine Hoffnung auf Rettung besteht, dass sein Tod nur noch eine Frage der Zeit ist, da erfassen Erkenntnis und Angst den ganzen Menschen. Gekrümmt wie ein Kleinkind kriecht er in eine letzte Ecke seines zerfetzten Sofas, zündet sich einen Zigarettenstummel an, auf den er mit den besten Vorsätzen so lange verzichtet hat, setzt sich die Kopfhörer auf und flieht zu seinen Operngöttinnen. Wie ein Tier, das sich seinen Sterbeplatz sucht. Die Mischung aus Entsetzen, Resignation und Todesangst gehört zu den mimisch und körperlich ausdrucksvollsten und eindrucksvollsten Szenen, in denen Mueller-Stahl je zu sehen war. Die Rolle wäre in der Tat einen Kinofilm wert gewesen.

Unter den zeitgeschichtlich-kritischen Filmen, die Mueller-Stahl in dieser Zeit im Westfernsehen gespielt hat, sind vor allem die Mehrteiler »An uns glaubt Gott nicht mehr« (1982) und »Jokehnen oder Wie lange fährt man von Ostpreußen nach Deutschland?« (1986/87) bemerkenswert. Beides Filme, die in der Zeit des deutschen Nationalsozialismus spielen.

Die Handlung von »An uns glaubt Gott nicht mehr« beginnt in Wien, 1938. Hier begegnen sich ein siebzehnjähriger Jude, der gerade Waise geworden ist, und ein stattlicher Mann mittleren Alters, mit Fliege und Lederjacke, vor der Ausreisebehörde. Als Ghandi stellt sich der ältere Herr vor und nimmt sich in einer ebenso fürsorglichen wie unaufdringlichen Weise des jungen Ferry an. Ghandi – den Namen hat Fritz von Gandersheim in Dachau bekommen. Nach Dachau kam er, weil er Juden geholfen hat, außer Landes zu kommen. Seit Dachau will er kein Deutscher mehr sein. Nach außen wirkt er in den Wirren und Ängsten der Flucht von Wien über

Prag nach Paris wie ein ruhender, ein unerschütterlicher Pol. Anfangs nur für den orientierungslosen Ferry, später auch für die hübsche Alina, die Ghandi in der Ausländerbehörde kennen und lieben lernt.

Diesen Ghandi, scheint es, kann nichts mehr erschüttern. Erst allmählich erfahren wir von den wiederkehrenden Alpträumen, die ihn seit dem Lager verfolgen, begreifen, dass seine Gelassenheit die Haltung eines Menschen ist, der das Schlimmste schon hinter sich hat.

Armin Mueller-Stahl ist als Ghandi so präsent, dass man sich ihm sofort anvertrauen möchte. Nachdenklich, verantwortungsbewusst, fürsorglich, ohne dem anderen zu nahe zu treten, couragiert, empfindsam für andere, einsam in einer ganz unaggressiven, melancholischen Art. Einer, der sich selbst nicht so rasch mitteilt. Und das nicht nur, um seine Umgebung zu schonen, sondern weil ihn die Verschwiegenheit auch selbst schützt. Ein Mensch, der sein Innerstes bewahrt, weil ihn die Begegnung mit sich selbst oft mehr stärkt als die Begegnung mit anderen.

Ghandi ist eine Rolle, die Mueller-Stahl durch ihre Botschaft überzeugt haben wird. Ähnlich wie später in dem amerikanischen Spielfilm »The Power of One« verkörpert er den warmherzigen und lebensweisen väterlichen Freund ohne Pathos – und genau darin liegt seine Überzeugungskraft. Eine Rolle, in der Mueller-Stahl nicht nur seine schauspielerischen Fähigkeiten, sondern auch sein menschliches Profil einsetzen kann.

In diesem Punkt wird ihm die Rolle des Steputat in dem Mehrteiler »Jokehnen« schon schwerer gefallen sein. »Jokehnen« erzählt die Geschichte vom Nazideutschland 1934 bis 1945. Karl Steputat ist ein angesehener Mann: ein guter Schneider, guter Bürgermeister, guter Familienvater und guter Nazi. Er ist überzeugt, »dass Hitler genau das will, was wir alle wollen«. Diese Überzeugung ist gut für ihn, denn so kann er jede Verantwortung und jeden Zweifel abwenden. Was der Führer tut, wird schon recht sein. Nein, sympathisch ist dieser politisch naive Patriarch nicht, der den Krieg wie ein Spiel betrachtet, bei dem er sich freut, wenn er wieder ein paar Fähnchen versetzen kann. Ein Kleinbürger, der verdrängt, damit sein heiles Weltbild fortbestehen kann. Sein soziales Engagement ist zwar ausgeprägt, reicht aber genau so weit, wie es ihm moralisch und politisch opportun erscheint. Er ist blind und feige und autoritär. Weil nicht sein kann, was nicht sein darf, wird die realitätsgerechte Wahrnehmung der Wirklichkeit und der allmählichen militärischen Niederlagen in Stalingrad einfach verboten: »Unser Wunder kommt an der Weichsel, an der Marne. Ich glaube an den Führer. Jetzt erst recht.« Dazu sieht man dann jenes verbissene Gesicht, das uns zehn Jahre später in »Shine« wieder begegnen wird. Ein Kleinbürger, der verdrängt, bis zur Katastrophe verdrängt, um sein festgefügtes Weltbild zu erhalten. Ein Monster aus Angst, Selbsttäuschung und autoritärer Gewalt.

»Jokehnen« habe gezeigt, dass Mueller-Stahl eben doch nicht »alles« spielen könne, schrieb damals ein Kritiker und brachte damit den sonst eher verhalten reagierenden Mueller-Stahl regelrecht in Rage: »Er hat nicht begriffen, worauf es ankommt«, entgegnete er 1987 in einem Interview mit der Welt. »Eine schwache Figur spiele ich natürlich so stark, wie es überhaupt nur geht, mit aller Würde, die vorhanden ist. Wäre es so, daß alle Mitläufer damals sichtbar gewesen wären, dann könnte man es sich im nachhinein einfach machen. Aber so war es ja nicht. Es waren zu Beginn 98 Prozent dafür. Ich wollte eine Figur zeigen, die glaubwürdig macht, wie Leute mit Würde, mit Anständigkeit ›glaubten‹. Ich wollte die Figur nicht denunzieren. Ich hätte mich ums Verrecken nicht dazu hergegeben, diese Figur zu denunzieren.« In seinem

Zorn und dem Vorwurf, der Kritiker habe nicht verstanden, was er kritisiert, sah Mueller-Stahl sich durch einen Leserbrief des ehemaligen Bundespräsidenten Karl Carstens in der Frankfurter Allgemeinen Zeitung bestätigt. Denn Carstens hatte Drehbuch, Regisseur und Darsteller für die gelungene »Darstellung eines erschütternden, menschlichen Schicksals, das im Zweiten Weltkrieg Millionen von Menschen getroffen hat« ausdrücklich gelobt.

Mueller-Stahl hat im Laufe seiner Schauspielerlaufbahn viele »Nazitypen« gespielt: den wankelmütigen Lesstorff in »Wege übers Land«, den zwanghaften Marschner in »Der andere neben dir«, den Nazileutnant in Wajdas »Eine Liebe in Deutschland«, den Waffenfabrikanten François Korb in dem Schweizer Spielfilm »Glut«, den Kriegsverbrecher Lazlo in Costa-Gavras' »Music Box« und den Kleinbürger Steputat, der gerade durch seine autoritäre Naivität gefährlich wird. So hat sich dieser Schauspieler aus immer neuem Blickwinkel jener dominierenden historischen und lebensgeschichtlichen Erfahrung »Hitler und Nazideutschland« gewidmet und die ewige Frage »Wie konnte das geschehen?« durch Annäherung an die verschiedensten Figuren zu beantworten versucht.

»Wir wollen Themen aufarbeiten für die nächste Generation«, erklärt er dazu in einem Interview mit der Berliner Zeitung 1991, »wir müssen erklären, wie es war. Wir müssen es mit Filmen erklären, denn es gibt zwar immer mehr Schreiber, aber immer weniger Leser. Also haben wir da auch eine Aufgabe. Wir sind gewissermaßen Zeitchronisten.«

Und noch mehr. Denn Figuren wie Mike Laszlo, Jürgen Lesstorff und auch der Bürgermeister von »Jokehnen« kreisen um die Fragen des Warum und der Schuld. Dabei liefert Karl Steputat keine spektakuläre Antwort; in seiner Unauffälligkeit und Auswechselbarkeit aber eine umso beklemmendere.

Kinofilm im Kampf mit Gesetz und Quote

Mueller-Stahl hatte freilich, als er »Jokehnen« drehte, im Grunde schon kein Interesse mehr an diesen ewigen Nazitypen, keine große Lust mehr auf den deutschen Film überhaupt. Rollen, die ihn herausforderten, wurden immer seltener. Den Autorenfilmen, an denen er beteiligt war, fehlte es bei aller ambitionierten Kunstauffassung an erzählerischer Popularität. Eine eher elitäre Kunstauffassung, unterstützt von einer ebenso elitären deutschen Filmkritik, sorgten für eine ständig wachsende Entfremdung vom Kinogänger.

Diese Entwicklung, die ein Stück weit den Wechsel Mueller-Stahls nach Amerika erklärt, begann Anfang der sechziger Jahre. Durch die zunehmende Verbreitung des Fernsehens gelang es auch den damals vorherrschenden Rühr-, Schmalz- und Jodelfilmen nicht mehr, die Scharen vergnügungsbedürftiger Zuschauer ins Kino zu locken. Mit Anwachsen des Fernsehkonsums war die Zahl der Kinobesucher ab Ende der fünfziger Jahre jährlich um zehn Prozent gesunken. Die Konkurrenz des Fernsehens, aber auch die Ideenlosigkeit der Filmproduktionen stürzten den Film in Westdeutschland, ähnlich wie im fernen Hollywood, Anfang der sechziger Jahre in eine ernsthafte Krise. 1961 fand die Jury des deutschen Filmpreises unter der gesamten Jahresproduktion keinen Film, den sie als »besten Spielfilm« oder »beste Regieleistung« auszeichnen konnte. Symptom eines verheerenden Missstands.

In dieser Situation meldete sich im Februar 1962 auf den achten Westdeutschen Kurzfilmtagen eine Gruppe von jungen Regisseuren mit einem Grundlagenprogramm, das als Oberhausener Manifest eine radikale Veränderung der Filmproduktion in der Bundesrepublik bewirken sollte. Gefordert wurde in diesem Reformprogramm, das im Zusammenhang mit der »Nouvelle Vague« in Frankreich und dem britischen »Free Cinema« zu begreifen ist, sowohl eine grundlegende inhaltliche Erneuerung des deutschen Films wie auch eine Reform der Filmfinanzierung und -förderung.

Ab Mitte der sechziger Jahre zeigten sich die ersten positiven Auswirkungen des Manifests. Erstmals waren wieder deutsche Filme auf internationalen Festivals zu sehen – und auch erfolgreich: Alexander Kluges »Abschied von gestern«, Edgar Reitz' »Mahlzeiten« und Werner Herzogs »Lebenszeichen«. Allerdings ging die internationale Anerkennung nicht mit einem entsprechenden finanziellen Erfolg im eigenen Land einher. Dennoch: Regisseure wie Schlöndorff, Kluge, Wenders, Herzog – der von der amerikanischen Newsweek als der »bei weitem bemerkenswerteste unter den jungen deutschen Regisseuren« gepriesen wurde – und Fassbinder setzten sich zunehmend durch: Schlöndorff mit seinem Versuch, den Autorenfilm auch für ein breiteres Publikum zugänglich zu machen, etwa mit seiner Verfilmung des Romans »Die verlorene Ehre der Katharina Blum« von Heinrich Böll. Wenders mit seinen langen Kamerafahrten, den poetischen Bildern und seiner Faszination für den tristen Charme einsamer amerikanischer Menschen und Highways. Auch Herzog mit seinem Faible für Außenseiter und Verrücktheiten, und Kluge, der wohl am entschiedensten festhielt am intellektuellen Gestus des von ihm mit initiierten Autorenfilms, fanden Lob und ihr treues Publikum.

Der erfolgreichste Debütant war Kluge. Er war schon als Schriftsteller ins öffentliche Bewusstsein gelangt, wurde bald zum theoretischen Kopf des neuen deutschen Films, und seine »Artisten in der Zirkuskuppel: ratlos« errangen 1968 bei den internationalen Festspielen in Venedig den Goldenen Löwen. Damit war er der erste Deutsche seit dreißig Jahren, dem diese Auszeichnung zuerkannt wurde.

Die kreativste Periode des neuen deutschen Films waren die siebziger Jahre. In dieser Zeit genoss der Kinofilm ein vergleichsweise hohes gesellschaftliches und künstlerisches Ansehen. Die seit 1972 regierende SPD leitete eine liberale Kulturpolitik ein, innerhalb derer der Film zum Aushängeschild einer sich tolerant und geschichtsbewusst präsentierenden Bundesrepublik wurde. Dadurch wuchs wiederum das Selbstverständnis der Autorenfilmer, die zugleich auf ihrer künstlerischen Autonomie beharrten.

Allerdings waren die wirtschaftlichen Probleme des Autorenfilms durch seine künstlerischen Erfolge nicht behoben. Der ambitionierte Spielfilm fand im Bereich der frei finanzierten Produktionen keine Existenzbasis und geriet dadurch in zunehmende Abhängigkeit von den verschiedenen Fördergremien. Seit 1965 arbeitete das »Kuratorium junger deutscher Film« und förderte Spielfilmerstlinge, so beispielsweise die Debütfilme von Alexander Kluge, Peter Fleischmann und Werner Herzog. Das Publikum honorierte den allgemeinen Aufschwung. Erstmals schien die Hoffnung berechtigt, der westdeutsche Film werde sich von dem Rückschlag erholen, den das NS-Regime und der Zweite Weltkrieg in der Entwicklung der deutschen Kinematographie bewirkt hatten. Seit 1967 gab es auch ein Spielfilmgesetz, das die komplizierte Materie staatlicher Filmförderung in der föderalistisch strukturierten Bundesrepublik rechtlich absegnete. 1968 wurde das Gesetz zur Förderung des deutschen Films verabschiedet. All diese Maßnahmen jedoch lösten die wirtschaftlichen Probleme der deutschen Filmindustrie nicht. Dazu bedurfte es der Zusammenarbeit mit dem Fernsehen mit allen sich daraus ergebenden widersprüchlichen Konsequenzen. Durch Anschubfinanzierungen und feste Sendeplätze wurde das heimische Medium immer häufiger zum unverzichtbaren Partner.

Im ersten Film- und Fernsehabkommen, das 1974 unterzeichnet wurde, verpflichteten sich ARD und ZDF, jährlich einen relativ hohen Betrag für Koproduktionen zur Verfügung zu stellen und den so entstandenen Filmen eine Vorabspielfrist im Kino von gewöhnlich zwei Jahren zu gewähren. Natürlich wurde dadurch einerseits die Macht des Fernsehens gestärkt. Andererseits wären Filme wie »Die verlorene Ehre der Katharina Blum«, »Stroszek« und vor allem »Die Blechtrommel«, die auch weltweit Millionen einspielten, ohne die Beteiligung des Fernsehens vermutlich gar nicht gedreht worden. Die gesamte Entwicklung des deutschen Films, von ausländischen Berichterstattern damals bisweilen als »deutsches Filmwunder« tituliert, wäre ohne das Fernsehen so nicht denkbar gewesen. Das Problem lag wohl weniger in der Allianz als vielmehr in der Tatsache begründet, dass unter dem Druck des Fernsehens das Konzept und die Grundlagen des Kinofilms veräußert wurden. Mehr als Finanzierungsmodelle trug die Forderung nach sogenannten »amphibischen Filmen«, die ebenso im Fernsehen wie im Kino laufen können, zur Misere des Kinofilms bei.

Doch während man sich in Hollywood nach anfänglicher Skepsis schon bald bemühte, mit in die TV-Produktion einzusteigen, wurde aus Deutschland in dieser Zeit der Schlachtruf kolportiert: »Fernsehen ist kein Fortschritt, sondern eine Belästigung.« Immer wieder warnten kinobesessene Kritiker vor dem »Würgegriff des Fernsehens« (Blumenberg), während Regisseure wie Schlöndorff, Sanders-Brahms und vor allem Fassbinder weniger Berührungsängste gegenüber dem benachbarten Medium zeigten. So konnte denn auch die Verquickung von Film- und Fernsehproduktionen immer wieder Filme auf die Leinwand bringen, deren Qualität durch gute Kritiken und Festivalpreise bestätigt wurde. Inhaltlich war die Entwicklung des neuen deutschen Films gekennzeichnet durch Variationen des Genrefilms, vor allem des Heimatfilms – Schlöndorffs »Der plötzliche Reichtum der armen Leute von Kombach«, »Ich liebe dich, ich töte dich« von Uwe Brandner und Reinhard Hauffs »Mathias Kneißl« begründeten Anfang der siebziger Jahre den sogenannten »linken Heimatfilm« –, und eine Fülle von Literaturverfilmungen. Auf Ganghofer, Karl May und Simmel folgten Verfilmungen von Böll, Büchner, Döblin, Fontane, Storm und vor allem Kleist. Dieser Rückgriff auf bewährte literarische Vorlagen entsprach zwar durchaus einer Vorliebe des deutschen Kinopublikums und auch einer Affinität deutscher Regisseure zum geschriebenen Wort, signalisierte aber zugleich einen Missstand: Einerseits konnten sich die jungen Regisseure mit meist eigenen Produktionsfirmen nicht mehr intensiv um Stoffe und Drehbücher kümmern, andererseits wurde die Wahl etablierter literarischer Stoffe immer häufiger durch den Koproduzenten Fernsehen erzwungen.

Trotz der vielfachen Anpassungsgesten erreichten die meisten Autorenfilme kein großes Publikum. Künstlerisch gelungen und sozialkritisch engagiert, mangelte es ihnen offenkundig an jenem Unterhaltungswert, der die Menschen ins Kino lockt. Diesen Mangel verdeutlichten Mitte der siebziger Jahre zwei Komödien, denen trotz ihres aufklärerischen Gestus genau dies gelang: »Lina Brake« von Bernhard Sinkel, mit dem Mueller-Stahl später den »Kinoerzähler« drehte, und das »Brot des Bäckers« von Erwin Keusch.

Zu wirklicher Popularität hat es unter den Autorenfilmern nur Rainer Werner Fassbinder gebracht. Trotz der sehr unterschiedlichen Qualität seiner Filme ist es ihm auch am ehesten gelungen, die Isolation des Autorenfilms zu durchbrechen.

Das Ende des neuen deutschen Films wird deshalb oft mit seinem Tod in Zusammenhang gebracht. Tatsächlich hatte die Entwicklung seit 1968 im Jahre 1982 einen letzten Höhepunkt. »Die Sehnsucht der Veronika Voss« gewann in Berlin den Goldenen Bären, in Cannes erhielt Werner Herzog mit »Fitzcarraldo« den Preis für die beste Regie. Im Juni wurde Margarethe von Trotta für die »Bleierne Zeit« der Bundesfilmpreis überreicht, ein Filmband in Gold. Filmbänder in Silber gingen an »Das Boot«, »Fitzcarraldo«, »Das Letzte Loch«, »Lola«, »Die Nacht des Schicksals« und den »Zauberberg«. In Venedig erhielt Alexander Kluge im Herbst einen Goldenen Löwen für sein Gesamtwerk, und »Der Stand der Dinge« von Wim Wenders gewann den Wettbewerb.

Diesem sensationellen Höhepunkt der Preise und Ehrungen folgte in den Jahren danach eine Flaute, die vor allem politisch und wirtschaftlich bedingt war. Denn mit dem Machtantritt der Koalition aus CDU, CSU und FDP im März 1983 hatte der neue Innenminister Friedrich Zimmermann (CSU) dem Autorenfilm den Kampf angesagt. So verhinderte er die Förderung von Herbert Achternbuschs Drehbuch »Wanderkrebs«, die im Frühjahr 1983 bewilligt worden war, mit der Begründung, dies sei eine unangemessene Verwendung von Steuermitteln. In einer exemplarischen Geste strich er dem eigenwilligen Autor zudem die letzte Rate des staatlichen Filmpreises, den dieser 1982 erhalten hatte: Achternbuschs »Gespenst« – in dem dieser als Nachfolge-Christus vom Kreuze steigt – sei blasphemisch, lautete die Begründung. Gleichzeitig zeichnete die Jury der Evangelischen Filmarbeit dasselbe »Gespenst« als Film des Monats aus mit dem Argument, dieser lästere nicht über Gott selbst, sondern über die Bilder, die die Menschen sich von ihm machten. An solcher Differenzierung war Zimmermann freilich nicht gelegen.

Da die Filmförderung des Innenministeriums in dieser Zeit die einzige war, die sich ohne kommerzielle Rücksichten um künstlerische Spitzenleistungen kümmern konnte, kam Zimmermanns restriktive Politik für den neuen deutschen Film einer Katastrophe gleich. Die westdeutschen Filmemacher erkannten nämlich sehr wohl, dass mit der Abstrafung Achternbuschs im Grunde sie alle gemeint waren.

Eine der Reaktionen auf solche Restriktion war, dass viele Regisseure ihre Arbeit zusehends ins Ausland verlagerten. Darin kam zwar einerseits eine wachsende Orientierung am amerikanischen bzw. internationalen Film zum Ausdruck, andererseits aber auch eine Absetzbewegung gegenüber dem Kleingeist und den Hindernissen in der westdeutschen Film- und Förderszene. Wenders ging in die Staaten, Herzog drehte von Beginn seiner Laufbahn an in europafernen Landschaften, selbst Schlöndorff verlagerte die Schauplätze seiner Filme in den achtziger Jahren mehr und mehr ins Ausland. Zuvor schon hatte Fassbinder seine Kritik in gewohnt provozierender Art zusammengefasst: Unter bestimmten, für ihn vorstellbaren politischen Voraussetzungen in der Bundesrepublik würde er lieber als Straßenkehrer in Mexiko leben denn als Regisseur hier. So individuell begründet die Bewegung Mueller-Stahls fort aus der Bundesrepublik sicher war, so war sie mithin doch zugleich, als Symptom, auch exemplarisch.

Neben den spezifisch deutschen Missständen gab es freilich auch Faktoren, die international wirksam waren, und so war denn auch die Krise der Filmproduktion in den achtziger Jahren nicht allein ein deutsches Phänomen. Es war auch weniger eine Krise des Films als des Kinos. Denn durch die jederzeit verfügbaren Videokassetten waren Filme nicht mehr auf einen speziellen Ort und eine festgesetzte Zeit angewiesen, sondern kursierten in Wohn-, Schlaf- und Kinderzimmern. Schneller – und massenhafter – Konsum in den eigenen vier Wänden ersetzte bei vielen den Kinobesuch. Nur nostalgische Cineasten versenkten sich weiterhin in die Polsterstühle und Dunkelheit der beinahe antiquierten Vergnügungsstätten. Träumer waren es, Süchtige, die auf den Sog der großen Leinwand nicht verzichten wollten. Viele aber zogen es vor, per raschem Knopfdruck den selbst gewählten Streifen zu genießen; isoliert, dafür aber mit Butterbroten und heimischem Bier. Keine gute Zeit für Kinoerzähler.

Wer fortgehen will, muss Wurzeln schlagen

Neuorientierung auf der ganzen Linie war angesagt. Mueller-Stahl musste sich, zumal nach Fassbinders Tod, nicht nur beruflich neu verorten, er war auch von Berlin an die Ostseeküste gezogen. Nach Sierksdorf, einem beschaulichen kleinen Nest zwischen Neustadt und dem exklusiven Badeort Timmendorfer Strand. Ein ideales Refugium ist Sierksdorf mit seiner unspektakulären Schönheit von Bäumen, Wind und Meer. Ein stilles Plätzchen, fern der Welt von Unterhaltung und Events. Selbst den nahe gelegenen Hansapark, der Vergnügen für Groß und Klein verheißt, spürt man kaum, wenn man von einem der niedrigen riedgedeckten Häuser aus auf das Meer und hinüber nach Travemünde schaut.

Die meisten der 1500 Einwohner Sierksdorfs wissen vermutlich inzwischen, welche Berühmtheit sich unter den rund 2500 Zweitwohnungsbesitzern des Ortes verbirgt. Bei manchen klingt auch eine gewisser Stolz durch, wenn sie den Namen Mueller-Stahl erwähnen. Aber als sich die Familie im Winter 1985 bei eisiger Kälte kurzerhand hier niederließ, war das Fußfassen schwer: »Wir hatten erhebliche Zweifel, ob dieser Schritt richtig war. Wir versuchten, heimisch zu werden, hatten aber noch nicht einmal Bekannte, geschweige denn Freunde dort«, so Armin Mueller-Stahl. »Wenn ich ehrlich bin, wollte ich zu Beginn am liebsten gleich wieder weg«, kommentiert seine Frau mit der ihr eigenen Direktheit die

Umstände des Ortswechsels. »Dass wir hier gelandet sind, hatte sich ganz spontan ergeben. Nicht der Umzug, der musste sein, weil die Wohnung in Wannsee mit zweieinhalb Zimmern einfach zu klein für uns war. Zuerst hatten wir an München gedacht, da sich mein Mann beruflich sowieso dauernd in München aufhielt. Wir haben uns in der Umgebung von München umgesehen und schnell erkannt, dass es da nichts für uns gab, was wir hätten bezahlen können. Als wir anschließend ein paar Tage an der Ostsee verbrachten, erfuhren wir von einem freien Haus in Sierksdorf. Mein Mann schaute es sich an, ich erkundigte mich, ob ich mich hier als Ärztin niederlassen könnte, und da dies möglich gewesen wäre, haben wir gepackt und sind dorthin gezogen. Ganz spontan haben wir uns entschieden, wie so oft in unserem Leben. Sehr eindrucksvoll war das zugefrorene Meer, als wir damals im Januar einzogen, aber es war auch bitterkalt. Bald zeigte sich dann, dass wir keinen Kontakt fanden. Mit der Praxis zerschlug es sich auch. Wahrlich keine guten Startbedingungen.« Mueller-Stahl hatte immerhin seine Arbeit und die Verbindungen zu den Berufskollegen. Aber Frau und Sohn saßen zu Hause.

»Besonders für Christian war es schwer, sein Timmendorfer Klassenlehrer war hart und ungerecht und, schlimm genug, keine Freunde für ihn in der Nähe. War es ein Fehler, Berlin verlassen zu haben? Wir fanden kaum Gründe, uns wohl zu fühlen, wenn, dann waren es nur Gründe für Gabi und mich, die Nähe von Lübeck, von Hamburg, und natürlich die von der Ostsee. Aber Bekannte? Schwer! Freunde? Noch schwerer. Die Schleswig-Holsteiner sind schon bemerkenswerte Leute, andante people, es geht so langsam, daß selbst mir, der ich langsam bin, es viel zu langsam war«, erinnert er sich in »Unterwegs nach Hause«.

Dennoch sind sie geblieben. Zuerst, weil man ja nicht gleich wieder die Koffer packen kann, und wohl auch, weil es keine unmittelbar bessere Alternative gab. Auch der Entschluss, Berlin den Rücken zu kehren, erschien ihnen trotz aller Hindernisse nach wie vor richtig.

Wir wollten die Ost-West-Thematik hinter uns lassen, all die alten Geschichten, die alten Gerüchte und dummen Beurteilungen. In Berlin saßen ja fast alle, die aus der DDR ausgereist waren, wieder ganz dicht beieinander, in gewisser Weise zu nah. In dieser Zeit haben deshalb eine ganze Reihe von DDR-Bekannten Berlin verlassen. Mein Freund Klaus Poche, Sarah Kirsch, Jurek Becker und wir eben auch.

»Und nun sind fast fünfundzwanzig Jahre vergangen und wir leben immer noch hier.« Gabriele Mueller-Stahl ist selbst etwas verwundert, dass es sie trotz all der Bedenken so lange hier gehalten hat, »denn im Grunde genommen verbindet mich bis heute nicht viel mit Sierksdorf. Aber ich mag die Landschaft hier, in Schleswig-Holstein gibt es wunderschöne Ecken und wir fahren, wenn es irgend geht, herum und genießen den Zauber der alten Häuser, der gelben Rapsfelder, der schilfgesäumten Flüsse und Teiche, die Stille auch. Und inzwischen haben wir auch liebenswerte Freunde gefunden. Dass meine Eltern in der Nähe wohnen, ist darüber hinaus ein großes Plus. Selbst nach Berlin kann man übers Wochenende fahren, wenn einem nach Großstadt ist.«

Großstadt haben sie freilich inzwischen ausgiebig während der Drehzeiten und auf Reisen. Großstädte von Ausmaßen und einer Lebendigkeit, die Deutschland schlicht nicht zu bieten hat. Da liegt der Reiz von Sierksdorf sicher eher im Kontrast.

»Wir hatten auch noch eine Wohnung in Hamburg-Eppendorf. Der Stadtteil hat uns gut gefallen und auch unsere besten Freunde leben in dieser Stadt. Aber seit wir so viel in den Staaten sind, konnten wir die Wohnung einfach nicht

mehr nutzen. Dass wir sie aufgegeben haben, ist mir schwergefallen. Um sich zu erholen und aufzutanken ist Sierksdorf schon sehr gut, aber wenn ich mir vorstelle, auf Dauer hier zu wohnen, wäre das nichts für mich. Momentan haben wir schlicht gar keine Zeit, über Veränderungen nachzudenken. Wir leben hier, aber es ist sehr gut möglich, dass wir das Haus eines Tages verkaufen und noch einmal woanders hinziehen.«
Wurzeln schlagen, ja. Aber nur solche, die sich jederzeit verpflanzen lassen. In diesem Gefühl begegnen sich Gabriele und Armin Mueller-Stahl. Dabei zeigt sich bei ihr, die freilich auch eher noch sesshaft lebt als ihr Mann, eine große Lust am Reisen. Bei ihm entspringt die Aufbruchbereitschaft eher der Unabhängigkeit des Künstlers, der seine Heimat schon seit langem in sich selbst gefunden hat – und in seiner engsten Familie.

Intellektuelle unter sich

Wir schreiben das Jahr 1983. Armin Mueller-Stahl ist 53 Jahre alt. Eine zweite Karriere hat inzwischen für ihn begonnen. Aber es ist unklar, wie und wo sie sich weiterentwickeln wird. In jenem Jahr verzeichnet seine Filmographie sieben Kinofilme und mehrere Fernsehproduktionen. Mueller-Stahl ist gefragt – wenn auch nicht überall fraglos gern gesehen. Denn er hat sich rasch jene Macht erobert, die Matthieu Carrière zufolge die einzige ist, die man sich in Deutschland erspielen kann: »Nein zu sagen und Angebote abzulehnen.«

An Angeboten mangelte es Gott sei Dank nicht mehr. Vor allem Regisseure aus dem Umfeld des »Autorenkinos« suchten die Zusammenarbeit mit ihm. Herbert Achternbusch, Hans-Christoph Blumenberg, Patrice Chéreau und Alexander Kluge. Einzelgänger, sie alle. Anspruchsvoll, keine Publikumsmagneten.

Ein Mainstream-Kino gab es ja nicht. Das war die »Autorenzeit« und die Autoren sind meist zu mir gekommen. Ich habe mit meinen Entscheidungen mehr auf die Situation reagiert. Mein angestrebtes Ziel war es nie, nur noch Autorenfilme zu machen. Schließlich hatten diese Autorenfilme auch einen unübersehbaren Mangel: Sie waren hin und wieder ziemlich blutleer und kopflastig. Andererseits musste ich aber auch etwas tun. Und beim Fernsehen wollte ich auf keinen Fall unterkriechen. Die mehr intellektuellen Filme waren allemal die bessere Alternative.

Dabei knüpfte die Zusammenarbeit mit Achternbusch unmittelbar an die Fassbinder-Zeit an. Für Achternbusch war Fassbinder einer jener Künstler gewesen, »die lieber kaputt als verrückt sein wollen« und für die er in seinen Filmen ebenso eintritt wie in der Realität. »Rita Ritter«, in dem Mueller-Stahl als wortmächtiger Autorenfilmer auftritt, ist der am stärksten autobiographisch geprägte Film Achternbuschs, in dem er seine Erfahrungen mit dem Fernsehen und der gesamten Medienpolitik erbittert und aggressiv zum Ausdruck bringt. Als der Film auf die Leinwand kam, erregte Achternbusch gerade großes Aufsehen durch seine Klage gegen Friedrich Zimmermann. Ein Querdenker und Kämpfer war Achternbusch immer – und damit genau richtig für Mueller-Stahl. Sein Part als monologisierender Filmemacher wird ihm auch gelegen haben. Schließlich spricht er in seiner kleinen Einlage Sätze wie: »Wer nur auf die kleine Lust des Kapierens aus ist, dem kann man alles vorlegen.« Und: »Wer gehorchen will, dem kann man alles befehlen.« Da lacht des Gauklers Herz.

In den Filmen von Achternbusch, in Chéreaus »Der verführte Mann« und auch in Johannes Schaafs Verfilmung des Märchens »Momo« von Michael Ende, in dem Mueller-Stahl glatzköpfig und bedrohlich an der Zeit-Zigarre zieht, tritt er in Nebenrollen auf. Im Debütfilm des renommierten Filmkritikers Hans-Christoph Blumenberg »Tausend Augen«

hingegen spielt er als Peepshow-Manager und Videopirat Arnold eine der tragenden Rollen.

Blumenberg hatte sich für Mueller-Stahl entschieden, weil es galt, eine mehrfach gebrochene und von Obsessionen geplagte Figur darzustellen. Leider war in dem Film, der dann auf die Leinwand ging, von der Widersprüchlichkeit dieses Arnold nicht mehr viel zu sehen oder zu spüren. Beinahe marionettenhaft verfolgte er das Peepshow-Model Chérie und später seinen Weg in den Tod. Die grauen Haare wirken eher befremdlich, »und dass ich ihn gebeten habe, den Schnauzer für diese Rolle abzunehmen, war entschieden ein Fehler«, räumte Blumenberg später selbst ein.

Die Kritik hat »Tausend Augen« nicht freundlich bedacht. Da mag der prüfende, der neidische Blick auf den ehemaligen Kollegen eine nicht unerhebliche Rolle gespielt haben. Denn immerhin hat dieses »Museum imitierter Beutestücke« (Frankfurter Rundschau) auch viele zarte und phantasievolle Sequenzen. Vor allem die Gespräche der Peepshow-Mädchen in ihrem wie ein opulentes Wohnzimmer gestalteten Warteraum. Szenen, in denen eine eigene Form von Poesie vorherrscht und jede dieser Frauen ein Gesicht und eine Geschichte erhält. »Armin Mueller-Stahl hat als Arnold nicht so viel Glück: Er stülpt sich eine Silberhaarperücke über und tut so, als wäre er nie Armin Mueller-Stahl gewesen«, urteilte hart und nicht zu Unrecht damals eine Rezensentin der Fürther Nachrichten. Mueller-Stahl selbst hat es beim Drehen nicht so empfunden.

Es gab wunderbare Szenen und die Dreharbeiten haben Spaß gemacht. Dass man dann auf das endgültige Produkt keinen Einfluss hat, das ist ein Risiko, das man als Schauspieler immer eingeht. Da können einen unverhofft schöne, aber auch böse Überraschungen ereilen.

In Alexander Kluges Spielfilm »Der Angriff der Gegenwart auf die zukünftige Zeit« war Mueller-Stahl dann wieder auf vertrautem Terrain. Als Blinder macht er hier sogar das Unsichtbare sichtbar. Kluge war in den siebziger Jahren nicht nur der treibende Motor für die juristische Absicherung der Förderinstitutionen und der Selbstorganisation des neuen deutschen Films, sondern auch als Autor, Theoretiker und Regisseur besonders vielseitig und kreativ. Zudem bot er als geradezu idealtypische Verkörperung des Intellektuellen Mueller-Stahl in anderer Weise als Rainer Werner Fassbinder eine reizvolle Arbeitssituation.

»Der Angriff der Gegenwart auf die zukünftige Zeit« ist – wie alle Filme Kluges – eine Provokation. In den fünf Episoden, aus denen sich der Film zusammensetzt, werden Geschichten der Verteidigung, des Protests, der Abhängigkeit, der Rebellion und des Ausharrens erzählt. Es geht um Menschen, die vor lauter Druck der unmittelbaren Gegenwart keine Zeit mehr finden, an Vergangenheit und Zukunft zu denken. Kluge, der mit diesem Film erklärtermaßen »Abschied vom klassischen Kino nehmen« wollte, erzählt Geschichten, die den Zustand der Gesellschaft des ausklingenden 20. Jahrhunderts reflektieren. Zum Beispiel Warschau, 1939: Ein Pförtnerehepaar versucht, in den leerstehenden Studios die Schätze polnischer Filmgeschichte vor den anstürmenden Deutschen zu retten. Schnitt in die Gegenwart: Eine Ärztin kehrt nach einer längeren Pause an ihren Arbeitsplatz zurück und findet ihn besetzt. Sie ist überflüssig geworden. Es werden Manager präsentiert, die in einer immer undurchschaubareren Welt unerschüttert ihre scheinbar klaren Entscheidungen treffen, und eine Leihmutter, die das ihr anvertraute Kind nur unter der Bedingung wieder hergeben will, dass die Eltern auch die Aufzeichnungen an sich nehmen, die sie zu dem Kind gemacht hat, »denn ein Kind kann man nicht wie eine Sache behandeln«.

Kluge, dieser große Fabulierer, doziert, bis keine Gewissheit mehr an ihrem Platz, alles im Fluss ist. Die letzte in dieser Kette von Geschichten, in denen einzelne Lebensläufe zu Lernprozessen gerinnen, erzählt von einem Regisseur, der während der Dreharbeiten an einer Falstaff-Verfilmung erblindet – und trotzdem weiterdreht. Hat er doch alle Bilder im Kopf! Was kümmert ihn die Irritation der Crew, als er sie bittet, die Kamera vier Meter nach rechts zu rücken, wo doch schon nach einem Meter die Wand im Wege ist. Unbeirrt folgt er seinem inneren Film. Und verkörpert dabei ein Stück von des Autors Filmtheorie. »Die Hälfte der Zeit ist es im Kino dunkel«, sagt Kluge. »Eine achtundvierzigstel Sekunde wird der Film belichtet, eine achtundvierzigstel Sekunde dauert die Transportphase, während derer in der Kamera oder im Projektor Dunkelphase herrscht. Das heißt: Im Kino sehen die Augen eine achtundvierzigstel Sekunde nach außen, eine achtundvierzigstel Sekunde nach innen. Das ist etwas sehr Schönes.«

Auf die Rolle des blinden Regisseurs war Mueller-Stahl in gewissem Sinne gut vorbereitet. Hatte er doch schon in Egon Günthers Spielfilm »Der Dritte« einen Blinden gespielt, der alles in sich trug und schließlich die Wirklichkeit seinen inneren Vorstellungen unterwerfen wollte. Ein Behinderter, ein Tyrann war er damals. Dieses Mal ist er ein Visionär. Und kann endlich einmal wieder dem Regisseur in sich selbst folgen.

Kluge wollte gern mit mir arbeiten. Ich war sowieso in Frankfurt und so haben wir diesen Part in zwei Tagen gedreht. Da gab es gar nicht viel Drehbuch, ich habe das weitestgehend improvisiert.

Das konnte er, und es hat ihm Spaß gemacht. Aber solche kleinen Vergnügungen vermochten nicht hinwegzutäuschen über die Einsicht, dass sich in der Bundesrepublik momentan keine künstlerische Entwicklung und keine interessanten Angebote ankündigten. Und mal hier, mal dort einen schönen kleinen Part spielen, ohne das Publikum wirklich zu erreichen, das schwebte ihm nicht vor. Immer noch und immer wieder suchte er nach Gelegenheiten, sich mit seinem Können zu zeigen, das in seinen Westjahren noch mehr Profil und Raffinesse gewonnen hatte. Aufmerksame Pflege der eigenen Begabung ist auch eine Form des Heimischwerdens: Ankommen bei sich selbst. Wissen, was einen ausmacht. Dafür braucht es Erfahrung. Und wer sie hat und mit Bewusstsein für sich nutzt, der braucht manche Sicherheiten nicht mehr.

Mueller-Stahls Zeit in der Bundesrepublik war abgelaufen. Wann er wirklich gehen würde, war zwar noch unklar, aber entscheidend ist in solchen Stadien das Wissen, dass der Abschied bevorsteht. Mental beginnt damit die Vorbereitung eines Ereignisses, das möglicherweise erst sehr viel später wirklich eintritt. Neues kann nur entstehen, wenn man klare Grenzen setzt. Es bedarf der Souveränität dessen, der zu sich und anderen nein zu sagen vermag. Und die Freiheit, Abschied zu nehmen, ist fast schon der freie Flug.

Erfolg macht Erfolg

Mueller-Stahls Eintritt in die bundesrepublikanische Filmszene ist auch im Ausland rasch registriert worden, vor allem in den Vereinigten Staaten. Ein Fernsehfilm wie »An uns glaubt Gott nicht mehr« oder das Leinwand-Extra »Tausend Augen« wurden beachtet und selbst der in Deutschland kaum wahrgenommene Sonderling »Rita Ritter« fand Erwähnung in der gewissenhaften Variety, die als amerikanische Fachzeitschrift noch jedem kleinen Film Rechnung zu tragen versucht. Fassbinder war für die Amerikaner ein absoluter Regiestar. »Lola« wurde in allen großen Zeitungen unisono gefeiert, ebenso Mueller-Stahls Rolle als Max Rehbein in der »Sehnsucht der Veronika Voss«. Alexander Kluges »Angriff der Gegenwart auf die zukünftige Zeit« schließlich lief in Amerika unter dem Titel »The blind director«. Schon allein dadurch geriet die Sequenz, in der Mueller-Stahl so meisterhaft und irritierend den blinden Regisseur spielt, ins Zentrum des Interesses. Man warf ein Auge auf den berühmten »German actor«, der das Lager gewechselt hatte.

Die ersten nichtdeutschen Produktionen nach Fassbinders Tod drehte Mueller-Stahl jedoch mit Regisseuren aus dem europäischen Ausland. Patrice Chéreau gewann Mueller-Stahl für eine Nebenrolle in einem Film über Liebe und Gewalt zwischen Männern, der Schweizer Thomas Koerfer und der Pole Andrzej Wajda engagierten ihn für zwei Filme, die 1983 in die Kinos kamen und einmal mehr den Nationalsozialismus thematisierten.

In Patrice Chéreaus »L'homme blessé« – übersetzt als »Der verführte Mann« – spielt Mueller-Stahl den Vater von Henri, der als Halbwüchsiger einer homosexuellen Liebe verfällt. Der Film zeigt die Verbindung zwischen den Figuren – gleich ob sie familiärer, leidenschaftlicher oder rein zufälliger Art sind – als flüchtig und fragil. Auch die Familie Henris wirkt wie eine Ansammlung Versprengter, die nur Gewohnheit und eine diffuse Verantwortung füreinander zusammenhält. Mueller-Stahl, dieses Mal folgerichtig nicht als warmherzig-sorgender Vater, sondern ruppig und nie ganz anwesend, fügt sich ein in das Geflecht vereinsamter Figuren, die den Film beherrschen. In jene Trostlosigkeit, die durch Henris unbeirrt irrende, beinahe obsessive Suche nach dem begehrten Objekt dennoch einen starken Sog entfaltet.

Gefragt, wie er sich selbst in diesem Film erlebt hat, antwortet Mueller-Stahl:

Den fertigen Film kenne ich nicht, aber bei einem so guten Regisseur kann ich mir vorstellen, dass er gelungen ist.

Dabei ist dieses »ich kenne den Film nicht« kein Ausdruck eines Vorbehalts. Es gibt viele Filme, in denen Mueller-Stahl gespielt, die er aber nie gesehen hat. Er verweigert sich dem rückwärts gewandten Blick zwar nicht, doch seine Kraft und Produktivität gewinnt er entschieden aus dem Augenblick und aus Zukunftsprojekten.

Der Schweizer Filmemacher Thomas Koerfer wagte sich mit »Glut« an ein heißes Thema, das in seinem Heimatland gern totgeschwiegen wird: die Kollaboration zwischen Industriellenkreisen der neutralen Schweiz und dem nationalsozialistischen Deutschland.

Mueller-Stahl spielt in diesem Film zum ersten Mal eine Doppelrolle, den Waffenhändler François Korb sowie dessen erwachsenen Sohn Andres Korb.

Man kann bei diesem Film geradezu sehen, was beim Casting zur Wahl Mueller-Stahls geführt hat. Als machtbesessener Waffenhändler, der seine tatsächliche Schwäche nur mühsam verbergen kann, ist er zackig, hart, zu jeder Verdrängung bereit. Seine Unsicherheit und Skrupel zeigen sich nur, wenn er stumm und hilflos dem schönen Dienstmädchen gegenübersteht oder manchen seiner markigen Sätze ziellos wiederholt, als müsse er sich selbst überzeugen. Andres dann, uneins mit seinem Weg, durch den er wider alle eigenen Impulse dem Vater gefolgt ist. Zweifelnd, gebrochen, einer, der nicht mehr heimisch werden wird in seinem Leben, man weiß es und Mueller-Stahl macht es mit jedem seiner zögernden Blicke klar. Aber François und Andres Korb zeigen nur das, was man von Mueller-Stahl kennt. Es fehlt ihnen die Mehrschichtigkeit, die seine Figuren sonst oft zum Erlebnis macht. So wie die Geschichte thesenhaft und mit mächtigen Symbolen überfrachtet ist, so erstickt auch bei den beiden Figuren Mueller-Stahls die Bedeutung des lebendigen Spiels.

Anders Untersturmführer Mayer in Andrzej Wajdas Verfilmung des Hochhuth-Romans »Eine Liebe in Deutschland«. Bemüht, seine Partei- und Kampfestreue auf Schritt und Tritt unter Beweis zu stellen, betritt Mayer mit markigen Liedern und zackigen Schritten die Szene. Bald aber wird deutlich, dass dieses forcierte Gebaren vor allem dazu dienen soll, die anderen und sich selbst von seiner Härte und Prinzipientreue zu überzeugen, mit der es tatsächlich nicht weit her ist. Denn Mayer ist schwach, viel zu schwach, um die Unmenschlichkeiten, die die Partei und der Krieg von ihm verlangen, selbst zu vollziehen. Dabei sind Feigheit und Anteilnahme – vor allem an dem Schicksal der schönen Pauline – bei ihm kaum zu trennen. Er will sich auf möglichst korrekte Weise durchmogeln. Naiv, dilettantisch und unsicher wirkt Mayer und dann auch wieder – wenn er mit gepresster Stimme Befehle erteilt oder seine Uniform gerade zieht – wie das genaue Gegenteil. Dieser Mensch fühlt sich nicht wohl in seiner Haut und braucht das braune Tuch gerade deshalb so sehr. Gegen jedes Schwanken muss er seine Sicherheit unter Beweis stellen und wird dadurch mehr und mehr zur fadenscheinigen, lächerlichen Figur.

Diese Widersprüchlichkeit war es, die Mueller-Stahl an der Rolle gereizt hat. Den Klischee-Nazi spielen, das wollte er schon lange nicht mehr. Aber die Konflikte und Abgründe, die interessierten ihn, gerade auch bei den Nazis.

Ich wollte als Mayer eine Figur zeigen, die zwischen ihrer eigenen Moral und verordneter Pflichterfüllung steht und sich entschließt, das Unmoralische zu tun.

Etwa wenn Mayer versucht, das »Polen-Liebchen« zu retten. In seiner Not will er den Polen Stani arisieren, mit dem Pauline es getrieben hat. Alles ganz dienstlich und im korrekten

Jargon. Später, als er Stani schließlich doch selbst hängen muss, vollzieht er den grausamen Akt in solch offenkundiger Panik, dass er einen beinahe dauert. Mayer ist eine jämmerliche Marionette in Uniform. Der Film ist jedoch eines der Beispiele, wie der Schneideteufel wüten kann.

Selten habe ich mich über einen fertigen Film so geärgert wie über diesen: Die schönsten Szenen sind rausgeschnitten worden. Damals war Hanna Schygulla gerade der Star, mit der wollte man in Frankreich Furore machen. Dabei war dieser Mayer wirklich eine tolle Figur, aber davon ist nicht mehr viel übrig geblieben.«

Viel Zeit, um sich zu ärgern, hat er damals nicht. Schon haben die Dreharbeiten für die nächsten beiden Filme begonnen. Zwei Filme, von denen er noch nicht wusste, dass sie die Weichen in seinem Leben neu stellen würden.

Flugtickets nach Amerika

Manche der Filme, in denen Mueller-Stahl mitgespielt hat, tragen ungewollt sprechende Titel. So seine letzten beiden in der DDR – »Die Flucht« und »Geschlossene Gesellschaft« – und auch jene Geschichte, die er 1983 unter der Regie von Agnieszka Holland dreht: »Bittere Ernte«.

Der Plot – nach dem Roman von Hermann H. Field und Stanislav Mierzenski, das Drehbuch schrieben Paul Hengge und Agnieszka Holland – ist delikat: Der polnische Bauer Leon Volni, dem der Krieg zu Vermögen verholfen und der Katholizismus das Leben verstellt hat, lernt eine schöne Jüdin kennen, die auf der Flucht ist, und versteckt sie. Die Angst, entdeckt zu werden, und sein sich intensivierendes, verklemmtes Begehren vermischen sich zu einem explosiven Gefühlswirrwarr. Zwar wurde der Film in Deutschland von der Kritik eher verrissen, die Rolle des Bauern Leon Volni aber ist eine der großen, die Mueller-Stahl gespielt hat. Spannend auch, weil sie seinem Ausdrucksrepertoire eine Variante hinzufügt: Als die kläffenden Hunde der Deutschen sich nähern, blafft Leon die Knechte an. Trägt man ihm Gerüchte zu, es gäbe Krankenkost in seinem Haus und seltsame Geräusche, dann schreit er die eigene Unsicherheit nieder. Immer häufiger flieht er in den Rausch, um seine Angst zu vergessen und das Gefühl, ein schlechter Mensch zu sein. Natürlich holen ihn Furcht und Schuldgefühle genau hier ein.

Solche Ausbrüche kennt man von dem Darsteller Mueller-Stahl. Der durchsichtige Versuch der vermeintlich Starken, die eigenen Schwächen hinter Machtgesten zu verbergen. Neu aber sind die vielen Zeichen, die er für Leons unterdrückte Existenz findet. Denn Leon ist nicht nur ein schwacher Mensch. Er ist vor allem einer, dem die Demutsgeste zur Lebenshaltung geworden ist. Mag er noch so viel Geld und Besitz gewinnen, in seinem selbstquälerischen Katholizismus bleibt er immer Knecht. Unter dem pelzbesetzten Mantel schlägt das Herz eines Unterdrückten.

Und Mueller-Stahl hat eine ganze Palette von Körpersignalen gefunden, um die viehische Unterwürfigkeit Leons, das ewig Geduckte zum Ausdruck zu bringen. Wenn er mit der ehemaligen Gutsbesitzerin Kaminsky spricht, die jetzt im Elend lebt und von ihm Geschenke annehmen muss, dann kommen seine Worte gequält unter fast geschlossenen Lidern hervor, als sei sein Erfolg eine Schande. In sich zusammengezogen sitzt er über seinem Tagebuch und bittet Gott um die Gnade, ein guter Mensch sein zu dürfen. Als er die reiche Jüdin Rosa um ihre Gunst bittet, fragt er sie zuerst voller Misstrauen und Angst: »Sie ekeln sich vor mir, nicht wahr?« Leon ist ein immerfort gehemmter, sich selbst erniedrigender Mensch, und mehr als durch Worte drückt Mueller-Stahl dies körperlich aus. Sein Charisma, seine beeindruckende Präsenz und die sehr spezielle Art, sich beim Ausdruck von Gefühlen ganz aus dem Bereich des Sicheren und der Klischees hinauszuwagen, waren es denn auch, die Agnieszka Holland bewogen, die Rolle des Leon mit Mueller-Stahl zu besetzen. »Ich hatte ›Lola‹ und ›Eine Liebe in Deutschland‹ gesehen, als ich beschloss, ihn zu fragen. Ich war mir sicher, dass er die Figur spielen könnte«, erzählt sie zur Geschichte des Films, »ehrlich gesagt halte ich ihn für so gut, dass er egal welche Rolle spielen könnte. Er ist sicher einer der besten Schauspieler seiner Generation, nicht nur in Deutschland, sondern mindestens in Europa. Seine besten Rollen sind dabei für mich oft die, bei denen er sich in seiner eigenen Sprache bewegt. Da ist er noch ein Stück präsenter und vielschichtiger. Denn die Bedeutung der Sprache für das Spiel ist bei ihm besonders ausgeprägt. Trotzdem hat er sicher gut daran getan, in die Staaten zu wechseln. Auch wenn der Akzent sein Rollenrepertoire einschränkt. Auch wenn er nie ein Star in dem Sinne sein wird, dass sich eine große Menge ihm nah fühlen kann. Dafür ist er zu sehr ausgeprägte Persönlichkeit mit sehr eigenen Meinungen. Auch hat er viel Lebenserfahrung, die er durch seine Persönlichkeit ausdrücken können möchte. Das ist ihm wichtiger, als ›everybody's darling‹ zu sein. Entsprechend hat er eine Vorliebe für vielschichtige, oft auch eher problematische Figuren.«

Den widersprüchlichen Leon spielt er auf jeden Fall so eindringlich, dass man als Zuschauer in ein dichtes Netz aus Mitleid, Verachtung und Wachsamkeit gerät. Wachsamkeit, weil man weiß, dass diese extreme Selbstabwertung sich rächen wird und notwendig immer wieder umschlägt in Hass und Gewalt. Gewalt vor allem gegen die Frau, von der er sich Erlösung erhofft. »Mueller-Stahl schreit und sabbert, und doch umgibt ihn eine merkwürdige Zartheit«, urteilte feinfühlig die Washington Post. »Seine Augen sind Wunden und man weiß, dass er nicht nur Profit aus Rosa zieht. Er liebt sie wirklich.« Und so muss am Ende nicht nur Rosa, sondern auch er selbst seine Feigheit, seinen Opportunismus, seine aggressiven Selbstdemütigungen bitter bezahlen.

Leon ist keine sympathische Figur. Er passt in kein simples Klischee. Beklemmend ist dieser Part Mueller-Stahls auch als Beitrag zur Psychologie des Untertans. Dieses Ausloten eines komplexen, in sich widersprüchlichen Charakters, der als Typus ganze Theoriegebäude lebendig werden lässt, ist eine faszinierende Leistung.

Agnieszka Holland hatte ihre Wertschätzung für Mueller-Stahl inzwischen in ein neues Rollenangebot gefasst. 1999 drehte sie mit ihm »The Third Miracle«. In diesem Film geht es um die Geschichte einer Frau, die Wunder vollbracht haben soll und deren Anhänger fordern, sie heilig zu sprechen. Mueller-Stahl stellt als Erzbischof Werner die Rechtmäßigkeit dieses Anliegens, das heißt die vermeintlichen Wunder in Frage. Er spielt den Advocatus Diaboli. Auch dies war eine komplexe Rolle – und wieder eine gelungene Zusammenarbeit. »Mueller-Stahl ist als Schauspieler immer sehr stark und entschieden bei der Konzeption engagiert. Er arbeitet quasi mit dem Regisseur«, kommentiert Holland zufrieden das zweite gemeinsame Projekt, und wenn Mueller-Stahl urteilt: »Das ist vielleicht kein großer Film, aber es ist sicher meine beste Rolle im letzten Jahr«, dann wird spürbar, dass nicht nur die Regisseurin gern mit ihm, sondern dass er auch gern mit dieser Regisseurin arbeitet.

Leon Volni ist ein unsicherer, ein getriebener Mensch. Der Thronfolger Franz Ferdinand, den Armin Mueller-Stahl im zeitgleich erscheinenden K.-u.-K.-Epos »Oberst Redl« spielt, ist genau das Gegenteil, ein Mann des Kalküls. Nicht so sehr die soziale Kluft zwischen dem ehemaligen Knecht und dem

Beinahe-Kaiser macht die Spannung zwischen diesen beiden Rollen aus. Das wäre eine Frage der Ausstattung. Es ist vielmehr die enorme Differenz der psychischen Struktur, die das Nebeneinander der beiden Figuren so eindrucksvoll macht.

István Szabó und Peter Dobai, die zusammen das Drehbuch zu »Oberst Redl« verfassten, beziehen sich in freier Phantasie auf den mysteriösen Selbstmord von Alfred Redl, einem der einflussreichsten Militärs des österreichisch-ungarischen Reiches. Erzählt wird die Geschichte vom Aufstieg und Fall dieses Colonel Redl, Sohn eines Eisenbahners, der – von Klaus Maria Brandauer gespielt – beim Militär aufsteigt durch Ehrgeiz, Intrigen und Anpassungsfähigkeit im rechten Augenblick. Die will er auch gegenüber Franz Ferdinand beweisen. Doch mit seinem Übereifer bei der Beseitigung unliebsamer Personen kommt er dem Thronfolger in die Quere. Dieser plant nämlich, den Kaiser zu stürzen, und dabei ist der beflissene Redl ihm hinderlich. Jener erkennt in seiner Naivität und Gier viel zu spät, wie ihn sein mächtiges Gegenüber abserviert und ans Messer liefert. Kein Wunder. Denn Mueller-Stahl leiht diesem eindrucksvoll inszenierten Machtmenschen eine perfekte Mischung aus kalter Höflichkeit, verführerischer Einfühlungsgabe und erbarmungsloser Intelligenz.

Der Bauer und die Majestät. Zweimal großes Erzählkino, zwei berühmte Regisseure – und zwei Oscar-Nominierungen. Der Kampf gegen pekuniäre Versprechungen und den Sog des Mittelmaßes hat sich ausgezahlt. Amerika ist plötzlich ganz nah.

Unter den Filmen, die Mueller-Stahl danach vor seinem schrittweise vollzogenen Wechsel in die Vereinigten Staaten noch in Deutschland gedreht hat, ist einzig Bernhard Wickis »Spinnennetz« erwähnenswert. In dieser Verfilmung eines Romans von Joseph Roth arbeitet Mueller-Stahl einmal mehr mit dem von ihm hoch geschätzten Kameramann Gerard

Vandenberg zusammen. Und auch Bernhard Wicki gehört zu den Künstlern, von denen Mueller-Stahl viel hält. Auch wenn er – oder vielleicht gerade weil er – nie Massenware produzierte und immer ein Außenseiter in Deutschland blieb.

Der Film, 1918 in Kiel beginnend und dann in großen Rückblenden die Geschichte des skrupellosen Leutnant Lohse erzählend, ist Schauspielerkino im besten Sinne. Neben Ulrich Mühe und Klaus Maria Brandauer ist Mueller-Stahl der dritte männliche Hauptdarsteller: Baron Rastschuk, Vertrauter der Hoheit, Kopf der reaktionären Kräfte, die mit allen Mitteln versuchen, jede sozialistische und kommunistische Tendenz im Land zu unterdrücken. Ein kurzer Befehl, eine voller Verachtung präsentierte Rüge, wieder einmal spuckt Mueller-Stahl seine Sätze regelrecht aus, und der Blick, mit dem er seinen Protegé Lohse mustert, ist eiskalt. Triumphierend verkündet er Hitlers Putsch in München, seine Rechnung ist aufgegangen. Für Rastschuk sind Menschen bloßes Material, er selbst ist ein Machtvoller von der feinen, furchtbaren Sorte. Mueller-Stahl hat den Mut zu solch unterkühlten, auf unauffällige Weise grausamen Typen. Je unaufdringlicher, je subtiler er sie in ihrer ganzen gefährlichen Unscheinbarkeit zeigt, desto durchschaubarer macht er sie. So erfolgt Aufklärung nicht in Lehren und klugen Sentenzen, sondern durch intensiv eingesetzte Schauspielkunst. Im »Spinnennetz« ebenso wie wenig später auf dem anderen Kontinent in »Music Box«.

»Der Gedanke, aus Sierksdorf oder auch aus Deutschland wieder wegzugehen, den gab es schon recht bald nach unserem Umzug aus der DDR«, räumt Gabriele Mueller-Stahl ein. »Nachdem klar war, dass ich mich nun doch nicht als Ärztin in Schleswig-Holstein niederlassen würde, hätte ich gerne für eine Weile im Ausland gelebt. Aber wir beide hatten in der Schule ja nur Russisch und Latein gelernt. Als mein Mann dann in Frankreich mit Patrice Chéreau drehte, wäre ich so gerne dorthin gegangen. Es hätte auch Italien sein können. Natürlich dachten wir auch an die Vereinigten Staaten, aber das Englisch meines Mannes war ja eine Katastrophe, wie hätte er da drehen sollen. Aber als die beiden Filme von Agnieszka Holland und István Szabó dann für den Oscar nominiert wurden, sagte ich zu meinem Mann: ›Komm, wir heben unser Geld ab, fliegen rüber und schauen uns an, wie es dort ist.‹ Das war ein großes Erlebnis. Innerhalb von zwei Wochen hatten wir in Los Angeles unsere gesamten Ersparnisse ausgegeben. Schließlich kamen wir mit dem Angebot für eine amerikanische Fernsehserie zurück. So gesehen hatte sich die Reise hundertprozentig gelohnt.«

5 Der Westen leuchtet

»... in den USA bleiben mir jetzt noch die Großväter«

Mueller-Stahls Ankunft in Amerika wird begleitet von einem Feuerwerk. Es ist das Feuerwerk, das Sam Krichinsky, den Hauptdarsteller im Familienepos »Avalon«, in Baltimore empfängt. »Es war der schönste Ort, den du je in deinem Leben gesehen hast«, erzählt Sam seinen Enkeln später über jenen 4. Juli 1914, an dem er in Philadelphia landete. »Und dann waren überall Lichter. Was für wunderbare Lichter sie hatten. Es war ein Fest der Lichter. Ich dachte, all diese Lichter seien für mich. Und dann das Feuerwerk. Der Himmel explodierte und die Menschen jubelten einander zu.«

Fest der Lichter, Jubel des Aufbruchs – natürlich vollzog sich die Ankunft des deutschen Mimen im fernen Amerika nicht ganz so spektakulär. Aber auch ohne Lichterfeuer war Mueller-Stahls Eintritt in Amerika glanzvoll. Er betrat die neue Bühne nicht durch die Garderobe, in der so viele Ankömmlinge erst einmal die Kluft der Komparsen anlegen müssen, sondern durch den Haupteingang. Er wurde nicht vertröstet oder abgewimmelt, sondern begrüßt. Und spätestens seit seinem zweiten Kinofilm, »Avalon«, auch gefeiert.

Ohne »Avalon« ist der Weg Mueller-Stahls in Amerika und seine Position in der amerikanischen Filmwelt und Öffentlichkeit nicht zu begreifen. Denn dieser Film war schon bei seinem Erscheinen ein Ereignis und wurde in den Jahren danach regelrecht zum Kultfilm.

Als »Avalon« 1990 in Amerika anlief, war Barry Levinson,

sein Regisseur, auf dem Gipfel seiner Popularität angelangt. Mit den beiden Baltimore-Filmen »Diner« und »Tin Men« hatte er sich den Ruf eines kreativen und eigenwilligen Regisseurs erworben. Für »Good morning Vietnam« und »Rain Man« – beide von 1988 – erhielt er eine Menge Geld und für den letztgenannten Film gab es zudem zwei Oscars – einen für den besten Film und einen für Dustin Hoffman als besten Hauptdarsteller.

Und nun »Avalon«, die Geschichte von Levinsons Familie, in deren Mittelpunkt Sam steht, das Familienoberhaupt. Für Mueller-Stahl war diese Figur eine ideale Herausforderung. Bot sie ihm doch endlich einmal die Gelegenheit, Humor, Vitalität und Melancholie zugleich zu verkörpern. Eine Rolle, die zu spielen er sich wünschte wie wenig andere zuvor in seinem Leben. Wegen der »Seelenverwandtschaft« und auch, weil es eine große Auszeichnung darstellte, als Deutscher einen guten Juden verkörpern zu dürfen. Ein gefährlicher Wunsch, denn natürlich schaute Levinson beim Casting für seine Familiengeschichte besonders genau hin. Dass er Mueller-Stahl für die Rolle seines Großvaters Sam überhaupt in Erwägung zog, war an sich schon eine Würdigung. Aber auch andere Schauspieler waren im Gespräch. Marcello Mastroianni und Dustin Hoffman, eine wahrlich erdrückende Konkurrenz. »Aber Barry«, so Mueller-Stahl, »wollte keinen Dustin-Hoffman-Film machen, keinen Star-Film, sondern die Geschichte seiner Familie erzählen.« Wem also würde das Ja schließlich zufallen? Irgendwann wurde der Wunsch bedrängend. Mueller-Stahl begann zu warten, zu bangen. Bei jedem Treffen mit Levinson kam man sich näher, zugleich wuchsen die Hoffnung und die Angst vor der Enttäuschung, von denen Mueller-Stahl später in »Drehtage« berichtet.

Als die Erwartung, das Werben und Bangen zu groß werden, »entschließe ich mich, nicht mehr auf ein Ja oder Nein zu warten, ich kaufe mir Karten für ›Black and Blue‹. Eine großartige Show. Ich komme ins Hotel zurück, bin heiter, der Weg nach New York hat sich wegen ›Black and Blue‹ gelohnt.«

Da ist er wieder, der Selbstschutz. Feines Gespür für den Punkt, an dem das eigene Engagement zur Abhängigkeit werden könnte, nicht bereit, einen anderen Menschen oder »das Schicksal« mehr als unvermeidbar über die eigene Befindlichkeit bestimmen zu lassen. In dieser klugen Psychohygiene steckt freilich auch die Gefahr, dass das Lebendige, das Kämpfen, die Hingabe an einen Traum dem Selbstbild geopfert werden. Aber der vorsichtige Rückzug macht ihn wieder frei – und in diesem Fall die Überraschung besonders kostbar.

»›Eine Nachricht für Sie, Mister Stahl, einen Moment bitte.‹ Der Portier sucht und sucht, kann sie nicht finden.

›Wenn Sie sie haben, rufen Sie mich an‹, sage ich.

Kaum bin ich im Zimmer, kommt der Anruf: Barry Levinson möchte mit Ihnen frühstücken. Und dann steht da noch etwas, ich kann allerdings nichts damit anfangen, nur drei Worte: Let's do it.

Ja, sage ich, damit kann ich etwas anfangen, viel sogar.

Barry ruft mich gegen Mitternacht an. ›Hey, Armin.‹

›Eine gute Entscheidung‹, sage ich.

Barry lacht …«

»Avalon« war für Mueller-Stahl, wie er selbst schreibt, ein Glücksfall. Das Oberhaupt einer jüdischen Familie in einer Gruppe interessanter und sympathischer Kolleginnen und Kollegen zu spielen, etwas Besseres konnte ihm am Anfang seiner neuen Karriere nicht passieren. Leo Fuchs, Eve Gordon und Lou Jacobi waren mit von der Partie, dazu die britische Schauspielerin Joan Plowright, seine Filmgattin. Sie sollte ihm nach »Avalon« noch in mehreren Filmen als getreue Ehefrau zur Seite stehen, und tatsächlich ergeben die beiden eine bis ins Physische hinein kongruente Erscheinung, wie man sie oft bei Ehepaaren im Alltag beobachten kann.

Sam Krichinsky war für Armin Mueller-Stahl eine Traumrolle. Aber oft auch ein Alptraum. Vor allem zu Beginn war der Druck immens. Fremde Sprache, darüber hinaus der jiddische Dialekt, und er ganz allein an exponierter Stelle inmitten all der berühmten Namen. Dazu das Ziel, gut zu sein, so gut wie es irgend geht. Dieses Mal war dieser Drang zur Perfektion besonders stark. Würde ihn die Herausforderung beflügeln oder blockieren?

Dies war eine andere Form der Prüfung als zuvor bei »Music Box«, wo er sich bemüht hatte, den harmlos-bösen Laszlo möglichst vielschichtig darzustellen, ohne Scheu vor dem Entsetzen, das diese Figur auslöst. Hier nun die Chance, inmitten einer hochkarätigen Besetzung eine Rolle zu spielen, wie er sie sich immer gewünscht hat. Würde er seinen eigenen Erwartungen und denen der anderen gerecht werden? Zwischendurch fühlte er sich beinahe wieder wie in seinen Anfängen, als er mit jedem einzelnen Satz seine ganze Schauspielkunst hatte beweisen wollen. Wo doch gerade dieses Beweisenwollen die Gefahr der Blockade in sich birgt! Jeder Film ist ein Wagnis. Dieser aber war wie ein Sprung in unbekannte Gewässer. Was, wenn er sich nicht freischwämme, sondern unterginge darin?

Sechzig Jahre ist er nun alt, hat über hundert Filme gedreht. Aber immer noch gibt es Ängste und Schwierigkeiten, von denen er in »Drehtage« erzählt: »Alle sprechen miteinander jiddisch, sie singen die richtige Melodie, sie haben den richtigen Rhythmus; wann immer sie den Mund öffnen, kommt amerikanisches Jiddisch heraus – und da sitze ich nun mit meinem deutschen Englisch, und mir fällt ein Stein auf die Seele, wie soll ich da mithalten, wie ist das zu schaffen, der Chef dieser Sippschaft zu werden …?«

Auch am Set muss er sich seinen Platz erst erringen.

»Lou Jacobi reichte mir am ersten Tag ganz widerwillig die Hand, als wollte er sagen: ›Was wollen Sie denn hier? Und dann auch noch gleich in einer Hauptrolle.‹ Eine Woche dauerte es, bis der Bann gebrochen war. Da habe ich eine Szene gespielt, mit der ich die anderen Schauspieler so überzeugte, dass sie auf mich zukamen und mich einfach umarmten. Und danach sind wir essen gegangen und von da an haben wir uns prima verstanden.«

Als Sam Krichinsky kann Mueller-Stahl endlich einmal wieder seine ganze Palette von Ausdrucksformen entfalten: zwischen Palaver und Melancholie, Verschmitztheit und Einsamkeit, Stolz und Zärtlichkeit. Denn Levinson hat als Regisseur zwar einerseits sehr präzise Vorstellungen, zugleich aber die Souveränität, seinen Akteuren genug Freiheit zu lassen. Zudem ein Gespür für das, was in ihnen vorgeht. Wie viel Begleitung, wie viele Vorgaben sie brauchen und wann sie sich verändern. Er hat es Mueller-Stahl ermöglicht, sich freizuspielen, Profil zu gewinnen, Sam Krichinsky Leben einzuhauchen. So wurde diese Figur die vitale, Einheit stiftende Kraft des Films. Levinson sparte nicht mit Lob.

Für Amerika, das Land der Einwanderer und Neuanfänge, ist die Geschichte dieser jüdischen Großfamilie, die langsam auseinandertreibt, abwandert in die vornehmen Villenvororte, die ihren Namen ändert und schließlich sogar das traditionelle gemeinsame Thanksgiving-Essen aufgibt, eine typische Familiensaga. Aber nicht nur für die Amerikaner, auch für Mueller-Stahl gab es einen familiären Identifikationsrahmen: »Auch mein Großvater kam als Baltendeutscher aus Russland, 1914. Aber er hat nur den ersten Schritt getan – bis nach Deutschland«, erläuterte er bei Erscheinen des Films der New York Times, und fährt fort, mit leiser Selbstironie, »wenn er auch den zweiten Schritt gemacht hätte, den nach

Amerika, dann wäre ich heute ein großer amerikanischer Star.«

Ein Star ist er, wie Mueller-Stahl selbst immer wieder betont, auch durch »Avalon« nicht geworden. Obwohl der Film für einen Oscar nominiert wurde und sich in seiner Heimat ungebrochener Popularität erfreut. Mueller-Stahl selbst würde sich wohl bis heute noch nicht als »German star« oder »veteran east German star« titulieren, wie es die amerikanischen Medien gerade in den ersten Jahren immer wieder gern taten. Doch »Avalon« – oder Sam Krichinsky – hat ihn in diesem Land auf einzigartige Weise bekannt gemacht.

Auch in Europa wurde »Avalon« bei seinem Erscheinen beachtet und Mueller-Stahl immer wieder für seine Darstellung gelobt. Aber hier wurde gleichzeitig und sehr viel vernehmbarer auch Kritik laut an der zu ergreifenden Familiensaga, die man als behäbig und unrealistisch geißelte. Vermutlich erschien der Traum vom Ort der Seligen, für den »Avalon« in der Artus-Sage steht, den Westeuropäern nach zwei Kriegen wie ein Betrug. »Avalon« nannten die Krichinskys ihr neues Zuhause, ein Reihenhausviertel in Baltimore. Am Ende wird Sam an diesen Ort zurückkehren, aber da ist nichts mehr geblieben von der ehemaligen Idylle. So steht »Avalon« für das versprochene und zugleich für das verlorene Paradies, dessen Verlust bei den Amerikanern zwar Melancholie auslöst, nicht aber an ein Trauma rührt. Vielmehr kann man sich dem Verlorenen alljährlich in wohligem Erinnern noch einmal annähern. »Wenn ich gewusst hätte, dass so viele schöne Dinge eines Tages nicht mehr sein würden, dann hätte ich versucht, mich besser zu erinnern«, versichert der greise Großvater im Altersheim seinem Enkel. In Deutschland nahmen die Gräueltaten zweier Kriege diesem wehmütigen Schlusssatz von Sam Krichinsky jede Unbefangenheit.

Anlass zur Kritik an »Avalon« gab – neben den mehr politisch oder ideologisch motivierten Vorwürfen – allerdings auch die Synchronisation der Rolle Sam Krichinskys in der deutschen Fassung. Mit Recht. Denn Mueller-Stahls Versuch, den jiddischen Akzent, den er sich im Englischen so hart erarbeitet hatte, ins Deutsche zu übertragen, ist gescheitert. Die ungewollte Komik, die dadurch entsteht, zieht manche Szenen in der deutschen Fassung regelrecht ins Lächerliche. Das ist schade, gerade bei diesem Film, und auch Mueller-Stahl bedauert diesen Missgriff sehr.

Die misslungene Synchronisation war sicher mit ein Grund dafür, dass »Avalon« hier bald sang- und klanglos von der Leinwand verschwand. In den Staaten hingegen hält sein Siegeszug bis heute an. Alljährlich zu Thanksgiving im Fernsehen übertragen, befriedigt der Film das Bedürfnis der Amerikaner nach Unterhaltung und Identifikation in besonderer Weise. Als Sam Krichinsky ist Mueller-Stahl in Amerika eine Institution.

»Avalon« war aber nicht der erste Film, den Mueller-Stahl in Amerika drehte. Seinen Eintritt hatte er vielmehr mit einer Fernsehproduktion, über die er heute nicht mehr so gern spricht. Denn diesen Film hat man ihm vielerorts übel genommen.

Ich war damals durch die beiden Oscar-nominierten Filme »Oberst Redl« und »Bittere Ernte« in Amerika aufgefallen. Eine amerikanische Agentur kontaktierte mich in Bratislava, wo wir gerade »Vergesst Mozart« drehten. Diese Verbindung hatte wohl der Produzent von »Vergesst Mozart« eingefädelt, der häufig hin und her flog. Walter Kohner aus der großen böhmischen Produzentenfamilie war am Apparat. Er sprach mit mir über Max Reinhardt und über dies und das und fragte mich schließlich, ob ich sein Klient werden wollte. Ich sagte sofort ja, denn dieses Angebot war ja eine große Ehre.

Anfangs wusste er allerdings wohl nicht so genau, welche Rollen er mir anbieten sollte, da die Figuren des Bauern Leon und des Thronfolgers ja extrem gegensätzlich sind. Nach ganz unterschiedlichen Anfragen, darunter auch für einen Film mit Bette Davis, riet er mir, eine Rolle in der Fernsehproduktion »America« anzunehmen. Ich sollte, wie auch Sam Neill, einen Gegenspieler von Kris Kristofferson darstellen. Ich zögerte erst, weil mich das Drehbuch nicht überzeugte. Mir war es einfach nicht spannend genug, wirklich interessant fand ich nur den letzten Akt. Darüber hinaus war auch gar nicht klar, ob ich den Zuschlag für die Rolle tatsächlich bekäme. In Amerika war ich ja noch ein unbeschriebenes Blatt. Was brachte ich denn mit? Nur meinen Ruf. Schließlich bekam ich die Rolle aber doch.

In solchen kleinen Erzählungen Mueller-Stahls wird immer wieder deutlich, wie hindernisreich seine ersten beruflichen Schritte in dem neuen Land waren. Wie groß auch seine Verunsicherung, da er sich noch einmal ganz von neuem beweisen musste.

»America«, auch »Topeka Kansas« genannt, wurde 1987 im amerikanischen Fernsehen über Wochen freitagnachts ausgestrahlt. Der Film handelt von der fiktiven Besetzung Amerikas durch die Russen. Mueller-Stahl spielt darin den sowjetischen Oberkommandierenden General Samonov.

Die Figur gefiel mir zunächst nicht. Wenn die Rolle fair ist, übernehme ich sie, wenn sie antirussisch ist, nicht, dachte ich mir. Der letzte Akt gefiel mir dann allerdings ganz besonders. Da nimmt diese Figur geradezu Shakespeare'sche Ausmaße an: Samonov beschließt, die Kongressmitglieder zu vernichten, will diesen Befehl zugleich rückgängig machen und gerät in einen tiefen Konflikt mit dem eigenen Gewissen. Diese innere Krise reizte mich enorm, wie er in einen Nebenraum geht, ein Kinderlied pfeift, zurückkehrt und sich erschießt.

Der Film hat heftige Proteste ausgelöst. Der Vorwurf lautete, er sei ultrarechts und verhindere das Fortschreiten der Entspannungspolitik. Ich kann dazu heute eigentlich gar nichts sagen. Denn ich habe den Film nie ganz gesehen. Später, als wir in Prag »Utz« drehten, habe ich einmal abends zufällig diese Serie im Fernsehen gesehen, aber erst nach ein paar Minuten begriff ich, dass ich mir selbst zuschaute, so fremd war mir der Film. Manche sagen, das sei meine beste Rolle überhaupt gewesen, andere wieder waren sehr kritisch.

Vor allem in der DDR. Denn für die Kollegen und Freunde in und aus seiner ersten Wirkungsstätte verstieß Armin in dieser Rolle gegen eines der ungeschriebenen ehernen Gesetze, dass nämlich die Angehörigen des sozialistischen Bruderlandes nicht verunglimpft werden dürften. Am meisten traf ihn ein vernichtender Brief von Jurek Becker. Wie tief dessen Kritik Mueller-Stahl bewegt hat, macht der heftig rechtfertigende Gestus deutlich, mit dem er Becker in seinen »Drehtagen« zitiert. Allerdings geht Becker tatsächlich nicht zimperlich mit dem ehemaligen Freund um.

»Nachdem ich mir wochenlang Dein Mitspielen in ›America‹ damit erklärt habe, es könne bei Schauspielern schon einmal vorkommen, daß sie eine Rolle annehmen, ohne das ganze Drehbuch zu lesen, noch dazu, wenn es in einer fremden Sprache geschrieben ist, höre ich nun, daß Du geradezu ärgerlich über eine solche Unterstellung bist. Und ich höre, daß Du ganz und gar nicht findest, an einem üblen Unternehmen beteiligt gewesen zu sein, und daß es nichts zu entschuldigen gäbe, der Film sei ein Märchen, der Regisseur sei ein in Amerika bekannter Linker und diejenigen, die sich das Maul zerrissen, sollten es lieber geschlossen halten, bis sie den ganzen Film gesehen hätten.

Bester Armin, ich glaube nicht, daß Du Dir da eine günstige Gelegenheit ausgesucht hast, die Flucht nach vorne anzutreten. Ich kenne aus vieler Erfahrung Situationen, in denen man aus Gründen der Selbstbehauptung Positionen einnimmt, die man bei klarem Verstand für absurd hält. Man nennt das landläufig Trotz. Aber im vorliegenden Fall ist Zeit genug vergangen, um sich wieder zu besinnen.

Es sei denn, Du willst das tun, was in letzter Zeit gar nicht selten zu beobachten ist: die Wende mitmachen. Natürlich ist es Dein Recht, jedes Projekt, an dem Du beteiligt bist, für gut und richtig und ehrenwert zu halten. Dann mußt Du Dir aber auch gefallen lassen, wenn andere das verächtlich finden, wenn sie Dir vorwerfen, schnell mal die Seite gewechselt zu haben, für Geld oder Überzeugung (was nicht weniger bedenklich wäre). (...)

Vielleicht war Heinrich George, als er seine Rolle in ›Kolberg‹ annahm, auch der Ansicht, der Film sei nicht mehr als ein Märchen. Ich will damit nicht sagen, beide Projekte seien zum Verwechseln ähnlich, aber ein bisschen vergleichbar sind sie schon.«

Beckers Angriffen wie auch den Anschuldigungen und Unterstellungen in den Medien begegnete Mueller-Stahl damals teils defensiv, teils wütend. Sein Vorwurf, man habe über ihn geurteilt, ohne die Serie als ganze überhaupt gesehen zu haben, hatte dabei sicher eine gewisse Berechtigung. Wo wäre schon redlich und nüchtern abgewogen und argumentiert worden, wenn es um Ideologien ging. Zumal in einer so angespannten Situation, wie sie damals zwischen seiner sozialistischen Vergangenheit, einschließlich der damit verbundenen Menschen, und seiner aktuellen kapitalistischen Lebenswelt herrschte.

Wenig überzeugend ist allerdings, was Mueller-Stahl selbst in Bezug auf die mögliche Bedeutung von »America« für seine berufliche Entwicklung als eine Art Verteidigung anführt: »Vielleicht verdanke ich ›Avalon‹ der ›America‹-Sendung. Vielleicht. Mit Bestimmtheit kann ich es nicht sagen, aber Barry lobte mich«, schreibt er in den »Drehtagen« und bestätigt mit dieser etwas verquälten Selbstlegitimation dann doch wieder den Eindruck, dass er selbst nicht immer ganz glücklich war mit der Entscheidung für diese Figur.

Vermutlich ist die Frage, wie Mueller-Stahl zu General Samonov wurde, am ehesten aus seiner damaligen Situation heraus zu beantworten. Mit immer noch spürbarer Freude über den unverhofften Aufbruch erzählt Gabriele Mueller-Stahl, wie sie erstmals in Amerika die Fühler ausstreckten: »Mein Mann war, bevor wir nach Amerika flogen, mit der renommierten Kohner-Agentur in Verbindung getreten. Das war alles sehr spannend. Dann flog mein Mann nach Nebraska, wir beide, Christian und ich, saßen im Hotelzimmer und fieberten seiner Rückkehr entgegen. Als er die Zusage für die Rolle dann hatte, kam es uns fast unwirklich vor. Sicher, tief im Inneren hatten wir den Wunsch nach Veränderung. Und plötzlich ging dieser Wunsch einfach in Erfüllung!« Der lang ersehnte Absprung. Eine neue Perspektive. So rasch, so leicht, und zugleich: endlich!

Heute ist der Film »America« in keinem Videoladen mehr aufzutreiben. Auf jeden Fall hat er nicht der Verständigung zwischen den politischen Lagern geschadet, wie ehemals vorwurfsvoll prophezeit wurde. Wer heutzutage Mueller-Stahl als russischen Oberst sehen will, der kann sich »Project Peacemaker« von 1997 anschauen. In diesem Film unterstützt er als Dimitri Vertikoff die amerikanische Wissenschaftlerin Dr. Julia Kelly und Vertikoffs Freund Leutnant Devoe bei ihrem Auftrag, jene Atomraketen ausfindig zu machen, die eine Gruppe von Terroristen aus einem Atomtransport entwendet hat. Acht der Raketen sollen, wie der Zuschauer rasch weiß, in ein Schwellenland geschmuggelt werden. Die neunte aber will ein bosnischer Regierungsbeamter als Rache für die Ermordung seiner Familie anläßlich der Unterzeichnung eines Friedensvertrags bei der UNO in New York zünden. Neben den stark typisierten Hauptfiguren wirkt Mueller-Stahl als Vertikoff erfrischend und seine kurzen, prägnanten Auftritte wurden denn auch immer wieder gelobt: »Mit von der Partie in ›The Peacemaker‹ ist Armin Mueller-Stahl als freundlicher alter Kamerad des liederlichen Offiziers Clooney.

Dieser distinguierte Schauspieler ist eine wohltuende Erscheinung, solange seine Rolle dauert, aber leider bekommt keine Nebenfigur viel Raum in diesem rastlosen Film«, bedauert die New York Times Vertikoffs raschen Leinwandtod. Und tatsächlich ist Mueller-Stahl als etwas schlitzohriger Oberst ein wohltuender Kontrapunkt, den das Drehbuch viel zu früh verschwinden lässt. Allerdings fragt man sich auch, was Mueller-Stahl zur Teilnahme an diesem ziemlich langatmigen und klischeehaften Atomthriller bewogen hat.

Ach, das waren ganz schlichte Gründe. Spielberg und Clooney hatten mich sehr um meine Mitarbeit gebeten, Clooney ist ja ein sehr netter und charmanter Mensch und wir hatten eine gute Zeit beim Drehen. Zudem mochte ich die freundliche Rolle und die Regisseurin, solche menschlichen Faktoren sind oft auch ausschlaggebend bei der Frage, ob man eine Rolle annimmt.

Immerhin macht Mueller-Stahl in diesem Fall eine gute Figur im fremden Genre. Das lässt sich von seinem Auftreten in »Akte X – Fight the Future« – dem Spielfilm zur Kultserie »Akte X« – nicht sagen. In seiner Rolle als Strughold, Chef einer Verschwörerbande, zeigt er außer der abschätzigen Distanz, die ihm so überzeugend gelingt, im Wesentlichen Starre. Vielleicht hätte er doch seinem ersten Impuls folgen sollen. Denn als Chris Carter, Drehbuchautor und Regisseur der populären Fernsehserie und des dazugehörenden Spielfilms, ihm die Rolle zum ersten Mal anbot, sagte er ab.

Es waren zunächst terminliche Gründe. Aber dann hatte ich doch Zeit und der Sohn von Dietmar Mues hat regelrecht gebettelt. Das sei seine Lieblingsserie und es wäre doch toll, wenn ich darin aufträte. Ja, ein gutes Stück habe ich mich des Jungen wegen dann doch dafür entschieden.«

Da mögen viele gerätselt haben, warum Mueller-Stahl in diesem Film den Schurken mimt, wo er doch allgemein als rigoros bei der Auswahl seiner Rollen gilt. Ist er aber nicht immer, wie er selbst betont und wie das Spektrum seiner unterschiedlichen Figuren auch beweist. Vermutlich hat ihm die Rolle des düsteren Drahtziehers neben David Duchovny und Gillian Anderson in Amerika sogar zu einem Zugewinn an Popularität verholfen.

Doch wir sind fast zehn Jahre vorausgeeilt. Noch schreiben wir das Jahr 1989. Armin Mueller-Stahl kommt nach Amerika, um hier seinen ersten großen Spielfilm zu drehen, und es gehört zur spezifischen Dynamik seiner Lebensgeschichte, dass er sich genau in dem Jahr so deutlich von seiner alten Heimat entfernt, in dem diese sich zum Westen hin öffnet. Neben »Avalon« gab es einen zweiten Film, mit dem Mueller-Stahl sich den Amerikanern präsentierte: »Music Box«, der erste Spielfilm, den er nach der »America«-Serie drehte. Und so wie »Avalon« für ihn ein Glücksfall war, so wurde Costa-Gavras' »Music Box« eine Art Feuertaufe. Noch einmal wurde Mueller-Stahl mit einer »bösen« Figur konfrontiert. Denn bevor er den guten und gewinnenden Sam Krichinsky zum Leben erwecken durfte, musste er in diesem Film die Rolle des brutalen und abgründigen Mike Laszlo meistern.

Dabei wiederholt »Music Box« in merkwürdiger Koinzidenz, wenn auch mit ganz anderem Inhalt, das Thema der verlorenen bzw. in diesem Fall verdrängten Vergangenheit, das mit dem Film »Die längste Sekunde« auch seinen Eintritt in Westdeutschland markierte. Während Pacek sein Gedächtnis durch einen Mordanschlag verlor, hat Mike Laszlo ein dunkles Kapitel in seiner Geschichte so erfolgreich verdrängt, dass er möglicherweise tatsächlich emotional keine Verbindung mehr herstellen kann zu dem brutalen Menschenquäler, der er der Anklage zufolge ist.

»Music Box« war eine enorme Anstrengung für Mueller-Stahl. Der Druck des ersten Films im großen Filmland, die Hürde des Akzents, die Schwierigkeiten mit der grässlichen Figur, es kam alles zusammen: »Wir sehen uns die Muster an, stumm. (...) Ohne Ton ist es immer abscheulich, aber diesmal ganz besonders. Ich mache viel zuviel, von Mike Laszlo ist nichts da, nicht ein Anflug. Falsche Bewegungen, falsche Haltung, dieser Herr stimmt in keinem Stück, ich komme mir zurückversetzt vor in meine Anfangszeit«, kommentiert er den schwierigen Anfang später in seinem Buch »Drehtage«.

Auch später bei »Avalon« hatte er Angst. Einfach die Angst, es nicht zu schaffen. Aber immerhin fühlte er sich wohl mit Sam Krichinsky. Vor Mike Laszlo hingegen wäre er im Grunde oft lieber geflohen. Stattdessen versuchte er, das Menschliche der Figur deutlich zu machen, damit das Typische erfahrbar werden konnte.

In dieser Rolle begegnete er auch erstmals sehr drastisch der Erfahrung, identifiziert zu werden mit der Figur, die man spielt. »Am 14. 3. stehe ich Geza Vamos (Michael Shillo) gegenüber. Er übersieht mich. Ich, Mike Laszlo, bin der Mann, der ihn und seine Familie umgebracht hat, ich, Armin Mueller-Stahl, bin verantwortlich dafür, daß er, Michael Shillo, sich fühlt wie Geza Vamos. Er will mich nicht sehen. Mein ›Guten-Tag‹ geht an ihm vorüber wie eine lästige Bemerkung. In der Rückwirkung fühle ich mich schuldig, bin ich wirklich der Mike, den ich spiele. Ich werde es dem Schicksal überlassen, ob wir uns jemals die Hand geben werden. Dabei weiß er genausogut wie ich, daß wir niemals uns selbst spielen, wir sind jedes Mal jemand anderes; die Frage ist: Könnten wir vielleicht in einer bestimmten Situation so sein wie die Figur, die wir verkörpern. Also könnte ich Mike Laszlo sein, zu gleicher Zeit geboren, in gleichen Verhältnissen, was weiß man über sich? Mike Laszlo der Täter, Geza Vamos das Opfer. Das Opfer (Michael Shillo) identifiziert sich mit der Rolle, der Täter (Armin Mueller-Stahl) nicht. Es liegt wohl im Wesen der Sache, dass es leichter ist, die Position einzunehmen, die die Geschichte für verbindlich erklärt hat: Das Opfer ist allemal auf der Seite des Rechts. Geza Vamos hat das Recht, die Hand von Mike Laszlo zu übersehen, nicht umgekehrt. Hat aber auch Michael Shillo das Recht, die Hand Armin Mueller-Stahls zu übersehen?«, fragt Mueller-Stahl in »Drehtage« und berichtet dann, wie er die vielen emotionalen und auch moralischen Konflikte, die sich aus der Rolle ergaben, professionell zu lösen versucht hat. Er konnte, wie schon neun Jahre zuvor bei Victor Pacek, nicht beweisen, dass Mike Laszlo ein guter Mensch, wohl aber, dass er, Mueller-Stahl, ein guter Schauspieler ist, dessen Leistung gerade darin bestand, die Figur, die ihm so zuwider ist, als Figur zu schützen. Und interessant zu machen. Denn mehr noch, als Costa-Gavras im Drehbuch ursprünglich vorsah, wird Laszlo im Verlauf der Dreharbeiten zu einem undurchschaubaren Menschen.

Ursprünglich sollte Laszlo von Beginn des Filmes an als eindeutig schuldig erscheinen. Eine extreme Figur, ein Monster. Die Spannung sollte nicht aus der Frage um seine mögliche Schuld entstehen, sondern aus der Diskrepanz zwischen dem Verbrecher und dem liebenden und geliebten Vater. Eine Dr.-Jekyll- und Mr.-Hide-Konstruktion, bei der es Costa-Gavras aber nicht um die Kriminalgeschichte ging, sondern um die Liebesbeziehung zwischen Tochter und Vater.

Mueller-Stahl war mit dieser eindimensionalen Konzeption der Figur nicht einverstanden. Denn ein solcher Laszlo hätte das eigentlich Erschreckende der (Kriegs-)Verbrechen ausgeklammert: Sie wurden und werden nämlich von ganz harmlos und freundlich erscheinenden Bürgern verübt und gerade nicht von Monstern. So entstand durch seine Korrekturen im Drehbuch und vor allem durch seine darstellerische Interpretation des Laszlo eine repräsentative Figur, deren mögliche Schuld bis fast zum Ende des Films fraglich bleibt. In »Drehtage« begründet Mueller-Stahl, warum er die Zuschauer mit ihren Zweifeln sogar nach Hause geschickt hätte: »Das Publikum sollte die Möglichkeit der eigenen Entscheidung haben, es hat so viel an Beweisen im Film zusammentragen können, daß es auch ohne Hilfe des Films zu einem eigenen Urteil kommen wird. Wir hätten Klischees vermieden, zum Beispiel das vom liebenswerten Familienvater und mordenden Nazi, ein Klischee, ein weiteres wäre die gute amerikanische Tochter, die sich vom Vater trennt, ihn anzeigt, sich seelisch reinigt und im Film edel endet.«

Beim Schluss hat sich der Regisseur mit seiner eindeutigen Lösung durchgesetzt. Während des Films aber gelingt es Mueller-Stahl tatsächlich, den Abgrund zwischen dem zärtlich-verspielten Vater und Großvater und dem unbarmherzig vergewaltigenden und mordenden Ungetüm zu verschleiern. Durch kleine Gesten, Ausstattungsdetails und den starren Blick entsteht jene irritierende Undurchdringlichkeit, mit der Mueller-Stahl Mike Laszlo als beängstigend abgründigen Menschen lebendig macht. Mike Laszlo, der – und das ist die Provokation – die widersprüchlichsten Regungen und Handlungen in sich vereint.

Dabei sollte gerade Mueller-Stahl den Laszlo ursprünglich gar nicht spielen. Costa-Gavras hatte Probleme mit der Besetzung der Figur. Während Jessica Lange als Mikes Tochter Ann, die ihn als Rechtsanwältin vor Gericht verteidigen wird, von Beginn an feststand, suchte er für den Vater ein in Amerika unbekanntes Gesicht. Alle denkbaren Schauspieler im eigenen Land waren auf die Rolle des Guten oder des Bösen festgelegt. Eine solche Fixierung allein aufgrund des Darstellers aber wollte Costa-Gavras dezidiert nicht. Mueller-Stahl war da schon früh ins Blickfeld geraten. Wegen des historischen Hintergrunds sollte jedoch möglichst kein Deutscher den Laszlo spielen. Nach langer Suche kam man dennoch zurück zu dem kantigen Preußen. Damit dieser eine Arbeitserlaubnis von Seiten der amerikanischen Behörden bekam, bedurfte es sogar der Vorsprache beim Innenministerium. Dann, endlich, konnte es losgehen.

Nun aber begannen die Probleme für Mueller-Stahl selbst. Es war, erinnert sich Costa-Gavras, extrem schwer für seinen Hauptdarsteller, denn er musste gleichzeitig seinen Akzent loswerden und Englisch lernen. »But he was great in the part, even though it was sometimes very painful for him.«

Ja, das war es in der Tat. Nicht nur wegen der sprachlichen Hürden. Eigentlich hatte Mueller-Stahl es nämlich schon lange satt, immer wieder diese Nazimonster und zwielichtigen Kerle zu spielen. Und nun ausgerechnet Laszlo, dieser besonders schreckliche Typ. Schrecklich in seiner Doppelbödigkeit, in dem Nebeneinander von biederem Bürger und grausamem Menschenvernichter. Schrecklich vor allem aber auch in seiner Banalität, das heißt durch die Tatsache, dass er in seiner Brutalität gerade nicht ein sogenanntes Tier war, ein Unmensch, von dem sich der »normale Bürger« leicht hätte distanzieren können, sondern eben auch ganz normal. Dass es Mueller-Stahl gelungen ist, den Zuschauer tatsächlich eine Weile im Unklaren zu lassen in Bezug auf die Identität Laszlos, ist eine beeindruckende Leistung. Deren ambivalente Wirkung konnte Mueller-Stahl bei der ersten Vorführung des Films selbst physisch miterleben:

Bei der Premiere war ich bis zur Mitte ganz bewegt. Dann setzte dieser schreckliche Charakter meiner Seele zu. Neben mir saß eine Dame, die legte mir, als der Film begann, die Hand aufs Knie und wollte mir damit offenbar sagen, wie gut ich sei. Dann, in der zweiten Hälfte des Films, als auch der Zuschauer zu ahnen beginnt, was in diesem Laszlo lauert, zog sie die Hand ganz langsam wieder zurück. Das war ein merkwürdiges Erlebnis.

Aber Mike Laszlo hat der Karriere Mueller-Stahls trotzdem nicht geschadet. Im Gegenteil. Allerdings war auch dieser Film in Amerika ein größerer Erfolg als in Deutschland. Obwohl er in Berlin den »Goldenen Bären« erhielt, wurde er kein Kassenschlager. Das Publikum wollte sich offenkundig einer erneuten Auseinandersetzung mit der nationalsozialistischen Vergangenheit, mit Kriegsverbrechen und rassistischen Gräueltaten nicht aussetzen.

Zum geringen Erfolg hat sicher auch beigetragen, dass »Music Box« sich uneindeutig zwischen drei Genres bewegte und dabei die Klischees aus Kriminalgeschichte, Gerichtsfilm und emotionalem Drama ziemlich unverbunden einsetzte. Da konnte es auch nicht helfen, dass Jessica Lange und Mueller-Stahl ihre Rollen mit so großem Engagement realisierten bzw., wie die Frankfurter Allgemeine hämisch anmerkte, »diesen Unsinn so überzeugend und eindrucksvoll wie möglich spielen«. So errang sich Mueller-Stahl durch »Music Box« in Deutschland keine neue Wertschätzung. Aber zu der Zeit war ihm das auch schon herzlich egal. Sein ganzes Interesse war darauf gerichtet, die Herausforderungen im neuen Land zu bestehen und die Menschen dort von seinem Können zu überzeugen. Und vor Ort fand er denn auch ein anerkennendes Echo. Denn trotz aller Kritik, die auch hier laut wurde, resümierte die Los Angeles Times: »Was in diesem Film triumphiert, sind die Schauspieler. Als Laszlo hat Armin Mueller-Stahl – der aus Ostdeutschland emigrierte Schauspieler, der durch seine Zusammenarbeit mit Fassbinder und Agnieszka Holland berühmt geworden ist – einen unvergesslichen, ganz nach innen gewandten Blick. Sein Laszlo spricht mit einem Grabesflüstern, das eine austrocknende Seele in seinem Inneren ahnen lässt, und extremer Zurückhaltung, die zu einem pflichtbewussten immigrierten Stahlarbeiter gehören könnte, aber auch zu einem verschlagenen Mann, der sein aufbrausendes Wesen geschickt hinter dieser Maske versteckt. Es ist Teil der Strategie des Films und Mueller-Stahls, den Zuschauer immer zwischen diesen beiden Möglichkeiten schwanken zu lassen.«

Diese prekäre Balance zu halten hat Mueller-Stahl aber auch viel Kraft gekostet. So war es für ihn psychisch ein regelrechtes Remedium, dass er nach Mike Laszlo zu Sam Krichinsky wechseln konnte. Für seine weitere Laufbahn waren beide Filme wichtig. Als Mike Laszlo errang Mueller-Stahl Lob und Respekt – als Sam Krichinsky eroberte er sich die Herzen des amerikanischen Publikums.

Mythos Hollywood

»Es gibt einen besonders herausragenden Augenblick in Costa-Gavras' ›Music Box‹ von 1989. Er gehört nicht zu der Zeugenvernehmung im Gerichtssaal, bei der die barbarischen Taten Mishkas zu Kriegszeiten zur Sprache kommen. Es ist auch nicht der Schmerz Jessica Langes, als sie schließlich realisiert, daß ihr geliebter Vater, Mike Laszlo, tatsächlich der brutale Nazikollaborateur ist. Es ist eher die kurze, beinahe nichtige Szene, in der Laszlo (...) zum ersten Mal das Gerichtsgebäude betritt. Ein großes Geschrei bricht los, als Laszlo, bekleidet mit Homburg und Überrock, eintritt und die Treppe hinaufgeht. Plötzlich hält er inne und blickt in die Menge. Doch anstatt in einer feurigen Rede seine Unschuld zu beteuern oder irgend etwas vergleichbar Törichtes zu tun, dreht sich Laszlo einfach um und zieht mit einer schüchternen, beinahe entschuldigenden Geste den Hut. Mit einer einzigen brillanten Leistung der Charakterisierung und des Timings erfaßt Mueller-Stahl Laszlos Stolz, seine Selbstgefälligkeit und seine einer vergangenen Welt angehörende Höflichkeit und wir fühlen uns zu ihm hingezogen. Obwohl wir wissen, daß er schrecklich ist. Aus solch kurzen Momenten besteht die Kunst der Schauspielerei. In einem kurzen Augenblick verwandelt sich Mueller-Stahl nicht nur in Mike Laszlo, sondern zugleich in eine herausragende Erscheinung des amerikanischen Kinos.« Der Artikel, in dem Mueller-Stahl 1990 im Magazin Premiere solcherart gefeiert wird, trägt den Titel: Ein Star wurde geboren.

Also doch? Auch wenn Mueller-Stahl selbst nicht müde wird zu betonen, dass er kein Star sei. Was aber gehört zum Star, was macht einen Schauspieler zum Star? Und wird man, wie Josephine Baker einmal schrieb, einmal Star gewesen, leichter ein zweites, ein drittes Mal Star?

Nein, ganz so leicht ist es nicht. Sicher, die Leute kennen einen, haben einiges gesehen. Aber trotzdem muss ich mein Können jedes Mal neu unter Beweis stellen.

Ob, inwieweit und für wen Mueller-Stahl ein Star war, ist oder sein könnte – das ist ein weites Feld. Eines aber lässt sich auf jeden Fall sagen: Er ist kein Hollywoodstar.

Hollywood – kleiner, unauffälliger Stadtteil von Los Angeles. Hollywood – Topos für ein ganzes Stück Welt. Wie ist es dazu gekommen?

Die ersten Anfänge und Erfolge des Mediums Film vollzogen sich um die Jahrhundertwende in Italien und Frankreich. Erst zu Beginn des 19. Jahrhunderts verloren die Europäer durch die Auswirkungen des Ersten Weltkriegs diese Vorherrschaft und Amerika trat ins Zentrum, wurde schließlich zum Filmland schlechthin. Da hatte sich das Filmschaffen in den USA schon an der kalifornischen Küste konzentriert, der Mythos Hollywood schon seinen Anfang genommen.

Dabei waren es zu Beginn ganz praktische Gründe, die die Odyssee Richtung Südwesten auslösten. Zum Drehen braucht man Licht, die Sonne. So arbeitete man anfangs viel auf Dächern, dem Stundenplan von Helios folgend. Dann entdeckte man Südkalifornien, und Filmproduzenten und -projekte, Schauspieler und Komparsen strömten in das gelobte Land der langen Tage und endlosen Sommer. »Manche von ihnen parkten in einem Zitronenhain namens Hollywood. Eines der ersten Studios in der Gegend war sogar Teil eines Zoos. Zebras ließen sich neben Kameraleuten nieder und bald wurde Hollywood ein verwunschenes Dorf. Die Einheimischen aber hatten etwas gegen diese ›movies‹, das fahrende Filmvolk, und wollten ihnen keine Häuser vermieten, also wohnte das Filmvolk im Hollywoodhotel. Und so entstand Movieland aus einer staubigen kleinen Oase neben einer Teergrube. Die Grundstückspreise zogen an. Um die Teergruben herum wurde Erdöl entdeckt. Hollywood hatte Wasserprobleme und schloß sich L. A. an. Es war nun ein Dorf in einer ganzen Landschaft von Dörfern, die mit Schnellstraßen untereinander verbunden waren. Die Stadt der Engel war eine Trolleystadt. Und Hollywood war die Endhaltestelle«, beschreibt Jerome Charyn die Anfänge Hollywoods in seiner poetischen Hommage an die amerikanische Traumkultur. Zwei Jahre nach dem Zusammenschluss, 1912, war dann die große Stunde für das verschlafene 500-Seelen-Nest gekommen: Cecil B. DeMille drehte, von Klima und Landschaft begeistert, in einer heruntergekommenen Scheune an der Ecke Sunset Boulevard und Gower Street »The Squaw Man«, den berühmten ersten Stummfilm in Hollywood. Seitdem ist wohl keine andere Stadt in Filmen und Büchern so oft zerstört worden, wie Los Angeles. Eine der schönsten Metropolen direkt am Meer und am gefährlichen Sankt-Andreas-Graben gelegen. Glanz und Untergang liegen hier dicht beieinander.

Wenn man heute »am Hollywood Boulevard über den legendären walk of fame spaziert, den mit Sternen gepflasterten Gehweg zwischen Gower Street und La Brea, weiß man nicht, worüber man sich mehr wundern soll: über die anhaltende Berühmtheit dieser Gegend oder ihren galoppierenden Verfall. Da sind ein paar Hundert Marmorzacken, mit Buchstaben aus Messing beschriftet, in Asphalt versenkt, und ein paar Dutzend Geschäfte bieten T-Shirts, Fotos und Poster mit den Namen und Gesichtern von Kinostars feil, aber sonst erinnert nichts an den Glanz und die Wonnen, an all die Märchen von immer währendem Glück, die man mit Hollywood verbindet.« In der Tat. Was Andreas Kilb von der Zeit 1999 in einer Artikelserie mit einer fast wehmütigen Verwunderung schildert, muss jeden Besucher des legendären Stadtteils berühren. Vom alten Glanz ist nur noch ein dünner Flitter geblieben, Träume aus zweiter Hand, Hollywood zum Billigpreis: Die »map of stars«, anhand derer die Fans und Neugierigen die Wohnungen ihrer Angebeteten in den schönen Vierteln des zersiedelten L. A. situieren können, für sieben Dollar. Die strahlenden Stars auf endlosen Fotoreihen, zehn Dollar pro Foto oder gleich drei zum günstigen Preis für den Hausaltar. In keinem anderen Land ist das Starfoto eine so zentrale, Wirklichkeit konstituierende Institution wie hier. Die Amerikaner lieben ihre Stars. Davon zeugen die Bilder, in denen Verehrung und Identifikation eine bleibende Verbindung eingehen. Weil Filmstars Menschen sind, die, wie Jerome Charyn diagnostiziert, »die Macht haben, ganze Generationen zu hypnotisieren. Sie sind wie Doppelgänger unseres eigenen, irrationalen perversen Ichs.«

Es sind, in zweifachem Sinne, immer die gleichen Gesichter, die man hier sieht. Und immer die gleichen, die man nicht sieht. Ein Mueller-Stahl wäre hier nur schwer vorstellbar. Allenfalls als Clown – und das widerspräche dem Wesen dieser Form von Selbstdarstellung.

Armin Mueller-Stahl ist von den Riten der Hollywood-Verehrung ungefähr so weit entfernt wie der hoch oben auf dem Hügel über Sunset Boulevard und den Paramount Studios thronende Schriftzug. Ursprünglich sollte dieses »Hollywoodland« auf Bauland aufmerksam machen. 1939 und 1940 brachen das »land« und das »o« weg. Als »Hollywood« ohne »land«, aber mit repariertem »o« ihrer pragmatischen Funktion entkleidet, stehen die riesigen Lettern mittlerweile nur noch für einen Traum. Für viele ein gefährlicher Traum. Anfang der dreißiger Jahre stürzte sich ein enttäuschtes Starlet vom sechzehneinhalb Meter hohen »H« in den Tod. Andere landeten, weniger dramatisch, aber nicht weniger deprimierend, in den Seitenstraßen der bunten Boulevards, in Kartonhütten oder vermoderten »cottages«. »Große Lücken, von Lattenzäunen knapp verdeckt, klaffen zwischen den Gebäuden, Obdachlose und Bauarbeiter laufen vorbei, Leute mit mürrischen Mienen warten auf den Bus. Ohne die Touristen in ihren Hawaiihemden und kurzen Hosen, die sich im Hof von Grauman's Chinese Theatre drängen, um die Hand- und Fußabdrücke der Stars zu bewundern, sähe der Boulevard ganz trostlos aus.« Kilb war von der enormen Kluft zwischen Bildern und heutiger Wirklichkeit offenbar ebenso beeindruckt wie ich.

Seine letzte große Zeit hatte Hollywood in den sechziger und siebziger Jahren. In dieser Zeit hatten die Regisseure das Sagen. Seitdem haben die Studios die Fäden in der Hand. Da diese sich wiederum oft im Besitz großer Banken befinden, sind es mittlerweile nicht selten mehr wirtschaftliche Faktoren als künstlerische Gesichtspunkte, die über das Schicksal eines Projekts bestimmen. 87 Millionen Dollar sind inzwischen der Durchschnittspreis eines Films, dazu kommen rund 100 Millionen Dollar für Werbung und Kopien. Es ist leicht vorstellbar, wie hart die Konkurrenz angesichts solcher Summen ist.

Neben den großen Studiofilmen gibt es die sogenannten Independent-Filme. Es sind Low-Budget-Filme, die wesentlich billiger produziert werden, aber viele von ihnen kommen gar nicht erst in die Kinos. Beim Festival für Independent-Filme gibt es ganze 24 Plätze für rund 1200 angemeldete Filme. Man muss wohl tatsächlich besessen sein, um angesichts der mangelnden Aussicht auf Erfolg Energie und Geld in einen Film zu stecken.

Auch Mueller-Stahl hat an einigen dieser Low-Budget-Filme mitgewirkt, die zwar auf den Markt gekommen sind, das große Geld aber nicht einbrachten.

Ich werde zwar in Amerika mit relativ hohen Summen gehandelt, aber ich mache auch hin und wieder bei Independent-Filmen mit. Da bekomme ich natürlich erheblich weniger. Das ist dann nicht nur eine Entscheidung gegen den großen Reibach, sondern auch gegen eine bestimmte Form von Popularität. Denn in Hollywood ist man das, was man tut, und immer nur so gut wie der Film, den man gerade gemacht hat. Daher bleibt stets die permanente Unsicherheit, ob sich der einmal erreichte Erfolg halten lässt.

Um in Hollywood am Ball zu bleiben, muss man, wie eine Produzentin es formuliert, »Hollywood leben, essen, schlafen. Die Basis dieser Stadt heißt Beziehungen. Und da sich die Strukturen und Machtverhältnisse ständig ändern, muss man unentwegt die Fühler ausstrecken, um zu wissen, wo etwas Wichtiges passiert und wer gerade an der Macht ist.«

Dabei ist das heutige Hollywood mit seinen schnelllebigen Prozessen und der Herrschaft des Mammons auf merkwürdige Weise eingebettet in das ehemalige, mythische Hollywood, das mit den alten Studios und Restaurants noch von den Zeiten des ehemaligen Glanzes kündet. Eine in sich gebrochene Welt, in der es schwer ist, festen Boden zu gewinnen. »Ein weltfremdes Paradies«, wie Mueller-Stahl es bald nannte. Trotzdem lebt er hier, hat sich im Verlauf von zehn Jahren in vielen kleinen Schritten immer fester verankert. Obwohl er sich ausdauernd vom Beziehungsgeschäft, Namedropping und den einschlägigen Festen fernhält. Wurzeln schlägt er auf seine Weise – schließlich ist er nicht zufällig hier gelandet, sondern hat sich einen Traum erfüllt, ist angekommen im »Land meiner Filmhelden, der Coopers, der Bogarts, der Tracys. Im Land meiner Helden, auch wenn das Licht so hell ist, dass es die Farben auslöscht.« Aber er ist der Täuschung glitzernder Versprechen nicht erlegen und sagt später nüchtern in einem Interview des Stern: »Man leistet sich in Hollywood eine Streuselkuchenwelt und wir Schauspieler sind die Streusel auf dem Kuchen der Menschheit. Wenn ein Schauspieler 20 Millionen Dollar für einen Film bekommt, dann ist das schon der kostspieligste Irrsinn der Welt. Als dumm empfinde ich Hollywood immer dann, wenn Geschichten durch Spezialeffekte ersetzt werden. Ich bin da sehr altmodisch.« Da spricht einer, der sich bei aller Faszination, bei allen auch materiellen Verbesserungen treu geblieben ist. Denn die Stellungnahmen, die Mueller-Stahl Ende der neunziger Jahre in Interviews zu seiner neuen Heimat abgibt, unterscheiden sich kaum von den Beobachtungen und Gedanken, die er schon 1991 in »Drehtage« formuliert hat. Gute Arbeitsbedingungen, viele begabte Menschen, Großzügigkeit, Gelassenheit, das sind die Attribute Amerikas, die ihn anziehen. Zugleich bleibt ihm das Land immer ein wenig fern.

Schon allein durch die Sprache, die ihm so wichtig ist. Sein Akzent wird ihn immer als Fremden kenntlich machen. Diese harmlose Differenz erleichtert es ihm vermutlich sogar, seinen Platz zu finden. Denn so wird ihm die Distanz, die er braucht, nicht zum Vorwurf gemacht.

Drehtage in Amerika

Alle bisherigen Buchveröffentlichungen Mueller-Stahls stehen in einer mehr oder weniger direkten Beziehung zu Tagebüchern. Aufzeichnungen über das eigene Leben, die Familie, Erfahrungen und Erinnerungen gehören zur Familientradition, und so haben die verschiedenen Formen des protokollierenden Schreibens auch in seinem Leben einen festen Platz. Obwohl er erst mit fünfzig seinen ersten Text veröffentlichte.

In seiner zweiten Publikation, den »Drehtagen«, 1986 aus dem Kontakt mit Freimut Duve entstanden, der damals Lektor beim Luchterhand Verlag war, hat Mueller-Stahl die Form der Notiz ganz erhalten – und erreicht dadurch eine besonders wirkungsvolle Unmittelbarkeit.

Im Zentrum des Buches stehen die Dreharbeiten zu »Music Box« und »Avalon« und die damit verbundenen Reflexionen über die neue Station in seinem Leben: Amerika. Denn als Schauspieler in Amerika leben und arbeiten zu können bedeutete auch für den berühmten Armin Mueller-Stahl die Erfüllung eines Traums. »Amerika, das Land hinterm Atlantik. Der Marshallplan, die Filme. Was glaubst du, wie oft ich 1947 ›Die besten Jahre unseres Lebens‹ gesehen habe«, erzählt er einem amerikanischen Freund. »Später ›Casablanca‹ und ›High Noon‹. Was denkst du, wie weit Amerika damals von uns weg war. Hollywood. Ich habe nie geglaubt, daß es Hollywood wirklich gibt.« Und nun ist er plötzlich mittendrin und notiert in gespannter Aufmerksamkeit, was ihm in diesem Wunderland und was ihm bei den Dreharbeiten mit Costa-Gavras und Barry Levinson begegnet.

Spürbar, wie er selbst beinahe tastend seinen Ort in dieser gigantischen Filmwelt sucht – ein alter Hase, der noch einmal beginnt und die Spielregeln, Umgangsformen und Menschen ganz neu kennenlernen muss. Der sich und seine Fähigkeiten kennt – und auf den Prüfstein stellt. Der bei allem Ehrgeiz nicht den eigenen Glanz, sondern einen produktiven Kontakt sucht. Mit feinem Gespür schildert er auch die Spannungen, die manche Drehtage zur Qual werden lassen. Spannungen unter den Schauspielern, zwischen Schauspielern und Regisseur, zwischen dem Schauspieler und seiner Rolle. Da ahnt man, dass Schauspielern nicht nur den Umgang mit Figur und Text erfordert, sondern auch die beständige intellektuelle und emotionale Zusammenarbeit mit teils hochkomplizierten Menschen. Eine Zusammenarbeit, die essentiell ist für das Zustandekommen eines gelungenen Films.

»Was weiß man am ersten Tag schon über seine Rolle? Man kann sich am Schreibtisch ausdenken, was man will, am Drehort verändert es sich. Man kann Partner und Tagesdisposition vorher nicht ausrechnen.« Denn jeder Schauspieler und Regisseur bringt seine eigenen Erfahrungen, Eigenarten, Träume, Ängste und Sehnsüchte in jeden Drehtag mit. Für ein gelingendes Arbeiten gilt es jeweils neu, die produktiven Irritationen von den störenden zu unterscheiden – ein emotionaler und auch psychologischer Kraftakt.

Mueller-Stahl hat Spaß an solchen diffizilen Prozessen. Dabei erscheint er selbst eher als Beobachter denn als derjenige, der sich engagiert und Probleme offensiv anspricht. Er ist nicht am Konflikt, sondern an Verständigung interessiert und dabei sehr genau auf Wahrung seiner Würde bedacht. Offene Zornesausbrüche gibt es bei ihm nur selten. Den impulsiven, unkontrollierten Ausdruck von Affekten, zumal von Wut, gestattet er sich öffentlich nur in Ausnahmefällen. Meist gewinnt er eher aus Gelassenheit Zufriedenheit mit sich selbst.

Die »Drehtage« bestehen, was den emotionalen Tenor betrifft, aus zwei sehr unterschiedlichen Teilen. Denn während die Aufzeichnungen zu »Music Box« immer wieder um Probleme kreisen, die sich vor allem aus der ungeliebten Figur ergaben, sind die Notizen zu »Avalon« von einem regelrechten Jubel durchzogen.

»Music Box« hat ihn aufgesaugt – »Avalon« öffnete ihm, trotz aller Anstrengungen, Blick und Herz. Immer wieder finden sich im zweiten Teil des Buches kurze, fein gezeichnete Porträts der Menschen, die ihm begegneten. Und auch das öffentliche Leben, die Politik geraten stärker in den Blick, vor allem die Entwicklung in seinem ehemaligen Heimatland. Ungläubig, auch skeptisch verfolgt er aus der Ferne die bewegenden Novembertage in Deutschland. Was vollzieht sich da? Und was kommt danach?

»Nun müssen die alten Herren von der Regierung erleben, was sie nie wahrgenommen hatten, daß das Volk nicht auf ihrer Seite ist. Ich versetze mich in die Haut der Herren und – es schüttelt mich. Auf einem Plakat (in einer deutschen Zeitung) lese ich: ›Wer keinen Tisch und keinen Mittag hat, braucht auch nicht das Kaffeekrenzchen.‹ Auf diese Bürger bin ich stolz, aber im Sog dieser werden die anderen aus ihren Löchern kriechen.«

Als am 9. November 1989 dann wirklich die Mauer fällt, da packen auch ihn die Erregung und Freude, fern in Amerika. Während seine Frau in Deutschland mit den gemeinsamen Freunden das Unfassbare feiert, sitzt er allein auf dem anderen Kontinent. »Armin rief an. Wir haben geredet, gejubelt, erinnert, es kaum glauben können und er dort drüben wollte einfach nicht mehr aufhören, wollte nicht allein sein mit dieser Erschütterung«, erinnert sich sein Freund Dietmar Mues an diesen Tag. »Wir haben ewig telefoniert, man merkte, wie schwer es ihm fiel, den Hörer aufzulegen.«

»I was touched, watching East Germans standing on the wall shouting for freedom. It was a moment I will never forget. Now I can return to East Germany to see old friends and colleagues for the first time in almost ten years. I'm very proud. I was fighting for this goal. It is a good thing for my soul«, zitiert ihn The Outlook und solche Emphase bei dem sonst eher zurückhaltend reagierenden Mueller-Stahl lässt ahnen, wie tief ihn das historische Ereignis bewegt hat.

Gegen Ende der »Drehtage« resümiert Mueller-Stahl die Erfahrungen, die er mit seinen ersten beiden Filmen in Amerika gemacht hat, und schreibt: »Jeder arbeitet sich auf die Stufe seines Erfolgs selber hoch, und Erfolg macht Erfolg, so einfach ist das. Was ist dem vorausgegangen? Irgendwann einmal der Wunsch, sich darüber klarzuwerden, welche Art von Spuren man hinterlassen möchte. Ich bin überzeugt, neunzig Prozent der Menschen haben sich diese Frage nie gestellt, sich nie beantwortet, sie haben nur gemacht, was man ihnen zum Machen angeboten hat.«

Solche Passivität war seine Sache nie. Durch seine verschiedenen Begabungen war Mueller-Stahl von Beginn an reich ausgestattet. Die DDR und mit ihr seine Popularität dort zurückzulassen, war vermutlich der Schritt, der ihm am schwersten gefallen ist in seinem Leben. Aber es war auch nicht leicht, in den ersten Jahren im Westen sein künstlerisches Selbstverständnis über die finanziellen Unsicherheiten und Verlockungen zu setzen. Später, in seinen Sechzigern, angekommen in Amerika, fand er zu einer neuen, dem Land angepassten Form, seine schauspielerischen Grundsätze und spezifischen Fähigkeiten entschieden und mit einer guten Einschätzung seines »Marktwertes« einzusetzen. Schließlich, in seinen Siebzigern, erreichte er dadurch, dass er mit seiner bildenden Kunst an die Öffentlichkeit trat, noch einmal eine ganz neue Verwirklichung als Künstler. So kommt Erfahrung zu Erfahrung, Erfolg zu Erfolg – da kann der Zufall dann ruhig auch seine Hand im Spiel haben.

Ein gewisser Druck ist immer da. Aber inzwischen habe ich ja doch viel erlebt und schwebe etwas über den täglichen Abhängigkeiten.

Mueller-Stahl hat ein Stadium erreicht, in dem ihm auch manches zufällt. Eines der Rätsel in der Dynamik des Lebens ist, dass bestimmte Ereignisse und Erfahrungen uns (erst) dann begegnen, wenn wir sie nicht (mehr) erwarten. Ein großes Stück dieser Freiheit hat er erreicht. – Doch wir sind neuerlich vorgeprescht. Denn vor der ersten Ausstellung seiner Bilder gab es noch eine Reihe entscheidender Filme.

Ein verlorener Clown

Erst »Oberst Redl« und »Bittere Ernte«, nun »Music Box« und »Avalon«: Mueller-Stahl hat die amerikanische Filmwelt überzeugt. Es sind nicht immer große Filme oder große Rollen, die er fortan spielen wird. Aber es sind immer häufiger solche, die er gerne spielt. Er selbst bestimmt erfolgreich sein Profil – und kann dabei erleben, wie er zunehmend gefragt ist. Gefragt bei ganz unterschiedlichen Regisseuren, darunter viele angesehene Namen.

Da gibt es auch Überraschungen. Zum Beispiel einen Anruf von Jim Jarmusch, Anfang der neunziger Jahre: Er wolle einen Film über Taxifahrer drehen. Ob er, Mueller-Stahl, da nicht eine Rolle übernehmen könne. In ganz anderem Sinne als die Angebote von Barry Levinson und Costa-Gavras ist auch die Anfrage von Jarmusch schon an sich eine Ehre. Jarmusch war in den Vereinigten Staaten durch seine beiden Filme »Stranger than Paradise« (1984) und »Down by Law« (1986) eine Art Kultregisseur. Seine Filme, die hoch gehandelt wurden, galten als ein bisschen abgedreht, aber gut. Dennoch – Mueller-Stahl zögerte. Das Drehbuch überzeugte ihn nicht und sein Agent hatte auch abgeraten. So ließ er die Anfrage unbeantwortet und flog nach Deutschland.

Eines Tages war dort wieder Jim Jarmusch am Apparat: »Armin, was ist los? Warum höre ich nichts von dir?« Direkte Absagen sind nicht Mueller-Stahls Stärke. Oft möchte er die Dinge lieber auf sich beruhen lassen in der Hoffnung, dass sie sich dadurch auch erledigen. Aber jetzt musste er raus mit der Sprache: »Das Drehbuch gefällt mir nicht.« Jarmusch am anderen Ende der Leitung lachte: »Welches Drehbuch!?? Mensch, das habe ich doch für die Produzenten gemacht. Was kümmert mich das Drehbuch! Komm nach New York und wir drehen den Film.«

Wenn man hört, wie das Buch für »Night on Earth« entstanden ist, glaubt man dem jungenhaften und etwas chaotischen Regisseur seine Lässigkeit aufs Wort. Eigentlich wollte er nämlich, als »Night on Earth« entstand, einen Western drehen. Den bekam er nicht finanziert. Daraufhin schrieb er – weil Schreibende schreiben müssen, so wie es die Menschen nach Essen und Trinken verlangt – eine andere Geschichte, die er schon lange im Sinn gehabt hatte: von einem blinden Mädchen und einem Taxifahrer. Danach eine zweite Taxigeschichte für Benigni, mit dem er bei »Down by Law« zusammengearbeitet hatte. Und dann entstand die Helsinki-Episode mit drei Schauspielern Kaurismäkis, die er gut kannte. Schließlich kamen L. A. und New York dazu, erst dann begann er, das Ganze zu einem Film zusammenzufügen.

Anfangs war alles ein bisschen zufällig, meint Jarmusch. Gut für Armin. Denn so konnte der seine Rolle nach Belieben umschreiben. Ursprünglich war als Figur für ihn nämlich ein Buchverleger aus Dresden vorgesehen.

Aber als Clown konnte man einfach mehr machen. Und damit hatte ich ja durch meine Auftritte in der DDR auch Erfahrung. Ich packte also meine kleine Geige und zwei Flöten ein und fuhr erst mal los.

Vor Ort verwandelte er dann als Erstes den faden Geschäftsmann in einen veritablen Gaukler. Mit seiner roten, knolligen Nase und den beiden kleinen Flöten wirkt er im kalten, menschenleeren New York ebenso wehrlos wie wärmend. Wie ein Kind spielt Helmut seine alte Zirkusmelodie in die kalte Nacht – hell und freundlich, und doch kündet der dünne Ton auch von der Schwierigkeit, das verlorene Zirkuszelt in der fernen Großstadt wieder mit Leben zu füllen. Jojo und der radebrechende Fremde aber lachen aus vollem Herzen. Schließlich ist das Leben verrückt.

Es gab eine Menge improvisierter Szenen. Zum Schluss war Jarmusch ganz nervös, weil er so viele weglassen musste. Es sind fünf kleine Kunstwerke in einer Taxe geworden.

Dabei zeigt die New-York-Episode vielleicht sogar besonders ausgeprägt »Jim Jarmusch pur«. Vermittelt dieser Regisseur doch auf unnachahmliche Weise, wie Menschen, die verloren sind, einfach weitermachen, weil das Leben ja weitergeht. So auch der gestrandete Grokenberger. Als Taxichauffeur, der den Wagen weder ordentlich startet noch annehmbar zum Halten und auch nur mit erheblichen Bocksprüngen zum Fahren bringt, ist er nicht einfach lustig, sondern geradezu absurd. Das sieht man freilich erst richtig, wenn man weiß, mit welch selbstvergessener Chuzpe und atemberaubender Wendigkeit die »yellow cabs« im New Yorker Straßendschungel ihren Weg finden.

Jojo und Helmut tragen die gleichen, nicht gerade modischen Fellmützen mit herunterhängenden Ohrenklappen. Begossene Pudel, Underdogs sind sie beide – aber von welch unterschiedlicher Couleur: Jojo voller Vitalität, Selbstbewusstsein und Bodenhaftung. Er kennt die Stadt, hier fühlt er sich sicher, vermutlich sogar zu Hause. Daneben dieser unbeholfene Clown aus Germany, der erst ängstlich (»it is not allowed«) und dann erleichtert das Vehikel seinem Fahrgast überlässt. Es gibt kaum eine Rolle, in der Mueller-Stahl ferner ist von den Nazitypen, die er so oft dargestellt hat. In gewissem Sinne ist die Rolle einzigartig. Er spielt hier weniger eine Geschichte als eine Befindlichkeit: einen Mann, der seine völlig neue und bedrohliche Lebenssituation nicht planend und kämpfend, sondern tastend, improvisierend zu meistern versucht. Dabei auf eine kindliche Weise unbefangen und hartnäckig. Einer, der sich seine Clownsnase nicht so schnell abnehmen lässt.

»Night on Earth« wurde in den Vereinigten Staaten ein riesiger Erfolg. Bei der Erstaufführung anlässlich des 23. New Yorker Filmfestivals 1991 waren alle Karten schon weg, bevor der offizielle Verkauf begann. Und auch in Deutschland hat man den Film, zumindest unter Jarmusch-Fans, begeistert gefeiert, und Helmut Grokenberger mit der Pelzmütze und der roten Plastiknase haben alle ins Herz geschlossen.

Eigenartige Koinzidenz, dass Mueller-Stahl die Perspektive des hellsichtigen und traurigen Clowns in diesen Tagen nicht nur am Drehort, sondern auch im Leben brauchen sollte.

So ist in einem Interview, das die Tageszeitung 1991 mit ihm führte, zu lesen: »Am Tag, als wir ankamen, stieg ich in den Fahrstuhl des Hotels und der Fahrstuhlmann sagte: ›The war just started.‹ Der Golfkrieg begann und ich setzte mir - die rote Nase auf und spielte einen Clown. Ich habe eine

Geschichte darüber geschrieben: Man fährt Taxi, bläst Flöte und probiert seinen Clown, und dann hört man am Nebentisch Herren sprechen. Hast du Football gesehen? Ja, ich habe Football gesehen. Und was hast du gesehen? Ich hab mir Krieg angeguckt. Man guckt sich Krieg an wie Football oder eine Show, und man sitzt dazwischen mit dem Gefühl der roten Nase.«

Das ist jetzt zwanzig Jahre her. Eine ähnliche Rolle, in der sich Tragik und Komik so konzentriert mischen, hat Mueller-Stahl erst sehr viel später wieder gespielt, in einem seiner bislang letzten Filme. Dabei sind es doch genau diese Rollen, die ihm ganz besonders liegen: Grokenberger, in anderer Form auch Krichinsky. Warum sieht man nicht den Clown in ihm, der er so gern wäre?

Sicher, einmal hat er sich die Chance einer komischen Figur selbst entgehen lassen. Ein Produzent in Amerika hatte ihn damals angesprochen:

»Mensch, das Herz von ›Avalon‹ und die Komik von ›Night on Earth‹, das müsste man einfach verbinden und für dich eine Art Peter-Sellers-Figur entwickeln. Tu mir einen Gefallen. Setz dich mit einem Autor zusammen und entwerft eine solche Figur. Die machen wir dann groß. Wir senden einen Pilotfilm, und wenn der gut ankommt, dann spielt Geld keine Rolle.«

Peter Sellers, der britische Komiker, war für die Zuschauer der Nachkriegszeit eine Institution, Verwandlungskünstler und komisches Genie zugleich. Unvergessene Auftritte hatte er vor allem als Inspektor Clouseau in den »Rosarote-Panther«-Filmen. Eine Rolle, die ursprünglich für Peter Ustinov geschrieben worden war, dann aber zu Sellers' Lebensrolle wurde.

Peter Sellers, im Grunde ein Mensch mit einem Durchschnittsgesicht, wurde in den Medien immer wieder als »der komischste Kerl Englands« bezeichnet, und nachdem Alec Guinness ins dramatische Rollenfach gewechselt hatte, verkörperte er als einziger Prominenter jenen spezifisch britischen Humor, der ihn berühmt machte.

Das Angebot, mit einer entsprechenden Figur im amerikanischen Film ein Star zu werden, war also verlockend. Auch inhaltlich hätte es Mueller-Stahl durchaus gereizt, endlich einmal seine Lust am Komischen und Schrägen voll ausspielen zu können. Und doch!

Wahrscheinlich hätte ich mit so einer Rolle Millionen verdient. Aber mein eigentliches Ziel war es nicht, eine solche wiederkehrende Figur zu spielen. Ich wäre dann zwar im Sinne von Amerika ein Star geworden – aber ich könnte nicht mehr so Schauspieler sein, wie ich es will. Also habe ich das Ganze auf sich beruhen lassen. Später wurde ich gefragt, den Pnin zu spielen, nach dem Roman von Nabokov. Dieser skurrile russische Professor, der durch seine meist liebenswerten Eigenarten mit dem amercan way of life nicht zurechtkommt, der hat mich schon gereizt. Die Rolle hatte ich in und auswendig gelernt, die hatte ich im Körper und hätte sie gern gespielt. Sie hätte eine andere Form von Skurrilität gehabt als Utz. Ich hätte es auch gern inszeniert, ich sah schon die Bilder und habe auch mal ein Pnin-Bild gemalt. Aber aus dem Film ist dann nichts geworden.

Die schönsten Nebenrollen

Es gibt Schauspieler – Dustin Hoffman, Paul Newman, Robert Redford und Clint Eastwood beispielsweise –, die sieht man eigentlich immer in Hauptrollen. Bei Armin Mueller-Stahl ist das nicht so. In seiner DDR-Zeit, als er auch noch am Theater spielte, ergaben sich die Engagements oft nicht nur aus dem Profil der jeweiligen Figur, sondern auch aus dem Terminplan. Und das Starsystem, das bestimmten Akteuren einen selbstverständlichen Anspruch auf den Hauptpart verliehen hätte, gab es dort sowieso nicht.

Auch in Westdeutschland hat er viele kleine Rollen gespielt. Teils aus Freundschaft gegenüber den Regisseuren, die ihn darum baten, oft aber auch, weil ihn die Figuren gereizt haben.

Ich mache das gern: zu kommen und einfach ein Stück mit dabei zu sein. Nur kleine »Stopf-Figuren« spiele ich nicht gern, solche, die kein eigenes Fundament haben. Aber ich habe viele interessante, wenngleich unspektakuläre Nebenrollen gespielt.

Sein Part in Steven Soderberghs »Kafka« ist eine solche. Klein, aber fein. Dem Film als Ganzem war freilich nur ein zwiespältiges Echo beschieden. Soderbergh, 1989 bekannt geworden durch »Sex, Lügen und Videotapes«, versucht hier, die Biographie des Prager Autors und dessen Texte – insbesondere das »Schloß« – zu einer filmgerechten Story zu synthetisieren. Liegt es an dem fragwürdigen Drehbuch von Lem Dobbs oder der fehllaufenden Regie von Soderbergh selbst – die Geschichte ist auf jeden Fall nicht in allen Sequenzen überzeugend. Vor allem gegen Ende gerät sie zunehmend ins Fahrwasser eines aufwändig gestalteten Sciencefiction-Films. Durch das bemerkenswerte Spiel von Jeremy Irons als Kafka, aber auch wegen mancher hochkarätiger Nebenrollenbesetzung ist der Film dennoch sehenswert. Und für jene, die ihren Kafka nicht schon fertig verstanden haben, gibt er auch noch Anregungen – als Geschichte und als Interpretation einzelner Figuren durch ihre Akteure.

Da ist zum einen Alec Guinness als Vertreter der höheren Angestellten. Wie sich in seinem Gesicht Geschmeidigkeit und Härte miteinander verbinden, wie er den Kopf für Momente zwischen die Schultern zieht und wie er K. mit maliziösem Lächeln statt der Schreib- eher Leibesübungen empfiehlt, das ist absolut kafkagerecht. Ebenso der lauernde Inspektor Grubach, der K. nach dem Tod von dessen Freund Raban befragt. Dieser Grubach ist eine zwielichtige Figur, aber zu distinguiert, um bedrohlich zu wirken. Er ist korrupt und dient dem System, durch Ironie und tadellose Höflichkeit wirkt er dabei zugleich absolut undurchdringlich. »Armin Mueller-Stahl, schniefend und die Zigarette allzeit griffbereit, verkörpert einen Ermittlungsbeamten, dessen Aufgabe eher darin besteht, die Wahrheit zu verschleiern. Wie er seine lakonischen Fragen aushustet, bis aus einzelnen Worten nur noch ein stimmhaftes Atmen geworden ist, wie er unter der Hutkrempe auf Antworten lauert und die Mundwinkel zucken läßt, wenn diese Antworten die Direktiven des ›Schlosses‹ befriedigen: das ist eine wunderbare Miniatur der Darstellungsmagie«, lobte die Frankfurter Allgemeine.

Für den Schauspieler selbst war zum einen die Wertschätzung von Kafkas Texten ein Motiv, die Rolle zu übernehmen. Dieser Autor, der denen, die seinen feinen, hintergründigen Humor ignorieren, nur düster oder suspekt erscheint, muss einem Mueller-Stahl zusagen. Aber es gab auch noch einen anderen Grund für sein Ja zu dieser Rolle: Einmal in seinem Schauspielerleben zusammen mit Alec Guinness zu spielen, einmal zusammen mit diesem Großen auf einem Kinoplakat zu erscheinen, das hatte er sich lange schon erträumt. Wie fern, wie unendlich fern war die Realisierung solcher Wünsche zwanzig Jahre zuvor in seinem Leben erschienen.

Wesentliche Faktoren, die Mueller-Stahl in seiner neuen Heimat begeistern, sind die Unbefangenheit und Spielfreuden sowie die thematische und personelle Vielfalt im amerikanischen Film. Trotz der Macht der großen Studios lassen sich hier immer wieder unkonventionelle Projekte realisieren. Die Offenheit in vielen Lebensbereichen gewährt Künstlern oft eher eine Chance, als der Markt in Westeuropa es tut.

Allerdings gilt im Filmgeschäft auch: Egal welche Stoffe die Amerikaner behandeln, sie machen daraus einen amerikanischen Film. »Die Amerikaner importieren keine Filme, sondern Talent«, resümiert entsprechend der ehemalige Leiter der Bavaria-Studios zu der Frage: Was will der deutsche Film in Amerika? »Von ihren Anfängen bis heute ist die Geschichte Hollywoods auch eine Geschichte europäischer Drehbuchautoren, Regisseure, Schauspieler, Kameramänner, Musiker. Und wenn den Amerikanern ein Film wirklich gut gefällt, dann drehen sie ihn noch einmal (...).«

Gefallen hat »Jakob der Lügner« den Amerikanern schon in der ersten Fassung, die 1975 unter der Regie von Frank Beyer entstand. Mueller-Stahl hatte damals die kleine Rolle eines der Schtamm-Brüder, die ihn in ein paar liebenswerten Szenen zeigt. Hinreißend und absolut überzeugend in der Hauptrolle war der Tschecheslowake Vlastimil Brodský. Mit Naivität, Witz und Menschenliebe spielte er den Juden Jakob Heym, der im Vernichtungslager durch eine zufällige Notlüge zum Hoffnungsschimmer der gesamten Lagerbesatzung wird und dadurch in einen existentiellen Konflikt gerät – ein Schlemihl im Wortsinne. Tragisch und komisch zugleich ist es aber auch, wie sich Jakob durch immer neue Lügen, mit denen er seiner vertrackten Situation entkommen will, tiefer und tiefer in sein eigenes Lügennetz verstrickt. Retten kann Jakob seine Freunde nicht. Auch er kann nichts tun gegen die tödliche Maschinerie, die sie letztlich alle ergreifen wird. Aber er hat den Menschen um sich die letzten Wochen ihres Lebens lebenswert gemacht, indem er an die Stelle von Hunger, Krankheit, Enge und Angst eine diffuse Hoffnung und vor allem Neugier hat treten lassen, deren lebenserhaltende Wirkung nur selten gewürdigt wird.

»Jakob der Lügner« war 1974/75 ein Lichtblick unter den

DEFA-Filmen, deren Niveau zu dieser Zeit wegen der restriktiven Kulturpolitik wieder einmal drastisch gesunken war. Auch im nichtsozialistischen Ausland bekam er damals viel Lob.

Der Film von Frank Beyer ist ebenso beeindruckend wie der Roman von Jurek Becker selbst. Er ermöglicht einen Blick in die Seelen von Menschen, die einem unvermeidbaren Untergang entgegengehen und dabei weiter ein menschenwürdiges Leben suchen. »Jakob der Lügner« und »Nackt unter Wölfen« sind die beiden antifaschistischen Filme, die die Schrecken der Nazigräuel gerade dadurch spürbar machen, dass sie nicht die Tortur selbst zeigen, sondern die Widerstände und den Überlebenswillen, die sich ihnen entgegenstellen.

Zwanzig Jahre nach der Oscar-Nominierung 1977 wurde »Jakob der Lügner« 1998 noch einmal verfilmt. Unter der Regie des ungarischen Regisseurs Peter Kassovitz spielte nun Robin Williams den Jakob und Armin Mueller-Stahl jenen Dr. Kirschbaum, der als Arzt den Menschen im Ghetto zu helfen versucht. Treu sorgend eilt der Professor ans Bett von Jakobs Pflegetochter Lina, als diese einfach nicht gesund werden will. Mit Würde empfängt er später die beiden Lagerkommandeure, die ihn aus seiner bescheidenen Behausung abholen, weil er als Herzspezialist den Sturmbannführer Hardtloff behandeln soll. Mit Hut und Nickelbrille versehen, von Mueller-Stahl mit der gebotenen Distinguiertheit ausgestattet, ist Kirschbaum auch in der Neuverfilmung eine zentrale Figur. Seine Funktion wird sogar deutlich aufgewertet. Einerseits übernimmt er mit seiner menschlichen Vornehmheit und seinem Wissen eine Orientierungsfunktion für die Ghettobewohner, wird geachtet und geliebt. Andererseits kommt ihm als Kopf einer Gruppe von Verschwörern, die dem Drehbuch der Neuverfilmung hinzugefügt wurde, eine besondere Bedeutung zu. Leider unterliegt aber auch die Figur des Kirschbaum der allgemeinen Tendenz des Filmes, zunehmend auf Effekt und Dramatik zu setzen. Das gilt schon für den Abschied Kirschbaums von seiner Schwester, ein Abschied für immer, wie nur die beiden wissen. Hat sie ihm doch die tödlichen Tabletten in den Koffer getan. Niemand darf etwas davon merken. In der ernsten gemeinsamen Zurückhaltung ihrer beider Lebwohl schaffen sie mehr Verbundenheit als in jeder aufgeregten Umarmung. All diese Szenen aber haben in der zweiten Fassung ein bisweilen peinliches Pathos. Als traute der Regisseur den Zuschauern nicht zu, die Kunst der Andeutung zu verstehen. Der innere Konflikt Kirschbaums angesichts der Frage, ob er Hardtloff behandeln und damit schließlich seinen Freunden im Ghetto in den Rücken fallen soll, wird völlig nach außen verlagert. Während sich Kirschbaum im Buch und in der Erstverfilmung in einer Szene wunderbarer Zurückhaltung würdevoll das Leben nimmt und so den Konflikt löst, wird nun alles ausgespielt: eine Begegnung zwischen Hardtloff und Kirschbaum, in der der Nazi ihn vor die Alternative »Verrat oder Leben« stellt, die Konfrontation zwischen zwei starken Männern, schließlich ein dramatisch inszenierter Selbstmord. Schwer fällt Kirschbaums Körper vor Hardtloffs entsetztem Blick zu Boden.

Schade. Die ursprüngliche Szene voller Ernst, Humor und Diskretion hätte man gern mit Mueller-Stahl gesehen. Gerade weil er von Würde so viel versteht. Er selbst allerdings sieht die Tendenz des Films und auch seines Parts durchaus nicht so kritisch:

Film ist doch offene Konfrontation. Sie muss ausgespielt werden. Tatsache ist, dass dieser Film im Grunde keine richtige Chance hatte: In Deutschland meinte man allerorten schon vorher wissen zu können, dass er nicht gut ist. Auch in den Verei-

nigten Staaten hatte man diesem Film gegenüber zum Teil große Vorurteile nach dem großen Erfolg von Roberto Benignis »Das Leben ist schön«. In Südafrika hingegen, wo er lief, als ich dort gerade drehte, gefiel den Menschen der Film. Die waren einfach nicht so voreingenommen.

Während »Jakob der Lügner« für Mueller-Stahl eine durch und durch vertraute Geschichte war, hat er sich in dieser Zeit auch auf Drehbücher eingelassen, die ihm weniger entsprachen. Andere wurden ihm erst fremd durch den fertigen Film. Letzteres gilt vor allem für die Komödie »Holy Matrimonium«, bei der er für seine Mitwirkung ähnliche Motive hatte wie bei »Project Peacemaker«.

Ich hielt die Geschichte für brauchbar und dann arbeitet man ja auch fürs Geld. Die Disney-Produktion war zu Beginn der Dreharbeiten von dem Filmprojekt sehr begeistert, aber dann schlug die Stimmung um, denn die führenden Köpfe bei Disney hatten inzwischen gewechselt. So kam der Film überhaupt nicht auf die Leinwand, sondern gleich auf Video.

1997 kam »The Game« ins Kino, ein spannender Actionfilm mit Michael Douglas, bei dem nicht nur die Protagonisten immer wieder in eine beängstigende Zwischenwelt geraten, sondern auch die Zuschauer. Mueller-Stahl taucht hier einige Male als jovialer älterer Sonnyboy auf, der die Gefahren des Workaholic-Lebens ohne eine solch bestürzende Lektion begriffen hat, wie sie Michael Douglas alias Nicholas von Orten durchlaufen muss. Während der sich mit simulierten Prüfungen herumquält, genießt Anson Baer seine Hobbys und einen guten Tropfen Wein. Dieser fast ein wenig weise Lebemann hätte eine der kleinen Rollen sein können, auf die Mueller-Stahl mit Zufriedenheit zurückschaut – hätte es nicht zu guter Letzt doch noch Ärger gegeben. Denn dass man ihn für die deutsche Fassung mit einem fremden Klang synchronisierte, ist gerade bei seiner klangvollen Stimme nur schwer zu rechtfertigen. Es macht allerdings verständlicher, warum es so oft um Ärger oder Schikane geht, wenn man mit ihm auf Deutschland zu sprechen kommt.

Vom Typ her ähnlich wie in »The Game« ist die Rolle, die Mueller-Stahl 1999 in dem Computerkrimi »The Thirteenth Floor« spielt – allerdings nur in einer der drei Facetten, die sein Part hier hat. Denn »The Thirteenth Floor« behandelt die Frage nach den Grundlagen und der Auflösung unserer traditionellen Vorstellungen von Identität vor dem Hintergrund virtueller Welten. So ist Mueller-Stahl einmal Hannon Fuller, der Chef eines Hightechkonzerns, der den technischen Möglichkeiten des eigenen Unternehmens zum Opfer fällt, und zugleich Gierson, ein zwielichtiger Lebemann im Los Angeles der dreißiger Jahre, der sich in Vergnügungslokalitäten herumtreibt und mit jungen Frauen schläft. An beiden Figuren wird deutlich, dass sie nur mehr computergesteuerte Wesen sind, die Fragen nach Authentizität und Identität erübrigen sich damit. Und wenn Mueller-Stahl am Ende des Films als Vater von Jane/Natascha mit Hund und Sportdress – als Wiederauferstandener – am Meer entlangläuft, dann passt das zwar sehr gut zu ihm, die Vorstellung von einer »echten Figur« aber hat der Zuschauer zu dem Zeitpunkt schon längst verloren. »The Thirteenth Floor« ist ein beklemmender Film, weil er zeigt, wie fließend in einer durch Computer produzierten Welt die Grenzen zwischen Wirklichkeit und Virtualität werden und wie der Mensch sich selbst außer Gefecht setzt dabei. Auch Mueller-Stahl hat die philosophische Dimension dieses Thrillers interessiert.

Das ist eine spannende Geschichte. Schon Fassbinder ist ihr in »Die Welt am Draht« damals nachgegangen. Aber der Film hat leider nach einer Preview in den Staaten eine ungute Wendung genommen. Roland Emmerich, der Produzent, meinte zwar, dass die Figur, die ich spielte, die wichtigste sei, doch war er überzeugt, dass die Leute mehr von der Liebesgeschichte wollten. Also wurde die Liebesgeschichte aufgewertet und dadurch verlor der Film als Ganzer sein Gleichgewicht.

Und sein Part bewegt sich etwas undeutlich zwischen tragender Säule und glanzvollem Schmuck. Allein Mueller-Stahl ist inzwischen zu sehr »alter Hase«, als dass er sich bei solcher Willkür lang aufhielte.

Flüchtige Wohnstatt für fahrendes Volk

»Manchmal betritt man ein Hotelzimmer, sieht sich um, nichts ist so, wie es sein sollte, dennoch, man bleibt. Man fühlt sich wohl. Manchmal betritt man ein Hotelzimmer, alles ist so, wie es sein sollte, aber man will nicht bleiben, man weiß, man wird sich nicht wohl fühlen. Wird man gefragt, warum fühlen Sie sich nicht wohl, kann man keine Gründe finden, außer es ist so«, sinniert Mueller-Stahl in seinem Erinnerungsbuch über die Eigenarten von Hotelzimmern, die bei der Frage nach »Heimat« und dem, was man in seinen Räumen braucht, um sich heimisch zu fühlen, für Filmschauspieler eine wichtige Rolle spielen. Verständlich daher, dass auch Mueller-Stahl in seinem Erinnerungsbuch dem Thema Hotel immer wieder Aufmerksamkeit widmet. Früher, in der DDR, waren das Drehen und Leben auswärts eher die Ausnahme. Mal war er zu Außenaufnahmen und anlässlich seiner Konzertreisen unterwegs, ja, aber im Wesentlichen war er doch zu Hause, lebte in Wendenschloss, fuhr nach Babelsberg oder zur Volksbühne und abends wieder zurück. In den Ferien, da konnte man in eines der sozialistischen Bruderländer, aber Reisen war Luxus.

Im Westen der Republik wurde die Bewegungsfreiheit schlagartig größer. Ferien im Norden wie im Süden gab es jetzt, erst am Bodensee, später in Griechenland, Touren nach Norwegen, Hawaii, in die weite Welt. Das Reisen war tatsächlich eine der wenn auch äußerlichen, so doch wesentlichen Manifestationen des befreiten Lebens.

Zum Urlaub mit der Familie kamen immer häufiger auch Arbeitsaufenthalte in fremden Städten hinzu. Auch weil er sich weg von der Bühne ganz hin zum Film orientierte, hieß Schauspielersein immer mehr, unterwegs zu sein. Jetzt, in Amerika, gehört nicht nur das Hotelzimmer, sondern selbst das Fliegen zum Alltag.

Dabei fliege ich im Grunde immer noch nicht gern. Wenn ich ehrlich bin, wäre ich sowieso lieber etwas weniger unterwegs. Ich würde gerne endlich einmal das machen, was ich schon so lange aufschiebe, mich zurückziehen, malen, zeichnen, ein halbes Jahr lesen oder einfach durch die Landschaft fahren und Entdeckungen machen. Aber vermutlich stehe ich mir dabei dann auch wieder selbst im Weg.

Vorläufig jettet er auf jeden Fall noch zwischen den Kontinenten hin und her und hat sich auch der ständigen Bewegung im Land angeglichen. In Amerika hat räumliche Mobilität ja eine ganz andere Selbstverständlichkeit. Man fliegt, zieht immer wieder um, und selbst der Kauf oder Bau eines Hauses bedeutet – auch emotional – nicht eine solche Festlegung wie in Westeuropa.

Und was macht einer, der zuvor immer mit viel Sorgfalt ein Heim für sich und seine Familie gesucht und gestaltet hat, um in diesen mobilen Lebensphasen zurechtzukommen? Nach den Abschieden von der Familie ist die Einsamkeit im Hotel oder dem vorübergehend angemieteten Apartment immer besonders spürbar. »Wieder alleine. Und es ist so trostlos, nach Hause zu kommen, und nichts ist da, was einen erinnert.

*Als Ghandi in »An uns glaubt Gott nicht mehr«,
mit Johannes Silberstein
(Süddeutscher Verlag)*

*In »Der Westen leuchtet«: der Draufgänger ...
(Foto: Müller-Schneck/Stern)*

... und der Liebenswerte (Foto: Müller-Schneck/Stern)

Mit Barbara Sukowa in »Lola« (Tip Bildarchiv)

»Die Sehnsucht der Veronika Voss« mit Rosel Zech (Tip Bildarchiv)

In »Oberst Redl« mit Klaus Maria Brandauer (Tip Bildarchiv)

»Jokehnen« mit Christian als seinem »Film-Sohn« (Süddeutscher Verlag)

Mike Laszlo auf der Anklagebank in »Music Box« (Tip Bildarchiv)

... und tanzend mit Jessica Lange, seiner Tochter Ann (Tip Bildarchiv)

»Avalon« – Szenenfoto mit Joan Plowright, Aidan Quinn und Kevin Pollack (Archiv Armin Mueller-Stahl)

Als Helmut Grokenberger in »Night on Earth« (Tip Bildarchiv)

*In »The power of one«
zusammen mit Guy Witcher (Tip Bildarchiv)*

Konzentration vor der Staffelei (Archiv Armin Mueller-Stahl)

*Mit seiner Frau Gabriele und Sohn Christian musizierend
(Archiv Armin Mueller-Stahl)*

Als wären die beiden nie dagewesen«, notiert er in »Drehtage« nach einem Besuch von Christian und Gabriele in Chicago, wo er gerade »Music Box« drehte. Niemand, mit dem man sich spontan austauschen kann, beim Mittagessen oder nach einem anstrengenden Drehtag. In den ersten Jahren, als die Familie noch in Deutschland lebt, ist selbst das Telefonieren ein Problem. Die Zeitverschiebung macht noch das letzte bisschen Spontaneität zunichte. Während der eine sich gerade müde vom Tag verabschiedet, rüstet sich das Gegenüber am anderen Ende der Leitung für einen neuen. Schon das ergibt ganz unterschiedliche Befindlichkeiten. Dann kann das Telefon zwar einen Kontakt herstellen, der aber macht die Entfernung umso spürbarer.

Hotelzimmer können aber für mich auch genau der richtige Rückzugsort sein, so wie ich das Leben aus dem Koffer manchmal durchaus stimmig und reizvoll finde. Gerade der Service im Hotel ist angenehm, wenn man zwölf bis vierzehn Stunden gedreht hat und sich um nichts mehr kümmern will. Allerdings: Das Zimmer muss stimmen. Und das ist gar nicht so einfach.

Man kann nur hoffen, dass der erste Blick auf das große Bett Vertrauen weckt, dass die Tapeten, die Gardinen und der Geruch einem zusagen. Oft lässt sich kaum benennen, worauf sich das spontane Urteil gründet. In einem speziellen Fall aber, von dem er in seinem Erinnerungsbuch erzählt, konnte er es begründen: »Es lag am Licht, das mir gefiel. Die Sonne schien herein, es war Nachmittag, und ich wußte, daß man vom Zimmer im zehnten Stock in den Vier Jahreszeiten den Sonnenuntergang erleben würde. Zugegeben, Sonnenuntergänge in Hotelzimmern sind nicht alles, aber manchmal eben doch. Hier bleibe ich, ich ziehe nicht mehr um.«

Aber was kümmert eine Hoteldirektion das Licht. Am nächsten Morgen teilt man ihm mit, das Haus sei am Wochenende ausgebucht und er müsse sein Zimmer räumen.

Das ist ärgerlich und an der Art, wie Mueller-Stahl seinen Ärger vorbringt, spürt man, dass er nicht einfach auf seinem Recht oder seiner Buchung beharrt, sondern den Platz festhalten will, an dem er gerade begonnen hatte, sich niederzulassen. Doch auch moderne Nomaden können ihren Ort nicht immer selbst bestimmen. »Ich packe meine Sachen zusammen, die ich diesmal schon in den Schränken und Schubladen verstaut hatte, was ich sonst nicht tue, ich belasse alles in meinem Koffer, bis ich mich entschlossen habe, zu bleiben oder zu gehen, bummle zum Sutton Place, in dem ich schon mehrmals gewohnt hatte, und wollte, wenn möglich, mein altes Apartment im achtzehnten Stock, die 809.«

Also ein neuer Anlauf, fern der Heimat Fuß zu fassen. Dieses Mal soll das Vertraute helfen. Vorläufig aber ist das gewünschte Zimmer noch von einem Pärchen besetzt, »Honeymoon, Sie verstehen«. Ja, er versteht, aber was er nicht versteht, ist, dass in der Bar dort, wo früher unter den Bildern der Stars auch eines von ihm hing, nun »ein leerer Platz ist, die Konturen des Rahmens auf der braunen Tapete dunkel abgesetzt. Meine Spuren also noch sichtbar.« In diesem Hotel hängt mithin im doppelten Sinne kein Bild von ihm. »Hans Gerhardt, der frühere Präsident des Hauses oder Generalmanager, hatte mich und Sam Neill damals zu diesem Bild überredet. Eine Ehre gewissermaßen, wenn man bedenkt, wer da alles hängt. Würdig, mit Augen, die einen immer ansahen. Die Großen aus Hollywood. Und die hängen immer noch, bis auf mich, den Deutschen. Könnte es ein, dass es deswegen ist? Das deutsche Team hatte abtreten müssen, Konkurs, jetzt wird es von einem französischen verwaltet, könnte es also sein?«

Mueller-Stahl entwickelt die Geschichte der ungeklärten Entfernung seines Porträts in seinem Erinnerungsbuch ausführlich und mit unverhohlenem Unmut. Die leichte Ironie verdeckt kaum den lodernden Zorn. In dieser höchst anschaulichen Erzählung wird denn auch eine zweite Strategie deutlich, mittels derer er sich verorten kann: das Dennoch. Er lässt sich nicht vertreiben wie ein Foto an der Wand, er betont seine Präsenz. Soll diese Frechheit den anderen wenigstens unangenehm werden. Was ihn jetzt trägt, ist nicht ein wärmendes Wohlbefinden, sondern die Energie der Selbstbehauptung. Er wird in dieses Hotel wechseln, jetzt erst recht: »Am Nachmittag zog ich um. Obwohl der Generalmanager der Vier Jahreszeiten mich anrief, um sich zu entschuldigen, zu spät, sagte ich, der Koffer ist gepackt, das Auto wartet, und außerdem ist das Sutton Place billiger. Er lachte, ich lachte zurück. Also bitte, sagt er, wenn Sie wollen, rufen Sie mich an, wenn Sie hierher zurückwollen. Ich zog ins Sutton Place Hotel Le Meridien Toronto, in dem mein Bild nicht mehr an der Wand hängt, und ich dachte, wenn mir mitgeteilt wird, es sei von der Wand gefallen, lügen sie.«

Auf die Spur gekommen ist er dem Rätsel um das Bild nicht, aber es hat ihm gutgetan, dass auch Kollegen das Verschwinden empörend fanden. Wenngleich die Erfahrung, plötzlich Persona non grata zu sein, in ihm vermutlich sehr spezifische Erinnerungen weckt. Aber hier, in seiner neuen Heimat, lässt er sich nicht wieder verbannen. Zumindest nicht realiter, mit seinen ein Meter achtzig, den prüfenden Augen und der durchsetzungsfähigen Stimme.

»Ich hatte frei, bummelte zum Harbor, lief mich müde, sah mir einen unbedeutenden Film an, hatte mein Abendessen in einem Thai-Restaurant und im Hotel erwarteten mich verschiedene Anrufe.« Ein Telefonzettel, eine Botschaft an der Rezeption – für den allein Zurückkehrenden erhalten sie oft ungeahntes Gewicht. Surrogat für lebendige Kommunikation.

Auch die freie Zeit verändert sich, wenn man in einem Hotelzimmer wohnt. Die Rückkehr dorthin ist weniger selbstverständlich. Auch begünstigen Hotels viel mehr als die eigenen vier Wände das Umherstreunen. An schlechten Tagen flieht man vielleicht die Anonymität zu sehr – statt der sicheren Einsamkeit des adrett gemachten Bettes muss man dann schließlich die quälende Verlorenheit enttäuschter Sehnsüchte ertragen. Ein anderes Mal wiederum glückt die Suche nach Abenteuer, dann zeigt sich die Fremde als Quelle neuer Erfahrung.

Hotelzimmer empfangen ihre Bewohner nicht, sondern nehmen sie unbeteiligt in Kauf. Damit tun sie all jenen wohl, die wissen, warum sie dort sind. In diesem Sinne sind sie für Mueller-Stahl ein notwendiger Bestandteil seines Arbeitslebens, wie er nüchtern kommentiert.

Zugleich erinnern diese vorübergehenden Behausungen, so luxuriös sie inzwischen auch sein mögen, an eine ferne Eigenart seines Berufsstandes: An das fahrende Volk, das ehemals die Sesshaften zu aufregenden Phantasiereisen entführte. An den Zauber jener Welt, in der heiteres Spiel und die ernstesten Fragen des Lebens, Schein und Wahrhaftigkeit, Zeigen und Verbergen untrennbar miteinander verwoben sind.

Hauptrollen sind keine Erfolgsgarantie

»Niemand weiß, was passiert. Niemand, weiß, warum was passiert«, resümiert der amerikanische Drehbuchautor William Goldman seine wechselhaften Erfahrungen mit dem (amerikanischen) Filmgeschäft. Solch ein Diktum betrifft natürlich vor allem den Erfolg eines Films. Selbst die Millionen von Werbekosten, die in Amerika mittlerweile standardmäßig bestimmten Filmen als »Starthilfe« mitgegeben werden, sind keine Gewähr für einen Durchbruch. Und weil in Hollywood jeder gerade so gut ist wie sein letzter Film, ist es leicht vorstellbar, welche Wechselbäder dieses Metier selbst noch den Erfolgreichsten beschert.

Die Unzuverlässigkeit des Ruhms bekam 1992 auch der Regisseur John Avildsen zu spüren. Nach großem Zuspruch für seine Blockbuster-Filme »Karate Kid« und »Rocky« wurde sein politisch engagiertes Melodrama »The power of one/Im Glanz der Sonne« ein echter Reinfall. Für ihn selbst ebenso wie für einen seiner Hauptdarsteller, Armin Mueller-Stahl.

Avildsen erzählt seine Apartheidsgeschichte aus der Sicht des weißen Jungen P. K. Er wird 1930 als Halbwaise in Südafrika geboren. Nachdem auch seine Mutter gestorben ist, gewinnt er einen großväterlichen Freund: Doc, den deutschen Pianisten und Kakteenzüchter, dessen geplante Rückreise nach Deutschland durch den Krieg vereitelt wird. Doc vermittelt P. K. die Gesetze der Humanität und Natur, ist ihm Freund und Lehrer, und seine klugen, humorvollen Augen können wohl in manchen Augenblicken Vater und Mutter zugleich ersetzen.

Mueller-Stahl gibt einen sympathischen Großvater. Großzügig, einfühlsam, mit seinen Ratschlägen nie penetrant, in seiner Sorge nicht kontrollierend. Zuverlässig und respektvoll begleitet er den Jungen hin zu seinen eigenen Entscheidungen. Zwar erliegt die Figur manches Mal der Gefahr, ein doch allzu »guter Mensch« zu sein, aber durch die intelligente Vitalität, mit der Mueller-Stahl den distinguierten Deutschen verkörpert, bleibt er dennoch ein Gewinn. Und als Doc Südafrika – etwa in der Mitte des Films – verlässt, ist dies nicht nur für P. K. ein Verlust, sondern auch fürs Publikum.

Das Echo der Zuschauer und Rezensenten war denn auch verhalten bis ablehnend. Vorgeworfen wurde Avildsen das

Vorherrschen von bloßer Aktion – vor allem in den Boxszenen – und ästhetischen Gesichtspunkten, die die politischen und ethnischen Fragen auf wohltönende Lebensweisheiten reduzieren: »Der Sonnenglanz, den der deutsche Verleihtitel beschwört, vergoldet die trockene Savanne, zeichnet Schattenbilder von Elefantenherden, spiegelt sich im Konzertflügel, läßt Wasserflächen funkeln und rote Locken strahlen. Auch Elend und Terror werden mit der gleichen geschmäcklerischen Routine veredelt. Vor diesem ansehnlichen Hintergrund lassen sich eindrucksvoll Sentenzen wie ›Ein Tropfen ist der Ursprung des Wasserfalls‹ oder ›Auf jede Frage findet sich die Antwort in der Natur‹ deklamieren. Und in solch prachtvollem Rahmen verflachen Not und Unterdrückung zu beiläufigen Ungerechtigkeiten, mögen die bösen Buben mit der Hakenkreuztätowierung noch so fest zuschlagen. Den letzten Funken Aufruhr besänftigen die sakralfolkloristischen Gesänge, eine Mischung aus Missa Luba und Gefangenenchor«, höhnte die *Frankfurter Allgemeine* und holte dann noch zu einem hämischen Hieb gegen den Mann aus dem eigenen Land aus: »Es muß ein Vergnügen für jeden Darsteller sein, hier mitzuspielen – vor allem für Armin Mueller-Stahl, für den mal wieder eine Hutrolle hineingeschrieben wurde, auch wenn er mit seiner Strohkrempe unter südlicher Sonne nur einer unter vielen ist.«

Finanziell wurde der Film ein echter Flop. Möglicherweise auch, weil Warner Brothers 1992 die gesamten Werbemittel auf die beiden gleichzeitig auf die Leinwand gekommenen Filme »Batman returns« und »Lethal Wapon II« konzentrierte und »The power of one« zum Stiefkind wurde. Denn bei allen unübersehbaren Schwächen des Films – es sind schon dürftigere Streifen zum Kassenerfolg geworden.

Ungeachtet der berechtigten Kritik und der teils boshaften Verrisse tut es Mueller-Stahl noch heute leid um den

Film. Er mochte seine Rolle. Einen zu spielen, der weitergibt, was er vom Leben begriffen hat. Dabei nicht unangenehm missionarisch oder bevormundend, sondern mit jener respektvollen Distanz, die ihm so überzeugend gelingt. In Rollen wie dieser verkörpert er eine pädagogische Präsenz und Verantwortung, die auch Heimat bedeuten kann. Die zuverlässige Zuneigung eines Menschen, der das eigene Werden begleitet. Es ist, als hielte er in solchen Rollen eine Botschaft der Mutter wach. Ein Beweis seiner Dankbarkeit über die Schwelle des Todes hinaus. Zugleich schenkt er seinen Filmsöhnen etwas, das er selbst entbehrt hat: die liebevolle und stärkende Begleitung einer Vaterfigur. Auch daraus mag sich die Intensität erklären, mit der er hier spielt. Die emotionale Versöhnung, die sich dabei vollzieht, umfasst ihn selbst und seine Geschichte.

Auch in der Doppelrolle als Leuchtturmwärter Karol und Staatsminister Virgilius im esoterisch eingefärbten »Taxandria«, einem Märchen für Erwachsene von 1993, spielt er den väterlichen Pädagogen, der den jugendlichen Thronfolger das Wesentliche im Leben lehrt. Er tut dies, indem er ihn in das Land der ewigen Gegenwart führt. Dieses Land, »Taxandria« genannt und geleitet von unsichtbarer Hand, ist eine gewaltlose Form der Despotie, visuell aufwändig gestaltet in dreidimensionalen Szenenbildern von Raoul Servais. Der neue Zögling Aimé, der von Vigilius persönlich protegiert wird, wehrt sich gegen die strengen und willkürlichen Regeln, die in Taxandria herrschen. In einer wagemutigen Operation bemächtigt er sich der verbotenen Camera obscura und macht ein Foto des unbekannten Herrschers »Philippus des Siebten/des Achten«, dem sich alle unterwerfen. Das Foto zeigt – eine Vogelscheuche! Der Fürst – eine Marionette. Von dem Tag an ist der Knabe mit dem sprechenden Namen Aimé frei. Er wird sich keiner fremden Macht mehr unterwerfen. Der junge Thronfolger weiß nun ebenso wie die Zuschauer, dass dies die Geschichte des isolierten Leuchtturmwärters ist, der sich um verfolgte Menschen und Möwen kümmert und den die Männer im Dorf hassen, weil er sich nicht an ihre unmenschlichen Regeln hält.

Mueller-Stahl ist auch hier ein überzeugender, einnehmender Pädagoge. Ihn selbst hat an diesem Film nicht nur die Rolle interessiert, sondern auch dessen Herstellung. Die endlose Liste des Stabs lässt eine Ahnung aufkommen, wie viel Aufwand und technische »Wunder« in den Taxandria-Szenen stecken. Allerdings erscheinen die monumentalen Bilder der fiktiven Welt im Vergleich zur schlichten, sehr unmittelbar präsentierten belgischen Leuchtturmküste eher deplatziert, so wie der ganze Film nie recht zu einer Einheit wird.

Bei dem Film tat mir vor allem der Produzent leid. Geschrieben war die Geschichte für Servais, der die Bilder gemacht hat. Sieben Jahre hat die Produktion gedauert und viele wunderbare Filmsequenzen hat nie jemand gesehen, weil sie nicht verwertet wurden. Als bei den Abschlussarbeiten der Film regelrecht mit Musik zugeschüttet wurde, gab es schon keinen Regisseur mehr. Die erste Vorführung war ein Trauerspiel. Ich habe mich davongeschlichen und wollte mit dem Film nichts mehr zu tun haben.

»Momo« dagegen, der erste Märchenfilm, den Mueller-Stahl schon Mitte der achtziger Jahre in Rom drehte, wirkt stringent und nie überzogen. Noch einmal neben Mario Adorf spielend, hatte Mueller-Stahl dieses Mal die Rolle des Bösen inne. Als Chef der grauen Herren der letzten Haare und auch seines unverkennbaren Blicks beraubt, immerfort an den dicken Zeit-Zigarren saugend, war er allerdings kaum wiederzuerkennen. Der Reiz dieser extremen Verfremdung mag ihn neugierig gemacht haben.

Wendtland fragte mich, ich hatte Zeit, Rom ist eine schöne Stadt und da dachte ich, warum nicht?

Die neuerliche Zusammenarbeit mit seiner Filmfrau Joan Plowright, vielleicht auch die Aussicht, für Momente einmal wieder den Clown abgeben zu dürfen, werden Mueller-Stahls Engagement in der ein Jahrzehnt später präsentierten Liebeskomödie »Brennende Leidenschaft« bewirkt haben, das Drehbuch sicher nicht. Oder liegt es an der Inszenierung, dass dieser Film um die Liebe und eine brennende Bäckerei, der in Deutschland nur im Fernsehen zu sehen war, so in Einzelteile zerfällt und meist mehr wirr als witzig wirkt?

Das alte Bäckerehepaar Linzer ist allerdings wunderbar: Joan Plowright ganz die warmherzige, würdige und gewitzte Frau aus gutem Hause, Mueller-Stahl der verantwortungsbewusste Gatte voller Dignität, der eher wegen einer angeblichen Brandstiftung ins Gefängnis geht, als dass er seiner Frau nicht mehr den gewohnten Lebensstandard bieten kann. Später, als ihn seine Frau nach vielen Irrungen und Missverständnissen höchstpersönlich aus der Haft auslöst, präsentiert Mr. Linzer dann endlich einmal wieder einen ungeschützten, ein wenig aus der Fassung geratenen Mueller-Stahl: Rückhaltlos expressiv tanzt er im Glück über die Liebe seiner Frau durch die nächtliche Stadt, ein ausgelassener Clown, der das Leben wieder liebt, weil er die Liebe zurückgewonnen hat: »Mein Besitz ist abgebrannt, meine Frau ist im Gefängnis, aber ich könnte singen und singen, denn sie liebt mich wieder. Oh, Sergio, meine Frau liebt mich, liebt mich wieder.« Und so dreht er sich fort, ein bisschen verrückt und sehr glücklich und man schaut ihm nach und denkt, schade, dass man diesen Menschen nicht öfter so erlebt.

Manche Filme haben eine verschlungene Entstehungsgeschichte. Wer ahnt während der zwei Stunden im Kinosessel schon, wie viele Verhandlungen, Drehbuchfassungen, Intrigen und Zusammenbrüche sich hinter dem Opus auf der Leinwand verbergen. Da werden Manuskripte hin und her geschoben, bis niemand mehr sagen kann, wer das Buch zum Film eigentlich geschrieben hat. Da werden Personaldebatten als Deal gestaltet, Zuständigkeiten per Kompromiss oder Kuhhandel geregelt, Rechte versteigert oder verhökert, halb fertige Filme abgebrochen, weil der Hauptdarsteller verschwunden ist, und Drehbücher, die Jahrzehnte geruht haben, unversehens doch noch zu einem schönen Film gemacht.

»The Assistant«, eine Geschichte über Bigotterie, Schuld, Liebe und Versöhnung in der Zeit der großen Wirtschaftskrise, gedreht unter der Regie von Daniel Petrie, ist solch ein Film. Der zugrunde liegende Pulitzer-Preis-gekrönte Roman von Bernard Malamud sollte schon dreißig Jahre zuvor verfilmt werden. Damals, in den sechziger Jahren, war Dustin Hoffman für die Hauptrolle vorgesehen, aber der Film verschwand noch in der Vorbereitungsphase. 1997 wird der Stoff wieder ausgegraben. Mit einer Rolle, die sich Mueller-Stahl, wieder zusammen mit Joan Plowright, in unvergleichlicher Weise angeeignet hat. Er spielt das Opfer eines Raubüberfalls, bei dem einer der Täter später unerkannt Sühne tut, mit einer verhaltenen Warmherzigkeit, die man ihm sofort abnimmt. Dazu jene Mischung aus Weitsicht und Ahnungslosigkeit, die wir aus den letzten Szenen von »Lola« kennen. Eine Art gefilterter Intuition, die man nur von tief innen heraus gestalten kann.

Ich habe die Rolle gern gespielt und es soll auch ein sehr schöner Film sein. Er ist beim Filmfestival in Toronto gelaufen, hatte aber dann – wohl eher aus wirtschaftlichen Gründen – doch nicht so recht Erfolg.

Liest man die Rezensionen zu diesem Film, dann bestürzt

einen einmal mehr die Erkenntnis, wie oft Qualität gerade nicht den Weg zu Beachtung und Erfolg ebnet.

Ein trauriges Schicksal hatte – wohl eher zu Recht – auch die deutsch-britisch-belgische Koproduktion »The Commissioner«. Der Film, unter der Regie von George Sluizer nach einem Roman von Stanley Johnson gedreht, lief 1998 bei der Berlinale mit wenig Widerhall und fand keinen Eingang in die allgemeinen Filmprogramme. Reich an Action und Verwicklungen, entwirft er das Szenario eines politischen Großskandals, aber weder Spannung noch Empörung wollen sich recht einstellen. Mueller-Stahl, ganz Gentleman und voller Würde, spielt Hans Konig, der den in Bedrängnis geratenen Politiker James Morton mit Informationen versieht. Er spielt ihn korrekt und überzeugend, aber irgendwie dröge. Die FAZ kommentierte eine Szenenaufnahme lakonisch: »Geschmeidig mit Kanten und immer gut für einen Charakter: John Hurt und Armin Mueller-Stahl in ›The Commissioner‹.« Lobenderes ließ sich über den Film offenbar nicht sagen.

Viele der Filme, in denen Mueller-Stahl in den beiden letzten Jahrzehnten mitgespielt hat, wurden in Deutschland nie gezeigt. Manche laufen immerhin irgendwann in einem der privaten Sender, andere wurden nicht einmal synchronisiert. So trat Mueller-Stahl denn auch für Teile des deutschen Publikums nach der Oscar-Nominierung für seine Rolle in »Shine« jahrelang kaum in Erscheinung.

Dass es Verzögerungen gibt oder auch dass fertige Filme verschwinden, ist dabei nichts Ungewöhnliches. Wie die Entstehung eines Films höchst wechselvoll verlaufen kann, so folgen oft auch Postproduktion und Verleih verästelt langen Wegen. Nach aufwändigen, meist teuren Produktionszeiten landet mancher Streifen sofort in der Schublade. Was in Cannes war, kommt nicht notwendig nach Köln oder München.

Wer gierig die Programme der Filmfestspiele in Berlin oder Venedig verfolgt und sich ausrechnet, wann er Isabelle Huppert oder Jeremy Irons im heimatlichen Kino sieht, der hat sich oft zu früh gefreut. Es ist, als gäbe es ein filmfressendes Monster, das gerade die ersehnten Filme nie ankommen lässt. Ob es künstlerische oder wirtschaftliche Gründe sind, die zu solchen Verzögerungen oder gar völligem Verschwinden führen, oder aber ob nur die Kinobetreiber vor Ort geschlafen haben, all dies erfährt der normale Kinogänger nur bei spektakulären Fällen. So ist es kein Wunder, dass Mueller-Stahl für deutsche Kinogänger einige Jahre lang regelrecht von der Bildfläche verschwunden war.

»Wir hatten aber auch in diesen Jahren ein treues Publikum in Deutschland«, hält Gabriele Mueller-Stahl dagegen. »Das merkten wir immer, wenn ein Film mit meinem Mann in Deutschland anlief oder im Fernsehen gezeigt wurde. Da bekamen wir viele Zuschriften, in denen die Menschen ihre Begeisterung ausdrückten, manchmal sogar regelrecht Dank.

Einmal schrieb uns eine Frau, deren Mann einige Zeit zuvor gestorben war, sie hätte nach dessen Tod angefangen, sich näher mit meinem Mann als Schauspieler zu beschäftigen. Gesehen hätte sie ihn schon immer gern. Als Witwe aber habe sie die Filme mit ihm systematisch verfolgt, auch seinen Berufs- und Lebensweg. Diese Beschäftigung habe ihr über die erste verzweifelte Leere hinweggeholfen und ihr insofern in gewissem Sinne das Leben gerettet.«

Unter kalifornischem Himmel

»Die Sonnenuntergänge in Kalifornien, die Wolken am kalifornischen Himmel, ich sitze am Strand, vergesse meine Müdigkeit, auch der lange Flug ist vergessen. Die Wolken machen keinen Sinn an diesem Himmel. Ich blicke hinauf, nein, sie haben keine Chance, sich auszubreiten, der Himmel will sie nicht. Am frühen Morgen haben sich manchmal genug angesammelt, Störenfriede am Himmel, manchmal sind es so viele, daß man sich gar keine Sonnenbrille aufsetzt, die Wolken sind auch mal Sieger, um es dem ewigen Blau, der ewigen Sonne zu zeigen, aber kaum ist man eine halbe Stunde unterwegs, muß man die Augen wieder zu schmalen Schlitzen zusammenziehen, da ist sie wieder, die Sonne, schmerzend hell. Wo ist die Sonnenbrille? Und wo sind die Wolken? Die Wolken: unauffindbar verschwunden. Wie macht das der Himmel? Wohin versteckt er sie? Und dann am Abend. Der Sonnenuntergang. Da schieben sich Wolkenfetzen, Wolkenreste vor die rote Sonne, als kämen sie aus dem Meer. Waren sie im Meer versteckt, bei den Delphinen, den Seehunden, die selbst im schmalen Kanal zum Seglerhafen unterwegs sind, bei diesen Kobolden des Wassers, die ich für Taucher gehalten hatte, bis ich ihnen eines Tages beim Schwimmen direkt ins Gesicht blickte, nur Meter von mir entfernt, waren sie dort? Und dann wird einem klar, was geschehen ist: Nur für dieses gewaltige Ereignis waren sie versteckt, die Wolken am Tage waren nur Probe, Versuche, jetzt, beim Sonnenuntergang haben sie ihren Auftritt...«, so Armin Mueller-Stahl in »Unterwegs nach Hause«.

Als er sich 1992 in Los Angeles niederließ, setzte er nicht nur die große Bewegung Richtung Westen fort, sondern er blieb auch seiner Verbundenheit mit dem Meer treu: Marina del Rey, der erste Wohnsitz der drei Mueller-Stahls im fernen Kalifornien, liegt direkt am Pazifik. Das Haus nur wenige Minuten vom Wasser entfernt, tagaus, tagein ziehen hier die Schiffe vorbei, dem Horizont entgegen.

Die Küste von Los Angeles weist nur wenige Orte auf, an denen man so ruhig meernah wohnt. Hier kann man morgens schon vor dem Frühstück zum Strand gehen und Pläne schmieden für den Tag oder abends der untergehenden Sonne entgegenlaufen. Immer nah an diesem zeitlosen Element, das den Gegensatz von Ruhe und Bewegung in einem Zugleich aufhebt. Es stellt Verbindung her zu anderen Gewässern, Orten und den Menschen, die an anderen Küsten leben.

Es ist nicht nur riesig, dieses Land und dieses Meer überall, es ist hier auch wunderschön. Wenn ich nicht drehe und uns auch nichts an zu Hause bindet, dann packen wir oft unsere Koffer und den Laptop ein und fahren einfach los. Egal in welche Richtung, es gibt immer etwas zu entdecken, und wir finden immer einen Ort, an dem wir uns wohl fühlen können. Man muss es erlebt haben, um zu begreifen, was für ein Reichtum das ist.

Das ist wahr. Die befreiende Wirkung der Landschaft, die nirgendwo geizt, sich vielmehr großzügig anbietet, ist unmittelbar spürbar. Und die Möglichkeit, in alle Richtungen so weit fahren zu können, wie man mag, muss besonders beglückend sein für jemanden, der so lange in vielfacher Hinsicht doch eingesperrt war: im Osten durch Verbot und Mauer, im Westen oft durch Enge und Missgunst.

Die Vegetation ist fantastisch: abwechslungsreich, üppig und strahlend. Und dann die Sonne! Peter Lilienthal hat uns mal besucht und war ganz begeistert von den Palmen, der Exotik und der Wärme. Die Schönheit dieses Landes habe ich allerdings nicht sofort erkannt. Als ich das erste Mal nach Amerika kam, wollte ich schnell wieder weg, denn ich fand es scheußlich. Beim zweiten Mal blieb ich dann schon länger, fand zwei, drei schöne Stellen, freute mich aber dennoch, als ich wieder wegkam. Als wir das Apartment in Marina del Rey bezogen, wusste ich: Hier möchte ich nicht mehr weg. Ich sah eben nicht mehr vor allem die zersiedelte Stadt, sondern die Natur und das pulsierende Leben, das man dort überall spürt.

Schließlich gibt es auch in Los Angeles Stadtteile, bei denen man ins Schwelgen geraten kann. Pacific Palisades ist vielleicht der schönste von ihnen. Hier, im Norden der Stadt hoch über den Hügeln thronend, ließen sich während des Zweiten Weltkriegs und danach die berühmten Exildeutschen nieder. Lion Feuchtwanger, Thomas Mann und Franz Werfel. Hier findet auch Mueller-Stahl seine nächste Bleibe.

Die Bewegung ist sprechend: Das Meer liegt nun in seiner ganzen Schönheit unter ihm. Der Blick auf das bewegte Blau des Wassers ist durch kein fremdes Haus mehr gestört. Und dem Himmel ist er deutlich ein Stück näher, zudem allen touristischen Umtrieben entflohen. Hier oben kann man in Stille die berauschende Schönheit der kalifornischen Küste genießen, nicht mehr ganz so unmittelbar wie unten am Strand, aber erhaben.

Für Pacific Palisades haben wir uns eher zufällig entschieden, nicht wegen der Tradition. Es ist einfach so schön hier. Aber natürlich kenne ich die Thomas-Mann-Häuser und auch die Häuser von Adorno und Schönberg, das ist ja alles hier um die Ecke.

Wer in Pacific Palisades lebt, braucht sozial gesehen keinen Ausweis. Der Zugang zur illustren Gesellschaft, die hier reich vertreten ist, vollzieht sich zwangsläufig.

In der Feuchtwanger-Villa sind wir oft, meine Frau ist dort Mitglied der Gesellschaft. Ich selbst habe darin viele Interviews gegeben und auch Filme gedreht. Heiner Müller bin ich in dieser Villa wiederbegegnet, habe Agnieszka Holland getroffen und Wim Wenders kennengelernt und auch sonst viele interessante Menschen.

Aber sie leben nicht nur in einer Gegend, die das Herz jedes Natur und Luxus liebenden Menschen höher schlagen lässt, auch die Wohnstatt, die die beiden Mueller-Stahls sich hier erworben haben, steht für vollendeten Genuss.

Das Haus? Nun, es ist einfach eine Art, ein bisschen Wurzeln zu schlagen. Weil unser Sohn doch in Amerika lebt und weil wir uns mittlerweile auch zwei Drittel des Jahres dort aufhalten.

»In gewisser Weise werden einem die Füße auch in den Boden gezogen«, heißt es dazu in »Unterwegs nach Hause«, »erst macht man die Driver Licence, den amerikanischen Führerschein. Dann wird man Member der Academy. Dann hat man eine Wohnung, aber die ist nicht ganz billig und man denkt sich, davon könnten wir auch ein Haus kaufen.«

Und nun haben wir hier einfach einen Wahnsinnsblick, den wir jeden Morgen von neuem genießen. Hier gönnen wir uns etwas, was uns auch wirklich guttut, wovon wir jeden Tag profitieren. Andererseits ist ein Haus ja auch kein Klotz, der einen lebenslang bindet.

Nein, solch ein Haus ist eher ein Traum.

Highlights

Die Jahre zwischen 1989 und 1993 sind, was den Output an großen Spielfilmen angeht, bisher einzigartig im Leben Mueller-Stahls: »Music Box«, »Avalon«, »Night on Earth«, »The Power of one«, »Kafka«, und – immer noch im Jahr 1991 – »Utz«.

Utz ist eine Figur, die von Mueller-Stahl selbst stammen könnte. Tatsächlich hat der englische Autor Bruce Chatwin den Roman geschrieben, auf den sich der Regisseur George Sluizer und der Drehbuchautor Hugh Whitemore beziehen. Den Roman über Baron Kaspar Joachim von Utz, jenen Kauz und Privatgelehrten, der eine unvorstellbar schöne und kostbare Sammlung von Meißner Porzellan in seiner Prager Zweizimmerwohnung zusammengetragen hat und sein ganzes Leben dieser Sammlung widmet. Dieser Baron ist ein zurückhaltender Exzentriker, vornehm, skurril, gebildet, in seiner Obsession allerdings auch menschenverachtend: Da für ihn jede Katastrophe einen Zugewinn schöner Stücke bedeutet, befindet er lakonisch in unerschütterlicher Egozentrik: »Kriege, Pogrome und Revolutionen sind ausgezeichnete Gelegenheiten für den Sammler.«

Unterbrochen wird die Hingabe an die kalten schönen Figuren nur durch die Mahlzeiten mit der Haushälterin und seiner Ehefrau Marta, mit der er Tisch und die kostbaren Figuren, nicht aber das Bett teilt, sowie gelegentliche Begegnungen mit anderen Sammlern und abendliche Ausschweifungen mit beleibten Operndiven, seiner zweiten Leidenschaft. Keiner dieser Kontakte aber berührt den feinsinnigen Ästheten so sehr wie der feine Schwung, die vollendete Farbgebung seiner verspielten Figuren und Figürchen.

Mueller-Stahl spielt den Meißner-Millionär zurückhaltend und sehr nuanciert; er ist zwar hingebungsvoll, aber doch nicht so besessen, dass er dadurch neurotisch und der Film ein Seelen- und Suchtdrama würde. Im Gegenteil: Die ganze Geschichte kommt eher beschwingt und leichtfüßig daher, bei aller Hintergründigkeit heiter und humorvoll. Und einmal mehr lebt Mueller-Stahls Darstellung hier von dem, was die Frankfurter Allgemeine das »magische Zentrum seiner Kunst« nannte, seiner Fähigkeit nämlich, »das Wesentliche einfach aussehen zu lassen und das Einfache zum Wesentlichen zu machen«.

Was Chatwin stilistisch gelingt, erreicht Mueller-Stahl mit erprobten schauspielerischen Mitteln: die Figur mit ihren schrägen Absonderlichkeiten interessant und auch liebenswert, auf jeden Fall lebendig zu machen. So mutmaßte denn auch die Berliner Zeitung in ihrer begeisterten Rezension: »Armin Mueller-Stahl, der in der Rolle des Porzellanbarons auf der letztjährigen Berlinale einen hochverdienten ›Silbernen Bären‹ gewann, muß zumindest bei der Arbeit an Sluizers Film in jeder Faser ein Utz gewesen sein.«

Wie weit die innere Identifikation mit der Figur tatsächlich ging, weiß man nicht. Sicher ist, dass Baron Kaspar von Utz – zumal so, wie Mueller-Stahl ihn interpretiert – eine jener tragikomischen Figuren ist, die er liebt und die er gerne viel häufiger spielen würde. Hier kann er all die Formen der Selbstironie und des stillen Lächelns einsetzen, die ihn als Schauspieler kennzeichnen. Er füllt die Spannung zwischen Schönheit und Schrecken, Selbstbehauptung und Selbstzerstörung aus mit jener blinzelnden List, zu der schon ein gutes Stück Lebenserfahrung gehört.

Selbstdisziplin und scheue Zärtlichkeit, zwanghafte Abwehr und eine tief verborgene Verwundbarkeit wird er in seinem nächsten Film zum Leben erwecken: »The last good time« von Bob Balaban erzählt eine ruhige, unspektakuläre Geschichte, die sich gerade deshalb einprägt, weil sie sich in der Nachbarschaft abspielen könnte – oder im eigenen Leben.

Seit fünf Jahrzehnten ist Joseph Koppel Witwer. Der frühzeitige Abschied von seiner schönen Frau bedeutete auch für ihn eine Art Tod. Emotional erstarrt, vom Finanzamt wegen nicht gezahlter Steuern verfolgt, lebt er zurückgezogen und innerlich immer noch ganz an seine Frau gebunden in seiner kleinen Wohnung in Brooklyn tagaus, tagein nach dem gleichen Schema. Die einzigen Vergnügen, die ihm geblieben sind, sind das nächtliche Geigen und gelegentliche Besuche bei seinem 89 Jahre alten Freund im Altersheim. Dieser Freund, Howard, sucht sich mentale Lust, indem er den jüngeren Freund immer wieder drängt, vom Zusammenleben mit der wunderbaren Dorothee zu erzählen, »wann sie es und wie sie es gemacht haben«. Und trotz aller Scheu genießt auch Joseph jene Stunden, in denen er seine Frau noch einmal nackt vor dem Feuer tanzen lassen kann, während er die Violine spielt. Bis er wieder heimkehrt in die leere, akkurat aufgeräumte Wohnung. Wieder und wieder.

Eines Abends jedoch findet er heimkehrend vor seiner Türschwelle die junge Frau von nebenan, die nach einem Streit von ihrem Freund aus der gemeinsamen Wohnung hinausgeworfen wurde.

Normalerweise ist Joseph Koppel kein Mann, der sich auf die Geschichten anderer Menschen einlässt. Dieses Mal aber tut er es, er nimmt Charlotte bei sich auf. Erst für eine Nacht, dann für zwei, schließlich bewohnen die beiden zusammen Koppels Apartment. Eine Freundschaft entwickelt sich. In manchen Momenten geht das Vertrauen über in Intimität, die Zuneigung in Begehren.

Berührend zu sehen, wie dieser in der Routine erstarrte alte Mann durch die Jugend, Schönheit und Zuwendung der sehr viel jüngeren Frau innerlich auftaut, alte Gefühle wiederfindet, neue in sich entdeckt und wie Mueller-Stahl dies spielt. Anfangs steif, elegant und blutleer. Die korrekte Kleidung, über die er täglich Buch führt, ist wie ein Panzer gegen den alten, immer noch frischen Schmerz, den der Verlust seiner Frau in ihm ausgelöst hat. Und dann das zögernde Auftauen. Vorsichtig, unbeholfen und scheu überlässt er sich jenen Regungen, die er seit Jahrzehnten nicht mehr erlebt hat. Es verwirrt ihn und es ist wunderbar zu spüren, wie die eisernen Ringe um sein Herz nach und nach zerspringen. Eine späte, unverhoffte romantische Liebe, die ihm das Leben schenkt. Um diese innere Entwicklung Koppels ist der ganze Film zentriert. Und Mueller-Stahl zeigt sich einmal mehr »als einer der wenigen Schauspieler, die nicht nur durch gelungene Dialoge, sondern durch die hautnahe Verkörperung innerer Prozesse Aufmerksamkeit wecken«, wie die Variety schrieb. Nachdrückliches Lob in allen Medien, emphatisch jubelt der

Autor von Entertainment today: »Armin Mueller-Stahl ist einer der Schauspieler mit so viel Klasse und Stil, daß ich ihm auch gern zusähe, wie er an der Bushaltestelle wartet. Glücklicherweise hat er in Bob Balabans ›The last Good Time‹ aber viel mehr zu tun.«

Bewältigen musste er hier freilich auch noch einmal eine für ihn besondere Herausforderung: das Zusammenspiel mit Lionel Stander, dem alternden Freund Howard Singer. Denn mit seiner vitalen Ausstrahlung fegte Stander im Grunde alle anderen aus der Szene heraus.

Das hat mich anfangs schon beschäftigt. Lionel Stander hat eine so ungeheure Wirkung, dass ich Angst hatte, keiner würde mehr auf mich gucken. Wie sollte ich gegen diesen Betonkopf, der so schmucklos und so unkokett auftritt, so wenig Sympathie heischend spielt, wie sollte ich gegen ihn ankommen? Ich habe mich dann für den komplementären Part entschieden: Da Lionel einfach geradeaus spielt und im Grunde nicht viel macht, habe ich in den Szenen mit ihm sehr ausgeprägt agiert, nach dem Motto: Wenn er Geige spielt, muss ich eben Trompete blasen. Das sagte mir meine Erfahrung.

Ja, und diese Rolle zählt neben Krichinsky, Leon, Grokenberger, Utz und dem Kinoerzähler zu seinen liebsten. Zudem hat er hier einen Freund gewonnen, mit dem er einen Deal machen kann: Bob Balaban. Mueller-Stahl spielt für eine bescheidene Gage den Koppel – wenig später wird sich Bob Balaban als Webster in Mueller-Stahls Hitlerfilm »Conversation with the beast« revanchieren. Auch eine Art von Filmförderung. Eine, bei der alle Gremien und Starverträge umgangen werden und wieder das im Zentrum steht, worum es Mueller-Stahl vor allem geht: einfache Storys, gelungene Unterhaltung, die ebenso Gefühl wie Gedanken anspricht, und professionell gelungene Filme. Solche Geschichten möchte er am liebsten drehen.

Misslicherweise haben »diese feinen, zurückhaltenden Filme, von denen es leider viel zu wenige gibt«, so die Los Angeles Village View, wenig Chancen, große Kinohits zu werden. In Amerika ist »The last good time« zumindest als Video zugänglich. Nach Deutschland ist der Film nie gekommen. Bedauerlich für all jene, die eben doch Mueller-Stahls wegen ins Kino gehen.

Das Problem fehlender Verbreitung und Popularität hatte der nächste Film, in dem Mueller-Stahl eine zentrale Rolle spielte, nicht. »Shine« wurde für alle Beteiligten ein Riesenerfolg.

In dem australischen Film des Regisseurs Scott Hicks spielt Armin Mueller-Stahl, wie sechs Jahre zuvor in »Avalon«, die Rolle eines jüdischen Einwanderers. Wie Sam Krichinsky erzählt Peter Helfgott seinen Kindern Geschichten aus der eigenen Vergangenheit. Doch während Sam die freudige Bewegung eines Aufbruchs vermittelt, präsentiert Peter Helfgott ein ums andere Mal mit auftrumpfendem Selbstmitleid in der Stimme die Geschichte, wie sein Vater ihm als Zehnjährigem die mühsam ersparte Geige zertrümmerte. »Avalon« ist ein melancholischer Blick auf die langsame Zerstörung einer großen glücklichen Familie, deren Mitglieder einzeln in die Vororte und vors Fernsehen treiben. »Shine« vermittelt den beklemmenden Versuch Peter Helfgotts, die Zerstörung seiner Herkunftsfamilie im Krieg durch einen erzwungenen Zusammenhalt der selbst gegründeten Familie auszugleichen und zugleich die verhinderte eigene musikalische Laufbahn durch die seines Sohnes David zu kompensieren.

Die Musik wird ihm zur fixen Idee und David zum bevorzugten Kind und Opfer. Die Geschichte, eine authentische, ist bekannt: David geht, das Verbot des Vaters missachtend, nach London, wird dort musikalisch besser und besser, aber sein Leben gerät aus dem Takt. In der Musik bringt er die größten Gefühle zum Ausdruck, abseits der Konzertflügel wird er immer mehr zum verwirrten Kind.

Zu Hause hört der Vater im Rundfunk die Konzerte Davids. Er erlebt dessen triumphalen Erfolg und psychischen Zusammenbruch aus der Ferne, als sein Sohn jenes dritte Klavierkonzert von Rachmaninow spielt, das ihm der väterliche Ehrgeiz als höchstes zu erreichendes Ziel gesetzt hat.

Nach Jahrzehnten in der Psychiatrie wird der immer noch verwirrte, aber harmlose David entlassen und beginnt wieder mit dem Klavierspielen. Er heiratet und lebt in einer begrenzten Wahrnehmungswelt glücklich und emotional abgeschieden vom Terror seines Vaters. In dieser Zeit kommt es zu einer letzten Begegnung zwischen Vater und Sohn. Peter Helfgott besucht David in dessen winziger, chaotischer Behausung. Dieses Mal hat der Vater die Brille auf, die David früher trug. Das Glas hat einen Sprung. Das Symbol, das für die Verschmelzung zwischen den beiden Figuren steht, ist zerbrochen, Peter Helfgotts Blick zerfällt. Noch einmal, ein letztes Mal, beschwört er seinen Sohn: »Du bist ein glücklicher Mensch, David.« Aber er hat die Macht über David verloren. Wie früher plappert der den Satz nach, aber nun hat er seinen Klang und könnte sogar wahr sein. Stumm verlässt der Vater das Zimmer.

In dieser Situation realisiert Peter, dass er ein Mensch ist, der Fehler gemacht hat und nun gesteht er sich das auch ein. Also wollte ich in seiner Haltung deutlich machen, dass er aufgegeben und sein Leben kein Ziel mehr hat. Peter ist nicht mehr stark und am Schluss geht er wie ein alter Mann mit sehr kleinen Schritten.

Dass Mueller-Stahl sich noch einmal darauf einließ, eine der verhassten zwielichtigen Figuren zu spielen, lag an der

Brisanz und Vielschichtigkeit der Rolle des Peter Helfgott. Denn dieser ist ja nicht einfach ein Verbrecher, sondern ein Tyrann, der Opfer seines eigenen Systems wird: Als David ihm mitteilt, dass er trotz des väterlichen Verbots nach London gehen wird, schlägt er den Sohn, umarmt ihn dann und droht ihm gleichzeitig die ewige Verbannung an. Die zwanghafte und verzweifelte Art, in der er das tut, zeigt, wie sehr er Opfer und Täter zugleich ist. Das ganze Ausmaß seiner Niederlage und Einsamkeit wird spürbar in der schon erwähnten letzten Begegnung.

Eine schwierige Szene. Hier musste in ganz gedrängter Form deutlich werden, wie sich dieser Vater hilflos an seine Mythen klammert und doch begreift, dass er seinen Sohn verloren hat. Dass er nicht nur ein Opfer der Nazis, sondern auch ein Opfer seiner unmenschlichen Liebe geworden ist. Wir haben die Szene ohne jede Probe sofort gedreht. Intensität kann man nicht üben, Intensität kann man nur durch absolute Präsenz erreichen. Gott sei Dank ist das auf Anhieb gelungen.

Gelungen nicht zuletzt durch die so produktive Zusammenarbeit mit dem Regisseur:

Es war beinahe die leichteste Arbeit in meinem Leben. Scott Hicks ist sehr einfühlsam, sehr geschickt, und er hat eine Art von Humor, die eine wunderbare Arbeitsatmosphäre schafft. Er lässt einen wirklich fliegen. Das erinnerte mich sehr an die Dreharbeiten mit Barry Levinson.

In den Kritiken erhielt der Film beinahe einhelliges Lob. Dazu viele Preise und nicht weniger als sieben Oscar-Nominierungen. Eine davon ging an Mueller-Stahl als besten Nebendarsteller.

Nach dieser Nominierung für den Oscar erlebte er Popularität noch einmal in ganz neuer Gestalt. Für kurze Zeit war er doch so etwas wie ein (Hollywood-)Star. Von vielen Seiten beachtet, beglückwünscht und mit Präsenten bedacht.

Natürlich hat ihn die Nominierung gefreut, aber der Rummel war ihm trotzdem bald nicht mehr ganz geheuer.

Plötzlich schickte man mir von allen Seiten Schuhe und es gab laufend Anfragen, ob ich nicht den Anzug für die Oscar-Verleihung in Auftrag geben will. Man tat so, als stünde ich schon auf dem Podest. Dabei war für mich schon die bloße Nominierung eine Ehre. Die erste für einen Deutschen nach Emil Jannings.

Der erhielt die Ehrung 1929 für seine Leistungen in »The Last Command« und »The Way of all Flesh«, hatte die Statue aber schon lange vor dem großen Fest abgeholt und war in panischer Angst vor der Konkurrenz des Tonfilms zurück nach Berlin geflohen. Die eigentliche Preisverleihung vollzog Doug Fairbanks damals übrigens in der Rekordzeit von vier Minuten und zweiundzwanzig Sekunden – doch davon später.

»Die zwölf Geschworenen« sind in Mueller-Stahls Filmkarriere ein Highlight ganz eigener Art. Billy Friedkin, der durch »French Connection« und den »Exorzisten« berühmt wurde, wollte nach eigener Aussage für diesen Film die zwölf besten Charakterdarsteller versammeln, »die ich in Amerika finden kann. Nicht mehr und nicht weniger.«

Dass er mich mit meinem Akzent dafür ausgewählt hat, habe ich als besondere Würdigung empfunden. Zusammen mit George C. Scott, der Nummer drei, dem eigentlichen Gegenspieler. Seine Rolle hätte ich auch gern gespielt, aber ich verstehe sehr wohl, dass sie ein Amerikaner bekommen hat. George C. Scott gilt in Amerika mindestens so viel wie Marlon Brando. Er ist ein besonderer und auch ein sehr dickköpfiger Mensch. Während der Dreharbeiten war er ein schwieriger Kandidat: Er spielte unentwegt Schach, kam dann zum Drehen und war schwer zugänglich. Aber im Laufe der Zeit habe ich auch zu ihm eine gute Beziehung bekommen.

Es gibt einige Filme, bei denen gerät Mueller-Stahl immer wieder ins Erzählen. Filme, bei denen er sich geärgert hat, oder solche, die für ihn mit großer Befriedigung verknüpft sind. Dabei geht es manchmal um seine eigenen Leistungen, häufiger aber um gelungene Begegnungen mit Menschen, Kollegen, die ihm etwas bedeuten. Die Freude darüber, in solchen Kreisen aufgenommen und akzeptiert zu sein, ist spürbar. Vor allem wenn er sich an die Dreharbeiten zu »Avalon« und »Die zwölf Geschworenen« erinnert:

Ein besonderes Verhältnis hatte ich zu Hume Cronyn, der den alten Mann gespielt hat. Er ist ein wunderbarer Mensch und er war der Einzige, der den vollständigen Text im Kopf hatte. Wir anderen kannten gerade mal unsere Rolle.

George C. Scott, Hume Cronyn, Jack Lemmon und andere namhafte Charakterdarsteller – in dieser Runde spielt nun jener Armin Mueller-Stahl, dem DDR-Funktionäre zwanzig Jahre zuvor das Ende seiner Schauspielerlaufbahn prophezeit hatten.

Mit Jack Lemmon zu spielen war schon lange ein Herzenswunsch von mir. Mit ihm verstehe ich mich richtig gut. Nach Abschluss der Dreharbeiten von »Die zwölf Geschworenen« haben wir ein »Mannschaftsfoto« gemacht, auf dem alle Schauspieler abgebildet waren. Wir haben uns dann gegenseitig Widmungen auf das Foto geschrieben und Jack Lemmon hat mir eine besonders schöne zugedacht, die sinngemäß so lautet: »Seitdem ich mit dir gearbeitet habe, ist es für mich wieder eine Ehre, in diesem Beruf tätig zu sein.« Darüber habe ich mich sehr gefreut.

Auch »Die zwölf Geschworenen« sind ein Remake, entstanden genau vierzig Jahre nach der Erstfassung, dem Kinodebüt von Sidney Lumet. Damals war der Film eine Art demokratischer Aufklärungsarbeit. Heute zählt er noch immer zu den spannendsten des Genres.

In einem Mordfall sind zwölf Geschworene aufgerufen, ihr

Urteil zu fällen. Es muss – da es sich im Falle eines Schuldspruchs um die Todesstrafe handelt – ein einstimmiges Urteil sein. Der gesamte Film spielt in jenem einen Raum, in dem die zwölf zu einer gemeinsamen Beurteilung der Schuldfrage kommen müssen. Die räumliche Einengung erhöht naturgemäß die Spannung, die sich zwischen den zwölf Männern ergibt. Ein Kammerspiel von hochkonzentrierter Dramatik.

Bei der ersten Abstimmung spricht sich nur einer der Geschworenen für »unschuldig« aus – zur Überraschung, zum Ärger der Mitgeschworenen. Gegen das Urteil der anderen stimmt er nicht, weil er von der Unschuld des Jugendlichen überzeugt ist, den man des Mordes an seinem Vater bezichtigt. Aber er hat begründete Zweifel an dessen Schuld.

Dieser Verteidiger des Jungen – in der Erstfassung gespielt von Henry Fonda, jetzt von Jack Lemmon – löst damit eine Auseinandersetzung aus, die die einzelnen Figuren mit ihrer Geschichte vorführt, mit ihren Vorurteilen, Schwächen und Verwundungen. Da ist Nummer zwölf, der smarte Werbevertreter, der das Ganze am liebsten mit einer eleganten und raschen Lösung hinter sich bringen will, der höfliche spanische Uhrmacher, der Malocher, der sich nicht gern vorstellen möchte, wie es wäre, wenn er selbst auf der Anklagebank säße: »Gedanken soll sich mein Boss für mich machen.« Und da ist Nummer vier, ein distinguierter und korrekt gekleideter Herr, der ohne jedes Zweifeln überzeugt ist von der Schuld des Angeklagten. Exakt nummeriert führt er die Punkte an, die das Alibi des jungen Puertorikaners – »ein bezauberndes, phantasievolles Märchen« – entkräften und dessen Tat angeblich beweisen. Nummer vier hält viel von Logik und wenig von Gefühlen. Der erste Beitrag, den Mueller-Stahl in dieser Rolle spricht, lautet: »Meine Herren, es besteht kein Anlass zu streiten. Wir wollen uns wie Gentlemen benehmen.« Wie das geht, macht er dann vor. Obwohl es unerträglich heiß ist, zwängt er sich erbarmungslos in Weste und Jackett. Während die anderen in wechselnder Kombination in Streit geraten, hält er sich vornehm zurück. Er ist der einzige der Männer, der keinerlei Aggressionen auf sich zieht und selbst kaum Emotionen zeigt. Er plädiert für schuldig, weil er den sozialen Hintergrund des Mordes nicht an sich herankommen lassen will. »Slums sind nun einmal die Brutstätte für Verbrechen.« Deshalb müssen die (vermeintlichen) Beweisgründe für das Verbrechen des geprügelten Sohnes auch nicht in Frage gestellt werden. Nummer vier ist inmitten der zunehmenden Spannungen zwischen den Männern wie ein Fremdkörper. Starr entzieht er sich der Dynamik, die die anderen in Streit und Loyalitäten zusammenkettet. Sein gediegener schwarzer Anzug und die vornehme Nüchternheit sind wie ein Panzer. Inmitten der ständig eskalierenden Dialoge bewahrt der Akteur ein erhebliches Maß an Selbstbeherrschung. Denn Mueller-Stahl muss gegenüber der Figur genau dieselbe Distanz einnehmen, die diese zur Gruppe hat. Er darf nicht um Verständnis für ihn werben. Er darf ihn auch nicht zu einer Negativfigur machen. Nummer vier der Geschworenen macht deutlich, wie beschränkt und unmenschlich eine Argumentation sein kann, die vermeintlich logisch und neutral, tatsächlich aus starren Vorurteilen und der Angst vor Verunsicherung geboren ist.

Ja, die Figur ist starr und in gewissem Sinne auch sehr eindimensional. Nicht so wie bei vielen anderen, wo ich die Schwäche hinter der Stärke, die Feigheit hinter der Brutalität deutlich zu machen versucht habe. Aber ich fand das Stück und die Geschichte ungeheuer überzeugend. Diese Figur ist ja Teil eines diffizilen und spannungsgeladenen Systems. Sie ist Teil der Dynamik zwischen diesen Personen, die da so dicht aufeinander bezogen sind. Und als Teil dieses Prozesses musste ich die Rolle genau so spielen, sonst funktioniert sie nicht.

In der Tat: Nummer vier muss so entsetzlich starr sein. Erst vor dem Hintergrund seiner Unberührbarkeit wird die Schlussszene so wirkungsvoll. Da fällt seine ganze durch viel Abwehr zusammengehaltene Logik mit einem Schlag in sich zusammen.

Die Dreharbeiten waren übrigens hoch spannend. Anfangs gab es ein intensives Betasten und Abchecken. Alle waren nervös, keiner wollte sich in die Karten gucken lassen. Eine solche Ansammlung von Stars trifft sich ja auch nicht alle Tage. Der Umgang miteinander war zu Beginn tatsächlich ähnlich dem Verhalten zwischen den Geschworenen im Film. Da versucht ja auch jeder, erst einmal eine Idee vom anderen zu bekommen. Das war auch nicht ganz leicht für mich. Aber ich war ja zu jener Zeit oscarnominiert und diese Auszeichnung gilt in Amerika doch eine Menge. Als die Nominierung bekannt wurde, ließen alle die Sektkorken knallen und stießen auf mich an.

Der Einzige, der nicht mitmachte, war George C. Scott, denn der nimmt den Oscar ja nicht ernst. Als er selbst ihn verliehen bekam, ist er bei der Verleihung einfach nicht erschienen. Seine Tochter hat ihn geweckt, um ihm zu sagen, dass er den Oscar bekommen habe. Da hat er damals nur gebrummt: »Lasst mich schlafen, schauspielerische Leistung kann man nicht an Preisen messen.« Jack Lemmon aber kam und umarmte mich.

Gibt es eine schönere Art, eine Ehrung zu feiern, als mit Menschen, deren Wertschätzung einem selbst wichtig ist? Da schwinden für einem Moment all die Vorbehalte, die Distanz gegenüber solch (willkürlichem) Preis. In dieser Runde kann auch ein Mueller-Stahl stolz das Glas (auf sich) erheben und seine Arbeit genießen.

An einem Tag der Dreharbeiten zu diesem Film spielte ich eine lange Szene, die beim Schnitt leider ziemlich verstümmelt wurde. Als ich damit fertig war, forderte mich Billy Friedkin auf, sie noch einmal anders zu probieren. Ohne zu zögern, entgegnete ich: »No!« Und mit einem Mal hatte mein stures Verhalten das Eis irgendwie gebrochen. Jack und Cronyn kamen auf mich zu und meinten, so etwas gäbe es selten. George C. Scott sagte zu mir: »It's a pleasure working with you.« Das war für seine Verhältnisse ja sehr viel. Er musste anschließend seine große Szene spielen und wieder fragte Friedkin: »Willst du es noch mal versuchen?«, und ebenso entschieden donnerte Scott: »No!« So entstand zwischen uns Schauspielern eine besondere Verbundenheit. Das waren ungemein eindrucksvolle Dreharbeiten für mich.

Jeder Abschied vollzieht sich in eigenen, manchmal ganz unmerklichen Schritten. Mit dem Ankommen ist es ähnlich. Teil davon ist immer, sich unter sozialen Gesichtspunkten einen Ort zu suchen. Freunde zu finden und Kollegen, mit denen man sich wohl fühlt. So gesehen waren »Avalon« und »Die zwölf Geschworenen« Meilensteine für die berufliche Verankerung Mueller-Stahls in Amerika. Was er hier erlebte, war nicht einfach Bewunderung. Es war die Erfahrung, mit Achtung und Sympathie in einem Kreis von Menschen aufgenommen zu werden, denen er seinerseits eine hohe emotionale und fachliche Wertschätzung entgegenbringt. Nur so kann das Gefühl von Zugehörigkeit bei Wahrung des eigenen Profils entstehen. Ein Gefühl, das Mueller-Stahl zu diesem Zeitpunkt – seit den frühen Filmen in der DDR – so ungetrübt nur selten hatte. In Deutschland erst viel später.

... und Ärgernisse

Ich weiß, dass es falsch ist, von »den« Deutschen und »den« Amerikanern zu sprechen. Aber dennoch: Wir Deutschen sind eine Nation der Analytiker, die Kreativität kommt bei uns zu kurz.

Wir sind immer auch sehr stark an Regeln und Gesetzen orientiert und suchen nach Fehlern, da gibt es einfach wenig Spontaneität. Die Amerikaner hingegen sind viel freundlicher. Sie konkurrieren nicht so stark und sind nicht so neidbesessen. Wer in Deutschland Erfolg hat, wird gleich schräg angeguckt. Dass die Amerikaner großzügiger reagieren, liegt sicher auch daran, dass bei ihnen alle Rassen und Hautfarben immer schon zusammen existieren mussten – und dass das Land so riesig und so weitläufig ist. Man kommt sich dadurch nicht zu nahe.

Wenn Armin Mueller-Stahl von der (Bewegungs-)Freiheit spricht, die ihm in Amerika so gefällt, erinnert dies unwillkürlich an das Bild, mit dem Klaus Poche jenen fragilen Zusammenhalt beschrieben hat, der sich nach der Ausweisung Biermanns zwischen den Unterzeichnern der Petition ergeben hatte. Er vergleicht sie mit der Gemeinsamkeit zwischen Kühen, die sich im Regen aneinanderdrängen. In solchen Zwangsgemeinschaften wächst in jedem Einzelkämpfer der Wunsch, endlich wieder unbeobachtet und ungestraft die eigenen Wege gehen zu können. Und da ist Amerika auch heute noch am ehesten das »Land der unbegrenzten Möglichkeiten«.

Ja, und dann die Filme. Während in Deutschland mit einer Kamera gedreht wird, laufen in Amerika fünf. Allerdings hat das nicht nur Vorteile. Es wird oft ja auch viel Geld für wenig Qualität ausgegeben. Doch die deutschen Filme sind schon allein durch die Sprache so festgelegt. Die Filme aus den Staaten dagegen gehen um die Welt. Und es gibt hier auch mehr gute Leute, von denen die meisten auch bereit sind, mal etwas umsonst zu machen. Eine Hand wäscht die andere. Es ist zwar ein Klischee, aber ich empfinde es so – in Deutschland sind die Menschen zugeknöpfter.

Ein Schwärmer ist Armin Mueller-Stahl nicht und hat so auch die »Amerika-Euphorie«, die so viele Europäer ergreift, relativ rasch überwunden. Inzwischen sieht er ziemlich nüchtern, welche Nachteile das Leben in Amerika hat – und was ihn an seine alte Heimat bindet. »Ich komme gern nach Deutschland, hier leben meine Freunde …«, resümiert er 1997 in einem Interview der Märkischen Zeitung, »… und ich liebe es, wenn im Frühjahr die Rapsfelder blühen. Dann frage ich mich, warum wir eine Nation sind, die in der Welt so unbeliebt ist. Liegt das nur am Holocaust? Ich glaube, es gibt mehrere Gründe. Nicht zuletzt wohl auch unsere Sprache, die sehr schön ist, aber auch sehr verletzend sein kann.«

Gleichzeitig gibt es Dinge, die mir fehlen, wenn wir in Amerika sind, auch jetzt noch, nach all den Jahren. Es ist dann doch vor allem die Sprache. Von den Freunden sind inzwischen ja viele gestorben. Vielleicht kann ich deshalb aber auch leichter zurückkommen. Weil nicht mehr die Gefahr besteht, dass man immer wieder über die gleichen Themen spricht. Denn dafür ist das Leben einfach zu kurz, um über immer dieselben Sachen zu sprechen.

Allerdings ist es jetzt auch kälter geworden. Früher traf ich manchmal auf der Straße ein paar Menschen, die mir nah waren – und die gibt es jetzt nicht mehr.

Zu arbeiten ist in den Staaten oft leichter. In Deutschland war ich lange festgelegt, deshalb habe ich früher auch viel abgelehnt. Weil man mir immer dieselben Rollen anbot, immer diese zwielichtigen Figuren. Da hatte ich einfach keine Lust mehr drauf. Ein Mann, der nach und nach seine ganze Familie umbringt. Eine hinreißende Rolle mit vielen Facetten, aber ich mochte das einfach nicht mehr. Oder das Angebot, Mengele zu spielen. Um nichts in der Welt wollte ich den Mengele spielen. Gut, das ist inzwischen anders geworden, da hat die Rolle des Thomas Mann sicher ihre Wirkung getan. Und die Arbeitsweise an sich, die ist natürlich letztlich so unterschiedlich nicht. Allerdings gibt es in Amerika Geld, viel mehr Geld. Als wir in Bratislava »Project

Peacemaker« drehten, mit George Clooney und Nicole Kidman, da gab es eine Szene, in der ich sehr viel Text hatte und wir drehten sechs, sieben, acht takes, immer wieder. Irgendwann fragte ich, ob es jetzt nicht doch langsam reicht, und da meinte die Regisseurin, Mimi Leder, nein, wir machen das, weil Nicole es liebt, wenn man eine Szene zwanzigmal spielt und sie am Ende so richtig erschöpft ist. Irgendwann war aber doch Schluss, abends fragte mich Nicole Kidmann, ob ich es gut gefunden hätte, und ich sagte leichtsinnigerweise, na ja, schon, aber dass dieser Mann seine ganzen Geheimnisse quasi auf offener Straße verhandelt, ist vielleicht nicht so überzeugend, man hätte das in einem Taxi oder in einer Bar drehen sollen. Schon während ich sprach, wurde mir klar, dass das nicht schlau war von mir. Ich versuchte, es zurückzunehmen, aber es war passiert. Und tatsächlich – drei Wochen nach Drehschluss kam ein Anruf: Wir drehen die Szene noch mal, in einer Bar. So etwas hat natürlich auch viel mit Geld zu tun. Aber was die Substanz der Arbeit angeht, kommt es ja letztlich auf den jeweiligen Regisseur, auf den einzelnen Kopf an.

Armin Mueller-Stahl ist ein vornehmer Mensch. Wenn man mit ihm über Deutschland und über seine Erfahrung mit dem deutschen Film spricht, tut man gut daran, ihn während seiner Antwort anzuschauen und auf den Tonfall zu achten: Da klingt, bis heute, immer mal wieder Skepsis, auch verhaltener Unmut durch. Manchmal findet er auch deutliche Worte.

Auf spezielle Weise hat ihn seine Vergangenheit 1993 eingeholt, als er die dicken Bücher mit seiner Stasiakte aufschlug.

»Ich war so leichtsinnig zu glauben, ich würde nur lachen. Das war eine absolute Unterschätzung dieser perfiden Dummheiten. Als ich zu lesen begann, dachte ich: Klapp diese Akte sofort wieder zu. Ich habe bis zum heutigen Tag nicht die ganzen fünf Bände lesen können. Am stärksten peinigt die Erfahrung, sich dauernd verraten zu finden – und das Bild, das die Verräter von mir bei der Stasi abgeliefert haben. Man wird so beschrieben, wie man sich nicht gerne hat. Das ist, als wenn man in den Spiegel guckt und sagt: Ich sehe einen fremden Menschen! Einer hat mich zweimal im Leben getroffen und schreibt zwanzig Seiten gemeinen Schmutz über mich. Da frage ich mich: ›Was geht in den Seelen von Leuten vor, die Verrat als Leistung ansehen.‹«, schreibt er dazu in »Unterwegs nach Hause«.

Besonders gefragt haben wird er sich das in Bezug auf zwei Freunde, die ihn über Jahre hinweg bespitzelten, während er ihnen vertraute. Wie kommt man darüber hinweg? Mueller-Stahl versucht, den Punkt, den er bei seiner Ausreise gesetzt hat, immer neu zu setzen. Er will sich in diese alten Geschichten und Querelen um keinen Preis noch einmal hineinziehen lassen. Was ihm zum Thema Solidarität und Freundschaft zwischen alten DDR-Kollegen wichtig ist, das hat er in seinem Erinnerungsbuch gesagt – oder durch gezieltes Schweigen zum Ausdruck gebracht. Danach hat er sich öffentlich nur noch einmal mit einer Stellungnahme zu DDR- und Stasi-Fragen exponiert – mit bis heute für ihn spürbaren Folgen.

Da gab es irgendwann im Spiegel einen Artikel von Manfred Krug gegen Günther Fischer. Krug hat sich aufgeregt, dass Fischer IM gewesen sei. Dabei hatte er seine ganzen Lieder, die für ihn große Erfolge wurden, Fischer zu verdanken, die hat alle Fischer komponiert.

Aber Fischer war IM, das stimmt. Nur mache ich einen großen Unterschied zwischen IM und IM. Und zwar zwischen denen, die anderen Wunden zugefügt haben, und denen, die ihren Vorteil nutzen wollten. Fischer ist geschäftstüchtig, ja. Aber, habe ich zu Krug gesagt, zeig mir mal die Wunden, die Fischer geschlagen hat. Null, null. Er war IM, okay, darauf hätte er sich nicht einlassen sollen. Von mir hat er mal behauptet, ich sei ein mittelmäßiger Schauspieler, aber damit kann ich leben. Das hat er sogar verschiedene Male gesagt, was soll's. Da steht also im Spiegel eine große Kampagne gegen Fischer. Und ich bekam einen Anruf von Jürgen Flimm – der hatte mir gerade angeboten, im Thalia Theater zu spielen, ich könnte mir die Rolle aussuchen: Was das denn für ein Kerl sei, er hätte ihn eigentlich gerade eingeladen für eine Filmmusik, aber nun sofort wieder ausgeladen, so eine Schweinerei.

Jürgen, habe ich ihm gesagt, ihr alle habt nicht in der DDR gelebt. Nicht jeder IM ist gleich ein Schwein. So wie nicht jeder Nazi gleich ein Schwein ist. Sonst gäbe es Schindlers Liste nicht. Ich weiß, was los ist, ich habe die Akte gelesen. Und also habe ich gegen den Artikel einen Leserbrief geschrieben. Mir taten Fischers Kinder leid und seine Familie. Es gab dann eine große Schlacht zwischen Krug und ihm, Fischer hat sich gewehrt, aber die Folge war doch, dass er nach Irland zog. Sein Traumhaus in Berlin zurückließ – er wollte Ruhe haben. Das tat mir unheimlich leid. Und dieser selbstgefällige Krug, das muss ich jetzt einfach mal so sagen. Der hat selbst so egoistisch gelebt. Es gab ja viele Punkte, an denen er sich absolut nicht moralisch verhalten hat. Den nun als Moralapostel auftreten zu sehen, das ging mir gegen den Strich. Also habe ich gegen Krug geschrieben. Und seitdem ist der Ofen bei der Autorin, was meine Person betrifft, aus. Dabei hatte sie kurz zuvor noch eine sehr schöne Reportage über die Dreharbeiten zu Jarmuschs »Night on Earth« geschrieben.

Auch seine Erfahrungen im ehemaligen West-Deutschland haben ihn bis heute nie ganz losgelassen. Nicht nur, weil er hier Freunde, Verwandte und ein Haus hat, sondern auch, weil er immer ein deutsch-deutscher Schauspieler geblieben ist, der dem deutschen Film, bei allen Vorbehalten, auf keinen Fall endgültig den Rücken kehren wollte, zu keiner Zeit. Auch wenn das Echo, mit dem seine ersten in Amerika gedrehten Filme in den westdeutschen Medien bedacht wurden, eher verquält oder kritisch, kaum je von »elterlichem« Stolz getragen war. Irgendetwas knirschte immer wieder. Die Möglichkeit, den Triumph des deutschen Stars im eigenen Land mitzufeiern, nahm in Deutschland vor Breloers »Jahrhundertroman« kaum jemand wahr.

Beinahe gar nicht in die Kinos gekommen wäre »Bronsteins Kinder«, die Verfilmung eines Romans und Drehbuchs von Jurek Becker. Dabei wird darin ein zutiefst deutsches Thema verhandelt. Unter der Regie des Polen Jerzy Kawalerowicz spielt Mueller-Stahl hier den Vater Bronstein, der zusammen mit zwei anderen Lagerüberlebenden einen ehemaligen Kommandanten zu einem Schuldgeständnis zwingen will. Nachdem die drei von Bronsteins Sohn Hans bei ihrem Folterwerk überrascht worden sind, entwickelt sich zwischen Vater und Sohn eine heftige Auseinandersetzung über die Frage der Berechtigung solcher Selbstjustiz.

Wer den Roman kennt, hat keine Mühe, sich Mueller-Stahl in der Rolle des Bronstein vorzustellen. Immerhin hat ihn die Figur so gereizt, dass er für sie schon 1990 erstmals wieder zum Drehen nach Europa kam. Arno Bronstein steht für das Thema, das ihn lebenslang begleiten wird. Eine Figur, die die Frage aufwirft, ob ein Opfer berechtigt ist, den Täter mit eigener Hand für seine Taten zu bestrafen, musste ihn mit seiner Lust an vielschichtigen, widersprüchlichen Charakteren interessieren. Vielleicht hat er sich diese Frage, bezogen auf den phantasierten Mörder seines Vaters, sogar selbst gestellt. Und natürlich gab es auch die Verbindung zu Jurek Becker, zu Rolf Hoppe, der den Aufseher spielte, und zur DDR, wo die Bronsteins leben.

Leider fand der Film ästhetisch weder eine überzeugende

Form noch packende Bilder für die inneren Prozesse seiner Figuren. Er setzte stattdessen auf das Wort, zu viele Worte. Als »bebilderte Podiumsdiskussion« stellte ihn denn auch die Tageszeitung mit einem gewissen Bedauern vor. Dabei agierten die Darsteller von Hans wie auch Arno Bronstein durchaus eindringlich. Matthias Paul – durch die Konfrontation mit dem Vater und mit seiner sexuellen Begierde gleich doppelt aus der Bahn geworfen – ließ die Verwirrung des neunzehnjährigen Jungen lebendig werden. Und Mueller-Stahl hatte als Bronstein durchaus das Gesicht, die Erfahrung und Ausdruckskraft »für die Unversöhnlichkeit, mit der er in der Gegenwart die Vergangenheit verfolgt. Für seine Wut auf die angebliche Bewältigung des Nationalsozialismus im Arbeiter-und-Bauern-Staat. Für seinen Hass auf die Deutschen, der ihn noch im eigenen Sohn den Feind sehen läßt.«

Das ist ein starker Satz. Er sollte nicht zu dem Schluss führen, dass dieser Deutsche – Armin Mueller-Stahl – die Deutschen hasst. Aber sicher gibt es etwas, das er an den Deutschen ablehnt. Oft ist er auch einfach irritiert und verärgert angesichts des Kleingeists, der ihm hier immer wieder begegnet, und wiederkehrender, aus Geringschätzung und Missgunst geborener Invektiven.

Manchmal wird er dann auch laut. Zum Beispiel, als man seiner Rolle des Severo in Bille Augusts »Geisterhaus« eine fremde Stimme unterjubelte.

Als ich hörte, dass Eichinger, der Produzent, mich synchronisieren lassen wollte, habe ich ihn gewarnt. Das hat nichts genutzt. Aber diese Synchronisierung hat man dem Film in Amerika sehr übel genommen.

Die für ihn bitterste Erfahrung mit der deutschen Kino- und Kritikerwelt machte er als Schauspieler jedoch mit Bernhard Schinkels »Der Kinoerzähler«. Thematisch erinnert die Adaption des Romans von Gert Hofmann an Tornatores »Cinema Paradiso«, der in Italien und Deutschland regelrecht begeistert aufgenommen worden war. Diese inhaltliche Nähe mag einer der Gründe gewesen sein, warum »Der Kinoerzähler« drei Jahre später ein Misserfolg wurde. Erklärt aber ist dadurch nichts.

»Der Kinoerzähler« ruft die Zeiten des Stummfilms wach. Dem wortlosen Film wurde damals ein sprechender Begleiter mitgegeben, der den Film präsentierte, kommentierte und auch schon mal zur Violine griff wie der Kinoerzähler Armin Mueller-Stahl. Er zittert vor Bewegtheit, wenn Asta Nielsen in ihrem weißen Kleid auf der Leinwand erscheint. Er zittert vor wohliger Erinnerung, wenn er dem Enkel Paul von den großen Zeiten des Stummfilms erzählt. Und er zittert vor Begehren, wenn er sich, dem bedrückenden Zuhause entflohen, der jungen Frau Fritsche nähert.

Aber die Zeiten sind schlecht. Dem Film wird ein Ton beigegeben und unserem Kinoerzähler die Arbeit und damit sein Lebenssinn genommen. Was soll einer, der nie mit Namen, sondern immer nur als der »Kinoerzähler« erscheint, fortan machen? Was soll aus ihm werden, wo auch noch die junge Geliebte ihm zu verstehen gibt, dass er ausgedient hat? Zumal nicht nur der Ton sich in den Zuschauerräumen breitmacht, sondern auch braune Schlägertruppen einfallen, die den sauberen deutschen Film, Juden raus, fordern.

Düstere Zeiten. Auch der Kinoerzähler mit seinem schwärmenden, jubelnden, trauernden Versuch, den geliebten Stummfilm zu retten, wird hinweggefegt. Und als seine Geschichte sechzig Jahre später auf der Leinwand erschien, ging die gesamte Kritikerschaft noch einmal mit vernichtenden Sätzen über diese trauernde Figur hinweg.

In Amerika dagegen erntete er viel Anerkennung und Aufmerksamkeit – nicht zuletzt, weil es der erste Film war, der von einem amerikanischen Filmverleih in Deutschland vertrieben wurde. Die Variety sah darin »die Arbeit eines Liebhabers, der sich nicht scheut, auch die dunklen Seiten der Menschheit zu zeigen. Es ist ein Werk von großer Zartheit und stiller Autorität.« Andere wie die Los Angeles Times lobten insbesondere das Spiel des Hauptdarstellers: »Der große Schauspieler Armin Mueller-Stahl in einer Lebensrolle. Er findet genau die richtige Würde und Tapferkeit, um diesen so theatralischen Mann zu spielen. (...) Eine trügerisch einfache Geschichte mit einer vielschichtigen Struktur, erfüllt mit einem Widerhall, der lang haftet und oft frösteln macht.«

Betrachtet man demgegenüber die Resonanz, die »Der Kinoerzähler« in Deutschland erhielt, so hat man den Eindruck, es müsse sich um einen anderen Film handeln. Sentimental, unbeholfen, anachronistisch, zu platt, belehrend und uninspiriert. Der Film als Ganzer wird verrissen, der finanzielle Reinfall voller Schadenfreude konstatiert, und auch die Schauspieler kommen nicht gut weg. Dabei gelten die Angriffe allen voran – wie anders – dem Hauptdarsteller: »Armin Mueller-Stahl als Sankt Zelluloisius der deutschen Kinematographie spielt seine Rolle mit solcher Inbrunst, dass man ihm alles verzeihen möchte, das ewige Augenzwinkern, die Manierismen, die Schwerenöterei, sogar den Film, in dem er auftritt«, urteilte Die Zeit gönnerhaft.

Als der Grundtenor für die Medien einmal vorgegeben war, schaute offenbar niemand mehr genau hin. Es war ausgemacht: »Der Kinoerzähler« ist ein schlechter Film, ein (verdienter) kommerzieller Reinfall dazu. Und für so was gibt sich der Mueller-Stahl her!

Der aber mochte den Film und hat seine Rolle geliebt.

Sicher muss man nicht alles gut finden in dieser Geschichte. Aber warum ist Sentimentalität denn so schlimm? Dieser Kino-

erzähler ist eine wunderbare Figur und der Film hat es nicht verdient, so pauschal verdammt zu werden.

Keine Frage: Hier wurde der Kinoerzähler noch einmal vertrieben.

Der nächste Film, mit dem Mueller-Stahl in deutsche Kinos kam, war von Anfang an ein wagemutiges Unterfangen. 1995 verfilmte Volker Schlöndorff den französischen Roman »Der Erlkönig« von Michel Tournier, der, 1970 erschienen, schon als Text umstritten war und von Jean Améry damals als »Ästhetizismus der Barbarei« kritisiert wurde. Tournier hatte Schlöndorff gewarnt, als er von dessen Plänen erfuhr: Von all seinen Geschichten sei diese am wenigsten filmgerecht. »Genau deshalb will ich es machen«, antwortete der Regisseur, der durch Verfilmungen von Grass und Proust schließlich schon Erfahrung mit der Umsetzung sperriger Texte gesammelt hatte.

Aber »Der Unhold«, wie der Film dann hieß, hatte dennoch eine lange und hindernisreiche Entstehungsgeschichte. Der eigentlich vorgesehene Hauptdarsteller Gerard Départdieu fiel aus gesundheitlichen Gründen aus, für ihn sprang John Malkovich ein, und nach dieser Entscheidung meinte Schlöndorff später, er könne sich eigentlich gar keinen anderen Darsteller für den Protagonisten Abel mehr vorstellen. Zwischen Drehbeginn im Sommer 1994 und dem Ende im Winter 1995/96 entstanden an die 20 Drehbuchfassungen, dabei schrumpfte das Buch von 190 auf 90 Seiten. Als der Film dann im September 1996 in die Kinos kam, schwankte das Echo zwischen Ratlosigkeit und Ablehnung. Uneingeschränktes Lob wie vom Autor selbst, der seinen Text großartig und kongenial verfilmt sah, fand sich kaum.

Natürlich ist die Geschichte für die Deutschen ein heißes Eisen. Nazideutschland. Der französische Kriegsgefangene

Abel verdingt sich in einem Jungeninternat mit Namen St. Christopherus. Als man dort seinen guten Kontakt zu den Kindern bemerkt, stellt man ihn ein, um Knaben aus den umliegenden Dörfern herbeizuschaffen, Kanonenfutter für die letzten Wochen des Krieges. Abel erfüllt diese Aufgabe in einer absonderlichen Mischung aus homophiler Anziehung, Märchentraum und gefährlicher Blindheit. Die Frage nach Gut und Böse, Verführung und Rettung, Schuld und Erlösung, Gefolgschaft und Auflehnung durchzieht denn auch den Film.

Mueller-Stahl als Graf Kaltenborn verkörpert den politischen Widerstand. Nach einigen kleinen, fast stummen Szenen hat er seinen großen Auftritt gegen Ende des Films, als die Verschwörung gegen Hitler entdeckt und der Graf von den Nazis abgeholt wird. Deren ungehobeltem Gehabe steht sein korrektes Auftreten gegenüber, Kaltenborn bleibt unantastbar durch extreme innere Disziplin. In höchster Anspannung begegnet er dem fassungslosen Abel, gleichsam dem letzten Menschen, dem er sich noch anvertrauen kann. Wie er ihm das Tagebuch hinreicht, Zeugnis seines Lebens, und es dann zurückzieht. Der Impuls des Adligen, die Spuren des eigenen Denkens und Lebens zu erhalten – und die resignierende Einsicht, dass ein solches Traditionsbewusstsein in düsteren Zeiten wie diesen nutzlos, vielleicht sogar gefährlich ist. Aber seine Würde, die lässt er sich nicht nehmen, von keinem barschen Befehl, keiner verborgenen Angst. Noch den letzten Orden legt er an, bevor er abgeführt wird. Mit jedem Wort, mit jeder Bewegung drückt sich aus, wie himmelweit er sich entfernt fühlt von der Niedrigkeit derer, die jetzt Gericht über ihn sitzen werden. In den Tod können sie ihn zwingen, nicht aber in die Barbarei.

Kennt man das Leben des Akteurs, so erinnert er in dieser Szene neuerlich an seine Erzählungen von Tante Toni, von ihrer lebenslang andauernden vornehmen Selbstdisziplin. Ob er selbst in diesen Momenten auch ihrer gedacht hat? Auf jeden Fall ist er hier eindringlich präsent.

Auch Volker Schlöndorff war höchst zufrieden. Gerade weil Graf Kaltenborn nur wenige Auftritte hat, habe er einen Schauspieler gebraucht, der solch kleine Szenen mit Leben füllen könne. Und da sei Mueller-Stahl einfach unerreicht. »Professionell, eindringlich und mit viel szenischer Einfühlung. Wissen Sie, wenn Armin einen Menschen spielen soll, der friert, dann muss ich dafür nicht das Fenster öffnen und kalte Luft reinlassen. Das macht er mit seiner Phantasie. Er war eine Idealbesetzung für den Kaltenborn.«

Das Lob von Regisseur und Kollegen hat ihm nicht viel geholfen. Der Film verschwand, ohne dass er wirklich mit all seinen Stärken und Schwächen diskutiert worden wäre. Der Vorwurf des Ästhetizismus, rasch vorgebracht, wirkte wie ein Totschlagargument. Denn der Zusammenhang von Ästhetisierung und Drittem Reich ist in der deutschen Diskussion durch die Filme Leni Riefenstahls vermintes Gelände. Es war wohl einer borniertenForm von Political Correctness geschuldet, dass der »Unhold«-Film nicht angemessen diskutiert werden konnte, sondern einer pauschalen Distanzierungsbewegung zum Opfer fiel.

Mueller-Stahl selbst hat die Ablehnung des »Unholds« dann freilich nicht viel anhaben können. Er hatte den Film vor allem aus Freundschaft zum Regisseur gedreht, aber er war nicht mehr davon abhängig, ob die Geschichte in Deutschland Erfolg hatte. Schließlich war er in Amerika mittlerweile bekannter – und vor allem anerkannter – als in seinem Heimatland.

Diese Erfahrung fand er nach seinen Erfolgen mit »Shine« aufs Neue bestätigt. Es war, wie schon bei »Music Box« einige Jahre zuvor: Während Medien und Publikum weltweit mit Begeisterung auf seinen Peter Helfgott reagierten, kam ihm in Deutschland nur miesepetrige Verdruckstheit entgegen.

Diese eigenartige Distanz, ja Ablehnung, ist nicht leicht zu verstehen. Denn selbst wenn in Deutschland (latente) Missgunst, Neid und Kleingeist verbreitet sein mögen, so gab es doch immer auch das Bedürfnis, die deutschen Stars in Amerika zu feiern. Insofern sind der strenge Blick, die Bereitschaft zu Kritik und Häme auch spezifisch für das Verhältnis zwischen Teilen sowohl der deutschen Filmkritik wie -politik und Armin Mueller-Stahl.

In Amerika höre ich immer wieder: »Bei deinen vielen Filmen müsstest du in Deutschland doch eigentlich so etwas sein wie der Paul Newman bei uns oder wie der Yves Montand in Frankreich.« »Nein«, antworte ich dann, »ich habe zwei Storys. In der DDR war ich schon so etwas Ähnliches, nicht aber in der Bundesrepublik.«

Ist er einfach zu sperrig, zu unnahbar, zu empfindlich? Überforderte er durch seine Anspruchshaltung und Ungebundenheit jene, die ihn als treuen, anpassungsbereiten Repräsentanten »deutscher künstlerischer Wertarbeit« vermutlich gern geehrt und zum Aushängeschild gemacht hätten? Sicher hat er manche auch dadurch vor den Kopf gestoßen, dass er mit seiner Kritik nie hinterm Berg hielt. Auch wenn er sich Gelassenheit verordnet – Kleingeist, Intrigen, üble Nachrede und unfaire Kritikerfeldzüge bringen ihn immer wieder auf die Barrikaden. Das verwundert kaum, wenn man beispielsweise die großformatige Polemik von Tobias Kniebe betrachtet, die im Frühjahr 2009 in der Süddeutschen erschien – mit einem Bild, das den Text wortlos vorwegnahm.

Auf einem Standfoto zu Dan Browns »Angels and Daemons« posiert Armin Mueller-Stahl als Kardinal Strauss in prunkvoller Kirchchenrobe mit so andächtig gen Himmel gerichtetem Blick, dass man sofort weiß: Dieser Text ist ein Vernichtungsschlag. Er verschont den neben Mueller-Stahl stehenden Ewan Mc Gregor – wiewohl auch der ziemlich dümmlich aus seinem weißen Krägelchen schaut –, um sein Objekt mit voller Kraft ins Visier zu nehmen. Er argumentiert, als gehöre der weihevolle Blick nicht zu Mueller-Stahls Rolle, sondern zu dem 79-jährigen Mimen. Er wirft dem Abgebildeten – stellvertretend für nahezu alle berühmten Schauspieler – vor, vom Virus des Großmimentums befallen, einer maßlosen Selbstüberschätzung zu erliegen. Er bezichtigt ihn der Inkonsequenz, Gier und Eitelkeit und watscht ihn dann noch für »dies und das« ab. Dabei arbeitet der Autor mit Unterstellungen und verheddert sich in inkonsistenten Argumentationssträngen. Aber er erreicht sein Ziel: Wer ihm folgt, für den ist Armin Mueller-Stahl am Ende des Textes ein menschlich fragwürdiger, aufgeblasener Schauspieler, der nicht (mehr) viel zu bieten hat. Filme mit ihm muss man sich eigentlich nicht anschauen.

Kritik will Schwachpunkte aufzeigen – Häme will zerstören. Der Text ist brillant formuliert, schäbig, unfair – und genauso diese Erfahrung ist es, die Mueller-Stahl immer wieder auf Distanz zu Deutschland bringt. – Dass Tom Hanks Mueller-Stahl wenige Monate später in einem Interview mit der Bild als »einen der größten Schauspieler unserer Zeit« bezeichnete, den er bewundere und von dem er viel lernen können, bildete dann allerdings einen eindringlichen Kontrapunkt zu Kniebes boshafter Attacke.

Dennoch hat eine eigentümliche Mischung aus Ressentiment, institutionellen Hürden und vielleicht dummen Zufällen dazu geführt, dass Armin Mueller-Stahl sich einen seiner kreativen Träume nie wirklich, geglückt, hat erfüllen können.

Denn als Jürgen Flimm bei seiner Moderation der Festgala zum 75. Geburtstag Armin Mueller-Stahls noch einmal die Geschichte von dem kleinen Jungen im Nachthemd erzählt, der – den erwartungsvollen Blick gen Himmel gewandt – immerfort »ich« gerufen habe, als der Engel mit den Talenten vorbeiflog, hat in seiner Bewunderung für die imposante Konzentration von Begabungen einen Punkt übersehen: Auch das »Gesamtkunstwerk Armin Mueller-Stahl«, wie er ihn nannte, war nicht in allen Bereichen erfolgreich, in denen er sich künstlerisch verwirklichen wollte.

Ich hätte sehr gern Regie geführt, wenn ich dabei meine eigenen Geschichten hätte erzählen können. In meinem eigenen Stil, mit Raum für die Bilder, die mir vorschweben – und offen für die Kraft des Zufalls. Der Job ist mir ja vertraut. Ich habe in Europa gedreht, in Moskau, in Amerika, ich könnte das vermutlich besser als manch anderer Regisseur. Aber ich habe hier in Deutschland, das muss ich wirklich sagen, eine gewisse Art von Neidkolonie, die haben mich nur blockiert. Es gibt andere Leute, die sind angenehm und unterstützend, das schon, aber ...

Wenn Armin Mueller-Stahl über seine gescheiterten Regieprojekte spricht, setzt sich eine scharfe Furche auf seiner Stirn fest und er wechselt zwischen einem unwirschen »Darüber-muss-man-nicht-mehr-sprechen« und erbitterten Zornesreden.

Da gab es zum Beispiel das Projekt »Hamlet in Amerika«. Viele Monate hat er mit Tom Abrams an dem Drehbuch gesessen.

Ich hätte das gern mit Jack Lemmon gedreht. Das Drehbuch war fertig, es lag bei der Produzentin, einer Engländerin, die schon »Utz« gemacht hatte. Das war eine sehr schillernde Persönlichkeit, aber ich hatte ihr nach »Utz« vertraut und hatte ihr eine Unterschrift gegeben, das war natürlich leichtsinnig, ja. Sie kriegte 100 000 Euro für die Drehbuchgenehmigung. Davon sollte sie Abrams bezahlen, das hat sie nicht gemacht, sie hat davon ihr Büro eingerichtet. Dann sagte ich, schicken Sie mir das Drehbuch zurück. Das tat sie nicht. Abrams habe ich privat bezahlt. Aber ich konnte nicht drehen, weil sie mir die Rechte nicht zurückgab. Ich habe drei Jahre prozessiert, mit meinem amerikanischen Rechtsanwalt. Na ja, und in der Zwischenzeit war »Knocking on Heaven's Door« erschienen, das war ziemlich genau die Geschichte von »Hamlet in Amerika«. Angeblich wurde das Drehbuch zu dem Schweiger-Film in einem Taxi gefunden. Weil es eine Crime-Geschichte enthält, die es bei uns nicht gab, wäre es schwer gewesen, vor Gericht zu klagen. Aber mit dem Film war mein Drehbuch weg.

Nun ist Mueller-Stahl kein Mensch, der sich einschüchtern lässt oder klein beigibt. Wenn er engagiert ist, dann ganz. Und Trotz mag auch eine Rolle gespielt haben, als er sich noch einmal mit Abrams zusammensetzte.

Ich habe mit Tom dann ein neues Drehbuch geschrieben, eine neue Geschichte, »Over the edge« sollte sie heißen und Giancarlo Esposito hätte darin gespielt, mit dem ich »Night on earth« gemacht habe. Aber dann ging es mit dem Produzenten schief, den man mir empfohlen hatte. Der liebte das Drehbuch. »Da haben wir das Geld in zwei Monaten zusammen«, hat er gemeint, und brauchte dann zwei Jahre, um es nicht zusammenzubekommen. Dann kamen Leute vom WDR, die mir anboten, ich könnte eine Rolle in dem Film spielen, aber nicht Regie führen.

Ich sagte, genau das will ich aber, der soll meinen Rhythmus haben, meine Musik haben und meine Bilder. Und das wäre eine tolle Geschichte gewesen. Die Szenerie wäre eine Art Altersheim für alte Schauspieler gewesen. Die wollen Hamlet spielen. Da hätte es zum Beispiel einen Raum gegeben, in dem nur die gedeckten Tische stehen. Warum? Weil die Bewohner mit ihren Rollstühlen daran sitzen. Ich hatte mich so verknallt in diese Bilder. Das gibt es in L. A. wirklich, so ein Altersheim. – Dann schlug man mir Doris Dörrie als Regisseurin vor. Da habe ich mein Drehbuch genommen und gesagt, Schluss, Ende. Ich muss auch heiß sein, um so etwas zu machen, und nach zwei Jahren war einfach die Luft raus.

Außer »Hamlet in Amerika« gab es ein zweites Regieprojekt, das er unbedingt machen wollte, obwohl der Stoff nicht mal seine eigene Idee war. Um Würde ging es für ihn in dieser Geschichte, um den Verlust der Würde innerhalb einer Gruppe von Menschen in einem Zug nach Auschwitz. Was passiert, wenn alles zusammenbricht und nur noch der schiere Überlebenswille übrig bleibt? Das hat Mueller-Stahl interessiert, deshalb hatte er Artur Brauner zugesagt – auch wenn der Produzent ihn, wie er im Venice-Tagebuch erzählt, von Anfang an gleichzeitig umwarb und verprellte.

Sieben Monate habe ich intensiv daran gearbeitet, habe die Location gesucht, das Drehbuch überarbeitet und die Geschichte wahr gemacht, indem ich den »guten Deutschen« reingeschrieben habe. Sonst ist das zu schwarz-weiß, es waren ja nicht alle Deutschen Monster. Aber dann begann Brauner zu stören. Er schlug einen anderen Kameramann vor, unsrer sei zu teuer. Also, ich hatte die Bilder alle im Kopf, ich wollte arbeiten. Trotzdem habe ich mich mit einem neuen Kameramann und einer neuen Regieassistentin getroffen. Ich habe die sogar dazu gebracht, es in absurd kurzer Zeit, nämlich 14 Tagen, zu drehen. Fakt war aber: Alle wollten mit mir arbeiten, keiner mit ihm. Ich kann auch wirklich mit Schauspielern arbeiten, sie hören auf mich, weil meine Biographie mir das Recht gibt, mich mit wenigen Worten mitzuteilen. Bob Balaban zum Beispiel, der ja sehr mit Woody Allen befreundet ist, sagte mal zu mir: Du arbeitest wie er – weil du den Leuten Freiheit lässt.

Dann rief Brauner eines Tages um Mitternacht an: Wir verschieben aufs nächste Jahr. Das war im Prinzip okay, aber ich habe gesagt, ob ich Ihnen dann noch zur Verfügung stehen kann, das weiß ich nicht.

Der eigentliche Grund aber war, dass ich einen großen Krach mit ihm hatte. Denn der Mann hatte eine Geizkrankheit. Als es nicht mehr weiterging, habe ich ihm die Meinung gesagt, vor der ganzen Equipe. Ich sagte, Sie sind so stolz auf die 300 Filme, die Sie gemacht haben, aber hier gibt es keinen, der mit Ihnen arbeiten will. Ihr Geiz bringt Sie noch an den Galgen, dann machen Sie doch keine Filme mehr. Drei Regisseure hat er danach noch versucht zu engagieren, dann hat Vilsmaier es gemacht.

Die Fortsetzung der Geschichte erzählt er in seinem Venice-Tagebuch: »Von einem Freund wird mir eine Zeitungsmeldung aus Hamburg zugefaxt. Mit einem Kuli quer über die Seite geschrieben – Zur Genugtuung und Freude. Die Mitteilung lautet: Dem Produzenten A. B. laufen die Regisseure weg. Nach M.-St. und Sch. nun auch noch der tschechische Regisseur F., der zu seiner Filmflucht sagte: ›Lieber ein Ende mit Schrecken als ein Schrecken ohne Ende.‹ (…) Genugtuung? Freude? Nichts davon. Trauer, Zorn, ja. Trauer um die sieben Monate, die er mir gestohlen hat, in dieser Zeit hätte ich 100 Bilder malen, ein Buch schreiben, einen Film mit Nicolas Cage machen oder mit meiner Frau verreisen können. Zorn? Ja. Über einen Mann, der so selbstverständlich und egoistisch über meine Zeit verfügte, als sei ich sein Sklave. Nach dieser Erfahrung war die Ausstellung in L. A. Balsam. Auch die wollte er platzen lassen, als er mich aufforderte, stehenden Fußes eine Kehrtwende zu machen und mit dem Film jetzt und sofort zu beginnen. (…) Kurz gesagt, die Erfahrung war die unangenehmste in meinem langen beruflichen Leben.«

Einmal, immerhin, hat er dann doch Regie geführt. Bei einer Geschichte über eine Figur, die ihn sein Leben lang beschäftigt: Adolf Hitler.

Mueller-Stahl wollte, wie er erzählt, Hitler auferstehen lassen, um ihn noch einmal zu erschießen. Er drehte in Babelsberg, an einem für ihn vertrauten Ort, die von ihm selbst geschriebene Groteske »Conversation with the Beast«. Eine wagemutige Geschichte, basiert sie doch auf der Vorstellung, Hitler sei gar nicht tot, sondern lebe, mittlerweile 103 Jahre alt, in einem Kellergewölbe in Berlin, Kantstraße 204. Natürlich will keiner glauben, dass Hitler nicht nur das Dritte Reich, sondern auch den natürlichen physischen Verfallsprozess überstanden hat. Der amerikanische Historiker Arnold Webster, von Bob Balaban gespielt, reist an, um die Identität dieses vermeintlichen Hitler zu prüfen.

Zehn Tage gibt er sich dafür Zeit und in den Interviews, die die beiden führen, entspinnt sich ein schwer zu entwirrendes Katz-und-Maus-Spiel: Webster jagt sein Gegenüber mit Fragen, um herauszufinden, ob er tatsächlich mit Hitler oder doch mit Andreas Kronstaedt spricht. Kronstaedt war einer der sechs Doppelgänger, deren Einsatz Goebbels angeregt hatte, um durch das allgegenwärtige Auftauchen des Führers die Moral der Frontsoldaten zu stärken. Hitler wiederum jagt Webster mit Schleudergeschossen quer durchs Zimmer, zwischendurch wird die Situation immer wieder grotesk.

Als absurde Komödie hat der Hitler-Film Tradition, Charlie Chaplin wird explizit zitiert. Aber »Conversation with the Beast« ist nicht einfach lustig, sondern zugleich ein Psychothriller, eine philosophische Auseinandersetzung, ein Lehrstück und in seinen schönsten Momenten pures, ausgelassen hintergründiges Spiel.

»Vergiss mal Deutschland«, lautete der Arbeitstitel des Projekts. Aufforderung an sich selbst? Resignierende Prognose?

Eigentlich war das nur eine intellektuelle Spielerei, die für andere vielleicht weniger interessant sein mag. Ursprünglich wollte ich gar kein Drehbuch schreiben, sondern ein Buch darüber veröffentlichen. Als ich mit einem Produzenten über mein Vorhaben sprach, zeigte dieser unerwartet Interesse. Gut, dachte ich, dann erfülle ich mir eben mit diesem Stoff den Wunsch, endlich auch mal selbst Regie zu führen. Was in diesem Fall sehr schwierig war, denn es ging darum, wenige Menschen in einem Raum in Szene zu setzen. Zunächst hatte ich gar nicht vor, selbst mitzuspielen. Ehrlich gesagt hatte ich keine große Lust, den ganzen Text zu lernen, für die Hitler-Figur immerhin zwei Stunden Text. Martin Benrath sagte mir spontan zu, aber nachdem er das Drehbuch gelesen hatte, wollte er mit der Rolle nichts mehr zu tun haben. Das habe ich respektiert. Also spielte ich selbst und wollte mit der Regie einfach eine Fingerübung machen. Mir war dabei im Grunde genommen schon von vornherein klar, dass die Leute den Film nicht mögen würden.

Die Schwierigkeiten begannen denn auch gleich beim Geld. Als das Drehbuch fertig war und die staatlichen Filmförderungsbehörden vom Inhalt des Films erfuhren, wurde der Antrag auf finanzielle Unterstützung kurz und ohne rechte Begründung abgewiesen: »Herr Mueller-Stahl, unsere Mittel sind knapp, es tut uns sehr leid, wir können Ihnen kein Geld zuschießen. Aber mit Ihrem Namen finden Sie doch jederzeit andere Geldgeber!«, hieß es.

Tatsächlich, so die Vermutung Mueller-Stahls, wollten sie dem deutschen Steuerzahler wohl nicht zumuten, »einen Film über den beunruhigendsten Knochenmann im deutschen Wandschrank zu fördern«. Immerhin gibt es eine partielle Finanzierung durchs Fernsehen und durch Sachleistungen«, erzählt Rudolf Steiner, der Produzent des Films, aber »außer ORB und ZDF/arte fanden sich keine Geldgeber, sodass unsere Produktionsfirma die ursprünglich vorgesehene Rückstellungssumme mehr als verdreifachen musste.«

Die Dreharbeiten in Babelsberg berührte das nicht, sie verliefen reibungslos. »Armin ist«, so Steiner, »ein ›Vollprofi‹ – und zwar nicht nur als Schauspieler, sondern auch als Regisseur. Es gibt nur wenige Menschen, die so gut Schauspieler führen können. Es war ein unvergessliches Erlebnis, für die Schauspieler wie für das Drehteam, mit Armin zusammenzuarbeiten.«

Die Besonderheit seiner Regiearbeit lag wohl darin, dass er genau das zu realisieren vermochte, was er aus seiner Position vor der Kamera heraus immer gefordert hat: die Schauspieler nicht mit Anweisungen zu bombardieren, nicht zu viel vorwegzunehmen, sondern den Spielenden die Möglichkeit zu geben, die Szene so weit wie möglich spontan aus sich heraus zu entwickeln.

»Die Dreharbeiten waren ungeheuer produktiv und zugleich sehr entspannt. Die lässige Art und Elastizität, mit der er gearbeitet hat, war wirklich erstaunlich«, erzählt Dietmar Mues, der einen Doppelgänger Hitlers spielt. »Er hat nie den Regisseur rausgehängt, dabei hatte er sehr klare Vorstellungen. Jeden Morgen trafen sich die Darsteller, und die Technik musste alles fertig haben. Und dann haben wir gesessen, und Armin hat alle runtergebeamt. Es ging darum, die aufgeladenen Bühnenschauspieler auf amerikanisches Filmformat zu bringen. Oft ging dann das Sprechen unmerklich ins Drehen über, ganz leicht, gerade dadurch kam oft aus jedem das Eigenste heraus.« Mueller-Stahl selbst hatte eine ähnliche Befreiung bei Barry Levinson erlebt, der die Kamera bisweilen nach der Klappe weiterlaufen ließ und dadurch oft besonders schöne Szenen einfing.

Eine solche Rolle zu verkörpern ist eine in mancherlei Hinsicht völlig neue, auch für ihn einmalige Aufgabe. Wie diese

Figur spielen, die doch im kollektiven Bewusstsein so festgelegt ist durch die wiederkehrenden Bilder, die sich – zumal den Deutschen – unwiderruflich eingeprägt haben. Anthony Hopkins, der früher einmal den Hitler gespielt hatte, war bei den Dreharbeiten bis an die Grenze seiner psychischen Belastbarkeit gekommen. Doch Mueller-Stahls Film zeigt nur wenige Szenen mit dem krächzend predigenden, fauststoßenden Hitler – und diese sind mehrfach gebrochen. Meist sehen wir einen zittrigen, kindischen Obsessionen anhängenden Greis, der mit Hortense, seiner jung gebliebenen Angetrauten, zankt, die Tabletten zerhackt und obszöne Sprüche loslässt. Denn Mueller-Stahl wollte einen Hitler zeigen, der, seiner monströsen Macht entkleidet, eine ganz jämmerliche Figur darstellt. Wollte das Gespenst Hitler vertreiben, indem er dessen menschliche Lächerlichkeit offenbart, ähnlich wie George Tabori es in »Mein Kampf« versucht hat. Aber würde man das in Deutschland verstehen und billigen?

Nein, man verstand es eher nicht. »Der Film kam vielleicht zu früh. Deutschland war 1996 noch nicht bereit, über Hitler zu lachen«, vermutet Produzent Steiner. »Ich halte ihn aber auch heute noch für wichtig und fantastisch gespielt.« Auch Dietmar Mues kritisiert die teils mäkelige, teils rundum ablehnende Rezeption, die der Film erfuhr: »Ich finde ›Conversation‹ immer noch sehenswert. Er hat etwas von den polnischen Filmen der 60er Jahre. Wer weiß, wenn Armin früher Regie geführt hätte, vielleicht hätte der deutsche Film heute ein anderes Gesicht.«

Dass Mueller-Stahl ahnte, wie provokativ sein Projekt vielen Deutschen erscheinen würde, wurde schon in seinen Statements anlässlich der Weltpremiere des Films in Toronto deutlich. »Ich glaube nicht, dass der Film auf die schwarze Liste kommt«, meinte er da, »weil wir versuchen, in Deutschland eine Demokratie zu wahren. Aber es ist schrecklich, wie sehr sich die Deutschen daran gewöhnt haben, Filme über die Opfer und immer mehr Opfer zu machen.«

Vermutlich hat man genau das auch von ihm erwartet. Weil die Opfer-Filme den Zuschauern eine wohlfeile Katharsis erlauben, während dieser senile, kichernde Hitler sie immer wieder an die eigene Verführbarkeit und damit Schuld gemahnt. Mit seinem unkonventionellen, ein wenig schrägen Ansatz, der ganz bewusst nicht das nationale Trauma ins Zentrum stellt, ist Mueller-Stahl auf jeden Fall in Deutschland nicht gut gelandet. Schon bevor der Film bei den Berliner Festspielen 1997 seine deutsche Premiere hatte, wurde er kontrovers diskutiert. Der Spiegel formulierte und platzierte seine Kritik mit geradezu ausgesuchter Perfidie: Til Schweigers »Knocking on Heavens Door« wurde als genial gelungener Lausbubenstreich gefeiert und gleich daneben der misslungene Streifen des unfähigen Seniors abgekanzelt. »Chaplin, die Marx Brothers, Mel Brooks, all die mögen ihm vorgeschwebt sein, Groteske, Farce, bös und schrill. Aber nun ist es eine plappernde Anekdote geworden, die grad mal als Vorfilm taugen könnte. (…) Mueller-Stahls Manko ist, dass er ein guter Mensch ist (und ein guter Schauspieler); dass er nicht analysiert, nicht reflektiert, nie nachhakt. Er behauptet was und macht nichts draus.«

In Amerika ist man »Conversation with the Beast« viel offener begegnet. »Die Uraufführung in Toronto war ein voller Erfolg«, erzählt Rudolf Steiner. »Das Publikum war begeistert. Der Film wurde auf 32 Festivals eingeladen, vorwiegend jüdischen, in der ganzen Welt. Nach Berlin, Australien, London, Südamerika, Asien und die USA mit teils euphorischen Reaktionen. Das Problem ist nur, dass man von den Festivals kein Geld bekommt. Im Gegenteil, die Kopien muss man selbst bezahlen.«

Auch das Echo in den Medien war in Amerika freundlicher. Die Boxoffice lobte, wie es »diesem Film voll schwarzem Humor gelingt, die feine Balance zu halten zwischen dem Skurrilen und dem Abgründigen. Eine der wunderbaren Ironien des Films ist die Idee, dass Hitlers spezielle Hölle nicht der Tod ist, sondern ein ewiges Leben, in dem er aber ein Niemand ist. In der dreifachen Position als Hauptdarsteller, Drehbuchautor und Regisseur bewegt sich Mueller-Stahl mit großem Selbstbewusstsein. Sein greiser »Führer« piesackt Mr. Webster mit Wurfschleuderstreichen und wird dann von Wutanfällen gepackt, weil er – im Wortsinne – im Dunkeln festgehalten wird. Der Schauspieler vermittelt die Ausstrahlung, die der reale Mann hatte; der Drehbuchautor überlastet nichts mit großen Statements, und der Regisseur liefert einen eigenwilligen Kommentar zu einem der meistanalysierten Übeltäter der Geschichte, indem er ihn ins Lächerliche verkehrt.«

So also konnte man den Film auch sehen. Da verwundert es nicht, dass Mueller-Stahl oft mit Unmut daran denkt, wie sein Film in Deutschland abgekanzelt wurde.

Hat Jürgen Flimm sich also geirrt? Vermutlich ist es eher so, dass es für die Regie – bei der so viele Personen und Institutionen aufeinandertreffen – keinen eigenen Talentengel gibt.

Für das Verhältnis zwischen Armin Mueller-Stahl und der deutschen Filmszene war es auf jeden Fall eine glückliche Fügung, dass Heinrich Breloer Mueller-Stahl 1998 für die Rolle des Thomas Mann in seinem Doku-Drama »Die Manns« gewinnen konnte. Denn trotz unverwandt treuer Fans wurde erst durch den mit großem Erfolg gesendeten »Jahrhundertroman« die Grundlage für eine entspanntere, versöhnlichere Atmosphäre geschaffen.

6 Thomas Mann und Tom Tykwer

Rückkehr mit Thomas Mann

Lange Zeit war es vor allem ein Name, eine Rolle, die nahezu jedem Kinogänger beim Namen Armin Mueller-Stahl einfiel: Helmut Grokenberger. Der traurige Clown mit den beiden Piccoloflöten und der klobigen Pelzmütze hatte sich den Zuschauern unwiderruflich ins Gedächtnis gegraben. Seit 2001 hat sich – zumindest in Deutschland – eine zweite, ganz anders auftretende Figur dazugesellt: der hanseatisch-distinguierte Autor Thomas Mann.

Große schauspielerische Leistungen sind das ja beides nicht, bei Jim Jarmusch habe ich viel improvisiert – und Thomas Mann ist mir nicht besonders schwergefallen, nachdem ich beschlossen hatte, ihn zu mir zu machen. Da gibt es andere Rollen, die mich wesentlich mehr Arbeit gekostet haben, schauspielerisch wichtiger sind.

Eigentlich galten seine Sympathien auch immer eher Heinrich Mann, dem älteren, lebenszugewandteren der beiden Mann-Brüder. Doch als Heinrich Breloer und Horst Königstein ihn im Sommer 1998 für ihr Doku-Drama über »Die Manns« zu gewinnen versuchten, hatten sie einen anderen Plan:

»Ich hatte die Idee, Thomas Mann, der von vielen Menschen immer noch nicht richtig verstanden wurde, in einigen Ländern auch als Verräter dastand, der im Krieg auf der falschen Seite Nachrichten gesprochen hatte, zurückzubringen nach Hause, nach Deutschland. Und das mit einer großartigen Besetzung – sympathischer, als er vielleicht den Zeitgenossen erschienen war – da war Armin Mueller-Stahl die richtige Wahl. Auch, weil er für das deutsche Publikum ein unverbrauchtes Gesicht war, sich nicht in Serien verschlissen hatte«, erläutert Heinrich Breloer die Gründe, warum er sich so sehr um Mueller-Stahl bemüht hat, bis er den Zögernden schließlich überzeugen konnte.

So zahlt sich die Abstinenz gegenüber den Versuchungen des Fernsehens, die man dem wählerischen DDR-Schauspieler hierzulande in der achtziger Jahren durchaus übel nahm, spät und zugleich stimmig für ihn aus. Denn seit Mueller-Stahl in Heinrich Breloers Doku-Drama »Die Manns. Ein Jahrhundertroman« den »Zauberer« der berühmten Autorenfamilie verkörpert hat, sehen viele (Fernseh-)Zuschauer, wenn sie den Namen des berühmten Dichters hören, nicht mehr dessen wirkliche Züge, sondern den Thomas Mann Mueller-Stahls vor sich.

Wie hat er das geschafft?

Das war ganz leicht, als ich beschlossen hatte, ihn nicht zu imitieren, sondern umgekehrt, ihm meinen Kopf, meine Stimme und meine Hände zu leihen, sogar meine Gefühle. Ich habe einfach geschaut, welches Material ich mitbringe, um ihn lebendig werden zu lassen.

Das sind Strenge und Herzenswärme, Fürsorglichkeit, patriarchaler Charme, Selbstdisziplin, Großherzigkeit, Humor und das Pathos der Distanz. Es sind der abschätzige, der forschende und der weise Blick, die Lust am Spiel und die Konzentration auf das Geistige. Dass auch Thomas Mann sich keiner der herrschenden Ideologien unterworfen hat, sondern mit seiner Wahrnehmung und seinen Themen immer bei sich selbst geblieben ist, machte den Transfer in diesem Punkt leicht.

Wichtig für Breloers Konzept war zudem Mueller-Stahls Fähigkeit, Dinge durch bloße Andeutung zu vergegenwärtigen. War es doch Ziel des Regisseurs, in seinem auf das Biographische konzentrierten Film zugleich, sozusagen als Subtext, die Romane von Thomas Mann und deren Figuren präsent werden zu lassen. Genau das gelingt Mueller-Stahl, womit er nicht nur ein kategorisches Diktum Reich-Ranickis (»Thomas Mann, den kann keiner spielen, unmöglich!«) widerlegt, sondern den Autor geradezu neu im öffentlichen Bewusstsein verankert hat. Breloer war denn auch im Nachhinein mehr als froh, die Rolle mit ihm und nicht mit Jeremy Irons besetzt zu haben, der eine Weile im Gespräch war. Der schmale Brite mit der aristokratisch leidenden Miene hätte einen Teil von Thomas Mann – den abgegrenzten, verquälten – sicher eindringlich vermittelt. Aber dem fürsorglichen und vergnügten Vater, der vor allem seine Lieblingstochter Elisabeth hingebungsvoll umsorgte, hätte er kaum eine solche Wärme verleihen können wie Mueller-Stahl. In einer wesentlichen Herausforderung, die Breloer für die Figur nennt – gleichzeitig sympathisch und unnahbar zu sein –, findet sich interessanterweise bis in den Wortlaut genau die Formulierung wieder, die Frank Beyer vierzig Jahre zuvor dazu bewogen hatte, Mueller-Stahl in seinem Film »5 Patronenhülsen« die Rolle des Brigadisten Pierre zu geben. So schließt sich der Kreis.

Patriarchen-Rollen wurden Mueller-Stahl in den letzten zehn Jahren immer wieder angeboten. Das hat natürlich etwas mit dem Alter zu tun. Aber es liegt auch an seiner speziellen Ausstrahlung und der Vielfalt von Erfahrungen, mit denen er solche Figuren ausstattet und als fürsorgliche wie destruktive, als charmante wie diabolische Vaterfigur überzeugt.

Mit hellem Anzug und luftigem Hut erinnert seine Erscheinung in Margarethe von Trottas Verfilmung des Romans »Ich bin die andere« von Peter Märthesheimer rein äußerlich an den lang zurückliegenden Avildsen-Film »The Power of one«. Als großväterlichen Mentor bringt er dort dem kleinen P. K. die Rätsel des Lebens nahe. Gerade vor der Folie dieser früheren Figur aber erscheint Mueller-Stahls Karl Winter in von Trottas moderner Fassung des Elektra-Dramas besonders bedrohlich. Wenn sich der wohlhabende Winzer zu Bachs Orgelklängen genüsslich zurücklehnt, liegt in der kalten Akkuratesse dieser Geste und in seinem lügnerischen Rollstuhl eine solche Gewalt, dass man sich instinktiv in Sicherheit bringen möchte. Lügnerisch ist sein massives Gefährt, weil es Bedürftigkeit vortäuscht, wo tatsächlich ein sardonischer Sadismus herrscht: Der Invalide ist ein Teufel, der ohne jeden Skrupel Menschen von sich abhängig macht, quält und zerstört. Carolin, die psychisch labile Tochter, wird im Sog seiner abgründigen Botschaften zugrunde gehen.

Besonders durch ihr Timing bekommt jede der kaltschnäuzigen, vernichtenden Attacken dieses distinguierten Diktators eine erschütternde Wucht, die die psychotische Reaktion der Tochter-Geliebten nur zu verständlich macht. Insofern ist Mueller-Stahl ein Glücksfall für diesen Film. Dabei war es nicht so sehr die Rolle, die ihn bei diesem Film gereizt hat.

Aber ich mochte das lyrische Drehbuch. Da waren schöne Bilder drin und impressionistische Figuren. Allerdings hatte ich keinen großen Bock auf diesen Vater. Doch dann war der Produzent mit ganz reizenden Briefen hinter mir her, und es kamen Briefe von Margarethe von Trotta, die sich hartnäckig um mich bemüht hat. Und sie hat ja auch einen guten Ruf. Ich hatte Zeit, also habe ich angenommen. Die Dreharbeiten waren auch angenehm, Margarethe von Trotta ist ja eine reizende Person, sehr ausgleichend. Künstlerisch hätte ich manches zwar anders gemacht, aber egal. – Ich habe den Film allerdings nie gesehen.

Was, nebenbei gesagt, nicht gegen den Film spricht, ich habe viele Filme mit mir nicht gesehen. Ich bin zwar zur Premiere nach München gegangen, aber nur, um vorgestellt zu werden, danach musste ich gleich wieder raus, weil wir am nächsten Tag nach L. A. flogen.

Für Margarethe von Trotta war Mueller-Stahl die Wunschbesetzung. »Ich wollte ihn, gerade weil er nicht *nur* Schauspieler ist. Er hat eine so vielfarbige Palette von Talenten. Er ist Musiker, daher sein großartiges Gespür für Rhythmus und Timing, er ist Maler, deswegen hilft ihm seine Phantasie sich vorzustellen, wie seine Figur auszusehen und sich zu bewegen hat innerhalb eines Bildes, und er ist Schriftsteller, sodass er einen Text oder Dialog mit einer kritischen Distanz beurteilt und nicht nur die eigene Rolle dabei im Auge hat. Und außerdem ist er so souverän, dass er im Augenblick des Spielens das alles wieder vergessen kann.«

Tatsächlich sucht er in keinem seiner Auftritte Distanz zu dieser teuflischen Figur, sondern verleiht ihr im Gegenteil all seine Ausstrahlung und Autorität. So viel zerstörerische Skrupellosigkeit und Arroganz – »Sie sind vermutlich ein Mensch, der den Willen anderer achtet. Ich breche ihn am liebsten« – verlangt Mut. Es gibt nur wenige Figuren Mueller-Stahls, die man trotz aller darstellerischen und sinnlichen Präsenz – Stimme und Augen – nur schwer ertragen kann. Sein Karl Winter gehört unbedingt dazu.

Tödliche Versprechen

Winter ist die großbürgerlich-saturierte Variante eines Charakters, der in David Cronenbergs Mafia-Thriller »Tödliche Versprechen« in seiner verbrecherischen Gestalt, als Mafiaboss Nikolai Semyon auftaucht.

»Diese Figur braucht Kraft, Tiefe und Subtilität. Deshalb wollte ich Armin. Weil ich mir vorstellen konnte, dass er diesem Seymon in der Reihe der großen Mafiabosse Marlon Brando, Al Pacino und Jack Nicholson eine eigene Form von Schrecken verleiht«, erklärt Cronenberg seine Entscheidung für Mueller-Stahl. Und tatsächlich wirkt der liebenswürdige Semyon durch die Doppelbödigkeit, mit der Mueller-Stahl die Figur spielt, besonders schrecklich. Als Exilpatriarch leitet er im trostlosen Londoner East End ein russisches Restaurant. Er tut dies mit geschäftstüchtiger Aufmerksamkeit, aber auch einer anrührenden, sanften Fürsorglichkeit. Semyon findet für alle Menschen Zeit und die richtige Geste – Charme für die alten Damen, die bei ihm ihren 100. Geburtstag feiern, ermunternde Worte für die wuselnde Kinderschar, der er erklärt, wie sie beim Geigenspiel »das Holz zum Weinen bringen können« – und eine geduldige Offenheit gegenüber der Hebamme Anna, die auf den Spuren eines Verbrechens bei ihm landet. Man glaubt dem freundlichen Alten mit seiner Behaglichkeit vermittelnden Stimme jedes Wort – und dann doch wieder nicht. Denn von Beginn an liegt etwas Unheimliches in dieser vermeintlichen Harmlosigkeit, eine eisige Kälte durchzieht die warmen Gesten dieser zunehmend irritierenden Figur, deren Monstrosität, wie man langsam begreift, gerade in ihrer unerschütterlichen Freundlichkeit liegt.

Die Rolle hat mich gereizt, gerade weil diese Figuren durch ihre Tradition auch eine Hypothek sind. Da wollte ich natürlich nicht als Versager auftauchen, in dieser Riege der berühmten Mafiabosse. Also habe ich mir sehr genau überlegt, wie ich den spiele.

Und ich habe lange mit David überlegt, wie ich ihn besonders machen kann. So sind die Anfangsszenen entstanden, daran habe ich mitgearbeitet. Erst der liebevolle Großvater und dann ...: Wichtig ist der Kontrast zwischen Fürsorglichkeit und Horror, ähnlich wie in »Music Box«. Das haben die anderen Mafiafiguren nicht. Insofern habe ich die Herausforderung nicht nur bestanden, sondern etwas Neues kreiert.

In Kanada habe ich dafür den Gemini Award bekommen, das ist quasi der kanadische Oscar. Dabei bin ich eigentlich gar nicht so ein Fan von den Cronenberg-Filmen. Aber ich mag ihn als Regisseur, da hat er besondere Qualitäten. Was für eine Substanz er in dieser Crime-Story entdeckt hat, das ist toll. Und ich habe das wirklich gern gemacht. Wir mochten uns, auch als Menschen. Und beim Dreh haben die auf mich gehört, auf den älteren Kollegen, meine Figur bringt ja auch eine spezielle Spannung in den Film. Die amerikanische Presse hat geschrieben: Von allen Mafiabossen war Mueller-Stahl der gemeinste.

Darauf ist er spürbar stolz.

Die Buddenbrooks

Von London aus ging es bald darauf nach Lübeck, zu den Außenaufnahmen von Heinrich Breloers Buddenbrook-Film. Denn als Heinrich Breloer nach dem Erfolg seines »Jahrhundertromans« im Fernsehen eine eigene Kinoverfilmung der Buddenbrooks ins Auge zu fassen begann, stand eine Rolle für ihn von Beginn an fest: Armin Mueller-Stahl sollte Jean Buddenbrook spielen. Weil er, so Breloer, »der einzige Schauspieler ist, der die Buddenbrooks auch hätte schreiben können. Außerdem war durch ihn – und genau das wollte ich – wie in einer Art Doppelbelichtung der ›Jahrhundertroman‹ präsent. Wenn er übers Set ging und wie Thomas Mann beim Faschingfest schaute, brachte er immer auch den Autor ins Spiel. Das war perfekt.«

Wenn Breloer etwas will, kann er sehr entschieden und

sehr hartnäckig sein. Denn Mueller-Stahl war anfangs gar nicht so begeistert.

Es war nicht unbedingt eine Rolle, die ich so sehr gern spielen wollte. Denn es ist keine expressive Rolle. Aber ich habe verstanden, warum Breloer es gern wollte. Und mit ihm habe ich gut zusammengearbeitet: Wir haben fünf Monate an den Manns gearbeitet und nie gestritten. Es war immer harmonisch, wir haben immer nach der besten Möglichkeit gesucht, die Figur zu spielen. Nun schrieb er mir einen Brief und kam mich zu Hause besuchen, es war eine gewisse Treue da, aber ich habe trotzdem noch gezögert, ob ich es machen soll. Doch dann begann ich mich zu fragen, wozu ich eigentlich den Stauffenberg-Film machen will. Da hatte Tom Cruise mir den General Beck angeboten, den ich gerne gespielt hätte, das habe ich Heinrich Breloer auch gesagt und ihn um Zeit zum Überlegen gebeten. Aber dann, als ich mich entschieden hatte, den Jean zu spielen, habe ich es auch gern gemacht.

»Manchmal hatte man den Eindruck«, erzählt Mark Waschke, der Thomas Buddenbrook im Film, »dass er es regelrecht bedauerte, nicht so oft dabei zu sein. ›Ach, ich hätte gern noch ein bisschen mehr zu spielen, das macht Spaß mit euch Jungen‹, hat er zwischendurch gemeint. Und viele, die ihn von den Manns kannten, erzählten, dass er sich sehr verändert habe in den sechs, sieben Jahren seitdem. Dass er wesentlich ruhiger geworden sei, früher sei es manchmal auch ganz schön schwierig gewesen mit ihm. Ich habe ihn überhaupt nicht so erlebt. Bei mir war er von Anfang an offen, ruhig – und dadurch sehr inspirierend, weil so erst mal alle Türen aufgehen. Weil er einem nicht in der Haltung begegnet, ich weiß, wie es gemacht wird und du machst jetzt mal mit. Er hat vielmehr eine Atmosphäre in den Raum gebracht, in der man sich wohl gefühlt hat. Natürlich hat man Befürchtungen, dass da – was ich gar nicht abkann – gut gemeinte Ratschläge von älteren Kollegen kommen. Aber das macht er gar nicht. Im Gegenteil, da war ein ganz großer Respekt mir und auch meinen Film-Geschwistern gegenüber. Bei mir war es dann auch das Theater, über das wir schnell ins Gespräch kamen, er hat sich sehr dafür interessiert, was ›man denn jetzt so macht am Theater‹. Er hat auch ein bisschen erzählt von der Zeit, als er am Theater am Schiffbauerdamm gespielt hat. Allerdings bin ich nicht ganz schlau geworden daraus, woher die Verbitterung genau rührt, die er bei sich trägt. Aber er hat gleich am ersten Tag gefragt, wie das denn heute geht, die alten Stücke noch zu spielen, und als ich dann relativ enthusiastisch erzählt habe, war er auch angetan und überzeugt. Bei ihm war das offenkundig nicht möglich, er hatte einfach die Schnauze voll.

Und was den Umgang mit den Medien angeht, da ist er in gewisser Weise ja auch wie ein Dinosaurier, wie aus einer anderen Zeit irgendwie. Das, was die Leute als Eitelkeit wahrnehmen, ist vermutlich ein reiner Schutzmechanismus – das passiert dann. Bei Beckmann hat er ja nun eigentlich auch wirklich nichts verloren.

Klar, als Breloer ankündigte, es werde diese Drehbuchübermalungen geben, die dann auch veröffentlicht werden sollen, da habe ich schon befürchtet, jetzt wird er bestimmt dauernd am Set sitzen und malen und alles ist ganz wichtig – das war aber überhaupt nicht so. Ich habe das nie mitgekriegt, die hat er wohl zu Hause gemalt oder im Wohnwagen. Nein wirklich, er war offen und interessiert an uns, hat beobachtet, mit einem ein wenig müden, aber noch sehr großen Interesse, wie wir Faxen machen, er war einfach froh, dabei zu sein, fast dankbar.

Und ich war ihm dankbar, dass er unsere letzte gemeinsame Szene gerettet hat, in der Jean Buddenbrook Thomas die Geschäfte übergibt. Breloer wollte, dass die beiden sich anschauen, Mueller-Stahl sagt, ganz ruhig: ›Heinrich, eine solche Szene darf nicht sentimental werden!‹ Ich war total froh, dass er das intuitiv auch so sah – und natürlich hat ein Mueller-Stahl dann ein ganz anderes Gewicht!

Breloer hatte mir vorher erzählt, ganz am Ende der Manns habe Mueller-Stahl ihm das Du angeboten, das sei ein großer Moment gewesen für ihn – und bei mir war das schon nach drei, vier Tagen. Heinrich war ganz außer sich, er nahm mich dann extra zur Seite und meinte, darauf könnte ich jetzt aber stolz sein, das sei ein großer Moment, aber ich glaube, für Armin war das gar nicht so – wobei ich die höfliche Eleganz, mit der er einen solchen Schritt tut, dann schon sehr schätze.«

»Höfliche Eleganz« – das passt dann gleich wieder zum Oberhaupt der Buddenbrooks. Und das mal amüsierte, mal besorgte oder auch erbitterte Lächeln des alten Lübeckers passt zu Mueller-Stahl. »Wir brauchten kaum Maske, irgendwie war Armins Gesicht das des Konsuls«, erzählt Breloer, jenes Patriarchen, der mit seiner Tochter Tony, bei aller Strenge, voll inniger Vatersorge spricht und mit seinen Angestellten in gemütlichem Platt.

Der Dialekt ist ihm vertraut, auch wenn seine Vorfahren für echte Lübecker nur Zugezogene waren. »Denn, was die wenigsten wissen: In Lübeck wird man erst eingemeindet, wenn man in der dritten und vierten Generation ist. Da waren meine Verwandten, bei denen sich der erste Eintrag 1532 findet, gut dran. Aber dass ich jetzt in der Nähe wohne, ist eher ein Zufall, ich habe so viel mit der Stadt nicht zu tun«, berichtet er im Making-of-Film von Matthias Hoferichter.

Es mag wie reiner Zufall scheinen – aber wenn man bedenkt, dass die Wahl des Ortes, an dem man sich niederlässt, immer auch von emotionalen Affinitäten mit bestimmt ist, ist es so ganz zufällig wiederum nicht. Denn diese unterschwellige Verbundenheit meint ja nicht nur Natur und Sprache, sondern auch die Mentalität der Menschen. Armin Mueller-Stahl kommt eben nicht aus Ingolstadt, sondern aus Tilsit. Und so schlägt er mit seiner Person den Bogen nicht nur zum Autor, sondern in manchen Momenten auch zu der Welt, in der die Buddenbrooks leben. Mit Zylinder, Stock und Siegelring wird er ganz zu jener Figur, die mit preußischem Pflichtbewusstsein aufgewachsen ist, für die Glück und Erfolg beinahe eins sind und die es als ihre Hauptaufgabe ansieht, Ordnung ins Leben ihrer Familie zu bringen und diese Ordnung zu erhalten.

»Wer ein Geschäft hat, muss sehen, dass es blüht, dass es sich erweitert, vergrößert. In diesem Bergaufsteigen, wenn ich das mal so nennen darf, ist gleichzeitig auch die Katastrophe mit beinhaltet, und dieser Zusammenbruch der Familie ist das eigentlich Interessante dieser Geschichte …«, erklärt Mueller-Stahl.

Wenn wir auch alle vom Erfolg träumen – das Scheitern ist so viel aufregender. Nicht unbedingt im Leben, aber doch in Literatur und Film. Ein Scheitern auf hohem Niveau ist es denn auch, mit dem Mueller-Stahls nächste Leinwandfigur sich einprägt.

Denn kaum war die Flut der Pressetermine zum weihnachtlichen Leinwandereignis »Buddenbrooks« abgearbeitet, da saß Mueller-Stahl schon wieder auf dem Podium. Dieses Mal war es die Berlinale-Pressekonferenz zum Eröffnungsfilm der Festspiele, einem Wirtschaftskrimi von Tom Tykwer: »The International«.

The International

In diesem Film spielt Mueller-Stahl eine schillernde Figur, die sich wie wenige andere in dieser langen Laufbahn sehr direkt mit seiner eigenen Geschichte verbindet. Oberst Wexler ist ein ehemaliger DDR-Oberst, der seine Erfahrung, Intelligenz und sein Wissen inzwischen dem Kapital zur Verfügung stellt, genauer: in den Dienst einer weltweit operierenden IBBC-Bank, die Politiker in Schuldenabhängigkeit bringt, Waffendeals unterstützt, Bürgerkriege anfacht und Terroristen unterstützt, kurzum alles macht, was dem eigenen finanziellen Vorteil dient. Er war nicht nur für einzelne Kritiker die interessanteste Figur in diesem Film, auch für den Regisseur war er aus vielen Gründen die Idealbesetzung, wie Tom Tykwer begeistert erzählt:

»Die Figur im Film ist ja wie eine spiegelverkehrte Folie seiner eigenen Lebensgeschichte. Jemand zu werden, der sich in seinen Widersprüchen verfangen hat und gleichzeitig daraus ein starres Lebenskonzept abzuleiten versucht, das aber natürlich brüchig ist, das ist genau das, was Armin Mueller-Stahl eben nicht passiert ist. Weil er sich nicht so hat verstricken lassen in die Widersprüche, denen er natürlich zeit seines Lebens ausgesetzt war. Armin hat vielmehr als Mensch versucht, die ganzen Bombardierungen, denen er ausgesetzt war, gut zu überstehen, sich ihnen sogar entgegenzustellen. Und das ist ihm tatsächlich nicht schlecht gelungen und ein wichtiger Teil seiner Präsenz. Eine seltene Qualität bei Schauspielern, dass das Leben, das sie geführt haben, Teil ihrer Performance wird. Das bedeutet, dass sie sich auch nicht einfach ganz vergessen und etwas ganz anderes werden im Spiel, sondern dass auf geheimnisvolle Weise das, was sie selbst sind, durchdrungen wird von der Idee einer anderen Person. Dass mich dieses Phänomen besonders gereizt hat bei der Figur, die Mueller-Stahl in meinem Film spielt, liegt auf der Hand.

Außerdem gibt es natürlich Schauspieler, bei denen man sich immer wünscht, mal mit ihnen zusammenzuarbeiten. Einfach von der Art her, wie sie ihre Karriere gestaltet haben. Und weil sie einen begleiten, seit man überhaupt Filme guckt, also Teil der persönlichen kulturellen Sozialisation sind. Und das ist er für mich schon allein durch die Generation, der er angehört. Mueller-Stahl war immer schon da, wenn ich ins Kino ging, und er war für mich immer so eine Art Anker: Was auch immer es für ein Film war, den man sah, wenn er dabei war, war man beschützt. Einerseits durch eine gewisse Qualitätsgarantie – ein Film konnte gar nicht ganz schlecht sein, wenn er dabei war. Schlimmstenfalls konnte man sich ja auf ihn konzentrieren. Mag sein, dass es Ausnahmen gibt und er auch wirklich ein paar schlechte Filme gemacht hat, die habe ich dann verpasst. Denn wenn es eine so tief empfundene Ernsthaftigkeit in Bezug auf die Arbeit und einen solchen Respekt gibt, egal auf welche Rolle man sich einstellt, um darin etwas Leibhaftiges zu entdecken, dann ist das an sich auch immer schon eine künstlerische Erfahrung, die man dem Zuschauer schenkt. Und die wird ja nicht zerstört, egal wie schlecht der Film ist.

Sicher war er auch manchmal frustriert von einzelnen Filmen, das gehört zum Alltag eines Schauspielers. Aber die Tatsache, dass Mueller-Stahl sich darüber hinaus ein gewisses Ethos und eine spezifische Lust bewahrt hat, die macht ihn zwar nicht einzigartig, lässt ihn aber zu einer sehr raren Spezies gehören.

Dass er für den Oberst Wexler die perfekte Besetzung wäre, habe ich aufgrund von Rollen wie ›Music Box‹ vermutet. Mich hat bei Wexler fasziniert, dass man zu dieser Figur – obwohl sie so grausam ist – doch eine Art Zutrauen haben kann. Da kann Mueller-Stahl ja relativ weit gehen. ›Der Kinoerzähler‹ z. B. wird ganz und gar von seiner Wärme getragen, selbst wenn sich Abgründe auftun. Oder wenn man an ›Shine‹ denkt, da kann er auch ganz schön hart sein. Das hat nun wiederum sicher mit der Härte seiner Lebenserfahrung zu tun. Man spürt, dass dieser Mensch, wenn er hart wird, weiß, wovon er spricht, und dass er, wenn er weich wird, weiß, wovon er spricht. Das muss er nicht dichten, das ist erlebtes Wissen. Bestimmte Formen von Angst, Sorge oder auch Lebensbedrohung, die sich in der Körperlichkeit verstecken – davon gibt es bei Armin eine ganze Menge. Er ist immer auch ein Überlebender von bedrohlichen und komplizierten Situationen. Das trägt er bei sich, bevor er überhaupt die Rolle in sich aufgenommen hat.

Der Hauptgrund dafür, dass ich ihn unbedingt haben wollte, war natürlich auch die Szene, in der er – im Rededuell mit Clive Owens Agent Salinger – quasi ein Stück Lebensphilosophie verkünden muss. Das kann kaum einer. Für diese Szene braucht man jemand, der die Balance trifft zwischen dem Senden einer Botschaft und dem Spielen einer Figur, der die Botschaft quasi aus der Figur heraus entwickelt. Denn die Ideen, die er vertritt, entstehen ganz und gar aus der Biographie dieser fiktiven Figur. Das ist die längste Dialogszene, die ich je am Stück gedreht habe und vielleicht auch je drehen werde, zumindest zwischen zwei Personen in einem Zimmer. Diese Konfrontation steht ja auch in einem dramatischen Gegensatz zur vorausgehenden Actionszene. Man weiß nicht, wohin will der Film – und dann kommt diese stille, kammerspielartige Szene, die auf andere Art eine ebensolche Intensität hat wie das Actionfeuerwerk davor. Ich mochte genau das an diesem Drehbuch, dass es von den Schauspielern verlangt hat, sich in einem elaborierten Sprachcode an die komplexen Themen unserer Gesellschaft zu wagen und dabei trotzdem Figuren entstehen zu lassen. Und dafür war Armin ideal.

Zudem ist das Arbeiten mit ihm auch handwerklich angenehm und produktiv. Zum Beispiel, weil er eine ungeheure Sorgfalt hat gegenüber dem Text. Es gibt ja Schauspieler, die kommen und improvisieren und fummeln auch während der Arbeit noch rum an dem Text. Da ist er eindeutig anders.

Sicher, es gibt anfangs das Ziel, bestimmte Sachen noch zu optimieren, da ist er natürlich auch mit seiner Erfahrung ein großer Schatz. Aber wenn man sich dann geeinigt hat, und das ist ja meist am Ende der Proben der Fall, dann ist das in Stein gemeißelt für ihn. Für den Regisseur, zumal wenn der auch noch viel mit dem Buch zu tun hat, ist es einfach wichtig, wenn er sicher sein kann, dass das nicht mehr in Frage gestellt wird.

Und dass er selbst Regieambitionen hat, heißt auf keinen Fall, dass er sich damit aufdrängt. Er ist kein Schauspieler, der kommt und einem sagt, wo es lang geht – er stellt sich allenfalls als Berater zur Verfügung. Das mag natürlich auch daran gelegen haben, dass unser beider Ernsthaftigkeit sich entspricht. Dass ich auch versuche, an meinen Job so genau und so gut vorbereitet ranzugehen, wie es nur irgend geht. Gleichzeitig bietet er seine Erfahrung, die ja weit über seine Rolle hinaus geht und auf den Film als Gesamtwerk gerichtet ist, ganz selbstverständlich an – das ist praktisch wie ein Bonus, den man hat, wenn man mit ihm arbeitet.«

In »The International« vergegenwärtigt Mueller-Stahl zum zweiten Mal in rascher Folge – nach Cronenbergs »Tödliche Versprechen« – eine intellektuelle und elegante, aber zugleich unheimliche, undurchschaubare Figur. Einen Typus, den er im Grunde gar nicht mehr so gern spielt; auch, um nicht den Verdacht der Fixierung – und Beschränkung – auf sich zu ziehen. Ein Vorwurf, der natürlich mit dem Alter, wenn sich das Spektrum möglicher Rollen zwangsläufig reduziert, zunehmend droht.

Ein abgegriffener, oft zu Unrecht erhobener Vorwurf, wie Tom Tykwer meint, mit dem »nahezu alle alten Schauspieler, die sich ihre Präsenz bewahren« irgendwann konfrontiert werden. Was Mueller-Stahls Rollen bei Cronenberg und in seinem eigenen Film betrifft, sei er zudem schlicht falsch:

»Mein Film beweist auf Armin bezogen sogar eher das Gegenteil! Bei ›Eastern Promises‹ ist der Bruch absolut schockierend. Bei uns ist der Widerspruch von Anfang an angelegt. Ein beherrschtes System von Widersprüchen. Wexler ist eine völlig andere Figur als Seymon, sie muss auch ganz anders entwickelt werden. Und darin war Armin geradezu ideal.«

Mit der Begeisterung des Regisseurs korrespondieren Wahrnehmung und Zufriedenheit seines Darstellers.

Eine spannende Geschichte, tolle Location, auch die sehr schnelle Bildfolge, es geschieht ja sehr viel, und das hat er meisterhaft gemacht. Und was die Konfrontation zwischen Clive Owen und mir betrifft, habe ich mich schon gefragt, wie das gehen soll, da ist so viel passiert, und dann sitzen wir plötzlich zu zweit in diesem Kellerraum und führen eine quasi philosophische Diskussion. Bis dahin war das ja keine profilierte Rolle, aber hier ist die Figur präsent – und dann habe ich gedacht, das geht nur, indem man eine ungeheure Kraft aufwendet in der Ruhe. Aber die muss man füllen. Und dafür muss im Kopf mehr ablaufen als nur gucken und sprechen. Sozusagen eine zweite Ebene. Und darum habe ich mich bemüht, mit Tom und Clive zusammen, und ich denke, das hat funktioniert.

Clive ist ja auch ein wunderbarer Kerl, wir haben uns glänzend verstanden. Es gibt immer mehr Kollegen in Amerika, mit denen ich gut kann. Aber Clive ist ein besonders netter.

Und Tom Tykwer ist ja auch Musiker, er kann hören und kann sehen, das spüre ich einfach. Wie er die Musik einsetzt – so klug, so sparsam, es wird nichts zugekleistert. Für mich ist das ein glänzend gemachter Film.

Illuminati

Oberst Wexler tritt ausschließlich in perfekt geschnittenen Anzügen aus feinem Tuch auf, zeigt äußerlich keine Spur vergangener militärischer Würden. Kardinal Strauss hingegen, Mueller-Stahls nächste Rolle in einer amerikanischen Produktion, erscheint immer in prunkvoller Robe.

In der Buchvorlage, Dan Browns »Illuminati«, ist der Kardinal ein Italiener, und es ist auch nur eine sehr kleine Rolle.

Aber weil Ron Howard, der Regisseur, und Tom Hanks, wie sie sagten, glücklich waren, mit mir zu arbeiten, habe ich mich darauf eingelassen. Sie waren auch wirklich ungeheuer, wie soll ich sagen, beeindruckend freundlich. Wir waren Freunde, stante pede, wir haben uns einfach prächtig verstanden. Howard hat mir die Rolle auch erst angeboten, als sie, sagen wir mal, schon ein bisschen Gewicht hatte. Denn der Vatikan spielt natürlich in diesem Film eine große Rolle. Als ich schließlich zugesagt habe, eigentlich vor allem, weil mein Agent gedrängt hat, wurde aus dem italienischen Kardinal ein deutscher, um meinen Akzent zu begründen. Und in der Zusammenarbeit, das ist so, wenn man sich gut versteht, ist die Rolle dann immer größer geworden. Ron Howard ist auch ein besonders guter und menschlich ein wunderbarer Regisseur, und mit Tom verstehe ich mich ja sowieso. Obwohl wir uns vorher überhaupt nicht kannten, kommt er mir bei der ersten Begegnung mit geöffneten Armen entgegen: »It's a big pleasure, I'm honoured to play with you.« Ich war überrascht, was der alles wusste über mich. Er hat sogar um eine zusätzliche Szene am Schluss mit mir gekämpft. So viel ehrliches Interesse, das ist einfach schön. Die Dreharbeiten waren sehr angenehm. Ich hatte ein gutes Gefühl, weil es viel Spaß gemacht hat. Aber ich weiß natürlich nicht, was von der Figur dringeblieben ist. Wissen Sie, wenn man einen Film dreht, hat man ein bestimmtes Gefühl – was aber übrig bleibt, im Schnitt später, das sagt Ihnen Ihr Gefühl nicht.

Das Buch wäre noch zu schreiben, über die entsetzten, empörten Reaktionen jener Schauspieler, die am letzten Drehtag mehr oder weniger zufrieden das Set verlassen und eines Tages bei der ersten Vorführung feststellen, dass ihr Part getilgt oder aber drastisch zusammengestrichen wurde. Ein Eingriff, der nicht nur die Leistung, sondern die ganze Person (be)trifft. So schilderte George Lucas, wie er sich regelrecht verletzt fühlte, nachdem »American Graffiti« vom Produzenten Universal umgeschnitten worden war: »Es ist, als würde man seinem eigenen Kind einen Finger abschneiden. Man sagt sich: ›Was soll's, ist ja nur ein Finger.‹ Aber ich empfinde das als willkürlichen Akt der Gewalt.«

Eine symbolische Vernichtung, die ungerührt zu akzeptieren es eines gehörigen Maßes an Selbstbewusstsein und Professionalität bedarf. Nicht umsonst versuchen (Hollywood-)Regisseure, sich vertraglich das Recht auf die endgültige Schnittfassung (»final cut«) zu sichern, um sich vor solchen Eingriffen von Produzenten oder Studios zu schützen.

Dergleichen Verstümmelung hat Mueller-Stahl bei den »Illuminati« nicht erlebt. Im Gegenteil: Immer wieder bestimmt sein Kardinal Strauss durch die undurchschaubare Mischung aus Rigidität, List und großväterlicher Weisheit den emotionalen Grundton der Szene – auch wenn er zum Ende hin ein wenig zu sehr zum weise-schmunzelnden Patriarchen mutiert.

Als ich meinen letzten Drehtag hatte, kriegte ich von den Darstellern der 1000 Kardinäle einschließlich des Vaters von Ron Howard, der spielte auch einen Kardinal, einen Riesenapplaus. Man hat mich dort wirklich mit Herzenswärme aufgenommen.

Taktstock, Bogen, Melodie

»Herzenswärme« ist ein Schlüsselwort für Armin Mueller-Stahl. Herzenswärme ist das, was er bei seiner Mutter und den Großeltern in Masuren erlebt hat, was er bei Freunden sucht und selbst vermittelt, wenn er sich rundum wohl fühlt.

Und was, wenn nicht? Dann greift er nicht selten zum Pinsel oder zur Geige. Sein Violinenkasten und der Skizzenblock begleiten ihn immer. Manches Mal musiziert er aus reiner Freude an der Musik, manchmal, um nicht aus der Übung zu kommen. Oft aber bietet ihm die Musik auch einfach die Möglichkeit, ungute Gefühle zu verarbeiten, im Spiel aufzudröseln, Abstand zu gewinnen durch die Musik.

»Vor allem in der DDR-Zeit stand die Musik ganz obenan«, erzählt seine Frau. »Durch die Konzerte, die er gab. Aber auch ganz spontan war ihm das Geigen- oder das Gitarrespielen damals ein Bedürfnis. Im Westen hat er mit der Zeit immer seltener seine Geige hervorgeholt.« Irgendwann begann die Musik offenbar auch Gabriele Mueller-Stahl zu fehlen. Da die alten Geigen nicht mehr funktionstüchtig waren, hat sie ihrem Mann eine neue schenken wollen. »Die hat ihm zwar gefallen, kaufen wollte er sie dann aber doch nicht. Aber der Erfolg war, dass er sich zwei alte Geigen wieder hat richten lassen, und nun spielt mein Mann wieder, hier und auch in den Staaten, wenn er die Zeit dazu findet.«

Die Geige ist mein Freund. In gewisser Weise ist die Musik mir immer noch am nächsten. Auch wenn im Alltag jetzt die Malerei im Vordergrund steht. Das Komponieren fällt mir leicht, viel leichter als das Schreiben. Ja, wenn ich heute noch einmal entschiede, dann wäre es vermutlich nicht für die Schauspielerei, sondern für das Malen und die Musik.

Dass er nicht nur mal so ein bisschen geigt, sondern auch

die Musik mit einem hohen Anspruch betreibt, ist Mueller-Stahl wichtig. Auch heute noch könnte er sich mit der Musik öffentlich zeigen. Dennoch hat er das Dirigat bei den Berliner Symphonikern, das man ihm Mitte der achtziger Jahre anbot, nach einigem Überlegen nicht angenommen.

Ich hätte das schon gekonnt, aber die Situation hätte nicht gestimmt. Für die Zuschauer wäre es vermutlich eher ein Gag gewesen. Sie wären gekommen, um den dirigierenden Schauspieler zu sehen, nicht aus musikalischem Interesse. Ich hätte das aber sehr ernst genommen. Eine solche Diskrepanz wollte ich nicht, deshalb habe ich abgesagt.

Zugesagt hat er dagegen bei der Hochschule für Musik und Theater in Rostock, wo man ihm eine Gastdozentur angeboten hat.

Ja, das werde ich machen. Da ist sicher auch ein Stück DDR-Nostalgie dabei, die Leute gefallen mir einfach, und die Aufgabe entspricht mir, etwas zu lehren, weiterzugeben, da habe ich Lust drauf.

Manchmal lasse ich mich auch überreden, die Geige in einem Film auszupacken. Oder bei meinem siebzigsten Geburtstag, im Gewandhaus, da habe ich gespielt, die Nationalhymnen der beiden Deutschlands miteinander verwoben. Und beim sechzigsten Geburtstag meiner Frau, da bin ich sogar noch einmal mit der Gitarre auf die Bühne gegangen. Meine Frau hatte sich das sehr gewünscht, also habe ich das Lied des Narren aus Shakespeares »Was ihr wollt« gesungen, mit dem ich ja zu DDR-Zeiten auf der Bühne gestanden habe. Erst dachte ich, das geht nicht mehr, aber dann plötzlich war alles wieder da.

»Es gibt Leute, die es richtig bedauern, dass er mit seiner Musik seit unserem Wechsel in den Westen nicht aufgetreten ist«, erzählt seine Frau. »Heute ist seine Stimme natürlich vom Alter brüchig geworden. Und er war von den Erfahrungen her, die er mit seinen Auftritten in der DDR gemacht hatte, auch zurückhaltend. Da war sein Publikum zwar begeistert, aber von offizieller Seite wurde er so gut wie gar nicht unterstützt. Das gab ihm zwar eine gewisse Freiheit, war zugleich aber auch frustrierend. Wäre er im Westen gleich in die Hände einer guten Agentur gekommen, hätte eine CD aufgenommen, dann hätte er sicher mit Gewinn auch für die Hörer weiter auftreten können. Aber er musste sich einfach um Rollen kümmern und so ist daraus nichts geworden.«

Dass er sich in der DDR als Musiker allein gelassen fühlte, nicht hat entfalten können – diese Erfahrung hat er inzwischen auf eine ganz eigene und für ihn kennzeichnende Weise verarbeitet, nämlich in Gestalt eines Films. Es ist ein Fernsehfilm über Dimitri Schostakovitsch, der hier Kontur gewinnt als genialer Musiker im Konflikt zwischen Ideologie und künstlerischem Ausdrucksbedürfnis, Anpassung und Existenzvernichtung.

»Dem kühlen Morgen entgegen« ist ein nachdenklicher Film, geprägt von dem Blick dessen, der zumindest eine Ahnung hat von den Bedrängnissen und Bedrohungen, denen Schostakovich zeitlebens ausgesetzt war. Mit Marionettenfiguren nachgestellte Szenen machen die Gefahren und Ängste unmittelbar spürbar, und die Interviews, die Mueller-Stahl mit Galina und Maxim, den Kindern des Komponisten, seiner Witwe Irina sowie berühmten Weggefährten wie Mstislav Rostropowitsch und Gennadi Roschdestwenski führt, vermitteln ein vielschichtiges Bild des großen Musikers. Und wenn Mueller-Stahl zwischendurch Ausschnitte aus russischen Filmen kommentiert, wird zudem offenkundig, dass dieser uns heute so durch und durch westlich erscheinende Künstler lange Zeit zum östlichen, d. h. mittelbar auch russischen Sprach- und Kulturraum gehörte. So begegnet einem in diesem Film nicht nur Schostakowitsch mit neuer Eindringlichkeit, sondern auch ein Armin Mueller-Stahl, wie man ihn in der westlichen Öffentlichkeit kaum kennt.

Ins öffentliche Bewusstsein ruft Mueller-Stahl durch sein Engagement aber nicht nur den berühmten Komponisten, er unterstützt auch Musiker, die gerade im Begriff sind, ihren künstlerischen Weg zu gestalten. Zum Beispiel, indem er ihnen seinen Namen leiht und durch seine Präsenz Konzertsäle füllt, in denen sich die jungen Solisten dann profilieren können. Dreiundzwanzigmal hat er so zwischen 2006 und 2008 quer durch die Republik mit einer besonderen Form des Lesungs-Konzerts auf der Bühne gestanden: Er las aus seinen Texten, vor allem dem Roman »Hannah«, in dem die Musik eines der Hauptthemen ist und dazu spielte die Violonistin Sarah Spitzer, begleitet von dem Pianisten Mike Jin. Er wählte die Textstellen so aus, dass sie zu dem passten, was sie spielten – Bach, die Sonaten von Franck und Brahms, Saint-Saëns und Debussy.

Anfangs standen noch die Texte im Vordergrund, aber dann habe ich dafür gesorgt, dass sich die Gewichte immer mehr zu den Musikern hin verschoben. Ich tue das, weil ich weiß, wie wichtig es ist, dass man bei einer künstlerischen Karriere gefördert wird, auch mal ins Rampenlicht treten kann – und die beiden sind nun auch wirklich Ausnahmemusiker.

Die Crux ist nur, dass ich nicht so wahnsinnig gern lese. Sie hätten gern weiter mit mir gespielt, aber ich wollte irgendwann überhaupt keine Lesungen mehr machen – nun, sie werden es auch ohne mich schaffen, so gut, wie sie sind.

Er selbst will lieber malen, das vor allem, aber auch seine Gedanken festhalten und all die Geschichten, die ihm immer wieder durch den Kopf gehen. Denn auch wenn ihn das Schreiben mehr anstrengt als Musik und Malerei – ganz ohne geht es dann doch nicht.

Bücherwelten

Für manche Menschen sind Film und Literatur ganz selbstverständlich benachbart. Nicht nur, wenn es um eine sogenannte Literaturverfilmung geht. Da gibt es Rezensenten, die die Phantasien eines Textes und die Bilder eines Films fein miteinander verweben, sodass ihre Kritik selbst ein Stück Poesie wird. Es gibt Schauspieler, die eine literarische Figur so kongenial auf die Leinwand bringen, dass sie fortan zu deren Verkörperung schlechthin werden, wie beispielsweise Dirk Bogarde in Thomas Manns »Tod in Venedig«.

Dass Mueller-Stahl auch ein Leser ist, ergibt sich beinahe selbstverständlich. Auf die Frage nach seinen Lieblingsautoren nennt er gleich eine ganze Reihe von Namen. Die großen Russen, vor allem Dostojewskis »Idiot« und Tolstois »Krieg und Frieden«. Den André Bolkonski hat er selbst so oft gespielt, dass er heute noch jede Szene präsent hat. Shakespeare natürlich, und als Junge hat ihn Hesse sehr gepackt. Besonders »Narziß und Goldmund« sei einmal entscheidend für seine Entwicklung gewesen. Er habe lange nachgedacht, welche der beiden Figuren für ihn richtungweisend sein könne, und sich dann für Goldmund entschieden. »Ich habe ein wenig wie er gelebt. Wenn ich das Buch allerdings heute noch einmal lesen würde, weiß ich nicht, ob es immer noch Goldmund wäre, an dem ich mich orientieren wollte.«

In ganz anderer Weise war ein Buch bedeutsam für ihn, von dem er den Titel bis heute nicht kennt. 1945 war die Familie mit einem Handkarren unterwegs von Rostock nach Prenzlau. Nahrung musste man sich Tag für Tag irgendwie zusammenklauben. Und nun kam er eines Tages zum Leidwesen seiner Familie statt mit Kartoffeln oder Ähnlichem mit zwei Büchern zurück, die er gefunden hatte. Der Bibel und einem Liebesroman. Von dem Roman fehlten Anfang und Ende, aber der Mittelteil, komplett erhalten, wurde für ihn zum Refugium. Denn nun las er jeden Tag ein paar Seiten, richtete sich auf an diesem Stück heiler Welt inmitten all der Zerstörung, flüchtete sich in die Phantasien über Beginn und Schluss dieser wunderbaren Geschichte. »Ich kann ohne Übertreibung sagen, dass mir dies literarisch gesehen vermutlich bedeutungslose Buch ein Stück beim Überleben geholfen hat«, erklärt er 1987 in der Fernsehsendung »Bücher im Gespräch«.

Und wenn er heute auf die berühmte einsame Insel geriete? »Nun, dann würde ich das Buch mitnehmen, das ich damals nicht gelesen habe, die Bibel. In ihr stehen eine Menge wunderbarer Geschichten.«

Wenn Mueller-Stahl von seinen Lieblingsautoren und -büchern spricht, dann hebt er immer wieder deren Humor hervor. Egal ob es Günter Grass ist, Márquez' »Liebe in den Zeiten der Cholera« oder einer seiner bevorzugten Lyriker wie Heine und Tucholsky. Humor ist ihm regelrecht ein Indiz für Intelligenz und Kreativität.

Mueller-Stahl ist einer der Leser, die es selbst immer wieder zum Schreiben drängt. Erst seit die Malerei eine so wichtige Rolle in seinem Leben zu spielen begonnen hat, tritt das Schreiben zurück. Doch über viele Jahre hinweg war es für ihn das Medium, in dem er sich selbst reflexiv verorten und sich auch seinen Wunsch, die eigenen Geschichten zu erzählen, erfüllen konnte.

Nach den Erfahrungen, die ich bei Freunden wie Frank Beyer und Uli Thein miterlebt hatte, wollte ich in der DDR nicht als Regisseur arbeiten. In Westdeutschland kam es nicht dazu. Und jetzt in den Staaten ist es fast zu spät. Also gehe ich die Schreibtischschubladen durch und überlege mir, was ich davon zumindest als Buch veröffentlichen möchte.

1996, fünf Jahre nach den »Drehtagen«, erscheint sein drittes Buch. Dessen Titel, »Unterwegs nach Hause«, ist mehrschichtig. Real unterwegs war Mueller-Stahl in den Jahren der Entstehung des Buches Richtung Amerika. Ist also dies seine neue Heimat? Ja und nein.

Es ist der Ort, an dem er sich – vorläufig – niedergelassen hat. Von dem aus er sein Leben neuerlich überblickt. Denn wenn die »Drehtage« Mueller-Stahl primär in seiner Welt als Schauspieler zeigen, so begegnet er uns in »Unterwegs nach Hause« privat, als Mensch und nachdenklicher Zeitgenosse.

»Unterwegssein« meint eine konkret räumliche und eine gedankliche Bewegung. Die Wende ist vollzogen, die Mauer gefallen, auch die Familie Mueller-Stahl kann wieder ungehindert das geliebte Haus in Wendenschloss aufsuchen. Aber »Zuhause«, das ist kein Ort (mehr), das sind die Menschen, die Heimat personifizieren. Und so durchzieht das Buch denn auch die Frage: Wenn wir einen Eichentisch und sechs Stühle kauften, fänden sich die Freunde, mit denen man sich würde zusammensetzen wollen?

Dabei ist die Suche nach den Freunden, den verlorenen und den neuen, verquickt mit Erfahrungen historischer wie persönlicher Brüche, mit Treue, Loyalität, Aufrichtigkeit und Mut. Und es zeigt sich, dass Mueller-Stahl mit der alten Heimat durchaus noch nicht fertig ist – auch wenn er in Interviews immer wieder beinahe rigide verkündet, dieses Thema sei für ihn mit all seinen Problematiken abgeschlossen. Nun kommen sie alle wieder: Wolf Biermann, Frank Beyer, Klaus Poche, Uli Thein, Heiner Müller und andere, denen er ebenso viel Raum und Aufmerksamkeit schenkt wie Marlon Brando, Lionel Stander, Israel Rubin, Jack Lemmon, Charles Laughton und Klaus Maria Brandauer. Zu den alten Freunden die bittere Einsicht: »Wenn ich geahnt hätte, wie das Leben funktioniert, wenn ich geahnt hätte, wie hoch Freundschaften anzusetzen sind, ich hätte die DDR 1961 verlassen, als ich drüben im Westen war und auch drüben bleiben wollte (...). Aber damals war ich naiv und blauäugig, Freundschaften galten mir mehr als eine Karriere im Westen, besonders die Freundschaft mit Frank Beyer, nein, unseren Film ›Königskinder‹ wollte ich nicht im Stich lassen, schäbig, gemein wäre ich mir vorgekommen.«

Umso deprimierender jetzt das Fazit: »Je mehr ich über meine alten Freunde nachdenke, desto mehr stelle ich fest, dass meine alten Freunde gar keine Freunde waren.« Das mag in vielen Fällen ungerecht sein. Als emotionales Dokument aber entzieht sich solch eine Aussage der Wahrheitsfrage. Sie ist wichtig allein als Ausdruck einer monumentalen Enttäuschung gegenüber einem Land und seinen Menschen. Dabei ist die Heftigkeit der Enttäuschung ein Zeugnis der vormaligen Verbundenheit. Je mehr man sich auf einen Menschen oder Ort wirklich – auch gegen eigene Bedenken oder Widerstände – eingelassen hat, desto kränkender ist es, wenn dieses Engagement nicht gewürdigt, sondern missbraucht wird. Daher die Härte und auch Einseitigkeit, die manchen Äußerungen Mueller-Stahls in puncto DDR anhaften; einer Härte, die verglichen mit seiner sonst meist abwägenden Haltung fremd erscheint: Da spricht einer, der geworben und auch einmal dazugehört hat und der jetzt um nichts in der Welt an die Zurückweisung und Demütigungen erinnert werden will, die dieser Gemeinsamkeit innewohnten.

Treu und nahezu bedingungslos hingegen die Zuneigung zur eigenen Familie, die immer wieder zutage tritt. Dass Armin Mueller-Stahl, wie er selbst gern bekräftigt, ein Familienmensch ist – was ihm manche Schwierigkeiten bei Liebesszenen bereite –, wird in seinen Aufzeichnungen deutlich spürbar. Nicht als Stolz gegenüber der adligen Ahnenreihe – im Gegenteil, über die »von Huecks und von Hakens« kann er sich schon mal lustig machen –, sondern als Liebe und Wertschätzung gegenüber den engsten Verwandten, seiner Frau, seinem Sohn, seinen Eltern und Geschwistern. Vor allem seiner Mutter, die mit den fünf Kindern nach dem Tod des Vaters am 1. Mai 1945 allein stand, wird ein würdigendes Zeugnis gesetzt. Ausgiebig zitiert der berühmt gewordene Sohn aus den Tagebüchern seiner verstorbenen Mutter, verwebt ihre Erinnerungen mit den seinen, verneigt sich, dankbar und bewundernd. Ja, er tut dies mit der altmodischen Geste der Ehrfurcht, die hämische Kritik leicht macht: zu persönlich, zu banal, diese Flucht- und Familiengeschichte einer einfachen Frau. Die doch, so setzt der Sohn entschieden dagegen, nicht nur tief gläubig, sondern auch überaus couragiert, engagiert und zudem als Dozentin tätig war! Und genau dies ist kennzeichnend für Armin Mueller-Stahl: Dass der berühmte Schauspieler die Kraft und Orientierung für seinen sehr eigenen Weg nicht im befriedigten Ehrgeiz, in Preisen oder Eskapaden findet, sondern letztlich durch einen sicheren Familienrahmen. Durch die Eltern, Großeltern und all jene Figuren, die ihn rückbinden an das geliebte Ostpreußen, inzwischen aber noch ausgeprägter durch die von ihm selbst gegründete Familie, die ihn auf seinem Weg in den Westen begleitet hat. Beide bilden einen Ruhepol, von dem aus er sein Ziel, sich in seinem Beruf unendlich verändern zu können, umso intensiver verfolgen kann.

Spannende Lektüre sind Mueller-Stahls Aufzeichnungen in vielen Passagen auch, weil sie die Dynamik eines Gesprächs haben. Weit ausholend lässt der Autor seine Gedanken schweifen, von der Beobachtung ins Allgemeine und wieder zurück und immer bleiben Fragen offen, für ihn und für die Leser. Beispielsweise anlässlich einer Übertragung der Feierlichkeiten des Memorial Day im Jahr 1994: »Arlington National Cemetery. Clinton wird sprechen, man wartet auf ihn, er erscheint in Begleitung höherer Offiziere, dann Nationalhymne, er legt die Rechte aufs Herz. Die Sonne scheint, das Publikum schützt die Gesichter, zieht die Mützen tiefer in die Stirn, hält die Programmhefte gegen die Sonne, fotografiert oder blickt durch Ferngläser, beobachtet den Präsidenten, der die Treppe zum Podium hinaufsteigt, während die berühmte einsame Trompete ihn musikalisch begleitet. (...) Show für die Toten, (...) ein kleiner Junge reibt sich die Augen, müde, langweilig ist das, denkt er vielleicht.

Ich sitze vorm Fernseher, fühle wie der kleine Junge, erinnere mich, wie ich als Sechsjähriger in Jucha sonntags in die Kirche mußte. Die für mich immer zu langen Predigten meines Großvaters, nein, ich hörte nicht seinen Worten zu, ich hörte auf seine Stimme, das leise Absinken in eine tiefere Tonlage, dann war es soweit, die letzten Worte tief und langsam, die Befreiung, der Schluss, endlich ...

Und nun auch noch ein Sänger, ein Veteran, ojemine, seine Stimme alt und brüchig, das Vibrato wackelt über die steifen Grabsteine, die, weiß und schweigend in Reih und Glied, die Trauer der Lebendigen ertragen müssen ...

Wer liegt unter diesen Steinen? Wie viele Geschichten, Schicksale sind da verscharrt, und ich denke darüber nach, wie wenig sich ein Leben zur Wehr setzen kann, jede kleine Pistolenkugel ist stärker ... Sechzig Jahre werden ist schon eine Leistung, eine Meisterleistung des Körpers, der Seele, der Umstände. Sechzig Jahre zu werden, ohne in einem Krieg draufgegangen zu sein, pures Glück. Glück? Vielleicht aber ist Morden, Kriege führen göttliche Absicht? Hitler und Stalin im Himmel, und die großen Humanisten schmoren in der Hölle?«

Auch zu dieser Frage fällt ihm eine Szene ein, führt ihn weiter und überall könnte man sich einklinken mit der eigenen Meinung und Position. Dass Mueller-Stahl sich bei solchen

Gedankenausflügen mehr von seinen unmittelbaren Wahrnehmungen und spontanen Assoziationen lenken lässt als von Theorien, haben ihm übel wollende Zeitgenossen bisweilen zur Last gelegt. Aber in diesem Punkt ist er tatsächlich stur und ein Kind seiner Mutter geblieben. Will nichts scheinen, was er nicht ist. Und wem seine Gedanken nicht genügen, oder nicht gefallen – sei's drum!

»Unterwegs nach Hause« sei für ihn ein sehr trauriges Buch, meint Klaus Poche. Es spräche daraus so viel Einsamkeit und auch Verbitterung. Das ist wahr. Aber ein solch bilanzierender und auch Abschied nehmender Gestus ist wohl realistisch, nach einem so langen und so weiten Weg. Denn der Text markiert als Bilanz den Versuch, noch einmal den eigenen Standort zu definieren, als Ausgangspunkt für die letzte Wegstrecke. Nicht resignativ, aber nüchtern, auch ernüchtert. Dabei zugleich sehr kräftig, selbstbewusst. Denn während er in den »Drehtagen« in Bezug auf Motor und Sinn des eigenen Lebens eher zurückhaltend von dem Wunsch spricht, »sich darüber klar zu werden, welche Art von Spuren man hinterlassen möchte«, formuliert Mueller-Stahl nun entschieden mit dem Blick nach vorn: »Ich weiß ja nicht, wie wichtig es ist, was ich selbst will, weiß nicht, wie gut, aber es ist doch das, was das Leben ausmacht? Nicht wissen, aber dennoch wenigstens versuchen herauszufinden, wie gut, wie schlecht man ist. Das könnte der Sinn des Lebens sein, jeden Tag als Herausforderung, als Abenteuer zu sehen.«

»Unterwegs nach Hause« ist auch der Versuch, abzuschütteln, was bohrt und zehrt, und Klarheit zu schaffen. Schon bei den »Drehtagen« hat ihn ein amerikanischer Freund gefragt: »Willst du das Tagebuch wirklich herausgeben? Niemand wird mit dir wieder arbeiten und reden wollen, alle werden Angst haben, dass du Tagebücher über sie schreibst.«

Jetzt, nach seinem Erinnerungsbuch, kommen die Vorwürfe: Musste das alles sein, all die Namen, diese Abrechnung? Ja, es musste sein. Denn er will nicht, dass es ihm eines Tages geht wie dem Vater eines Freundes, einem Rechtsanwalt, der immer auf Ausgleich aus war, der immer versucht hat, sich in der dritten oder gar der vierten Reihe aufzuhalten, um angenehm zu sein. Und dann, achtzigjährig, auf dem Totenbett versammelt er Freunde und Familie um sich und sagt, ich habe da noch etwas auf dem Herzen, ich wollte euch das nur noch sagen: Der war ein Verbrecher, der war ein Arschloch, der war ein mieser Kerl, den habe ich gehasst wie die Pest, zwanzig Minuten lang nannte er Leute, die er nicht ausstehen konnte sein Leben lang, und dann nach zwanzig Minuten atmet er auf und sagt: Für diese zwanzig Minuten haben sich die achtzig Jahre gelohnt.

Endlich die eigene Meinung unverstellt kundtun zu können, auch wenn sie nicht schmeichelhaft ist!

Zugleich aber ist es für Mueller-Stahl wichtig, Spuren zu hinterlassen, auch bleibende Spuren. Der Film ist ein kurzlebiges Medium. Schauspieler tauchen auf, glänzen, verblassen. Für einige Glückliche dauert der Ruhm Jahre, gar Jahrzehnte, für die meisten währt er gerade mal einen Film lang. Nur bei den wirklichen Filmliebhabern bleiben ein paar Szenen und Bilder in Erinnerung. Dazu vielleicht die Biographie der Lieblingsmimen im Regal. Schauspielerei ist eine flüchtige Kunst.

Bleibende Spuren, das sind für ihn die Bilder, die er malt, das waren seit jeher auch Aufzeichnungen, und die fiktiven oder doch frei phantasierten schriftlichen Zeugnisse des Gedachten und Erlebten. Bei manchen Veröffentlichungen sieht man regelrecht den Film, der dahintersteht und nicht entstanden ist, wie bei der 1998 erschienenen Liebesgeschichte »In Gedanken an Marie Louise«.

Ursprünglich waren die »Briefe an Louise« als etwa zwanzigseitiger Teil eines großen Romans geplant: Die Klassenbesten einer Jahrgangsstufe treffen sich lange nach Beendigung der Schulzeit und jeder erzählt seine Liebesgeschichte. Keiner schummelt, jeder erzählt die Wahrheit, und jeder ist ein Sünder in seiner Geschichte. Doch die Wahrheit bringt ihnen nur Unglück, weil sie nicht mehr daran gewöhnt sind.

Der tatsächliche Fokus der »Louise«-Geschichte orientiert sich an der Beziehung zwischen meinem Urgroßvater und seinem Freund; es ist die Beziehung zwischen einem Betrüger und einem Betrogenen. Die Ufa hatte sogar Interesse angemeldet, aus diesem Stoff einen Film zu machen, aber daraus ist dann doch nichts geworden.

Auch in diesem Buch spielt Mueller-Stahl, ähnlich wie im »Verordneten Sonntag«, mit der Verdopplung und Verwicklung der Figuren. Im Dreieck zwischen dem Ich-Erzähler Mario, der mit zahllosen Spontanbriefen bedachten Geliebten Marie Louise und dem besten Freund Christoph spannt sich ein diffiziles Netz aus Beziehungen und Phantasien. Ein Netz, in dem der einsam liebende Mario sich schließlich verfängt. Denn während er Marie Louise in immer neuen Bierdeckelbriefen Botschaften aus seinem Alltag und vor allem von seiner Liebe übermittelt, ahnt er zugleich den Verrat, den die Wahrsagerin prophezeit hat: Marie wird Christoph heiraten, dem das Leben immer und in allem besser gelungen ist als ihm. So willkürlich wie Mario kurz vor Drehschluss den Job als Kameraassistent verloren hat, so willkürlich und wehrlos wird er auch Marie Louise verlieren, durch schnöde fünf Zeilen.

Aber gibt es Christoph überhaupt? Oder ist er Marios Alter Ego, Projektion seiner Gewinnerseite? Gibt es die Frau überhaupt, oder ist sie als Marie der weibliche Anteil der Erzählerfigur? Louise, hergeleitet von Ludwig, bedeutet Kampf.

Kampf der Geschlechter? Kampf zwischen Anima und Animus? Die vielfachen Lesarten des Textes deuten auf die reizvolle Seite des Buches hin und auf eine problematische.

Intellektuell reizvoll ist es, durch wechselnde Kombinationen auf der Ebene der Figuren, durch eine Art Schnitzeljagd der Zitate dem Text analytisch zu Leibe zu rücken. Hier bekommt das ganze Buch vom Schluss her noch einmal eine ganz neue Bedeutung. Denn in seinem Abschiedsbrief an die so ausdauernd Umworbene verkündet Mario: »Alles, was ich an Briefen noch habe, alles, was ich hier niedergeschrieben habe, werde ich nicht verbrennen, nein, ich werde es bemalen, übermalen oder, wenn mir farbig zumute ist, sie mit Farbe versehen, (...) malen als Therapie, den gehörnten Mario, gelber Hintergrund, den vielfach idiotischen Mario, schwarzer Hintergrund, Marie Louise rot, gelb, grün, weiß (...). Die ziellosen Bilder des Mario, die zu Farben gewordenen Gefühle, so bekommen die ungelesenen Briefe als Bilder wieder ihren Sinn.«

Im Buch Mueller-Stahls ist diese Phantasie Marios realisiert. Durch zwölf Gouachen von ihm, die den Text begleiten. In kräftigen Farben zeigen sie verrätselte Figuren, im Hintergrund Fetzen von Marios Briefen. So schiebt sich die Malerei – autobiographisch stimmig – vor die Worte. Hintergründig ist der Text also allemal. Aber als Geschichte, zumal als Liebesgeschichte, bleibt er blass. Denn wirklich erzählt wird hier nur selten. Und die Gefühle, die man in einer Liebesgeschichte erwartet, werden in Marios Briefen zwar wortreich benannt, aber nie spürbar. Funkstille, nicht nur zwischen Marie und Mario, sondern auch zwischen Leser und Text. Ein Genuss wird dieser zuverlässig immer dann, wenn er sich Alltagsbeobachtungen, Träumereien oder der Reflexion widmet. Anrührend in den Details wird da ein altes Ehepaar an der U-Bahn-Haltestelle beschrieben, voll spürbarem Schrecken die Bedrohtheit zwei junger Liebender auf dem Bahnhof, »beide unter Drogen, die Augen fiebrig. Sie bestanden nur noch aus Hüllen, die Seelen waren längst woanders, ein bißchen Liebe hielt sie noch zusammen.« So zart die Wahrnehmung hier ist, so kritisch wird sie, wenn es um die Erfolgreichen, die Lauten und Drängler geht: »Ich habe noch nie so angepasste Leute wie unter den Künstlern gesehen, denn um als Genie anerkannt zu werden, muß man sich der Menschheit geradezu auf die Füße legen, widerlich. Man muß sich anbiedern bis zur Selbstaufgabe, bei anderen Genies, den Genieentdeckern, damit man als Genie anerkannt wird. Die Genies sind die angepasstesten Wesen, die es gibt auf der Welt, die charakterlosesten Wesen, die den Erdball bevölkern.« Ein so harsches, pauschales Urteil hätte sich der Autor im Alltag bei seinem ausdrücklichen Bemühen um Differenziertheit wohl kaum erlaubt. Gerade deshalb vermittelt der affektive Schwung dieser Passage den Eindruck, hier habe sich jemand etwas von der Seele geschrieben.

Auch die für Mueller-Stahl charakteristische Lust am Skurrilen finden wir bei Mario wieder, so etwa die eigenwillige Bemerkung, dass bei den meisten Menschen, schaue man genauer hin, die Beine nicht zum Gesicht passten. Kennzeichnend auch Marios Traum von der Hollywoodgesellschaft, der das eigene Lachen, die gelifteten Gesichter sprengt: »Ich sitze mit solchen Berühmtheiten zusammen, wir haben Dinner, und beim Dessert wird versehentlich zuviel gelacht, und die Gesichter platzen wie die Luftballons, peng, peng, peng, und dann sitze ich irgendwelchen Schrumpelhäuten gegenüber.«

Das Buch lebt von solchen Beobachtungen, szenischen Details und einfühlsamen Porträts, aber die Geschichte bleibt daneben ohne Profil. Von Hingabe, Sehnsucht, Verzweiflung als vitalem Gefühl kaum eine Spur. Die Briefbeziehung zwischen Mario und seiner fernen Angebeteten wirkt eher wie eine Folie, die als Hintergrund für die sonst unverbundenen Situationen, Erfahrungen und Gedanken dient.

2004 erscheint sein nächster Roman, wieder geht es darin um Betrug – neben Tod, Liebe und Sexualität einer der emotionalen Kristallisationspunkte im Leben und also auch der Literatur. In »Hannah« ist die Konfrontation zwischen Betrüger und Betrogenem unmittelbarer, psychologisch dramatischer als zwischen Mario und Christoph. Zwei alternde Männer, der erfolgreiche Schriftsteller Hermann und sein Jugendfreund Arnold, rechnen miteinander ab. Sie sprechen über Hannah, die begnadete Geigerin, für beide Tochter und zugleich umworbene Frau, die durch einen tragischen Unfall ums Leben gekommen ist. Und sie sprechen über Musik. Mendelssohn, Brahms, Bartók und Bach, immer wieder Bach. Komponisten, deren Violinkonzerte – von Hannah gespielt, auf Kassette konserviert – den Text begleiten. »Hannah« dokumentiert so einmal mehr, dass für Armin Mueller-Stahl die verschiedenen Künste – Musik, Malerei, das Schreiben und die Schauspielkunst – tatsächlich zusammengehören. So wie in »In Gedanken an Marie-Louise« die Malerei zum Thema wird, ist es in »Hannah« die Musik.

Eine Weile schien »Hannah« außerdem nach »Conversation with the beast« die zweite Geschichte werden zu können, bei der sich sein Traum, die eigene Geschichte auf die Leinwand zu bringen, noch einmal erfüllen könnte.

Aber das Drehbuch jetzt ist ganz weit weg von der Substanz der Geschichte, dem betrogenen Betrüger. Als Drehbuch ist es eigentlich gut. Nur hat es nichts mit Hannah zu tun. Und dann versteht der Autor nichts von Musik.

Zum Beispiel lässt er mit der Geige am Grab Griegs »Trauermarsch« spielen. Das geht einfach nicht. Mit einer Tuba, ja – aber eine Geige ist unmöglich für einen Marsch. Die Musik spielt die wichtigste Rolle, nicht nur für den Text, auch für die Quali-

tät des Films – wie soll das jemand inszenieren, wenn er nichts von Musik versteht?

Also doch wieder die Geschichte eines Ärgernisses? Es sieht fast so aus. – Da schreibt er doch lieber eine neue Geschichte, als sich über Produzenten zu ärgern.

Spannend, phantasievoll komponiert und mit fein gezeichneten Figuren orchestriert ist die Erzählung »Kettenkarussell«, die das Zentrum eines 2006 erschienenen Erzählbands mit dem gleichen Titel darstellt. Auf diesen knapp 70 Seiten sind alle Qualitäten des Autors Armin Mueller-Stahl vereint: Seine Ernsthaftigkeit, seine Fabulierlust und seine genaue Beobachtungsgabe. »Kettenkarussell« spielt – dem heiter schwingenden Titel zum Trotz - in finsteren Zeiten und unter bedrängten Menschen. In einer deutschen Kleinstadt werden die Juden eingesammelt, hilflos müssen Eduard, Jakob und Jurek, alle drei kurz vor ihrem dreißigsten Geburtstag stehend, miterleben, wie ihre Eltern abgeholt werden. Hilflos? – Nein, nicht ganz: Ernst Machuleit, auf den die drei Klassenbesten früher eher als schulischen Versager herabgesehen haben, ist ein Meister der Zauberei. Seine besondere Begabung: Er kann Menschen verschwinden und wieder auftauchen lassen. Damit wird er, so hat er es versprochen, die Verfolgten retten.

Der erste Schritt zu dieser Rettung und das Herzstück der Erzählung ist ein Scheherazadescher Erzähl-Marathon: Eduard, Jakob und Jurek müssen sich, in einem öffentlichen Raum, für die Nazis hörbar, eine wahre und möglichst parteibeleidigende Geschichte erzählen. Jeder eine. Es soll, beschließen sie selbst, »ein eigenes Liebeserlebnis [sein], eines, das wir nicht kennen, vor allem aber ein sündiges Erlebnis...«. Die Idee knüpft an eine der ersten Bildideen Mueller-Stahls an, ein Treffen der Klassenbesten, bei dem jeder die schlechteste Tat seines Lebens erzählt. »Die Skatrunde« hat er das

Bild damals, 1952, genannt. 1991, als er in Amerika »Night on Earth« drehte und der Golfkrieg begann, hat er das Bild wieder vorgeholt und übermalt, eine Versammlung blaukalter, spitznasig-egozentrischer Figuren daraus gemacht: The war just started. Verglichen mit diesem düsteren Bild geht es im Kettenkarussell ausgesprochen heiter zu.

Mit spürbarer Lust an der politischen Beleidigung und dem moralischen Tabubruch entwirft der Autor drei pikante erotische Geschichten, die, wenngleich in tödlicher Bedrohung ersonnen, einen verspielten Übermut entfalten. Mueller-Stahls Freude an der skurrilen Überzeichnung bekommt hier ebenso Raum wie sein Gespür für zarte, poetische Farben – und ganz nebenbei wird man Zeuge, wie sich seine Phantasien mit sehr realen autobiographischen Erfahrungen zu einer stimmig komponierten Geschichte verbinden.

Das Schreiben interessiert mich allerdings jetzt doch immer weniger. Dazu hätte ich ein Leben gebraucht, ich weiß nicht, wohin ich mich entwickelt hätte, wenn ich es konsequent betrieben hätte. Wenn ich zurückblicke, ich hätte wohl besser geschrieben und gemalt. Aber jetzt ist es dafür zu spät. Aber dann wäre mir, denke ich, sicher ein guter Roman gelungen. Man lernt ja auch beim Schreiben, auf bestimmte Dinge hin zu schreiben, zu komponieren, das Handwerkliche lernt man ja beim Tun. Wenn ich schreibe, dann inzwischen fast lieber in Amerika, das schöne Wetter inspiriert mich, vielleicht ist es auch leichter, weil es nicht so viele Faxe und Termine gibt dort. Jetzt gerade habe ich bestimmt 100 Seiten Tagebuchaufzeichnungen diktiert, mal sehen, was draus wird.

Außerdem hat er Gedichte und Lieder aus DDR-Zeiten hervorgekramt, um auch daraus ein Buch zu machen.

Es sind Gedichte und Liedtexte. Die Texte haben mir wahnsinnig viel Arbeit gemacht, während das Komponieren mir immer ganz leichtfiel. Noch schwerer war es, wenn die Melodie schon da war und ich versucht habe, auf die Melodie einen Text zu machen. Ich habe sie rausgesucht, weil es mich irgendwo auch wurmt, dass ich daraus nichts gemacht habe. Bei meinen Gedichten bin ich mir nicht ganz sicher, ob sie wirklich gut sind.

Dabei geht es mir nicht so sehr um das Urteil der anderen. Man muss, wenn man kreativ ist, seinem eigenen Gefühl folgen. Und wenn man das Gefühl hat, es ist gut, dann muss man es machen.

Malerei

2000 Menschen füllten am 18. Dezember 2005 beim Festakt anlässlich des 75. Geburtstags von Armin Mueller-Stahl das Gewandhaus in Leipzig. Kurt Masur dirigierte das Gewandhausorchester, Künstler-Freunde wie Dietmar Mues und Ulrich Tukur ehrten den Jubilar mit Lesungen und er selbst den verstorbenen Freund Peter Ustinov, dessen »Karneval der Tiere« er – durch leichte Eingriffe dem eigenen Ton angenähert – vortrug.

Eindringliche, von Respekt und Zuneigung getragene Darbietungen, in deren Mitte zwei Momente herausstachen. Momente, in denen Mueller-Stahl mit einer Seite sichtbar wurde, die er sonst der Öffentlichkeit vorenthält; unauffällig, aber entschieden. Nicht als wolle er sie verbergen – eher um sie zu schützen, wie eine Kostbarkeit.

Der erste dieser Momente war ein nicht im Programm angekündigter Beitrag seines Sohnes Christian. Der 35-Jährige begleitete die Sängerin Cornelia Moore bei dem Lied »Avalon« aus dem gleichnamigen Film auf dem Klavier. Für Christian Mueller-Stahl, der sein Leben als Arzt und Regisseur dezidiert fern von dem seines Vaters als öffentlicher Persönlichkeit gestaltet, eine starke Geste. Armin Mueller-Stahl reagierte sichtbar bewegt, mit dankbarer, ernsthafter Rührung.

Verblüfft strahlend nahm er wenig später ein zweites unverhofftes Präsent entgegen: Frank-Thomas Gaulin vom Lübecker Kunsthaus, Verleger des bildnerischen Werks von Armin Mueller-Stahl, überreichte ihm eine Landschaftsmalerei seiner Großmutter Editha Maaß, ein Bild, das der Künstler bis zu diesem Tag offenkundig nicht gekannt hatte. Nachdem Mueller-Stahl selbst durch ein Geigensolo und seine Lesung zwei der vielen von ihm ausgeübten Künste präsentiert hatte, die Musik und die Literatur, rief der rührige Kunstliebhaber Gaulin mit dieser Geste Mueller-Stahls dritte künstlerische Begabung in Erinnerung: die Malerei.

Diese freilich gilt Mueller-Stahl selbst, was Intensität und Begeisterung bei der Produktion angeht, seit einigen Jahren als seine erste.

Die Malerei verhilft mir zu einer großen Freiheit. Das war in meinem Lebensplan nicht vorgesehen, dass sich das so intensivieren würde. Und dass ich so viel Anerkennung erführe. Inzwischen oft mehr als mit der Schauspielerei. Das kam so ungeahnt und hat eine ungeheure Produktivität ausgelöst in mir, ich mache ständig Entdeckungsreisen in der Kunst, das ist aufregend und erfüllend.

Wenn Mueller-Stahl von seinen Erlebnissen als bildender Künstler erzählt, spürt man, dass er hier bei einer Erfahrung von Kreativität angekommen ist, die ganz seinem Wunsch nach Autonomie und Selbstausdruck entspricht – zudem wohl auch seinem Bedürfnis nach Zurückgezogenheit: Wenn er den Skizzenblock aufschlägt, ist er in einem eigenen, nur ihm zugänglichen Raum – egal wo. Und dass er, um malen zu können, von keiner Institution, keinem Markt abhängig ist, verstärkt das Gefühl von Eigenständigkeit und Freiheit.

Inzwischen ist die Garage in Sierksdorf zu einem zweiten Atelier umgebaut. Oben arbeitet er jetzt an kleineren Formaten, Lithographien und Zeichnungen, unten finden die großformatigen, 3 x 2-Meter-Bilder Platz. Er malt und zeichnet mit einer Intensität, die mitunter rauschhafte Züge annimmt. Da gibt es ganze Zyklen zu Bäumen, Brücken, kämpfenden Tieren, zum »Urfaust«, Jim Jarmuschs »Night on Earth« und dem eigenen Drehbuch »Hamlet in Amerika«. Zu mehreren Filmprojekten hat er die Drehbuchseiten übermalt, Bilder von Filmfiguren, Illustrationen seiner Texte und Hunderte von Porträts lagern bei ihm – Porträts, die oft aus wenigen Federstrichen bestehen, und solche, die durch eine nachdrückliche, eigenwillige Farbsetzung auffallen; Porträts von Musikern, Regisseuren, historischen und alltäglichen Figuren, von Hollywoodgrößen und von Obdachlosen aus des Filmlands trostlosen Ecken.

Egal ob er mit Kohle, Tusche, Acryl oder Kreide arbeitet, bei den Motiven kehrt Mueller-Stahl immer wieder zu den Menschen zurück. Das mag in ersten Erfahrungen durch seine Großmutter Editha begründet sein, durch die er mit drei Jahren, wie er gern schmunzelnd erzählt, zu malen begann. Es hängt sicher auch zusammen mit der Zeit, in der er später als Bühnenschauspieler mit seinen bildnerischen Versuchen begann.

Angefangen habe ich mit dem Zeichnen in den ersten Jahren beim Theater. Das war ja nicht einfach damals für mich. Erst die Ablehnung der Schauspielschule – heute denke ich manchmal, vielleicht hatten die ja sogar Recht, und wie wäre mein Leben wohl verlaufen, wenn ich komponiert und gemalt hätte – dann die ewigen Liebhaber, die ich zum Missfallen der Regisseure zu Charakterrollen zu machen versuchte. Da hatte ich doch häufig Gegenwind, und da hat das Zeichnen mein schwindendes Selbstbewusstsein wieder aufgebaut. Während die anderen in der Kantine saßen und sich die immer gleichen Schnurren erzählten, habe ich auf Bierdeckel Porträts skizziert.

Dabei »lernte ich es, schnell zu zeichnen«, heißt es dazu in »Rollenspiel«.

»Sich nur nicht zu lange bei dem Hut aufhalten, sonst ist der Kollege schon in der Kantine, die Haltung schnell begreifen, erfassen, so geht er, so steht er, möglichst mit einem Strich. Ist der Rücken gebeugt, der Bauch herausgeschoben, das Gähnen unbeabsichtigt, die Hände sind wo? Fritz Wisten, mein Intendant, hatte ausdrucksvolle Hände, ihn habe ich in dieser Zeit häufig gezeichnet, wie er auf der Bühne stand, nach vorn gebeugt, in Kreppschuhen, immer sorgfältig gekleidet, mit seinen Händen Regieanweisungen erteilend. Einmal wollte er meine Zeichnungen sehen, er kam extra in die hinterste Reihe, ich hielt mich absichtlich entfernt auf, doch ich wollte ihm nichts zeigen. Ich befürchtete, meine Zeichnungen könnten ihn beleidigen, ich hatte vergröbert, die ausdrucksstarken Hände mit Ring waren größer, die krumme Haltung krummer, die Kreppsohlen dicker. Ich hatte ihn zwar nicht mit meinen Zeichnungen beleidigt, die hatte er ja nicht gesehen, aber dadurch, dass ich ihm den Blick in mein Zeichentagebuch verweigerte. Sein Rücken signalisierte Ungeduld mit mir, Unzufriedenheit, so was macht man nicht, und so was macht man ja auch nicht. Wie kann ich meine Kollegen zeichnen und die Zeichnungen den Kollegen vorenthalten, Wolff von Beneckendorff sagte das, und ich gab ihm Recht und zeigte ihm eine Zeichnung, die ich von ihm gemacht hatte. Auch ihn hatte ich vergröbert, die Nase länger, das Gesicht faltiger, die Figur dünner, wie Don Quichotte. Er blickte sie sich an, lange, und fragte mich, ob er sie haben könne. Selbstverständlich, antwortete ich, da ich meiner Kunst keinen besonderen Wert beimaß, ich verschenkte, wer immer was haben wollte. Zu leicht fiel mir das Zeichnen, und was einem leichtfällt, kann nichts wert sein, das war meine Überzeugung. Am nächsten Tag schenkte mir Wolf von Beneckendorff sein Goetheprogramm. Schnarrend sagte er, darran habe ich zwanzig Jahre gearrbeitet, und fügte hinzu, als Dank für das gelungene Porrträt. Ja, das bin ich, so sehe ich aus, gut gemacht, junger Mann, Sie haben Talent, errstaunlich, und Beneckendorff rollte das rr wie auf der Bühne. Ich hab es rrahmen lassen, und es hängt an bevorrzugterr Stelle. Das brachte mich zum ersten Mal auf den Gedanken, dass meine Zeichnerei auch Freude machen konnte, etwas wert war, wenn sie gerahmt wurde und nun an der Wand meines berühmten Kollegen hing. Und noch an bevorzugter Stelle. Jedenfalls mehr Wert als meine Schauspielerei, die mir ähnliches Lob nie eingebracht hatte.«

Schon damals war es also natürlich nicht nur Frust, was mich malen ließ – und heute ist es das kaum noch, sondern vor allem Freude! Leider sind die Bierdeckel von damals verschwunden. 1000 Stück müssten das sein, oder sogar mehr. Ein Kollege hat sie gesammelt, ich weiß nicht mehr, wer, und auch nicht, was er damit gemacht hat. Schade, heute würde ich sie gern anschauen, da steckt ja doch ein großer Teil meiner Geschichte drin. Wie in einem Tagebuch, das ich vermisse, ich weiß nämlich auch gar nicht mehr genau, was ich alles gespielt habe in diesen 25 Jahren.

Als er dann mit der Schauspielerei erfolgreich wurde und auch mit seinen Liedern aufzutreten begann, trat das Malen zurück. »Manchmal stand ein kleines Bild auf dem Klavier, aber das verschwand auch bald wieder«, erzählt Gabriele Mueller-Stahl. »Bis in einem Zeitungsporträt 2000 seine Malerei erwähnt und die Leiterin des Filmmuseums in Potsdam, Bärbel Dalichow, aufmerksam wurde. Sie fragte wegen einer Ausstellung an, wir haben eine Weile gezögert, denn das waren ja größtenteils noch Sachen aus der DDR-Zeit, die bei uns lagen – aber dann haben wir doch zugesagt.«

Wenn Gabriele Mueller-Stahl das so erzählt, fällt das »wir«

kaum auf – tatsächlich verbirgt sich darin aber eine tiefe, selbstverständliche Gemeinsamkeit zwischen den beiden Eheleuten, die sich bei der Malerei auch darin ausdrückt, dass meist sie die Titel für seine Gemälde bestimmt. »Das geht ganz schnell, intuitiv, und das mache ich sehr gern.«

Frank-Thomas Gaulin war in Berlin, als die Ausstellung in Potsdam erstmals eine breitere Öffentlichkeit mit Bildern von Armin Mueller-Stahl in Kontakt brachte. Er schaute sich die Bilder an, und was er sah, gefiel dem Lübecker Galeristen sehr. Mehr noch: Diese Bilder waren wie geschaffen für das Kunsthaus Lübeck, das auch die Bilder von Horst Janssen und Günter Grass verlegt. Der Kontakt war rasch hergestellt – und erweist sich bis heute als Glücksfall für beide Seiten.

Für Mueller-Stahl ist Gaulins Initiative insofern ideal, als dieser seinem Werk mit detailreichem Wissen und fundierter Wertschätzung begegnet – ohne ihn als Berühmtheit zu funktionalisieren. Gaulin war es zudem, der ihm das Lithographieren nahegebracht hat, eine Technik, die seit 2002 mehr und mehr Raum in seinem Schaffen einnimmt.

Dem Galeristen wiederum, der längst zum Freund geworden ist, vermittelt die Betreuung von Mueller-Stahls Werk nicht nur ein professionelles, sondern auch ein privates Vergnügen und inspiriert ihn zu immer neuen Ideen. Dass Mueller-Stahl sein Engagement auch öffentlich explizit würdigt – *er ist mein Eckermann, meine Lokomotive, ich bin nur Waggon* –, kommt für Gaulin wohltuend hinzu.

»Für mich ist Mueller-Stahl nicht genial, sondern genialisch. Das ist ein wichtiger Unterschied. Rubens war genial, da Vinci war genialisch. Das meint die Vielseitigkeit des schöpferischen Schaffens. Dieses Genialische ist mehr als das ›Knoten aus der Seele zeichnen‹, mit dem Mueller-Stahl immer wieder zitiert wird. Es ist auch keineswegs nur persönlich, seine Bilder enthalten etwas Überindividuelles.«

Für den Fachmann ist es geradezu ein Glücksfall, dass Mueller-Stahl so lange im Verborgenen gearbeitet hat. Weil er sich dadurch in einem Schutzraum ausprobieren und verbessern konnte, ohne dass er das Geschaffene gleich in der Öffentlichkeit bewerten, messen lassen musste. So ist er nicht durch falsches Lob oder falsche Kritik verbogen worden, sondern hat sich souverän vervollkommnen können und weder stilistisch noch in den Techniken festgelegt. Eine Souveränität, die er sich bis heute bewahrt hat.

»Die Selbstsicherheit, mit der er unterschiedliche Stilformen und bildnerische Zitate einsetzt und zwischen so unterschiedlichen Techniken wie dem Zeichnen, dem Malen und der Lithographie wechselt, ist absolut faszinierend.« Bei alldem ist Mueller-Stahl für Gaulin kein gelegentlicher, sondern ein konsequent nach Ausdruck strebender bildnerisch Schaffender, war es auch schon, als noch kein einziges Bild von ihm ausgestellt war.

Auch der ehemalige Leiter der Schleswig-Holsteinischen Landesmuseums Schloss Gottorf, Prof. Herwig Guratzsch, dem sich Armin Mueller-Stahl künstlerisch besonders nahe weiß, meint in dem Zusammenhang:

»Es ist ihm in gewisser Weise tief entsprechend, dass er seine Bildwelt bisher als eine private betrachtet hat und erst so spät aus dieser Verschwiegenheit herausgetreten ist. Weil er sich nur in dieser Abgeschiedenheit so unbeobachtet, so frei bewegen konnte. Das ist für jemanden, der als Schauspieler alles sehr aufgedeckt beweisen, sich damit verknüpft auch im gesellschaftlichen Leben bewegen muss, sozusagen der Fluchtort gewesen. Und es war für ihn sicher eine schwere Entscheidung, den aufzugeben. Vielleicht ist er auch gar nicht so ganz glücklich damit. Sosehr er sich dazu jetzt auch öffentlich bekennt. Da ist er sicher ambivalent. Denn er sucht natürlich auch die Begegnung mit dem Widerhall. Und wenn die Resonanz ganz ausbleibt, ist das sicher auch unbefriedigend. Insofern ist er in einem Dilemma. Aber das führt ja bei ihm nicht dazu, dass er mit schwermütiger Miene vor die Augen der Welt tritt. Er hat sich das in gewisser Weise eingebrockt, aber er kann auch ganz gut damit leben.»

Ja, ich genieße es auch, dass ich nun so viel Rückmeldung bekomme. Beifall, aber auch Kritik. Allerdings sehe ich dann manchmal ein Bild von mir hängen, von dem ich denke, es ist noch gar nicht fertig. Auch die Auswahl bei Ausstellungen entspricht nicht immer meinem Geschmack. Oder die Bilder hängen nicht so, wie ich es mir wünschen würde. Zum Beispiel die Urfaust-Bilder, die ja Geschichten erzählen, farbige Geschichten, die kann man nicht zu den verhaltenen, zarten »Kinder des Olymp«-Motiven hängen. Sie sind einfach von den Energien und Farben her zu unterschiedlich. Der Film hat mich in meiner Jugend ungeheuer gepackt und inspiriert, und die Bilder dazu sind für mich selbst ganz wichtig. Diese Welt der Träume, aber auch der Einsamkeit, des Alleingelassenseins. Der Film wurde ja während des Kriegs gedreht, während der Okkupation, und alle haben sich an dem Film festgehalten und immer weiter gedreht und gefeilt. Dadurch ist die Fabel sehr gut gebaut. Natürlich ist es nicht mehr heutig gedreht, aber die Kraft der Poesie kommt darin stark zum Tragen. Als ich den Film gesehen hatte, wollte ich Maler und Schauspieler werden. Da gibt es doch diese eine Figur, die Othello übt, im Bett, daraufhin habe ich dann auch gleich im Bett geübt, spielte den ganzen Tag Othello. Realität und Traum, das ist das große Thema des Films – und, ja, das geht mir schon sehr nahe. Diese beiden Pantomimen, die Antipoden auf der Bühne und dann das Zerbrechen der Liebe, der Verhältnisse, zum Schluss bricht alles auseinander. Das ist etwas, das mich immer wieder berührt. Wie man doch im tiefsten

Inneren letzten Endes immer allein ist. Dass auch alle Verbindungen letztlich fragil sind, das ist für mich das Entscheidende.

Filigran, verletzlich und rätselhaft wirken sie in der Tat, die Figuren auf Mueller-Stahls zahlreichen Bildern zu dem Film von Marcel Carné und Jacques Prévert. Einsam selbst wenn sie sich vorsichtig einander zuwenden. Die Umrisse mit wie gehauchtem Strich gezogen oder brüchig, als könnten die Konturen sich schon im nächsten Augenblick auflösen, ein Lidschlag und die zarte Berührung endet, eine Tür schlägt und der kleine Spiegel, in dem sich die schmale Frau betrachtet, zerschellt. In Schwarz und verwischten Grautönen sind diese Bilder gehalten, mit wenigen, blassen Farbahnungen, traumgleiche Schemen voll trauriger Poesie.

Nahezu farblos, verhalten, von düsterer Melancholie sind auch die Bilder, in denen Mueller-Stahl seinen Abschied von der DDR reflektiert. Gemalt hat er sie nach 2005, als er seine Stasiakte gelesen hatte. Eins zeigt von den sechs Stühlen, für die er nach seinem Aufbruch in die USA immer wieder nach sechs Freunden suchte, gerade mal noch vier – und auch die im Nebel, brüchig, bedroht. Auf einem anderen Bild verlieren sich Bahngleise in einem fernen Nichts, einer Unendlichkeit, die nicht Weite oder Freiheit evoziert, sondern eine finstere Ziellosigkeit, ein bedrückendes *nowhere*. Die Wehmut, die Enttäuschung darüber, dass der Abschied von der DDR auch menschlich sehr viel endgültiger war, als er bei seinem Aufbruch geahnt hat, liegen wie ein dichter Nebel über dem ganzen Bild.

»Die atmosphärische Intensität dieser Bilder kommt ganz aus der Verdichtung, der ›Verwesentlichung‹«, erklärt dazu Herwig Guratzsch bei einer Ausstellungseröffnung in München, »ein Stilmittel, das ja auch seine Schauspielerei kennzeichnet. Bei diesen Bildern kann man sehen, wie er sich im Laufe seiner unentwegten Praxis von der nervösen, lebhaften

Zeichnung zu einer konzentrierten Form durchgearbeitet hat. Überaus sparsam in den Mitteln, obwohl sein Thema hier ein überaus emotionales ist. Diese Gleise hier erlauben weder ein Ziel noch, dass zwei Züge nebeneinanderfahren.«

»Im Bild hat er offenbar oft noch größere Ausdrucksmöglichkeiten für das, was da nonverbal rausmuss, als beim Musizieren«, vermutet Frank-Thomas Gaulin. »Das sieht man bei den Abschiedsbildern, aber auch bei vielen Porträts. Da kann er bei Personen Dinge mit solcher Deutlichkeit von innen nach außen holen, wie er es verbal vielleicht nicht machen würde. Die Malerei gibt ihm die Möglichkeit, auch unbequeme Dinge rauszulassen. Deshalb gibt es auch keine schönen Bilder von Armin Mueller-Stahl. Es gibt solche, die man intuitiv versteht, und solche, die wir nicht verstehen.

Seinen speziellen Zugang kann man zum Beispiel bei den Porträts gut beobachten. Jeder der porträtierten Künstler wird in seinen Stärken und Schwächen, vor allem aber in seinen Schwächen, spielerisch und zugleich mit großer Ernsthaftigkeit erfasst. Dabei ist auch bildnerisch, wie beim Schauspielen, das Minimieren, die Reduktion auf das Wesentliche bestimmend.«

Mein Malen ist eindeutig filmisch, das ist klar. Ich nehme so wahr, ich stelle so dar. Und was ich übermale, ist figurenbezogen. Ich versuche, das Gesicht hinter dem Gesicht zu sehen und zu zeigen. Dabei habe ich festgestellt, dass Komponisten oft so aussehen wie ihre Musik. Es ist unvorstellbar, dass der Kopf von Brahms so komponiert haben könnte wie Mendelssohn. Bei Mendelssohn sieht man den schmalen Nasenrücken und dann hört man den 3. Satz des Violinkonzerts, der ist ja letztlich verspielt, auch prall trillig. Daneben der schwerblütige Brahms, der diese wunderbaren Melodien komponiert, aber er kann nicht so wie Mendelssohn. – Oder Mahlers Kopf, dieser schwere jüdische

Kopf, der mit Depressionen kämpft, das findet man in der Musik wieder. Das ist für mich beim Malen sehr interessant.

Bei Richard Wagner ist es anders. Gaulin gab mir Fotos von ihm. Da gab es eins, wo Monet Wagner gemalt hat. Ein liebloses Bild, beinahe dilettantisch, bei dem ich mich gefragt habe, wäre es dann nicht ehrlicher, das Gesicht überhaupt wegzulassen. Ich bin kein so großer Fan von Wagner. Seine Musik sagt immer nur: »Ich, ich, ich.« Genauso ist es, wenn man den Briefwechsel zwischen Liszt und Wagner liest, der arme Liszt gibt immer Antworten auf Wagners Probleme, der war einfach ein großer Egozentriker. Ich habe dann das Gesicht weggelassen, das finde ich ehrlicher.

»Besonders bei den Porträts lässt sich gut zeigen, wie sich eine Botschaft entfaltet, etwas von innen nach außen umgesetzt wird«, erklärt Gaulin. »Zum Beispiel bei dem John-Lennon-Porträt. Lennon wird da ja nicht einfach abgebildet, sondern in einer ganz bestimmten Lebenssituation vergegenwärtigt. Oder Freud mit dem frechen Rot. Und Heine als der Harzreisende, der Mädchen verführen will. Das sind einfach sehr spezielle und zugleich treffende Wahrnehmungen, die auf faszinierend unabhängige Weise umgesetzt werden.«

Dabei gibt er gelegentlich gerade solchen öffentlichen Figuren, die durch zahllose Abbildungen ihrer Individualität beraubt, zur Ikone erstarrt sind, quasi ihre Unverwechselbarkeit zurück – durch seinen respektvoll an der Wirklichkeit orientierten, dabei unbestechlich präzisen Blick und seine Art, nicht ein harmonisches Ganzes, sondern das Charakteristische der Figur durch Nuancen herauszuarbeiten, auch abstoßende oder absonderliche.

Bei der Wahl der Porträtobjekte ist sein Spektrum breit, neben den Musikern gibt es geistige, historische und politische Größen, Filmfiguren, Freunde, Zufallsbekanntschaften, manchmal meldet auch seine Frau einen Wunsch an wie bei Joe Cocker. Generell interessieren ihn weniger schöne, glatte Gesichter als solche, die eine Geschichte, Widersprüche, etwas Sperriges in sich tragen. Dieses Sperrige, das Geheimnis der Figuren, umspielt er, deutet es an und bewahrt es dabei zugleich.

Nicht selten übermalt er auch ein Bild oder Porträt Jahre später noch mal. So zum Beispiel das Selbstporträt mit Zigarette im Mundwinkel, Inspektor Grubach in Soderberghs Kafka-Film.

Wenn ich so ein früheres Bild übermale, ist fast immer eine geschmackliche Veränderung der Auslöser. Nur etwas auszubessern, das funktioniert bei mir nicht, es muss immer eine grundsätzliche Veränderung damit verbunden sein.

Charakteristisch an den Porträts ist vor allem die Sicherheit, mit der Mueller-Stahl durch wenige, genau gesetzte Details Ähnlichkeit mit der dargestellten Figur erzeugt. Ein Zugang, der an seinen sich mit dem Alter zunehmend intensivierenden Minimalismus beim Schauspielen gemahnt.

Goya und Toulouse-Lautrec, Beckmann und Heise, Otto Dix, Daumier und George Grosz sind Maler, an deren Bilder die Arbeiten Armin Mueller-Stahls gelegentlich denken lassen. Sein großes Vorbild aber, der Maler, der ihn am meisten inspiriert, ist Rembrandt.

Bei dem kommen alle aus dem Dunkeln. Und ich male auch nie, um den Leuten zu gefallen. Ich male nie Blumen, bunt, oder hawaianische Sonnenuntergänge, nichts dergleichen. Ich suche im Gegenteil Antifarben, die Figuren sollen aus dem Dunkel kommen, aus dem Schmutzigen, dann sieht man die paar Farben, die ich einsetze, viel mehr.

Das liegt nicht jedem Betrachter. »Zu finster, zu ernst, würde ich mir nie aufhängen«, kommentiert denn auch ein Besucher in einer Münchner Ausstellung.

Mir geht es nicht um den Verkauf oder darum, dass meine Bilder schön anzuschauen sind. Man muss, wenn man kreativ ist, seinem eigenen Gefühl folgen und seine eigenen Entdeckungsfahrten machen. Wenn ich sehe, wie Rembrandt oder auch Heisig, wie der zum Beispiel manchmal in einem Gesicht Farben, Mund und Nase nur andeutet, das inspiriert mich. Aber dann will ich es auch nicht nur so machen wie die, ich beginne es wieder zu verändern, in Eigenes zu verwandeln – das sind für mich Erfahrungen, die ungeheuer glücklich machen – oder auch unglücklich, wenn es nicht gelingt.

Zum zurückhaltenden Einsatz von Farben passt, dass Armin Mueller-Stahl in den zurückliegenden Jahren – angeregt durch Frank-Thomas Gaulin – mehr als zweihundert Druckgrafiken erarbeitet hat, die ganz vom Schwarz-Weiß-Kontrast leben. Ein Kontrast, der, ähnlich wie bei der Schwarz-Weiß-Fotografie, gerade atmosphärisch eine besondere Intensität entfaltet.

Allerdings gibt es Bilder Mueller-Stahls, die durchaus von kontrastreichen, expressionistisch-ausdrucksvoll eingesetzten Farben bestimmt sind: zum Beispiel sein Lübeck Triptychon, viele Motive des »Menschheitszirkus« und des »Urfaust«-Zyklus. Unter den Porträts finden sich seine Filmfigur Baron Kaspar von Utz in einer leuchtenden Verbindung aus Grün, Gelb und Orange, eigenwillig-visionäre Bildnisse von George Sand und François Villon und eins, das durch seine offensive Mischung aus Gelb- und Ultramarintönen und seinem leuchtend blauen Mund besonders ins Auge sticht. Es ist ein Porträt von Horst Janssen, das Mueller-Stahl 1991 gemalt hat und das die Aufmerksamkeit auf eine verblüffende Affinität zwischen den Werken der beiden Künstler lenkt.

Verblüffend, weil der extreme, zu Ausbrüchen und Exzessen neigende Janssen so gar keine Gemeinsamkeit zu haben scheint mit dem eher introvertiert und beherrscht wirkenden

Mueller-Stahl. Aber Korrespondenzen zwischen Menschen ergeben sich oft auf tieferen Ebenen, gegenläufig oder über Kreuz. Auch Fassbinder war ein Berserker, bei dem Mueller-Stahl seine schönsten Rollen während seines Intermezzos als Schauspieler in Westdeutschland spielte.

Vergleichbare Berührungspunkte gibt es auch zwischen den beiden Künstlern aus der ost- bzw. norddeutschen Küstenregion. Nicht auf der Oberfläche, wohl aber durch ihrer beider vitalen Gestaltungswillen und ihr kompliziertes Naturell voll verzweigter Kammern und Geheimgänge.

Was die Technik betrifft, so wird diese Affinität sinnfällig vor allem in ihren Arbeiten mit Bildgründen, die schon benutzt wurden und eine Aussage haben. Bei Janssen waren es vor allem Kalenderblätter, denen er durch satirische oder hintersinnig-kommentierende Zeichnungen, Malereien und Texte neue Bedeutung verlieh. Ähnlich wie bei Mueller-Stahls übermalten Drehbuchseiten war der Auslöser für diese oft impulsiv wirkenden Darstellungen ein aktueller: Tagesgeschehen wird festgehalten, eine Situation, ein Gedanke, ein Mensch. Beiden ist dabei, wie Herwig Guratzsch ausführt, »eine instinkthafte Sicherheit zu eigen, mit der sie die Feder führen. Mueller-Stahl ist dieses Intuitive manchmal auch suspekt, weil er befürchtet, dass ihm alles zu leichtfällt. Aber das kann man auch genau umgekehrt sehen. Er hat einfach die Fähigkeit, etwas, zum Beispiel ein Gesicht, in Sekundenschnelle zu analysieren – und er kann es nahezu genauso schnell aufs Papier bringen. Diese Möglichkeit, Augeneindrücke unmittelbar auf dem Papier zu verewigen, und zwar nicht mit suchendem Strich, der korrigiert wird, wo man also sozusagen die Reuezüge in der Zeichnung sieht. Das gibt es bei ihm gar nicht, er lässt eigentlich alles stehen. Und was er zeichnet, ist sehr zupackend, sehr treffend. Diese Fähigkeit haben nur ganz wenige Künstler, die meisten mühen sich, den Eindruck zu verifizieren, sie basteln und müssen sehr viel Aufwand treiben, um dahin zu kommen, und dann sieht es eben oft auch bemüht oder konstruiert aus. Bei ihm wirkt alles mühelos. Wobei das natürlich auch wieder täuscht. Es ist ja nicht so, dass ihm das alles aus der Feder oder aus dem Bleistift fließt. Es gibt auch bei ihm ein ständiges Arbeiten – aber nicht bei dem gleichen Sujet. Er trainiert sich ununterbrochen, und zwar dadurch, dass er so enorm schnell und viel zeichnet. Das führt natürlich zu einer noch größeren Sicherheit, mit einem Strich den ganzen Charakter, die ganze Seele eines Menschen berühren zu können. Da ist er Horst Janssen sehr nahe, denn auch der hat diesen Strich. Es geht also vor allem um die Gabe, umzusetzen, was man sieht – die findet man beispielsweise bei Michelangelo bis in seine Dichtkunst hinein.

Diese besondere Fähigkeit Mueller-Stahls und Janssens kommt konsequenterweise am meisten in ihren Porträts zum Tragen. Dabei fällt bei Janssen natürlich sofort die Fülle der Selbstporträts auf, die es bei Mueller-Stahl so nicht gibt. Der Selbstreflexion, die Janssen hier exerziert, dient bei Mueller-Stahl eher das Schreiben seiner nachdenklich-impressionistischen Texte. Gemeinsam ist ihnen eine charakterisierende Überzeichnung von Details, die das Betrachten der Porträts zu einer Entdeckungsreise macht, weil sie sich nicht ums Schöne scheren, sondern eher die Widersprüche und Schwächen der Figuren sichtbar machen wollen. Sichtbar machen nicht, um sie bloßzustellen, sondern um sie in ihrer Komplexität und mit den Spannungen zu erfassen, die sie erst zu interessanten Figuren machen.

Themen und Ideen für seine bildnerischen Darstellungen ergeben sich für Armin Mueller-Stahl buchstäblich auf Schritt und Tritt: Ein Mensch am Hamburger Bahnhof, der ihm auffällt, eine Straßenszene in Venice Beach, eine abstrakte Idee wie der Wettstreit zwischen Gut und Böse, Empörung, Wut, eine Theateraufführung oder ein Besuch im Cirque de Soleil, ein Fischer in Paros oder Figuren aus seinen Drehbüchern und Romanen – was immer seinen Geist anregt, seine Phantasie ins Schwingen bringt, wird zu Papier gebracht. Und immer wieder gelingt ihm dabei das, was ein Journalist in Bezug auf seine Schauspielerei auf die sinnfällige Formel brachte, »das Wesentliche einfach aussehen zu lassen und das Einfache zum Wesentlichen zu machen«.

Die unmittelbare Wirkung vieler seiner Bilder, die – auch bei Laien und schon bei der ersten Betrachtung – eindringlich und regelrecht physisch ist, erklärt Klaus Honnef in der Einleitung eines Porträtbands von Mueller-Stahl mit dem speziellen »interaktiven Moment« in dessen Bildkunst. Mueller-Stahl, so der Kommentar, übernimmt in seinen Bildern ein Stück weit die Perspektive der Betrachter, adaptiert – emphatisch - deren Sicht und legt seine Bilder durch Aussparungen und Andeutungen wie eine Partitur an, die erst durch die Reaktion des Betrachters ihre endgültige Aussage erhält. Nicht nur in Gestalt unterschiedlicher Deutungen, sondern als konkret-physische Reaktionen: Gerade das Skizzenhafte, Szenische in vielen seiner Bilder ist so angelegt, dass darin eine emotionale Regung oder das Bevorstehen eines Ereignisses sichtbar oder doch erahnbar wird. Man spürt, wie hilf- und ahnungslos Gretchen dem gierigen Faust ausgeliefert ist, man spürt die blitzwache Konzentration des Dirigenten Georg Szell im Carnegie-Porträt und hört das selbstgefällige Geplauder der beiden rauchenden Snobs, die Mueller-Stahl im »Rollenspielbuch« festgehalten hat.

Immer wieder, wenn es ihn packt, entspringt der Begegnung mit einem einzelnen Motiv eine Kaskade von Bildideen, ein ganzer Zyklus. Als das Kunstmuseum Gottorf, das seit 2004 das gesamte druckgraphische Werk Mueller-Stahls in seine Sammlung aufgenommen hat, den Künstler 2007 um ein Baumbild bat, entstanden erst nur einige Papierbilder – und dann, wie in einem Sog, ein ganzer Wurf: dunkle, helle, Herbst- und Winterbäume; als er von den Feuern in Kalifornien hörte, malte er Bäume im Feuer, das Baumthema ließ ihn nicht mehr los.

»Am 17. Mai 2008, dem internationalen Museumstag«, erzählt der damalige Leiter von Gottorf, Prof. Guratzsch, »hat er dann sein Opus abgegeben und seitdem einen Platz in der Galerie der Baumkünstler. Das ist ähnlich wie der Goslaer Kaiser-Ring eine Reihe. International renommierte Künstler wie Daniel Spoerri, Magdalena Abakanowicz und Bernhard Heisig gehören dazu. Dass das Museum ihn angesprochen hat, macht also exemplarisch deutlich, dass er tatsächlich inzwischen als Künstler von internationalem Rang eingestuft wird. – Das ist wichtig, weil Mueller-Stahl selbst ja immer noch ein Stück mit der Idee lebt, seine Bilder könnten so gut gar nicht sein, weil sie ihm so leichtfallen. Das ist aber Quatsch, das zeigt unter anderem diese Auszeichnung in Gottorf.«

Nicht nur wenn er einen Auftrag hat – auch sonst lässt er sich unentwegt von aktuellen Eindrücken inspirieren, auch dies ein Beleg dafür, wie sehr das Bildnerische aus ihm herausdrängt. Bestimmte Motive wie die Obdachlosen in Venice Beach und die Musik kehren immer wieder, oder das Brückenthema, das auch schon einen eigenen Zyklus ergibt.

Die Brücken, ja, die sind entstanden, als wir auf dem Highway Nr. 1 nach San Francisco unterwegs waren. Da sind sehr viel Brücken, manche gefährlich, weil sie sehr hoch sind, andere ganz sanft. Mich, als seelischen Brückenbauer, faszinieren sie. Ich habe mindestens 50 Brückenbilder auf dieser Reise gemalt und sie mit meiner Phantasie bestückt. Manche Brü-

ckenanblicke erfüllen mich auch mit Skepsis: eine Brücke im Sturm mit dem gesamten Verkehr drauf – schauerlich. Brücken sind ja eine zwiepältige Angelegenheit. Sie sollen die Natur überwinden, d. h. Abgründe, aber oft entstehen dabei ja neue Gefahren.

Auch zu dem von ihm selbst verfassten Drehbuch »Hamlet in Amerika« gibt es einen ausdrucksstarken Zyklus von Druckgraphiken, in denen Mueller-Stahl das Thema bildnerisch umsetzt. Dreizehn Blätter zeigen gestrandete Schauspieler, die in einem speziell für ihre Berufsgruppe eingerichteten Altersheim ein trostloses Dasein fristen. »Hier leben die Ausgeschiedenen, deren Leben zum Stillstand gekommen ist; ihr Lebensrhythmus schwingt nicht mehr. Sie sind abgekoppelt vom Fluss der schönen Bilder, Randexistenzen einer visuellen Verwertungsmaschine. (...) Was bleibt, und das berührt das eigentliche Hamlet-Thema, ist für den einen der Wahnsinn und für den anderen die Clownerie. Der einzige Weg aus der Verzweiflung über das verlorene Paradies führt durch emotionale Nähe, Zuwendung und authentisches Gefühl«, heißt es dazu im Begleittext zum Venice-Buch. Mueller-Stahl hat dies Siechtum, diese ganze trostlose Einsamkeit und Armut so unmittelbar in seinen Bilder eingefangen, dass man sie zu spüren meint, sieht, was er sieht, wenn er durch L. A. fährt oder am Venice Beach entlang schlendert.

Er phantasiert, grübelt, malt unentwegt – und seine Bilder kreisen in immer neuen Anläufen um elementare Fragen wie: Was ist der Mensch? Welche Impulse und Widersprüche treiben ihn an? Wozu ist er auf diesem Planeten?

Fragen wie diese haben ihn auch zum »Urfaust« geführt, Goethes früher, der Sturm-und-Drang-Bewegung verpflichteter Versuch zum Faust-Mythos. Darin regieren noch rebellische Energien, ein satirischer Zugriff und als Thema die Sexualität. Entsprechend sind hier auch die bildnerischen Gestaltungen Mueller-Stahls von einem vorwärtstreibenden Duktus geprägt, der die Bedrängnis der Fragen und die Dynamik des Arbeitsprozesses gleichermaßen spiegelt: Mit raschen, nervösen Federstrichen sind die Figuren ins Bild platziert, atmosphärische und emotionale Intensität sind wichtiger als Harmonie, Tuschtropfen, die beim Ansetzen der Feder immer mal wieder entstehen, werden bewusst nicht getilgt. Dabei sind diese Bilder inhaltlich keine Illustrationen zum Text, sondern aus den Assoziationen Mueller-Stahls zu einzelnen Handlungselementen erwachsen. Indem er so eigene Deutungen zu ausgewählten Szenen und Motiven gestaltet, verlangt er auch von den Betrachtern seiner Bilder eigene Deutungen, eine »visuelle Mündigkeit«. Die 20 Lithographien – deren Abfolge nicht an der Textchronologie, sondern am Schaffensprozess orientiert ist – sind »poetische Bilderkörper, die in Goethes Entwurf wurzeln, aber aus der Vorstellungswelt, dem inneren Kosmos Armin Mueller-Stahls gespeist sind. (…) Die experimentelle Aura der Faust-Skizze Goethes begünstigt die freie Konzeption der Blätter Armin Mueller-Stahls. (…) Der ›Urfaust‹ zeigt das Dilemma des neuzeitlichen Menschen, dem die Aufklärung die Freiheit des Geistes verheißt, der sich aber gleichzeitig seiner Begrenztheit schmerzlich bewusst wird.« Die von Mueller-Stahl aus diesem Konflikt entwickelten Lithographien »handeln von der Unruhe, die diesen empfundenen Mangel ausgleichen will – von den Opfern, die dabei rechts und links des Weges zurückgelassen werden. Sie handeln von der Instrumentalisierung menschlicher Beziehungen und Allmachtphantasien, von frustriertem Rückzug in Verrohung und Gewalt, von Macht und Ohnmacht.«

Von der »Urfaust«-Arbeit ausgehend, die sich mit anderen Themen verband, ist Mueller-Stahl zur Idee vom »Menschheitszirkus« vorgedrungen. Die farblich und emotional eindringlichen Bilderfolgen mit dem beziehungsreichen Titel schmückt seit 2008 die 30 Buchrücken einer Sonderedition des Brockhaus, die schon von Hundertwasser, André Heller und Neo Rauch ausgeführt worden ist. Mueller-Stahls Besonderheit bei der Ausführung dieser Aufgabe liegt nun darin, dass er die Gestaltung der 30 Buchrücken nicht als Schmuckreihe konzipierte, sondern aus fünf Bildern – von denen jedes sechs Buchrücken umfasst – ein großes Gemälde zu einem übergeordneten Thema, eine Art intellektuelles Gesamtkunstwerk geschaffen hat.

»Befreiung«, »Hören«, »Durchschauen«, »Gut und Böse«, »Lesen«, »Paradies« heißen die Bilder und öffnen mit ihrer expressiven Figurenzeichnung und Farbsetzung Raum für vielfache Deutungen zu den genannten Themen.

Dieser Brockhaus-Auftrag dokumentiert in besonderer Weise die breite Anerkennung, die Mueller-Stahl mittlerweile auch als Maler genießt. Sie führt bei ihm aber nicht etwa dazu, dass er sich stolz im unvorhergesehenen Ruhme sonnt und nur mehr malt, was erprobt und gefragt ist. Im Gegenteil: Als sei durch die öffentliche Wahrnehmung ein innerer Damm gebrochen, entwickelt er eine fast rastlose Neu-Gier, forscht unentwegt nach neuen Themen und Techniken.

»Er ist immer auf Entdeckung aus und interessiert sich für Künstler, die nicht in der ersten Reihe stehen. Wenn ich mit ihm in eine Ausstellung gehe, macht er mich immer wieder auf Bilder aufmerksam, an denen ich – unter handwerklichen Aspekten blickend – vorbeigegangen wäre. Er aber hat einen genaueren inhaltlichen Blick, der mir als Profi mitunter verstellt ist«, erläutert Frank-Thomas Gaulin, für den sein neuer Künstler auch stärker ist als manch andere Doppelbegabte wie beispielsweise Kokoschka oder Barlach und Hrdlicka.

Mueller-Stahl selbst genießt die breite Wertschätzung, die ihm von Kollegen – Malern! – und Kunstexperten entgegengebracht wird, ohne dass diese seine Produktivität nachhaltig beeinflusst.

Ja, es ist für mich befriedigend, wenn ich von Malern wahrgenommen und dann sogar noch gelobt werde. Wenn zum Beispiel Markus Lüpertz, als er Bilder von mir in Karlsruhe sieht, sagt: ›Der kann ja malen.‹ Er war offenbar ganz überrascht. Das ist natürlich ein Feedback, das mich freut. Oder kürzlich bei einer Fußmann-Ausstellung hier, er wollte danach noch essen gehen mit seinen Kollegen, bat mich dazu und ich sagte, da sollten doch die Maler unter sich bleiben und er meint: ›Da gehören Sie doch dazu.‹ Es läuft relativ gefahrenlos ab und ist bereichernd. Gleichzeitig suche ich beim Malen selbst immer noch nach dem Punkt, wo ich wirklich zufrieden bin.

Aber natürlich ist es toll, wenn Björn Engholm eine so wunderbare Einführung macht bei meiner Ausstellung, mit so viel Sachverstand. Sicher, da war auch Ehrgeiz mit im Spiel, er war ja Kanzlerkandidat, wollte also eine gute Figur abgeben. Aber trotzdem, so geschliffen, belesen und klug, wie er gesprochen hat, das ist einfach schön. Engholm – und natürlich auch Guratzsch – sind für mich große Autoritäten, sie schauen mit so viel Sensibilität und Sachverstand!

Oft ist es allerdings so, dass ich meine Bilder ganz anders sehe als die Betrachter oder Kommentatoren. Ich mische mich da null ein. Ich möchte auch, dass andere mir etwas zeigen durch das, was sie in meinen Bildern sehen.

Für Herwig Guratzsch ist eine hervorstechende Besonderheit der Malerei Mueller-Stahls, dass er autobiographisch gesehen vom Realismus der DDR-Kunst ausgeht und zugleich die freie Welt in sich aufgenommen hat.

»Das ist ein Widerstreit, der in schöner Weise in seinen Bildern zum Tragen kommt durch das Zusammentreffen von gegenständlich und abstrakt. Dabei hat er sich von seiner Herkunft her doch immer in der Erkennbarkeit bewegt, selbst jetzt in den letzten, diesen Abschiedsbildern, die ja ziemlich abstrakt wirken, bleibt das Wiedererkennen doch ein Grundtenor. Und ich sehe seine Bilder immer in beiden Traditionen, das schärft meinen Blick. Auch das macht ihn so spannend als Künstler, dass in ihm zwei Bildwelten zusammenfließen, was weder die reinen Ost- noch die reinen Westkünstler bieten.«

Darüber denke ich nach, wenn Guratzsch mich zum Beispiel darauf anspricht, dass ich unübersehbar auch von der DDR-Bildwelt geprägt sei. Gerade weil er ja auch aus der DDR kommt und sich auskennt in der dortigen Kunst. Meinem ersten Eindruck nach arbeite ich ja sehr spontan und schöpfe dabei aus einem inneren Fundus. Der ist bei mir, wie ich es erlebe, kaum gegründet in der Tradition der DDR. Gleichzeitig hat Guratzsch natürlich insofern schon Recht, als dass zum Beispiel die beiden Heisigs mir vertraut sind, Tübke in seiner Filigranität zwar eher fern, aber ich habe ihn doch geschätzt, und Mattheuer war beinahe ein Magritte für mich, mit seinen skurrilen Bildkompositionen.

Dass ich diese Bilder tief in meinem Kopf habe, das kann schon sein. Man schöpft ja aus dem Untergrund, und dabei zieht es einen doch häufig zu Künstlern, die ähnlich arbeiten wie man selbst. Und ich sehe, dass für mich der Strich, die Zeichnung ausschlaggebend sind. Die Zeichnung ist so etwas wie die Handschrift eines Malers. Ich erkenne Beckmann, ich erkenne Corinth in seinen Bogenstrichen, natürlich Picasso mit seinem besonderen Talent zu zeichnen, und über allen Rembrandt, der ja auch modern gezeichnet hat.

Unmittelbar geprägt aber haben mich die DDR-Maler eher nicht. Denn in der DDR wusste ich, dass ich alles, was ich dort tue, so oder so für mich tue, weil es nicht veröffentlicht werden wird. Ich kannte zwar ein paar Maler, aber ich wollte mit meiner Malerei auf keinen Fall an die Öffentlichkeit gehen und eine ähnliche Frustration erleben wie mit meinen Liedern.

Dass seine erste große Ausstellung 2000 vom Filmmuseum Potsdam gestaltet wurde, ist vor diesem Hintergrund auch eine späte Versöhnung. Danach gab es in rascher Folge immer neue Ausstellungen – von der Casa di Goethe in Rom über die Galerie umení Karlovy Vary in Karlsbad, der Municipal Art Gallery, dem Schleswig-Holsteinischen Landesmuseum Schloss Gottorf bis zum Horst Janssen-Museum in Oldenburg –, dazu Kalatolge, Aufsätze und Vernissagen. Als sei das Filmgeschäft nicht aufregend genug, hält ihn nun auch die Malerei auf Trab. Mit 70 hat für Armin Mueller-Stahl ein eigenes zweites Künstler-Leben begonnen.

Eine Anfrage spezieller Art erreichte ihn im Jahr 2006: Der berühmte Boxer Henry Maske bat ihn, den Mantel für seinen Revanche-Kampf gegen Virgil Hill zu entwerfen. Ein hochbesetzter, von den Medien stark beachteter Kampf, weil Maske nach langer Pause seine gut zehn Jahre zurückliegende Niederlage gegen denselben Gegner ausgleichen wollte.

Als die Anfrage kam, habe ich zuerst einmal abgesagt. Aber dann hatte ich unerwartet Zeit – und Maske war hartnäckig. Immer wieder hat er mich angerufen, Hundertwasser hätte das auch schon gemacht, er wollte unbedingt, dass ich das Motiv für seinen Mantel liefere. Schließlich kam ich auf die Idee mit den kämpfenden Tieren. Das fand ich schon immer spannend: Wer ist stärker? Eisbär oder Löwe? Und dann hat mich zu interessieren begonnen, wie Tiere zu zeichnen sind. 16 Bilder habe ich gemalt, ausgewählt hat er zwei Pferde, die sich auf den Hinterläufen aufrecht gegenüberstehen.

Da ist sie wieder, die Lust, etwas Neues auszuprobieren. Aber es war nicht nur künstlerische Neugier, die ihn bewogen hat, sich auf das Projekt einzulassen. Es war auch der Box-Sport – und Henry Maske selbst. Das Boxen hat ihn schon früher angesprochen, eine Weile hat er sogar mal selbst trainiert, als Freizeitsport. Vor allem aber war er ein Fan von Muhammad Ali.

Ich bin früher um vier in der Nacht aufgestanden, wenn der boxte. Er hat mich fasziniert, seine Kraft und Wendigkeit, sein Engagement und diese unglaubliche Widerborstigkeit.

An Henry Maske hat ihn beeindruckt, mit welcher Entschiedenheit er dafür gearbeitet hat, eine sehr weit zurückliegende Niederlage wettzumachen.

Ich konnte das verstehen, ebenso wie ich verstehen konnte, dass er damals, nach seinem letzten Kampf gegen Hill, nicht angesprochen werden wollte auf die Niederlage. Weil er da nur mit sich und seiner Welt beschäftigt war. Das ist eine Frage der Sensibilität, einer Sensibilität, die einerseits Triebkraft sein kann, um Dinge zu gestalten, die einen aber auch verletzlich macht. Deshalb muss man sich selbst gut kennen, um zu wissen, wann man sich schützen und wann öffnen muss, der Sensibilität Raum geben kann. Ich kenne solche Reaktionen von Auftritten oder bestimmten Szenen beim Dreh, wenn man versucht, die Nervosität in den Griff zu bekommen.

Die beiden Pferde Mueller-Stahls haben Maske Glück gebracht: Am 31. März 2007 gewann er den entscheidenden Kampf.

Und es hat nicht nur ihm Glück gebracht. Der Mantel Maskes wurde nach dem Kampf zugunsten von dessen Stiftung »Place for Kids« versteigert, die sich für benachteiligte Kinder und Jugendliche einsetzt. Dass sein künstlerischer Einsatz (mittelbar) an einem Sieg teilhat und zugleich soziales Engagement unterstützt, dürfte Mueller-Stahl, dessen schärfste, wütendste Stellungnahmen sich immer wieder gegen soziale Missstände richten, als besonders stimmige und glückliche Fügung erlebt haben.

Bei der Frage, was Malerei und Musik für ihn bedeuten, wird Mueller-Stahl am häufigsten mit der Erklärung zitiert, sie ermöglichten ihm, sich »die Knoten aus der Seele« zu zeichnen bzw. zu spielen. Bedenkt man die Anfänge in der Kantine der Volksbühne, ahnt man, was er meint. Aber Mueller-Stahl wäre nicht der Gaukler, der er ist, wenn er es bei dieser psychologischen Deutung, d. h. der kathartischen, selbsttherapeutischen Funktion des Malens beließe. Im Frühjahr 2009 erzählte er denn auch auf der Berlinale-Pressekonferenz zu Tom Tykwers »International« genüsslich eine zweite, vermutlich gut vorbereitete Geschichte zur Malerei, die ihren Effekt beim ausgebufften journalistischen Publikum nicht verfehlte.

Jack Lemmon hat mir gegenüber mal sehr geschwärmt, wie toll die Schauspielerei sei, weil sie ihm lauter Dinge zu tun erlaube, die er im wirklichen Leben niemals tun würde: »Ich darf mich betrinken, meine Frau schlagen und den Pfarrer beschimpfen, das ist doch toll. »Dazu brauche ich«, habe ich Lemmon geantwortet, »keine Schauspielerei, das kann ich alles, wenn ich male.«

Das ist nicht nur eine schöne Anekdote, es fallen einem auch sofort Bilder ein, zu denen sie passt. Denn der meist aristokratisch und auf das Geistige fokussiert wirkende Künstler hat nicht nur Gauner, Bettler und Kurtisanen gemalt, sondern auch viele erotische Motive und Szenen. Wogende Brüste, pralle Schenkel, Figuren in lüsternen Posen. Manche Zeichnungen vom bunten Leben in Venice Beach, vor allem aber in seinem Lithographie-Zyklus »Night on Earth/Day on Earth« sind von einem teils drastisch sinnlichen Gestus geprägt, der eine wesentliche Thematik des Films aufgreift: menschliche Begegnung zwischen Fremdheit und Intimität, Vertrauen und Betrug, Sensitivität und Sex, Lachen und Leid – exemplarisch verkörpert in der Figur des Clowns, die den Zyklus durchzieht. Für die Figuren, die in endlosen Taxifahrten wechselnde Großstadtlabyrinthe durchstreifen, wird die Nacht zu einem Ort, an dem die Masken fallen, Wahrheiten offenbar werden. Der teils verspielten, teils poetischen Stimmung des Films gewinnt Mueller-Stahl eine konzentrierte Auseinandersetzung mit den Gegensätzen Blindheit und Erkenntnis, Freiheit und Determination ab.

Wer Mueller-Stahl mit seinen Bildern erlebt, ihn zu seinen Bildern befragt, begegnet einem gelösten, zufriedenen Künstler voll kreativer Unruhe. So nimmt er auch immer wieder neu Anregungen und Aufträge an – während er die unvermindert eingehenden Drehbuchanfragen immer häufiger ablehnt. Das liegt sicher an dem wertschätzenden Interesse, das ihm von Seiten der Kunstwelt entgegengebracht wird – und an der Tatsache, dass sich für ihn die Frage nach dem Sinn des eigenen Lebens künstlerisch inzwischen offenbar nirgends so klar beantwortet wie bei der Malerei.
Ich bin auf der Welt, um kreativ zu sein. Kreativität ist das, was mich am Leben hält – und das, was ich kann. Mein Selbstbewusstsein stütze ich nicht mehr auf Erfolge, sondern auf meine Kreativität. Und ich hoffe, dass mir noch ein bisschen Zeit bleibt, um mich hier zu verwirklichen. Der Gedanke von Unsterblichkeit als produktivem Überleben, der bedeutet mir schon etwas.

Eines der besonderen Charakteristika seines Arbeitens ist, wie schon erwähnt, das Übermalen von Bildgründen, die schon benutzt sind, Faxen und Notizen, vor allem aber Drehbüchern, die er durch seine bildnerischen Kommentare zu einem Palimpsest werden lässt. Textzeilen und Erinnerungen an die dazugehörenden Dreharbeiten bilden den Ausgangspunkt bzw. Hintergrund für oft skizzenhaft erfasste Figuren,

Szenen und damit verbundene Gedanken. Oft zeigen sich dabei ungestüme Ausdrucksformen voller Dynamik – nicht selten als direkte Reaktion auf die Fesseln der Figur, die er gerade spielt. Das, was er darstellt, hat also weniger mit Inhalten zu tun als mit dem, was die Figur oder die Dreharbeiten in ihm auslösen. Starke, explosive Farben beispielsweise deuten meist auf einen schwierigen Drehtag hin, bei jedem Blatt neu ergibt sich ein vielschichtiges, nicht auf den ersten Blick zu deutendes Verhältnis zwischen Drehbuch-Untergrund und Bildmotiv.

Zum Beispiel habe ich zeitgleich mit den Buddenbrooks hier in Amerika Tom Tykwers »The International« gedreht. Da war Zeit: Andante! Bei den Buddenbrooks hieß es immer: Allegro, schnell! schnell! Diese Stimmungen habe ich dann aufgezeichnet.

Oder jetzt, nach dem Tod von Michael Jackson, da habe ich 8 oder 10 Bilder gemalt, das hat mich interessiert, was der an Perfektion geliefert hat in seinem Tanz, und bei Pina Bausch die Auflösung des Körpers und des Geistes – diese Bilder sind mir sehr schnell aus der Hand gekommen.

Oft ist es auch gar nicht das Gegenständliche, ein Inhalt, was über ein Bild bestimmt, es ist das Auge, es sind ästhetische Gesichtspunkte, die darüber entscheiden, wie ich das Bild komponiere.

Gleichwohl sind die Charakterstudien und Farbkompositionen, die in oft überraschenden Konstellationen auftreten und sich dem Zufall öffnen, sicher »nicht nur als Zufallsprodukte beziehungsweise flüchtige Elaborate aufzufassen. Sie sind eher als spielerische, freie Improvisationen zu deuten, die Assoziationen folgen und den ›Zauberstab der Analogie‹ (Novalis) bewegen«, wie Herwig Guratzsch als Herausgeber des übermalten Buddenbrook-Drehbuchs, erläutert. »Mueller-Stahl hat weder ein intimes Tagebuch geschaffen, noch führt er eine künstlerische ›Ausgleichsgymnastik‹ auf hohem

Niveau vor, noch hat er ablesbare Definitionen zu Thomas Manns Werk liefern, noch hat er die Dreharbeit illustrieren wollen. Seine ›Bearbeitung‹ der Textseiten ist treffsicher. Form, Farbe und Kontur werden prägnant gesetzt. Die innerbildliche Architektur wackelt nicht, sie steht. Einzelcharaktere wie Szenen lassen die Psychologie eines Textbezugs oder einer Probensituation ins Licht treten.« Und wenn er doch mal zu heftigen, leuchtenden Farben greift oder eine filigrane Tuschezeichnung entwirft, geht es auch dann um »die Untiefen zwischen den Menschen, die Nuancen ihrer Unterschiedlichkeit und – ihre Tragödien und Komödien.«

Und obwohl die Spontaneität bei seinem bildnerischen Schaffen eine große Rolle spielt, folgt er durchaus nicht nur den eigenen Impulsen.

Als mich Schächter, der ZDF-Intendant, persönlich in einem langen Brief fragte, ob ich bereit wäre, ihn zu malen – die hängen da alle, die Intendanten, im ZDF-Haus –, fand ich das eine interessante Geschichte, dass ich also regelrecht gebeten werde. Also habe ich ausprobiert, ob ich mit seinem Kopf etwas anfangen kann. Nun schickte mir Schächter lauter Fotos, auf denen er lacht. Und das wollte ich nicht, denn ich kenne ihn ja auch ernst. Und das Lachen ist ja auch meist nur für die Kamera. Ich habe ihn also eher nachdenklich gemalt, mit dem Finger vor dem Mund, was er oft macht. Ich bekam einen ganz lieben Brief und jetzt hängt es da – ich habe das eher mit Neugierde gemacht, ich würde mich nie irgendwie einbinden als Künstler in solch einen politischen Kontext. Das kenne ich ja alles zur Genüge aus der DDR, wenn sie einen für die eigenen Zwecke nutzen wollen – und dann passt es ihnen wieder nicht: Ich sehe mich noch mit einem Chanson im Fernsehen, in dem es regnet, denn in französischen Chansons regnet es ja immer. Da hieß es dann plötzlich, das geht nicht, Sozialismus und Regen gehören nicht zusammen, also wurde mein Auftritt gestrichen. Das kenne ich und das will ich nie mehr erleben.

Wer länger mit Armin Mueller-Stahl spricht, wird nahezu zwangsläufig erleben, wie selbst bei völlig DDR-fernen Themen unversehens solcher Ärger aus ihm herausbricht. Prägende Erfahrungen, die wie ein dunkles Leitmotiv immer wieder seine Erinnerungen und Gedanken aufstören.

Eine besondere Gelegenheit, dem Assoziationsfluss Mueller-Stahls zu folgen, bietet der Bildband »Rollenspiel«. Hier sind Tagebuch- und übermalte Drehbuchseiten, die während des Drehs zu Breloers » Die Manns. Ein Jahrhundertroman« entstanden, miteinander kombiniert. Da finden sich denn Porträts von Fidel Castro, Sergiu Celebidache, Feuchtwanger und Bernhard Wicki in Verbindung mit Gedankenausflügen des Autors – Reflexionen zum Zeitgeschehen und zu politischen Fragen, Anekdoten aus verflossener Volksbühnenzeit, Erinnerungen an Gelesenes, Gehörtes, flüchtige, beglückende und ärgerliche Begegnungen. Diese sinnlich-unmittelbaren Aufzeichnungen lesend, geht man beinahe neben dem Künstler Mueller-Stahl her, folgt seinen Ideen, sieht mit seinen Augen, hört, wie die Bässe aus dem Partyraum ihm nächtens ins Ohr dringen, spürt die Sonne auf der Haut.

Interessant ist in diesem Bildband auch die Ausführlichkeit, mit der Mueller-Stahl an anderer Stelle vier Karikaturen von Thomas Mann kommentiert, die in einem Zeitungsartikel abgedruckt sind. Was der feinsinnige Romancier hier zeichnerisch zu Papier gebracht hat, ist in der Tat verblüffend. Nicht, weil Thomas Mann ein bemerkenswert guter Zeichner gewesen wäre, sondern weil seine Zeichnungen etwas Grobes, Niederes und Lüsternes haben, das man bei ihm nicht vermutet hätte.

Aufschlussreich ist dabei auch, was Mueller-Stahl aus dem Artikel zitiert, nämlich: »… Thomas Mann habe früh erkannt, dass für seine Kunst das Charakteristische viel wichtiger ist als das Schöne. Er hat das Charakteristische mit allen Mitteln angestrebt – sogar wenn er um seinetwillen einen ›Bund mit dem Hässlichen‹ eingehen musste.«

Interessant ist dieses Zitat, weil die Bilder Mueller-Stahls vergleichbar als eruptive Illustrationen in einem komplexen Spannungsverhältnis zu seinem distinguierten, bisweilen staatsmännisch würdevollen Auftreten in der Öffentlichkeit stehen. Hier bricht sich etwas Bahn, was er in seiner Schauspielerei nur selten – und als öffentliche Person nahezu nie – so unverblümt preisgibt.

Es ist kein Zufall, dass sich solche persönlich schillernden Aperçus im Rollenspiel-Tagebuch finden. Das Tagebuch ist für Mueller-Stahl eine schriftliche Form, die ihn entspannt, mitteilsam, bisweilen sogar ungeschützt emotional produktiv werden lässt. Das zeigt sich nicht nur in »Rollenspiel« und »Unterwegs nach Hause«, seinen ersten, tagebuchähnlichen Notizen aus Amerika, es gilt ebenso für das 2005 erschienene, in Amerika entstandene Tagebuch »Venice«.

Ausgangspunkt für dieses reich bebilderte Werk ist die fiktive Wette Mueller-Stahls mit einem befreundeten Drehbuchautor, dass jeder Mensch über vierzig die Geschichte für mindestens einen Film in sich trage.

Die Wette gilt – und tatsächlich findet Mueller-Stahl schon beim ersten Anlauf einen (vermeintlichen) Obdachlosen in Venice Beach, dessen Geschichte er mit Kamera und Mikrofon aufzuzeichnen beginnt. Eine Geschichte, die sich nicht nur zu einem echten Vater-Sohn-Drama mit Thrillerelementen entwickelt, sondern zudem eine verblüffende Nähe zu Mueller-Stahls eigener Vatergeschichte aufweist, erzählt sie doch ein ganz ähnliches Deserteursschicksal wie das von Alfred Mueller-Stahl. So fragt man sich bei der Lektüre unweigerlich, ob diese Aufzeichnungen nicht ebenso ein vermeintliches Tagebuch sind, wie der Homeless ein vermeintlich Obdachloser ist. Vielleicht hat Mueller-Stahl, Gaukler und Geschichtenerfinder, der er ist, mit seinem zweiten amerikanischen Tagebuch auf gewitzte Weise dem Vater ein Denkmal gesetzt – so wie er im ersten der Mutter seine Liebe und seinen Respekt erwiesen hat. Nur, dass er dieses Mal alle mäkelnden Literaturkritiker, die ihm bei »Unterwegs nach Hause« allzu unverblümte und ausschweifende Sohnesliebe vorwarfen, ein Schnippchen geschlagen hätte. Zuzutrauen wär's ihm – und eine packende Geschichte ist ihm dabei auch gelungen.

Dabei ist die Geschichte natürlich nicht das, was bei diesem Buch als Erstes ins Auge fällt. Es sind die Bilder, 117 an der Zahl, Tinten- und Wachskreidezeichnungen, einzelne Figuren und Figurengruppen, mit wenigen Strichen zum Leben erweckt: Gestrandete, Einsame, Liebende, spielende und musizierende Lebenskünstler in Venice Beach, manche in selbstbehauptender Pose, manche traurig oder verbittert, manche vergnügt und schön. Bilder, die bei aller Flüchtigkeit in den Linien oft nicht nur eine Figur zeigen, sondern eine Geschichte andeuten, was sich auch in Titeln wie »I don't care«, »verschlampte Madonna« oder »Why are you so frightened of dreams« andeutet.

Und noch etwas zeigt sich in diesen Bildmotiven, was Armin Mueller-Stahl kennzeichnet, als Mensch und als Maler: sein wach-empfindlicher, gesellschaftskritischer Blick.

Davon zeugten auch viele seiner Bilder, die im Sommer 2009 in München gezeigt wurden. Manche wirkten in ihrer grauen, provozierenden Schmucklosigkeit fast ein wenig verloren inmitten des Stroms glamouröser Vertreter der

Münchner Kunstszene, die sich zur Eröffnung des ersten von Ketterer speziell als Auktionshaus in Auftrag gegebenen Komplexes versammelt hatten.

Auch Mueller-Stahl ließ jene Blitzlichtgewitter, die nicht die Kunst, sondern eher den Event feiern und auch ihn weniger als Künstler denn als Star ins Bild setzen wollten, mit unübersehbarer Distanz über sich ergehen. Medienrummel kennt er aus seinem anderen Künstlerleben zu Genüge – und war gerade froh, ihm als Maler zu entkommen. Aber ganz ohne Publicity geht es in unseren Zeiten nicht mehr, wenn seine Bilder wahrgenommen werden sollen. Und das ist ihm wichtig. »Das merkt man auch, wenn man mit ihm die Preise macht«, erläutert Robert Ketterer, »er ist ein grandioser Künstler – ob jemand etwas kann, beurteile ich vor allem von den Zeichnungen her, und da ist er einfach sensationell. Aber er ist ein Künstler, der sein Selbstverständnis nicht über die Preise definiert. Man merkt, dass er vor allem Resonanz auf seine Bilder sucht, das Künstlerische bei ihm total im Vordergrund steht.«

»Ich bin hier und heute ein Maler, der auch schauspielert«, beendete er seine kurze Dankesrede bei der Ausstellungseröffnung und kommentierte dieses Statement kurz darauf bereitwillig als Ausdruck auch einer gewissen Ironie: Es war »an all jene gerichtet, die mich immer fragen: Was sind Sie denn nun. Ich bin beides, Maler und Schauspieler.«

Wer seine lange Schauspielkarriere mit all ihren Glanzpunkten, aber auch Ärgernissen, kennt, für den wird deutlich: Dieser Satz ist auch Programm – er steht für einen Befreiungsschlag.

Das ganze Gerangel um letzte und vorletzte Rollen, um die Nachwelt und die berühmten Kränze –

Es interessiert mich nicht, wirklich nicht. Außer was passiert, wenn ich gehe und meine Frau übrig bleibt, denke ich darüber nicht nach. Mich interessiert nicht der Ruhm, die Nachwelt, mich interessiert der kreative Prozess. Ich bin neugierig, was ich noch alles entdecken werde als Maler. Die Malerei macht mich frei. Diese Freiheit hat eine große Zufriedenheit in mein Leben gebracht, und die genieße ich – solange es eben geht.

Die beste Entscheidung seines Lebens

Porträts und Biographien von Frauen, die an der Seite großer Männer gelebt haben, überschwemmen seit Begründung der feministischen Bewegung und Kulturkritik in den sechziger Jahren geradezu den Markt: Leidens- und Liebesgeschichten von Schwestern, Müttern und Gattinnen, die als häusliche Dienerin, Muse oder Agentin ihr Dasein fristen. Wer Gabriele Mueller-Stahl kennen lernt, spürt sofort, dass sie auf diese Art Stilisierung keinen Wert legt.

Dabei entspräche ihr Leben von außen gesehen sehr wohl dem Klischee von der Ehefrau, die ihre eigene Berufstätigkeit der Karriere des Mannes opfert. Denn dass sie als Ärztin in den Staaten nicht würde praktizieren können, war ihr schon bei der Übersiedlung nach Los Angeles bewusst. »Und manchmal fehlt es ihr schon«, räumt ihr Mann ein. »Das kommt hoch und vergeht dann auch wieder.«

Ohne viel Aufhebens von sich zu machen, vermittelt Gabriele Mueller-Stahl Ruhe und uneitle Selbstsicherheit. Das Interesse an anderen Menschen und dem aktuellen Gegenüber ist überzeugend, man kann sie sich sofort im Einsatz als Ärztin vorstellen. Auch ohne professionellen Rahmen verleiht ihr dies spontane Engagement eine wohltuende Ausstrahlung.

»Sicher, als wir 1985 nach Sierksdorf zogen, sah es anfangs

danach aus, als ob ich dort auch eine Praxis würde übernehmen können. Ich hätte das auch sehr gerne gemacht. Aber dann hat sich dieser Plan zerschlagen, und inzwischen ist das Leben schon lange darüber hinweggegangen.

Vielleicht frage ich mich auch, wenn ich 80 bin, ob ich das alles richtig gemacht habe so. Aber man muss sich ja die Grundfrage stellen: Was ist mir wichtig? Und solange unser Sohn in der Schule war, war mir halt die Familie wichtig. Gut, wenn ich eine Unterstützung im Haushalt gehabt hätte, dann hätte ich gern in meinem Beruf gearbeitet, sehr gerne. Aber das konnten wir uns ja damals, am Anfang im Westen, nicht leisten.«

Natürlich fehlt ihr der Beruf auch heute noch manchmal. »Irgendwann, wenn mein Leben es zulässt, möchte ich bei einem Projekt mitarbeiten, zum Beispiel bei ›Ärzte ohne Grenzen‹. Aber um in Amerika zu praktizieren, hätte ich das ganze Studium noch einmal machen müssen. Und dann hätte ich mich trotzdem nicht niederlassen können, weil ich meinen Mann oft bei Dreharbeiten begleite und so immer wieder für größere Zeiträume nicht anwesend bin. Als Arzt aber muss man an Ort und Stelle sein. Wenn ich allerdings weiß, dass ich drei Monate am Stück in L. A. bin, dann melde ich mich meist für Kurse an der Hochschule an. Ich bin neugierig, möchte immer wieder etwas Neues lernen. Vielleicht auch noch einmal studieren, Literatur beispielsweise würde mich sehr interessieren oder auch etwas Medizinisches. Die Freiheit, nach dem Lustprinzip entscheiden zu können, ist ja auch ein Privileg. Wenn ich jeden Tag acht Stunden arbeiten würde, wäre ich ausgepowert.«

Diese konstruktive Perspektive hat nichts Forciertes oder Beschönigendes. In gewisser Weise ist Gabriele Mueller-Stahl auch ein nüchterner Mensch. Sie hat es nicht nötig, die Nachteile ihres Lebens als »Frau an der Seite eines berühmten Mannes« zu leugnen. Nein, die Tätigkeit als Quasisekretärin macht ihr keinen Spaß, aber sonst müssten sie einen fremden Menschen einstellen. Auch das müsste organisiert werden. Und natürlich ist es nicht immer ganz leicht, das Privatleben gegenüber der Öffentlichkeit abzuschirmen. Vor allem, wenn die Familie in Deutschland ist, bemüht sie sich sehr, nur den engen Freunden Raum zu geben und unter den beruflichen Kontakten die wirklich produktiven auszuwählen. Dass sie dadurch auf manch Neugierigen wie ein knurrender Zerberus wirkt, berührt sie nicht groß. Schließlich gilt es etwas zu verteidigen: die gemeinsame Zeit. Und dabei hat sie nicht nur die Termine und Talente ihres Mannes im Sinn. Dass Lebenszeit kostbar ist, ein Geschenk und eine Aufgabe, die mit Bedacht genutzt sein wollen, dieses Bewusstsein verkörpert Gabriele Mueller-Stahl sehr ausgeprägt. Egal ob sie von ihren Erfahrungen als Ärztin oder Mutter spricht, von Reisen, Filmen oder Büchern. Für eitle Salonkontakte und bloße »Beziehungspflege« hat sie keinen Sinn und ist in diesem Punkt mit ihrem Mann völlig einer Meinung. Für sie beide miteinander bleibt meist sowieso zu wenig Zeit.

»Wir werden ja auch unentwegt eingeladen, zu Preisverleihungen, Premieren etc. Manche Anlässe finde ich uninteressant, dort hinzugehen wäre für mich vertane Zeit, andere sind zum Teil fantastisch, mit Leuten, die mich sehr interessieren würden. Aber es geht einfach nicht alles.

Und dann würde ich diese Menschen meist auch lieber nicht gerade auf solchen Einladungen kennen lernen, wo lauter Menschen sind, die sich für wichtig halten. Mir bedeuten sie einfach nichts, diese sozialen Events, wo man so im Rampenlicht steht.

Für viele ist es sicher toll, in einem schönen Kleid über den roten Teppich zu gehen, aber ich finde es furchtbar. Ich bin doch kein (Werbe-)Produkt, ich bin ein Mensch. Mich interessieren eher Persönlichkeiten als diese gestanzten Sätze.«

Immerhin, gemeinsam reisen, das tun sie gern und wann immer es geht und sie Lust dazu haben. Oft entscheiden sie ihre Reisen ganz spontan, sehen eine Landschaft in einem Katalog oder ein Hotel, und zwei Stunden später geht es los.

»Für mich ist das einfach auch weg vom Schreibtisch, dem ganzen Papierkram. Aber das Reisen liegt bei uns auch in der Familie. Mein Vater, meine Geschwister und ich, wir reisen alle sehr gern. Andere Länder, andere Leben kennen lernen, das hat mich schon immer interessiert.

Mein Mann reist aber auch sehr gern. Natürlich ist er durch die Arbeit sehr viel gereist und manchmal jetzt ein bisschen müde. Deshalb fährt er nicht mehr so gern in Städte; höchstens wegen des Theaters oder der Museen. Aber er ist ein großer Naturfreund.

Ich selbst hätte auch gerne mal ein, zwei Jahre in Italien oder in Frankreich gelebt und gearbeitet. Das hätte mich sehr gereizt – wenn unser Leben anders verlaufen wäre. Aber dafür leben wir jetzt in Amerika – und es war ja schon als junges Mädchen mein Traum, einmal nach Amerika zu fahren. Das ist ein Luxus, den auch ich sehr genieße, und ich möchte auf jeden Fall solange es irgend geht dort bleiben. Erst wenn wir nicht mehr fliegen können, kommen wir zurück.«

Ihren Mann bei Dreharbeiten zu begleiten und von organisatorischen Arbeiten zu entlasten, hat für Gabriele Mueller-Stahl fraglos einen eigenen Sinn, bis heute. Und ihr Mann weiß das zu würdigen.

Die beste Entscheidung in seinem Leben sei gewesen, Gabi zu heiraten, resümiert er in seinem Erinnerungsbuch. Mehr als 40 Jahre kennen sie sich jetzt schon und sind immer noch zusammen, mehr denn je. Das ist, zumal in diesem Berufsfeld, eine absolute Ausnahme. Und wenn Gabriele Mueller-Stahl erzählt, wie ihr Mann hintersinnig um ihre Hand anhielt mit dem Satz »Willst du meine Witwe werden?«, dann wird nur zu deutlich, dass sie im Gegenteil mit ihm alt werden möchte.

7 Im Glanz der Sonne

Achim Detjen trifft Erich Mielke

Sicher, es gehört zum Klischee, das müde Lächeln, mit dem berühmte Leute über die Preise sprechen, die sich bei ihnen sammeln. Auch Armin Mueller-Stahl hat es, wenn man ihn auf Ehrungen generell anspricht.

Doch auch wenn er manchen dieser Trophäen heute eher skeptisch gegenübersteht – darunter immerhin so renommierte wie Filmbänder, Bären, eine Oscar-Nominierung und drei Bundesverdienstkreuze –, kein Mensch beginnt seine Karriere mit absoluter Distanz gegenüber den Insignien von Anerkennung und Ruhm. Und so war auch Mueller-Stahl zufrieden, als er 1963 den Kunstpreis der DDR bekam und zwei Jahre später den Silbernen Lorbeer des DFF für seine Verkörperung des Wolfgang Pagel in Kasprziks »Wolf unter Wölfen«. Bedeuteten solche Preise doch nicht nur Ehre, sondern meist auch eine Stange Geld. Insofern ging der Vorwurf mancher Kritiker, die Mueller-Stahl nach seinem Wechsel in den Westen ankreideten, überhaupt Preise in der DDR angenommen zu haben, auch von unrealistischen Voraussetzungen aus.

Welche Bedeutung haben und hatten Auszeichnungen für Mueller-Stahl? Immerhin erscheinen solche Ehrungen in den Medien als Inbegriff von Glückserfüllung. Die Zuschauer erleben Götter und Göttinnen im Rampenlicht, die sie im grauen, einförmigen Alltag zum Träumen einladen. Nicht umsonst haben Festivals, bei denen Stars und Sternchen persönlich ihre Preise entgegennehmen, im Fernsehen hohe Einschaltquoten. Eine Milliarde Menschen wohnen weltweit der Oscar-Verleihung bei.

All das aber ist Mueller-Stahl eher fern und wird mit dem Alter noch unwichtiger. Toleranz und Fairness, das sind Faktoren, auf die es ihm ankommt. Deshalb wehrt er sich auch – intuitiv und vehement –, wenn er Unrecht wittert. Da kann er regelrecht »auf die Barrikaden gehen«, gerade wenn es die alte DDR und ihn selbst betrifft:

Ich fand die DDR hin und wieder auch sympathischer als die Bundesrepublik. Warum hätte ich Preise für meine Leistungen ablehnen sollen? Ich habe in der DDR den Nationalpreis und in der Bundesrepublik das Bundesverdienstkreuz bekommen. Weder den einen noch den anderen Preis habe ich abgelehnt, warum auch? Man wird ja nicht automatisch unangepasst, indem man Preise ablehnt. Wer sich in der DDR entschlossen hatte, dauerhaft öffentlich gegen das System zu sein, der hörte dort auf zu leben. Man war dann Republikflüchtiger oder kam nach Bautzen. Aber ich war eben nicht einfach dafür oder dagegen, sondern mal mehr dafür und mal mehr dagegen.

Eine gewisse innere Distanz hat er immer gewahrt. Gemeinmachen mit den Illustren der Partei, sich gar devot zeigen – auf keinen Fall. So erzählt er in den »Drehtagen« mit spürbarem Genuss von dem Festbankett, an dem er anlässlich der Verleihung des Nationalpreises teilnahm. Er selbst hat die höchste Ehrung in der DDR für seinen Lindow in dem Fernsehmehrteiler »Die Verschworenen« zugesprochen bekommen und begegnet nun bei den Feierlichkeiten zum ersten Mal Erich Honecker persönlich:

»Wir hatten ein Gespräch mit ihm, der Schauspieler Martin Flörchinger und ich, auf dem Staatsempfang. Damals bückte sich alles vor dem Staatsratsvorsitzenden, besonders zwei Wissenschaftler, die beinahe aus den Schuhen kippten vor lauter Unterwürfigkeit. Martin und ich sahen das, Hone-

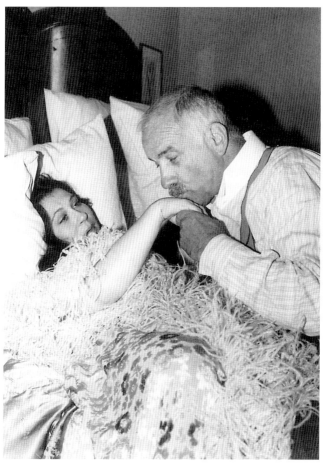

Der »Kinoerzähler« wirbt um Eva Mattes (Süddeutscher Verlag)

*Dreharbeiten zu »Utz« mit George Sluizer (sitzend, rechts)
und Gerard Vandenberg (mit Kamera hinter Sluizer stehend),
im Vordergrund Paul Scofield (Oscar-Preisträger)
(Archiv Armin Mueller-Stahl)*

Szenenfoto aus »Utz« (dpa)

Inspektor Grubach in »Kafka« (Tip Bildarchiv)

Der »Kinoerzähler« mit seiner Geige (Archiv Mueller-Stahl)

Begegnungen und Freundschaften: mit Jim Jarmusch
(Archiv Armin Mueller-Stahl)

… zusammen mit Ehefrau Gabriele und Jack Lemmon
(Archiv Armin Mueller-Stahl)

… mit Agnieszka Holland (Archiv Armin Mueller-Stahl)

und Steven Spielberg (Archiv Armin Mueller-Stahl)

Als Graf Kaltenborn mit John Malkovich in »Der Unhold«
(Archiv Armin Mueller-Stahl)

Mit Glenn Close, Meryl Streep, Jeremy Irons, Vanessa Redgrave,
Bille August und Isabel Allende (sitzend) im »Geisterhaus«
(Archiv Armin Mueller-Stahl)

*Peter Helfgott mit seinem Sohn David (Noah Taylor) in »Shine«
(Tip Bildarchiv)*

*Mit Katharina Böhm in »Gespräch mit dem Biest«
(Archiv Armin Mueller-Stahl)*

In illustrer Runde: »Die zwölf Geschworenen«
(Archiv Armin Mueller-Stahl)

Als Dr. Kirschbaum mit Robin Williams in »Jakob der Lügner« 1999
(Archiv Armin Mueller-Stahl)

cker schüttelte die beiden ab, er wollte zu den Gauklern, zu Martin und mir.

Na, Arnim, sagte er, er sagte Arnim, nicht Armin, und Martin und ich behielten die Hände in der Tasche, ein kleiner Ausgleich zur Unterwürfigkeit der beiden Geistesgrößen, kein Bückling, im Gegenteil. Martin sagte, an den Staatsratsvorsitzenden gewandt: Einen Augenblick bitte. Und er erzählte mir etwas zu Ende, was gar nicht zu Ende erzählt werden mußte, nur wegen der Haltung, wir waren auch gar nicht mehr beim Gespräch, wir wollten nur kein Jota von der Haltung aufgeben. Dann kam Martins Schluß. Kurz danach der Blick zu Honecker. So, sagte er, jetzt sind Sie dran. Meine Seele schießt noch heute Kobolz, wenn ich daran denke, und ich danke Martin dafür. Aus dem Stegreif spielten wir eine Szene, und Honecker holte uns Aal von seinem Tisch.«

Die Geschichte macht deutlich, dass es ihm bisweilen mehr um die eigene Selbstbestimmung und Würde ging als um Kritik oder Widerstand. Das galt im Grunde bis zum Schluss, bis zur Unterschrift unter die Biermann-Petition und zur Ausreise. Er war kein Drückeberger oder Klinkenputzer, aber auch kein prinzipiell militanter Gegner des Systems.

Ich habe mich sogar über den Theodor-Körner-Preis gefreut, obwohl der von der Staatssicherheit kam. Nun gut, vielleicht habe ich den nicht ganz so ernst genommen.

Aber amüsiert noch nach zwanzig Jahren erzählt er einem Freund in Amerika von seinem ungeplanten Zusammentreffen mit dem Chef des Sicherheitsdienstes. Der war, wie schon berichtet, regelrecht begeistert von der Spionageserie »Das unsichtbare Visier« und von deren Hauptfigur, Achim Detjen. Und nun begegnete dieser Achim Detjen Erich Mielke in persona:

»Irgendein Jahrestag der Stasi, der fünfundzwanzigste,

glaube ich. Die ganze bunte Generalität stand aufgereiht, mit Blech verklebt vom Nabel bis zum Ohr, Markus Wolf ganz links, Mielke in der Mitte, vorbei defilierten die hohen Genossen aus Politik, Wissenschaft und Kunst. Und ich dazwischen.

Warst du Genosse?

Nein, Armin Mueller-Stahl war auch gar nicht eingeladen, Achim Detjen war es, eine Filmfigur, die ich spielte, der Kundschafter aus dem ›Unsichtbaren Visier‹, der der Stasi so viel Freude machte.

Als ich Mielke die Hand reichte, stutzte er, der vorbeiziehende Pulk stoppte, dann zog er mich mit einem Ruck an seine Nadelbrust, küsste mich links, küsste mich rechts, bevor er mir auf den Mund sabbern konnte, rief ich: Vorsicht, der Bart fusselt!«

Wenn Mueller-Stahl solche Anekdoten in seinem Erinnerungsbuch wiedergibt, werden die Grenzen zwischen Erzähler und Schauspieler fließend. Seine Freude an der zugespitzten Situation bringt nicht nur seine Augen in Gang. Der Körper beginnt zu arbeiten, vervielfältigt sich, ist Detjen, Mielke und in Andeutungen selbst das Publikum, das der brisanten Konfrontation folgt. Wie alle guten Geschichtenerzähler liebt er die Inszenierung, den gekonnten Effekt. Misstrauisch hält der Freund dagegen:

»Hast du gerufen?

Ja.

Wirklich gerufen?

Na, jedenfalls laut gesagt.

Und du hast es wirklich laut gesagt, oder war es nur dein Wunsch, es laut gesagt zu haben?

Wirklich laut gesagt.

Klingt ein bißchen …

Wie?

Operettig. Erzähl weiter!

Mielke zögerte und blickte mich an. Streng plötzlich. Aus Achim Detjen wurde Armin Mueller-Stahl. Der Satz stand irgendwie unheilvoll im Raum. Keine Auflösung, kein Lachen, nur Blicke. Ein gedemütigter Liebhaber.

Was eigentlich lustig von mir gedacht war, verkehrte sich ins Gegenteil. Mielke wandte sich von mir weg, der Pulk kam wieder in Bewegung, langsam erst, dann schneller, vorwärts und nicht vergessen.«

Mit so viel Selbstbestimmung hatte man nicht gerechnet. Dabei war der verweigerte Kuss eher eine Art Notwehr als Widerstand. Wenn es um Fragen von Ideologie, Freund-Feind oder politischer Entscheidung geht, bedient sich Mueller-Stahl gern solcher Geschichten als indirekter Mitteilungsform. Manchmal sind es Geschichten, die um Verständnis werben. Vor allem aber solche, die der Komplexität des Lebens näher kommen als die bloße Meinung. Geschichten, in denen die Zweifelhaftigkeit eindeutiger Statements deutlich wird durch Hinweise auf allfällige Widersprüche, Mehrdeutigkeiten, Irrtümer und Brüche im Leben.

Mueller-Stahl ist auf dem Gebiet der politischen Diskussion und Aktion kein Held. Er will und wollte das nie sein. Die Tatsache, dass er so wenig zum Helden taugt – egal ob es um Revolver, Frauen, Masse oder Meinung geht –, hat wohl auch dazu beigetragen, dass er eher eine Autorität als ein Star wurde.

Würdigungen im Westen

Auch in Westdeutschland wurde der vielseitige Mime schon bald mit angesehenen Preisen bedacht. 1982 bekam er das Filmband in Gold für seinen von Bohm in Fassbinders »Lola«. Wenig später erhielt »Die Sehnsucht der Veronika

Voss« bei der Berlinale den Goldenen Bären. Auch wenn seine Rolle in diesem zweiten und für ihn letzten Fassbinder-Film nur klein war, fand sie doch immer wieder Erwähnung. 1983 folgte der deutsche Darstellerpreis, genannt »Chaplin-Schuh«, den er zusammen mit Eva Mattes für »herausragende schauspielerische Leistungen« entgegennahm. Als man ihm den deutschen Verdienstorden anbot, fragte man vorsichtig, ob er ihn auch annehmen wolle. Er wollte. Preise hat er immer angenommen, wenn er das Gefühl hatte, dass damit wirklich seine Leistung honoriert werden sollte. Etwas anderes war es, wenn es mehr um seine Präsenz – und den dadurch erhofften Effekt – ging. So hat man ihn einmal gefragt, ob er denn bei der Bambi-Verleihung in Deutschland wäre. Er bekäme ihn nur, wenn er persönlich zur Preisverleihung erscheinen würde.

Ich drehte damals gerade »Spinnennetz«, war also noch gar nicht in Amerika, da bekam ich einen Anruf, ob ich zur Zeit der Bambiverleihung in Deutschland wäre? Denn ich sei von der Jury auserwählt, eventuell den Bambi zu bekommen. Daraufhin sagte ich »Nein, da bin ich nicht da, aber ...«. Doch bei »aber« hatte die Dame schon aufgelegt. Und es kam dann auch nie mehr ein Anruf.

Bedingung für die Ehrung war also letztlich die Bereitschaft, sich öffentlich zur Schau zu stellen. Das ist Mueller-Stahls Sache nicht. Zumindest will er sich die Anlässe und Situationen, in denen er dies tut, selbst aussuchen. Auch dadurch hat er sich in der Bundesrepublik manche Sympathie verscherzt.

1985 erhielt er in Montreal einen Darstellerpreis für den Bauern Leon in Agnieszka Hollands »Bittere Ernte«. Zusammen mit »Oberst Redl« war die Geschichte der diffizilen Begegnung zwischen dem grobschlächtigen, feigen Leon und der kultivierten Jüdin in Amerika für einen Oscar nominiert.

1992 wurde er für seine Darstellung des Baron Kaspar von Utz im gleichnamigen Film auf der Berlinale mit dem Silbernen Bären geehrt. Zu dem Zeitpunkt kam er freilich schon fast als Gast nach Deutschland.

1997 wurde ihm die Berlinale Kamera für »Die Manns«, 2003 der Adolf Grimme Preis und 2007 der deutsche Filmpreis für sein Lebenswerk verliehen. Zu den Filmpreisen kommen andere, die ihm manchmal mehr bedeuten, weil er damit auch außerhalb der Filmszene wahrgenommen wird, so zum Beispiel der 2009 erstmals verliehene Bremer Stadtmusikantenpreis, mehr noch der Leipziger Mendelssohn Preis, den er im gleichen Jahr zusammen mit Helmut Schmidt und dem Gewandhauskapellmeister Chailly erhielt. Ein Preis, mit dem »schöpferische Vielfalt, aufgeschlossenes Denken und kosmopolitisches Handeln« honoriert werden. Beglückend war diese Preisverleihung für ihn vor allem wegen der warmherzigen und wertschätzenden Laudatio, die Geraldine Chaplin für ihn hielt.

Gefreut hat er sich auf andere Art auch über die drei Bundesverdienstkreuze, die er im Laufe der zurückliegenden Jahre erhalten hat.

Ja, erst das einfache, dann das mit Orden und zuletzt das mit Stern. Und sie bedeuten mir etwas, einfach weil das Bundesverdienkreuz ein Preis ist, der alle Volksgruppen und alle Berufsgruppen erreicht. Und weil er leistungsbezogen und ohne großes Medienspektakel vergeben wird.

Doch wir sind vorgeprescht. Denn die international und medial herausragendste Ehrung als Schauspieler wurde ihm schon 1997 (beinahe) zuteil.

And the oscar goes to ...

Der Oscar ist mittlerweile nur ein Filmpreis unter vielen, die alljährlich verliehen werden. Aber der Oscar ist bis heute mit Abstand der populärste Filmpreis und sein Gewinn für Filmschaffende das Größte, eine Art Heiligsprechung zu Lebzeiten.

Im Frühjahr 2000 wurde das öffentliche Interesse an der Verleihung noch durch zwei »Missgeschicke« angeheizt. Zuerst verschwanden ganze Postsäcke mit Stimmzetteln, dann sogar fast das ganze Kontingent der kleinen Oscar-Statuen selbst. Als diese einige Tage später in einem Müllcontainer auftauchten, ging weltweit ein erleichtertes Aufatmen durch die Medien.

Alljährlich dringen schon im Herbst immer neue Namen von Filmen, Regisseuren, Kameraleuten, Cuttern und vor allem Schauspielern an die Öffentlichkeit, die für einen Oscar nominiert werden könnten. Und von da ab starren Filmbegeisterte, Fans und Freunde voller Neugier und Spannung auf die Auserwählten. Werden sie es schaffen? Wessen Namen wird auf das erwartungsvolle »And the Oscar goes to ...« folgen? Denn nur einer der fünf Nominierten schafft es. Und auch wenn man seit einigen Jahren das vormalige »The winner is ...« durch eine neutralere Formulierung ersetzt hat, damit sich niemand als Verlierer fühlen muss, so wird man den Nichtgenannten die Enttäuschung wohl kaum dadurch ersparen können.

Auch Armin Mueller-Stahl hat den enormen Popularitätsschub erlebt, den schon die Aussicht auf den Oscar auslöst. 1997 wurde er für seine Rolle des Peter Helfgott in »Shine« für einen Oscar als bester Nebendarsteller nominiert. Blitzschnell war's durch alle Medien, und nun stand er noch einmal auf neue Weise im Rampenlicht.

Schon am Tag nach der Nominierung trudeln meist die ersten Faxe und Präsente bei den Glücklichen ein, und die großen Modefirmen werben um ihre Gunst. Einladungen zu Buffets, eine Aufmerksamkeit hier, ein Angebot da, und das hat erst ein Ende, wenn sich der Star entschieden hat, welcher Modeschöpfer ihn oder sie für den großen Auftritt einkleiden darf.

Die zahllosen Werbegags haben es Mueller-Stahl allerdings vermutlich eher leichtgemacht, sich der Spannung zu entziehen, die die Nominierung mit sich bringt.

Schließlich ist das Ergebnis der Preisverleihung – wie letztlich die Frage von Erfolg oder Misserfolg im Filmgeschäft überhaupt – weitgehend unvorhersehbar. Selbst für die knapp 6000 Mitglieder der Academy, zu denen auch Mueller-Stahl zählt.

Oscars sind schon aus ganz unterschiedlichen Gründen verliehen worden. Oft haben sie mit den eigentlichen Kriterien kaum noch etwas zu tun. So zum Beispiel jene Ehrungen, die vor allem deshalb vergeben werden, weil ein Schauspieler oder eine Schauspielerin schon mehrfach ohne Erfolg nominiert war – die sogenannten Hold-Over-Awards. Nicht selten ist die Folge solcher Entscheidungen eine Endloskette: Durch die verzögerte Vergabe eines »fälligen« Oscars wird ein anderer Künstler, der den Preis im entsprechenden Jahr tatsächlich verdient hätte, unfair behandelt. Um diese Ungerechtigkeit auszugleichen, wird er im nächsten Jahr geehrt. So kann es passieren, dass über Jahre hin die Trophäe nicht wegen einer aktuellen Leistung vergeben wird, sondern weil ein Star sie eigentlich im Vorjahr verdient gehabt hätte.

Häufig wird der Oscar auch als anerkennende Geste gegenüber kranken oder sehr alten Schauspielern vergeben, so wie bei Elizabeth Taylor 1960 für ihren Part in »Telefon Butterfield 8« oder Henry Fonda und Katharine Hepburn 1981 für ihre Rollen als greises Ehepaar in »Am goldenen See«. Die große berufliche Existenzangst macht Schauspieler auch empfänglich für Kollegen, denen nach einer Krise oder Krankheit ein Comeback gelingt. Ist so ein Wiederauferstehen doch ein symbolischer Akt, der all jene ermutigt, die sich tagtäglich vor einem Scheitern fürchten. Eindrucksvoll gelang dies Gary Cooper in den fünfziger Jahren. Mit Coopers Karriere war es nach seinem Oscar 1941 (für »Sergeant York« von Howard Hawks) und der Hemingway-Verfilmung »Wem die Stunde schlägt« (1943) rapide bergab gegangen. Die traditionellen »Cooper-Rollen« spielte in den fünfziger Jahren John Wayne, der mit seiner konservativen, aggressiven und kommunistenfeindlichen Haltung gut in die McCarthy-Ära passte. Cooper hingegen hatte sich aus der unseligen Linkenhatz herausgehalten. Genau aus diesem Grund engagierte ihn Stanley Kramer für seinen neuen Film, der als »High Noon« unter der Regie von Fred Zinnemann einer der großen Western-Klassiker wurde. Gegen alle Widerstände aus patriotischen Kreisen wurde »High Noon« 1952 auch als »Bester Film« mit dem Oscar gekürt – und Gary Cooper als bester Schauspieler. Ein »Sympathie-Oscar«, mit dem Cooper die mächtigen Konkurrenten Marlon Brando, Kirk Douglas und Alec Guinness schlug.

Es gibt sogar Fälle, bei denen die Verleihung des Oscars für Verzeihen und Wiederaufnahme in die eigenen Reihen steht. Einen Oscar mit dieser Ego-te-absolvo-Funktion erhielt Ingrid Bergman 1956, nachdem sie zum Entsetzen von Hollywoods High Society ihren ersten Ehemann verlassen und 1950 den italienischen Regisseur Roberto Rossellini geheiratet hatte.

Nicht nur in seiner Bedeutung ist der Oscar mithin überaus komplex, sondern auch in seiner Wirkung. Er hebt jene, die ihn verliehen bekommen, in den höchsten Ruhmeshimmel, aber von dort ist der Absturz auch besonders dramatisch. Für viele Schauspieler und besonders Schauspielerinnen war die Oscar-Verleihung denn auch der Beginn eines schrecklichen Abstiegs im Sinne des Diktums von Mel Gibson, der Oscar sei der Kuss des Todes und bedeute sichere Arbeitslosigkeit für fünf Jahre.

Das Wissen um all diese Unberechenbarkeiten und Ambivalenzen hat es Mueller-Stahl erleichtert, sich zu wappnen für den Fall, dass die Statue an ihm vorbeigetragen würde. Groß war die Enttäuschung bei ihm dann auch tatsächlich nicht, als statt seiner Cuba Gooding Jr. geehrt wurde.

Aber gab es wirklich gar keine Enttäuschung?

Es war in gewissem Sinne sogar eine Befreiung. Ich hatte mir den ersten Satz einer möglichen Dankesrede überlegt, doch als es auf die Preisverleihung an die Gruppe der Nebendarsteller zuging, kam mir der Satz plötzlich ganz blöd vor. Krampfhaft suchte ich nach einer neuen Idee, ich bekam Herzklopfen bei dem Gedanken, vor einer Milliarde Zuschauern nicht zu wissen, was ich sagen sollte. Als ich es dann nicht war, dachte ich als erstes »Gott sei Dank«. Meine Frau war zunächst enttäuscht. Sie hatte geglaubt, dass es klappt. So viele hatten gesagt, du wirst es, du bist jetzt dran. Aber das haben sie zu den anderen wahrscheinlich auch gesagt. Ich traf dann James Wood und der meinte: »Armin, next time.« Ich antwortete: »Next time«, und damit war die Angelegenheit für mich erledigt.

Wenn ich heute all die Trophäen stehen sehe, die ich im Laufe meiner Schauspielerkarriere erhalten habe, da weiß ich bei manchen schon gar nicht mehr genau, wofür ich sie bekommen habe. Manche sind auch sehr schön, rein ästhetisch. Aber als Spur, die ich zurücklassen möchte, ist mir anderes wichtiger.

In der Hartnäckigkeit, bisweilen auch Vehemenz, mit der Mueller-Stahl sich vom Reiz öffentlicher Ehrungen distanziert, sind Gelassenheit und Selbstschutz ebenso schwer voneinander zu trennen wie versteckte Eitelkeit von der tieferen Empfindlichkeit der verletzten Seele. Mit ihm über die Tücken des Ruhms zu reden, ist nahezu unmöglich. Er reagiert, als wisse er gar nicht, wovon man spricht. Hier versiegt auch seine Lust an der (Selbst-)Beobachtung und Analyse. Über die Stärken und Schwächen, die er an sich liebt oder aber bekämpft, spricht er – öffentlich – nur zögernd, Triumphe und Niederlagen referiert er mit jener nachdrücklichen Altersweisheit, die jede tiefergehende Frage unmöglich macht.

Vielleicht kommt ihm die sprachlich vorgegebene Distanz in Amerika sogar in manchen Punkten zugute. Weil sie sein natürliches Bedürfnis nach einem Schutzraum unterstützt. Zugleich ist Armin Mueller-Stahl für die Amerikaner in gewisser Hinsicht auch ein Exot. Nicht einfach ein begabter und erfolgreicher Schauspieler, der seinen Aktionsradius ausgedehnt und das »Abenteuer Hollywood« gewagt hat; nicht Mario Adorf, kein Horst Buchholz. Seine erste Karriere in der DDR und sein Status als politischer Opponent und des Landes Verwiesener verleihen ihm die Aura dessen, der in besonderer Weise aus der Fremde kommt – und von dort eine sehr eigene Begabung mitbringt.

Eine Mischung aus Achtung und Begeisterung durchzieht denn auch das Medienecho, das die Arbeit von Mueller-Stahl und seine Person in den Staaten begleitet. Schließlich erfüllt dieser sehr deutsche, sehr preußische Mann den amerikanischen Traum vom Erfolg in besonderer Weise. Nicht nur einmal, gleich dreimal hat er sich bis an die Spitze hochgearbeitet und wirkt in seiner speziellen Form von Berühmtheit beeindruckend stabil.

Die Bewunderung, die man ihm in seiner neuen Heimat entgegenbringt, genießt er ganz unbefangen. Er durchbricht, sonst eher scheu oder auch misstrauisch gegenüber der Öffentlichkeit, hier leichter seinen Kokon. In Seminaren oder bei Filmpräsentationen gibt er bereitwillig Auskunft über sich und seine Rollen. Einzelgänger bleibt er auch hier, aber für die Zuschauer will er erreichbar sein. Und die danken es ihm.

Die Retrospektiven, die vor allem das Goethe-Institut in großen Städten wie Washington, Chicago, Atlanta, Montreal und Vancouver veranstaltet, stoßen auf reges Interesse. Dabei wollen die Menschen immer wieder auch frühere Filme sehen, die Figuren vor Helmut Grokenberger, Peter Helfgott und Joseph Koppel: »Die Flucht«, »Fünf Patronenhülsen« und »Geschlossene Gesellschaft« aus der DDR-Zeit, »Bittere Ernte«, »Bronsteins Kinder«, »Utz« und den »Kinoerzähler«, der ihm so besonders am Herzen liegt. Mueller-Stahl freut sich über diese vorbehaltlose Neugier, zumal wenn bei diesen Veranstaltungen auch Filme zu Ehren kommen, die insbesondere in Deutschland von der Kritik eher gering geachtet wurden.

Etwas davon hat er im vereinten Deutschland dann doch auch erlebt. Sein Publikum zurückzulassen, das ihn geliebt, für das er in manchen Momenten auch wichtig war – das war ihm bei seiner Ausreise aus der DDR am schwersten gefallen. Und als er 1997 mit seinem Erinnerungsbuch »Unterwegs nach Hause« eine Lesereise durch die ehemalige DDR machte, strömten die Leute zu ihm – in Berlin, in Dresden, auf der Buchmesse in Leipzig. Auch Frank-Thomas Gaulin berichtet von einem nicht abreißenden Strom von Anfragen und Kontaktversuchen ehemaliger Ostdeutscher, kein Tag ohne mehrere Anrufe oder Mails, die alle von einer begeisterten, warmen Zuneigung zu »ihrem« Film-Star getragen sind. Als Mueller-Stahl 2006/2007 aus »Hannah« und »Kettenkarussell« in Städten der ehemaligen DDR las, waren die Säle bis auf den letzten Platz besetzt. Für Dietmar Mues war »Armin der

Belmondo der DDR, ›Nackt unter Wölfen‹, eine wahnsinnige Rolle, er war unser James Dean«. Mueller-Stahl hat umgekehrt ohne zu zögern zugesagt, als eine Filmreihe in Amerika zu »20 Jahre Mauerfall« ihn um seine Schirmherrschaft bat. Nicht nur die Mauer, auch innere Fronten sind gefallen. Als Mueller-Stahl 2009 im Rahmen der Berlinale vom Progress-Filmverleih, der das DDR-Filmerbe betreut, einen Preis für sein Lebenswerk erhielt, bedankte er sich mit der Leichtigkeit des Weltbürgers, erinnerte sich souverän seiner Wurzeln und gedachte der inzwischen verstorbenen Kollegen, mit denen er befreundet war. Und als er schließlich erzählte, warum Frank Beyers »Fünf Patronenhülsen« für ihn nicht nur als Einstieg in den Film wichtig war, sondern auch ganz schlicht materiell, da schien er für einen Moment wieder auf, der lange Weg, den dieser Schauspieler gegangen ist.

Doctor honoris causa

Ein Weg, bei dem er nicht nur als Schauspieler immer neue Herausforderungen gesucht, sondern auch sozial und politisch Stellung bezogen, für Toleranz und Menschenrechte das Wort ergriffen hat. Die Rolle des Sam Krichinsky hat ihn daher auch mit besonderem Stolz erfüllt, und es war für ihn eine herausragende Auszeichnung, als er 1998 vom Spertus Institute of Jewish Studies in Chicago den Ehrendoktor erhielt. Bei der Lektüre der Begründung, die der Urkunde beigefügt ist, versteht man unmittelbar, warum diese Ehrung für ihn letztlich bedeutsamer ist als jeder Bambi und Oscar. Im Original lautet die Laudatio:

»ARMIN MUELLER-STAHL,
versatile actor of stage and screen,
accomplished violinist, pianist and painter,
inspired author.

With dramatic intensity,
with uncompromising creativity,
and with intense passion,
you have expressed and portrayed the paradigmatic features
of our complex and troubled age
with astounding breadth and with penetrating depth.

Through your innovative artistic style
and with exquisite finesse,
you have demonstrated how culture can be
not only a precious legacy inherited from the past,
but also a potent force to ennoble the present
and to enable the forging of an enriched future.

ARMIN MUELLER-STAHL
with profound gratitude for
your enduring contributions
to life as art and art as life,
adding immeasurably to our understanding
of the catastrophe of the Holocaust,
the faculty and trustees of
SPERTUS INSTITUTE OF JEWISCH STUDIES
are honored and pleased to confer upon you the degree,
DOCTOR OF HUMANE LETTERS,
honoris causa,
with all the privileges and responsibilities pertaining
   thereto.«

(»Armin Mueller-Stahl, vielseitiger Schauspieler auf Bühne
und Leinwand, Violinist, Pianist und Maler mit großen
Fertigkeiten, inspirierter Autor
mit schauspielerischer Intensität,
mit unnachgiebiger Kreativität
und großer Passion
haben Sie die wesentlichen Züge unseres komplexen und
beunruhigenden Zeitalters dargestellt und zum Ausdruck
gebracht –
mit beeindruckender Größe und Scharfsinnigkeit.

Durch den Ihnen eigenen künstlerischen Stil
und Ihr besonderes Feingefühl
haben Sie deutlich gemacht, dass Kultur nicht nur ein
kostbares Vermächtnis der Vergangenheit ist,
sondern auch eine wirksame Kraft sein kann,
um die Gegenwart zu veredeln
und eine reiche Zukunft zu gestalten.

Armin Mueller-Stahl –
mit tiefer Dankbarkeit für Ihren ausdauernden Beitrag
zum Leben als Kunst und zur Kunst als Leben
und einen enormen Beitrag zu unserem Verständnis
der Katastrophe Holocaust
verleihen Ihnen Fakultät und Bevollmächtigte
des Spertus Institute of Jewish Studies
den Doctor honoris causa ›of humane letters‹.«)

Ganz still, ohne dass es in der Filmwelt groß registriert worden wäre, ist da einer für sein Lebenswerk in besonders stimmiger Weise ausgezeichnet worden. Nicht von einer der etablierten Glanz-und-Glamour-Institutionen, sondern von einer geistigen Elite, die zugleich jene repräsentiert, denen sicher am ehesten zusteht, über die Wirkung von Mueller-Stahls zahlreichen Nazifiguren zu urteilen.

Armin Mueller-Stahl ist ein Mensch des Understatements. Er hatte ein paar Mal beiläufig von diesem Ehrendoktor erzählt, aber erst als ich die Urkunde las, begriff ich, welch tiefe Befriedigung diese Würdigung ihm vermittelt haben muss.

Vergleichbar, wenn auch mit ganz anderem Bezugspunkt, hat er sich über den Quadriga-Preis gefreut, den er 2003 – im ersten Jahr seiner Verleihung – zugesprochen bekam. Vergeben wird dieser Preis alljährlich an vier Persönlichkeiten oder Gruppen, die durch ihr Engagement ein Zeichen für Aufbruch, Erneuerung und Pioniergeist gesetzt haben.

Der Quadriga-Preis war mir deshalb sehr angenehm, weil er so medienfern ist. Und ich habe mich sehr gefreut, dass Ustinov die Laudatio gehalten hat, weil er nicht nur ein großer Dramatiker und Schauspieler ist, sondern auch ein großer Humanist. Und er hat einen so wunderbaren Humor. Wir waren mal beide bei einem Fernsehfestival in Monaco. Er saß zwei Tische weiter, und an seinem Tisch wurde immer gelacht, während es bei uns so ernst zuging, und ich hätte so gern bei ihm am Tisch gesessen.

Der britische Schauspieler war in doppelter Weise ein kongenialer Redner für Mueller-Stahl: Als geistige Größe und als Mensch, dessen Humor sich unmittelbar in seiner Rede niederschlug. Als »sehr begabten jungen Schauspieler« begrüßte er den Preisträger, der sich vor allem als Charakterdarsteller hervorgetan habe: »Die Charakterdarsteller unter uns sind die besten, weil sie den weitesten Horizont haben müssen und auch andere Begabungen. Und diese Begabungen hat Armin Mueller-Stahl auch eingesetzt. Er kann Thomas Mann nicht deshalb so überzeugend spielen, weil er ihm ähnelt, sondern weil er auch Schriftsteller ist. Dabei ist er nicht nur vielseitig begabt – er ist einer der sehr raren Schauspieler, die als Charakterdarsteller auch große Stars geworden sind.«

Was soll man nach einem solch emphatischen Lob sagen? Mueller-Stahl hat gar nichts gesagt.

Er saß dort auf der Bühne, dieser große alte Mann, von dem man ahnte, dass er nicht mehr lange leben würde, mit seinen roten Socken – ich bin hoch gegangen und habe mich einen Moment lang vor ihm hingekniet.

Erst dann bedankt Mueller-Stahl sich mit Worten, erzählt eine Geschichte, die anschaulich widerspiegelt, worin für ihn die eigentliche Bedeutung seiner Arbeit als Schauspieler liegt:

1946 hörte ich in Berlin, im Titania Palast, Menuhin die Chaconne von Bach spielen. Plötzlich unterbrach er sein Spiel, holte einen Zettel aus der Tasche und las einen Text vor, den Brief einer Jüdin, die dem deutschen Volk die Hand zur Versöhnung anbot. Dann spielte er weiter, und plötzlich bekam die Musik eine andere Bedeutung, eine andere Kraft. Es gab plötzlich eine Brücke des Sich-gegenseitig-verstehen-Wollens.

Fünfzig Jahre später spielte ich in Amerika den Patriarchen einer jüdischen Familie auf der Suche nach Heimat: Avalon. Avalon ist ein Sehnsuchtsziel, es ist der Ort, wo man hinwill, wenn man von irgendwo wegmuss, vertrieben wird.

Bei der Pressekonferenz in New York fragte man mich: »Herr Mueller-Stahl, erzählen Sie uns doch bitte etwas von Ihrer jüdischen Herkunft.« Ich antwortete, der Frage noch ausweichend: »Mein Großvater war Pfarrer in St. Petersburg. Er kam nach dem Ersten Weltkrieg nach Deutschland. Wäre er damals nach Amerika gegangen, dann wäre ich heute ein amerikanischer Star, und Sie würden mir diese Frage nicht stellen.« – Daraufhin kam später ein Journalist zu mir, legte mir seine Hand auf die Schulter und sagte: »Du bist ein Jude, ich gebe dir mein Wort darauf.« Da hatte ich plötzlich das Gefühl, dass uns mit unserem Film etwas Ähnliches gelungen ist wie Menuhin mit seinem Chaconne-Auftritt: Eine Brücke des Sich-gegenseitig-verstehen-Wollens zu bauen.

8 The Power of One

Wenn von der äußeren Erscheinung Armin Mueller-Stahls die Rede ist, finden vor allem seine »stahl-blauen Augen« Erwähnung. Immer wieder sind Journalisten dem Reiz des stilistischen Schlenkers erlegen. Dabei sind sie tatsächlich ein gutes Stück Produkt der Leinwand; das, womit er sich offenbar am meisten einprägt:

»Dass sein Gesicht zu den ausdrucksstärksten der Leinwand zählt, ist vielleicht sein größtes Merkmal. Die Bedeutungen, die seine Gesichtszüge zum Ausdruck bringen, unterstützt er mit der Wärme (und manchmal Kälte), die aus seinen Augen strahlt, und sorgt so für seine berühmten minimalistischen Kompositionen.« Mit diesen Worten beschreibt der Präsident des türkischen Filmkritikerverbands anlässlich der Verleihung des Ehrenpreises, den das Filmfestival Türkei/Deutschland dem Schauspieler 2009 verlieh, den spezifischen Eindruck, den Mueller-Stahl hinterlässt. Er beruht eben nicht einfach auf seinen Augen, sondern auf dem Spiel, das er damit treibt. Als Filmfigur – und in der persönlichen Begegnung.

Ihre Wirkung haben diese mal ernst, mal freundlich und bisweilen sehr abwesend blickenden Augen vom ersten Film an entfaltet. Bei den Liebhabern ebenso wie bei den standhaften Patrioten und tapferen Kämpfern. Diese Augen – »Spiegel der Seele«, wie der Volksmund sagt – vermitteln Zuverlässigkeit, Entschiedenheit, auch Eigensinn. Im Film ebenso wie im Leben.

Im Laufe der Jahre verstärkte sich die Unergründlichkeit des Blicks – zumal nach seinem Wechsel in den Westen. Hintergründe, Vielschichtigkeit und Widersprüche haben Mueller-Stahl von jeher interessiert. Während seiner DDR-Zeit hat er dem vor allem auf der Bühne Ausdruck verliehen. Da ließ er bei Shakespeares Narren ebenso wie dem intriganten Sekretär Wurm den Melancholiker sichtbar werden. Bei seinen Leinwandrollen dagegen dominierten bis hin zu den letzten zensierten Filmen die sympathischen, integren, auch schon mal komischen Figuren. Erst Dr. Schmith und der Architekt Robert verweigerten den Charme des Lovers ebenso wie die sympathische Vertrauenswürdigkeit des politischen Genossen.

Mit dem Wechsel in den Westen wuchs die Zahl der mehrschichtigen und zwielichtigen Filmfiguren, die Mueller-Stahl spielte. Zugleich verstärkte sich bei vielen Rollen das erotische Flair, das der Schauspieler allerdings mit der ihm eigenen Selbstironie als pures Leinwandphänomen bezeichnet.

Um die gebrochenen Figuren glaubwürdig zu gestalten, werden seine Mittel immer konzentrierter. Dabei kommt ihm seine Begabung und Praxis als Maler und Musiker zugute. So wie er in der Malerei möglichst sprechende, komprimierte Ausschnitte zur Darstellung bringt und von der Musik her kommend auf Genauigkeit im Timing und bei der Intonation achtet, so spielt er auch: sparsam und punktgenau. Er folgt einem inneren Regisseur, dessen oberste Maxime mit Vivaldi gesprochen lautet: Wenn eine Geige genügt, setze niemals zwei ein. Auch dazu erzählt er eine Geschichte:

Als ich in Berlin Geige studierte, kam Bruno Walter aus Amerika in die Stadt, und ich durfte den 1. Satz der César-Franck-Sonate spielen. Dazu hatte mir mein Lehrer eingeschärft: Immer den ganzen Bogen einsetzen, unbedingt.

Ich spielte also, mit ganzem Bogen – doch bald schon unterbrach mich Bruno Walter und fragte: Warum spielen Sie mit dem ganzen Bogen? Sie dürfen nur den oberen Teil des Bogens benutzen, ganz kurz! Wenn Sie den ganzen Bogen benutzen, vertreiben Sie ja das Geheimnis, das der Musik innewohnt. Dieses Geheimnis aber gilt es zu bewahren, zu gestalten.

Das hat er sich zu Herzen genommen.

Beim Schauspielen tritt zum Minimalismus eine spezielle Form intensiver Andeutung. »Er zeigt, indem er verbirgt«, beschreibt sein Freund und Kollege Dietmar Mues das Besondere dieses Stils. »Durch diese Kunst fesselt er uns. Immer ist da etwas Verborgenes, Undurchsichtiges, etwas Beängstigendes und zugleich Vertrautes, das deutlich und doch nur vermittelt dargestellt wird, sodass wir wie gebannt folgen. Und dann hat er das, was ich das Bermudadreieck nenne. Es ist etwas in seinem Gesicht und Ausdruck. Ohne es zu merken, fällt man in dieses Gesicht hinein und löst sich auf. Und Armin weiß genau, dass er dafür auf keinen Fall zu viel machen darf, sonst ist die Wirkung weg.«

Wenn ich einen Betrunkenen spiele, dann lalle ich nicht laut und torkle durch die Gegend, sondern ich spiele diesen Betrunkenen als einen, der seinen Suff verbergen will. Um als Schauspieler etwas deutlich zu machen, muss ich die Widersprüche der darzustellenden Figur zeigen. Wo stoßen Schwarz und Weiß zusammen, wo ist die Grauphase, und was liegt hinter der sichtbaren Kontur?

Nun sind viele der großen Rollen Mueller-Stahls zwar geeignet, ihm Achtung zu verschaffen, nicht aber, ihn beliebt zu machen. Peter Helfgott, der Bauer Leon, Untersturmführer Mayer, der Kronprinz, die Nummer vier der zwölf Geschworenen, Mike Laszlo, Nikolai Seymon und Oberst Wexler. Andererseits hat er auch immer wieder deren Gegenfiguren verkörpert: den Kinoerzähler, Helmut Grokenberger, Ghandi, Sam Krichinsky, Dr. Kirschbaum – all die warmherzigen Väter und Großväter. Gemeinsam ist ihnen eine gewisse Distanz: mal als Wand aus Härte, Egozentrik und Unnahbarkeit, mal als traurige Kunde von Abschied und Melancholie.

Diese Einsamkeit liefert auch die Erklärung dafür, warum er bis heute weder in der Bundesrepublik noch in Hollywood ein Star geworden ist. In der DDR sah es anders aus: Immerhin wählte ihn das ostdeutsche Publikum fünfmal hintereinander zum beliebtesten Darsteller seines Landes. Aber Stars im westlichen Sinne gab es dort nicht. Und er selbst betont immer wieder, Schauspieler seien erst dann Stars, wenn ihretwegen die Massen ins Kino strömten. Insofern sei er kein Star.

Das ist richtig und falsch zugleich. Denn was genau macht einen Schauspieler zum »Star«? Wodurch zeichnet er sich aus, wie wird man zum »Star«? Stars, so lautet einer der gängigen Definitionsversuche, verkörpern zugleich sich selbst, eine Figur und etwas Archetypisches. Gary Cooper gab jedem seiner Helden etwas von sich, er adelte, »garycoopisierte« sie, wie Jerome Charyn in seinem Buch über »Movieland« schreibt. Ebenso Paul Newman, der seine Leinwandgestalten allerdings nicht vergrößerte wie Cooper, sondern eher verkleinerte. Mit dieser spezifischen Aura, die die großen Stars jeder Figur verleihen, repräsentieren sie unterschiedliche menschliche Grundmuster, mit denen wir uns identifizieren können. James Dean etwa war im Grunde eine romantische Figur, ein Engel der Jugend, der zu uns Irdischen gekommen ist, auf dieser Welt aber nicht überleben konnte, weil er zu kostbar war. Marlon Brando verkörpert den Geächteten in uns, der wiederum uns verachtet. Klaus Kinski repräsentiert den exzentrisch, chaotisch Unberechenbaren und Sean Penn eine schillernde Mischung aus wildem Aufbegehren und Verletzlichkeit; Audrey Hepburn, Marilyn Monroe, Romy Schneider, Jeanne Moreau – sie alle hatten ein je eigenes, sehr ausgeprägtes Profil.

Hinzu kommt oft eine Art »magische Synthese«, mithilfe derer Schauspieler über ihre Figuren gesellschaftlich unvereinbare Widersprüche als gelöst vorstellen. Solche Ausstrahlung bewirkt, dass Stars ein Millionenpublikum erreichen. Natürlich gehört dazu, dass die solchermaßen Stilisierten das Star-Dasein – in welch verquerer Form auch immer – akzeptieren und meist auch genießen.

Ich will aber gar kein Star sein. Weil ich dann gezwungen wäre, nur noch darüber nachzudenken, welche Rolle mir das größte Publikum bringt. Für mich war es immer wichtig, bei der Wahl meiner Rollen frei zu sein. Und da ich mich weder aufs Fernsehen noch auf einen bestimmten, publikumswirksamen Typ festlegen lassen wollte, hatte ich in Westdeutschland schlechte Karten für eine Starposition.

Nun gibt es durchaus einen Typus, für den Mueller-Stahl steht. Zumindest mit einem entscheidenden Teil von sich oder dem, was er von sich zeigt. Aber es ist ein Figuren-Typ, der seinen Aufstieg zum Star – zumindest in Deutschland, wo er an ein kollektives Trauma rührt – eher verhindert hat. Denn ein wesentlicher Aspekt seiner Wirkung liegt tatsächlich, wie Das Sonntagsblatt 1997 schrieb, »in der Gestaltung deutscher Archetypen, die tief verstrickt in die Schuld sind – als Teil einer Entwicklung, die im Faschismus kulminierte, deren Wurzeln aber weiter in die Geschichte zurückreichen und die mit dem Ende des Zweiten Weltkriegs nicht vorüber ist«. Er zeigt die grausamen, schwachen und peinlichen Fratzen jenes Typs, mit dem wir auf keinen Fall identifiziert werden wollen.

Doch auch in Amerika und im Traumland Hollywood ist er kein Star geworden. Das wiederum hat eine Reihe von ganz speziellen Gründen. So nicht zuletzt die Tatsache, dass für manche Rollen sein Akzent störend ist. Entscheidend aber ist sicher auch, dass er in Amerika gerade aufgrund seiner europäischen Qualitäten geschätzt wird: wegen seiner Ernsthaftigkeit, seines intelligenten, hintergründigen Charmes und seiner Eigenständigkeit. Damit hat er sich in Amerika zwar eine Menge Spielmöglichkeiten eröffnet und »bekommt erstklassige Rollen, auf die etablierte amerikanische Schauspieler nur hoffen können« (Venice, Dezember 1996). Aber die Verkörperung der ureigenen Charaktere und Mythen ist dann doch den amerikanischen Schauspielern vorbehalten.

Mag sein, dass ihn auch seine Abstinenz gegenüber den Versuchungen von Glanz und gigantischen Gagen suspekt gemacht hat: »Die Filmindustrie mißtraut Leuten, deren Motive nicht ganz die ihren sind. Ihr Motiv ist es, Geld zu machen, und obwohl es durchaus auch mein Motiv ist, Geld zu verdienen, denke ich doch, dass es in Hollywood eine Vorsicht gibt gegenüber Leuten, die Ideen haben«, resümiert in diesem Sinne der hollywooderfahrene Haskell Wexler 1999 in der Süddeutschen Zeitung die Gründe für seine Außenseiterposition als Kameramann.

Wenn also kein Star, worauf beruht dann die Wirkung, die Mueller-Stahl für viele über Jahrzehnte hinweg zu einem der besten deutschen Schauspieler macht, wenn nicht zu dem besten? Es ist eine spezifische Mischung aus Schauspielkunst – durchaus im Sinne des Bühnenschauspielers, der mit hohem Einsatz eine Rolle interpretiert – und der ihm eigenen Leinwandpräsenz.

Diese Leinwandpräsenz ist ein schwer zu definierendes Phänomen. Es ist eine Art Aura, die sich erst vor der Kamera entfaltet. Sie bewirkt auch, dass Models, die niemals eine Schauspielstunde genommen haben, unter Umständen erfolgreiche Filmschauspielerinnen werden können. Das wiederum lässt überzeugte Bühnenschauspieler bisweilen mit einer gewissen Geringschätzung auf das Filmgeschäft blicken. Aber auch gelernte und profilierte Schauspieler entfalten manchmal erst auf der flimmernden Fläche ihr ganzes Fluidum. So berichtet Mueller-Stahl anlässlich der Dreharbeiten zu »Music Box«, wie verblüfft er über die Diskrepanz gewesen sei, die sich bei der berühmten Jessica Lange zeigte. Während der Aufnahmen sei sie ihm oft blass oder spröde erschienen, aber schon beim Ansehen der Muster abends habe sich die große Wirkung gezeigt, die ihr Spiel auf der Leinwand entfaltete.

Um als Filmschauspieler oder -schauspielerin erfolgreich zu sein, muss man mithin nicht unbedingt ein guter Mime sein. Und es reicht andererseits nicht, wenn man es ist. Im Gegenteil. Ein zu ausgeprägtes Schauspielern kann beim Drehen eines Films sogar zum Problem werden. Denn das Spiel auf der Bühne ist geprägt vom Abstand zwischen Publikum und Darsteller. Infolge dieses Abstands kann der Bühnenschauspieler viele der Details, die zur physischen Seite seines Spiels gehören, kaum übermitteln. Daher muss er beim Publikum ein inneres Bild des von ihm verkörperten Charakters erwecken. Er erreicht dies mittels seiner äußeren Erscheinung, der ausdrucksstarken Übermittlung seines Textes und eines ausgeprägten mimischen und gestischen Spiels. Er muss spielen mit allem, was ihm zu Gebote steht.

Genau das aber ist dem Filmschauspieler »verboten«. Da die Kamera jede kleine Veränderung und Geste genau notiert, muss der Filmschauspieler quasi spielen, als spielte er nicht. Wie beim fotografischen Porträt, dem etwas Fragmentarisches und Zufälliges anhaftet, das dem Bild zugleich Zeitlosigkeit und Spontaneität verleiht, muss auch der Filmschauspieler versuchen, als natürlicher Bestandteil der dargestellten Szene zu erscheinen.

Zu den Schwierigkeiten, die sich durch diesen Unterschied beim Wechsel von der Bühne zum Film-Set ergeben (können), gibt es eine anschauliche Anekdote, die Billy Wilder Walter

Matthau über seine ersten Dreharbeiten mit Jack Lemmon erzählte. »George Cukor war der Regisseur. Erste Szene: Lemmon legt los, strengt sich gewaltig an – George Cukor bedankt sich, geht zu Lemmon und sagt: ›Sie sind neu in diesem Business, nicht wahr.‹ Lemmon nickt. Darauf Cukor: ›Sie werden ein großer Star werden, kein Zweifel. Aber wir werden die Szene noch mal drehen, und bitte machen Sie ein kleines bißchen weniger.‹ Die Szene wird wiederholt. Cukor bedankt sich und sagt: ›Wunderbar! Aber versuchen Sie ruhig, noch ein bißchen weniger zu machen.‹ Lemmon macht also noch weniger. Cukor ist begeistert: ›Toll! Aber vielleicht eine kleine Spur weniger.‹ So wiederholt sich das noch fünfmal, bis Lemmon schließlich sagt: ›Mr. Cukor, wenn das so weitergeht, etwas weniger, etwas weniger, wird bald der Punkt kommen, wo ich überhaupt nicht mehr spiele.‹ Darauf Cukor: ›Jetzt haben Sie endlich begriffen, worauf ich aus bin.‹«

Betrachtet man unter diesem Gesichtspunkt noch einmal die ersten Filme von Mueller-Stahl, dann wird sichtbar, dass dieser Zwang zur »naturnahen«, untheatralischen Darstellung seinem Wesen entgegenkommt. Zwar hatte er bei seinen ersten Bühnenversuchen bisweilen des Guten zu viel getan. Beim Film aber beherrschte er das zurückhaltende Spiel von Anfang an.

Die Entwicklung seiner Rollen von den ersten jungen Patrioten und Liebhabern bis hin zu Nikolai Seroff offenbart freilich ebenso, dass er sich seine Leinwandaura auch erarbeitet hat. Und zwar durch die Intensivierung dessen, was ihn seit jeher kennzeichnete. Sein bannender Blick und das mal spöttische, mal gewinnende Lächeln bleiben beim Zuschauer hängen. Wie seine Stimme. Man wird nicht süchtig nach Mueller-Stahl, wie nach Al Pacino oder Clint Eastwood. Aber er prägt sich ein. Szene für Szene. Und wenn das Publikum einen Film mit einem halben Dutzend Szenen verlässt, an die es sich noch eine Weile erinnert, dann ist es zufrieden. Manchmal sogar glücklich.

Es gibt Schauspieler, die spielen in gewisser Weise immer sich selbst. Bei Armin Mueller-Stahl ist das nicht so. Die Vielfalt und Widersprüchlichkeit seiner Rollen schließen eine schlichte Gleichsetzung des Menschen Mueller-Stahl mit seinen Figuren aus. Allerdings zeigt der aufmerksame Blick aus der Distanz, das heißt im Rückblick auf Jahrzehnte, doch einige Grundmuster.

Da ist zum einen und von ihm selbst erwähnt Hitler und die Figuren aus der Zeit des Faschismus in Deutschland zwischen den beiden Kriegen. Immer wieder bewegt sich Mueller-Stahl in diesem finsteren Abschnitt deutscher Geschichte. Zuerst in den zahlreichen antifaschistischen Filmen der DEFA, später, im Westen, in der Rolle sowohl des Schinders wie des Opfers oder des Widerstand Leistenden. Sicher liegt darin ein historisch und psychologisch orientiertes sachliches Interesse. Aber die Frage nach der Psyche, den Beweg- und Hintergründen der Nazis ist offenkundig auch ein Lebensthema.

Mueller-Stahl hat seinen Vater durch den Krieg verloren. »Am 1. September 1939 begleitete ich ihn zu der Kaserne in Prenzlau. Es war der erste Tag des Krieges. Ich, achtjährig, hatte keine Ahnung vom Krieg. Was ist das? Aber ein dumpfes Gefühl«, so Mueller-Stahl in »Unterwegs nach Hause«. Danach sah er den Vater nur noch bei gelegentlichen Fronturlauben. Gestorben ist er am 1. Mai 1945. Erschossen nicht von einem Feind fremder Nation, sondern den eigenen »Kameraden«, wie Armin und sein Bruder Hagen vermuten. Die Frage nach den Nazis ist somit für ihn auch die Frage nach den Mördern seines Vaters.

Absenz kann eine besondere Form von Präsenz bedingen.

Verschwindet eine wichtige Bezugsperson aus dem Leben eines Menschen, zumal eines Kindes, so gewinnt diese Figur eine besondere Bedeutung in dessen Phantasiewelt. Die Spur ihrer Botschaften gräbt sich unter Umständen tiefer in den Weiterlebenden ein, als wenn der andere noch lebte. In diesem Zusammenhang ist es wichtig, noch einmal Revue passieren zu lassen, was Armin Mueller-Stahl von seinem Vater berichtet.

Zunächst einmal kommt da die Herkunft des Doppelnamens in den Blick. Hagen, Armins älterer Bruder, erklärt ihn damit, dass ihre Vorfahren nach einem Schiffsunglück von einer Familie Müller aufgenommen worden seien. Da der Nachname mithin nur entliehen gewesen sei, habe man den zweiten als familieneigenen hinzugenommen. Er wehrt sich denn auch gegen die Herleitung, die sein Bruder Armin dem einprägsamen Namen in seinem Erinnerungsbuch gibt: »Ich denke daran, wie mein Vater gelitten haben mag, als Bankbeamter, seine fünf Kinder nach Mertensdorf, dem Rittergut des Wittig Freiherrn von der Goltz in Ostpreußen gebracht zu haben, Sommerferien, zu Wittig und Ellen von der Goltz – Ellen ist die Schwester meiner Mutter –, als Herr Mueller, und wie er nach einer Aufwertung seines Namens gesucht haben mag, bis er fündig wurde und es ihm gelang, ein Stahl an das Mueller zu hängen, was ihn befreite, sich so armselig als Herr Mueller gegenüber der adligen Verwandtschaft zu fühlen. Mueller-Stahl! So stand er, von da an aufrecht und selbstbewußt, den von Radeckis und den von Hakens und den von Goltzens gegenüber, kann ich mir vorstellen, was ich mir damals als Achtjähriger nicht vorstellte; welche Bilder haben sich mir aufgehoben? Merkwürdigerweise sehe ich meinen Vater nie in Mertensdorf, nur in Jucha, bei den Maaßens, meinem bürgerlichen Großvater, dem Pfarrer Eduard Maaß, der zwar mit einer adligen von Haken verheiratet war (meiner Großmutter), aber der zu weit über den Dingen stand, als daß ihm Unwichtiges wichtig gewesen wäre. Waren es Hemmungen meines Vaters? Wollte er den Demütigungen, zum Beispiel, ach, da ist ja der Bankbeamte aus Tilsit, aus dem Wege gehen? Fühlte er sich in Mertensdorf mehr als Bankbeamter mit fünf Kindern, mehr als Herr Mueller mit fünf Kindern als in Jucha, bei meinen Großeltern?«

Die Geschichte ist aufschlussreich, unabhängig von der Frage, ob sie den Sachverhalt zutreffend erklärt. Aufschlussreich für den interpretierenden Blick des erwachsenen Armin Mueller-Stahl, darüber hinaus auch für die Verbindung zwischen Alfred Mueller-Stahl und seinem jüngsten Sohn.

Das zweite Bild, das Armin von seinem Vater vermittelt, ist das des enthusiastischen Schauspielers, der vor allem als Komiker brillierte. Er brachte die anderen zum Lachen und, das betont sein Sohn in diesem Zusammenhang immer wieder, er lachte selbst am meisten. Nicht verschämt, versteckt, sondern aus vollem Herzen. Er war ein fröhlicher Clown.

Die Verantwortung für seine große Familie und die finanziellen Gegebenheiten zwangen den Vater jedoch, allem Enthusiasmus und Talent zum Trotz, einen ungeliebten Brotberuf zu ergreifen. Darin lag eine Form der Selbstentfremdung, praktisch auch die Erfahrung von Frustration, vielleicht sogar Bitterkeit.

Und dann sein Tod. Der den Sohn so sehr verfolgt, dass er ihn sich, wie er selbst sagt, einmal von der Seele geschrieben hat: »Erschossen wurde ich am 1. Mai 1945«, beginnt dieser kurze Text in seinem Erinnerungsbuch. »Getroffen wurde ich von zwei Schüssen. Der erste Schuß ging in die Stirn, der zweite ins Herz. Obwohl ich wußte, daß ich sterbe, machte ich mich auf den Weg zu meiner Familie, zu meinen beiden Töchtern, meinen drei Söhnen, meiner Frau. (…) Ich starb in Goorstorf, in den Armen meiner Frau, die nicht bemerkte, daß ich leibhaftig da war, und deswegen nicht bemerken konnte, dass ich starb. Ich umarmte sie, was sie nicht spürte, ich sprach zu ihr, was sie nicht hörte, ich nahm sie mit in den Tod, was sie, wenn auch zögernd, tat.«

Deutlicher kann die suchende Identifikation wohl kaum sein. Dazu gesellt sich die Geschichte, ebenfalls im Erinnerungsbuch erzählt, wie Mueller-Stahl selbst am 1. Mai 1945 beinahe von einem russischen Soldaten erschossen und nur durch einen glücklichen Zufall von einem polnischen Kriegsgefangenen gerettet wurde. In ihrer Korrespondenz zum tatsächlichen Tod des Vaters am selben Tag wirkt diese Erzählung wie eine gespenstische Spiegelung von Trauma und Ahnung, Erlebtem und Imaginiertem.

Was finden wir von diesem Vater im (Schauspieler-)Leben seines Sohnes?

Es sind der Clown, die Verfolgung durch die Nazis und eine schwer zu fassende Empfindlichkeit gegenüber (realen und phantasierten) Demütigungen.

Befragt nach seinen liebsten Rollen, siedelt sich Mueller-Stahl am ehesten im Bereich des Tragikomischen an. Der Ernst im Spaß ebenso wie das Witzige oder auch Lächerliche, das sich hinter der ernsten oder strengen Maske verbirgt, reizen ihn.

Tatsächlich hat er bei vielen der uniformierten, autoritären und undurchdringlichen Typen, die er im Laufe seiner Karriere gespielt hat, das Schwache oder Lächerliche zum Vorschein kommen lassen. Die eisigen Gesichter funktionieren nur so lange, wie ihr System gilt. Unterstumführer Mayer in Wajdas »Eine Liebe in Deutschland« ist nur mehr eine jämmerliche Fratze, als er sich gezwungen sieht, den Polenjungen selbst aufzuhängen. Peter Helfgott fällt in sich zusammen, als er die Macht über seinen Sohn verloren hat. Der 105-jährige Hitler schließlich ist vollends eine groteske Figur. Mueller-Stahl zeigt, wie viel Lächerlichkeit sich hinter der vermeintlichen Stärke verbirgt.

Andererseits gibt es Helmut Grokenberger. Wie keine andere Figur Mueller-Stahls macht sie die Freiheit spürbar, die sich einstellt, wenn man nichts mehr zu verlieren hat. Eine Traumrolle für ihn. In ihrer Art einzigartig. Auch vergleichbare Figuren hat er selten gespielt. Nur eine Frage der Angebote?

Um sich dem clownesken Anteil in sich zu öffnen, muss er seine Wehrlosigkeit, Verlorenheit, die eigenen Schwächen zulassen. Keine leichte Übung. Wo er meist so spürbar um eine würdige Fassung bemüht ist und von sich selbst sagt, er sei kein großer Lacher. Bei Jim Jarmusch war es anders. Schließlich waren sie auch in Amerika! Meist aber braucht er selbst im Privaten zum Lachen viel Vertrauen. Eine zuverlässige Verbindung, in der er keinen Missbrauch, keine Attacke aus dem Hinterhalt fürchten muss. So wie in der Freundschaft mit Klaus Poche. Für beide bestand ihre besondere Verbindung nicht zuletzt darin, dass sie so viel gemeinsam gelacht haben. »Bei Armin ist das tatsächlich eine Seltenheit.« Denn wer wirklich lacht, ist offen, ausgesetzt. Das aber meidet Mueller-Stahl. Sein Bedürfnis nach Selbstschutz und Kontrolle ist groß. Wovor aber muss er sich so angestrengt schützen? Vor Konkurrenz, Versagen, einem Niedergang seiner Karriere?

Nicht ganz. Zwar dringt auch die Enttäuschung, die Wut über manche aus dem Neid geborene Äußerung oder Entscheidung, die ihn geärgert hat, immer wieder durch. Tiefer, nachhaltiger getroffen aber haben ihn spürbar immer wieder Demütigungen, die seine Erinnerungen wie ein Grundthema durchziehen.

Es ist jedenfalls kein Zufall, wie er die Geschichte des Doppelnamens erzählt. Für ihn fungiert er als Schild. Soll ihn schützen gegen bösartige Kritik und Erniedrigungen. Möglicherweise ist im Kontakt zwischen Vater und jüngstem Sohn dieser Teil ihrer inneren Welt besonders verbindend gewesen, und das hat seinen Sohn empfindlich gemacht: empfindlich gegenüber allen destruktiven Faktoren, die ihn an der Entfaltung seiner Talente und seines Selbstwertgefühls hindern.

Diese Furcht vor Demütigungen, die manchmal befremdlich, beinahe obsessiv wirkt, macht auf jeden Fall verständlich, warum Mueller-Stahl als reiner Clown so selten zu sehen ist. Warum in seinem Rollenprofil im Bereich der Komik die Groteske, die Fratze überwiegt. Diese Furcht ist wohl auch das einzige innere Hindernis, das seine Experimentierfreude und freie Rollenwahl einschränkt und uns den Komiker Mueller-Stahl bis in die jüngste Zeit hinein nahezu ganz vorenthalten hat.

Dabei hat er als Helmut Grokenberger einen großen Zauber. Ist er hier doch einmal der lachende Clown. Seinem Vater am nächsten. Nichts mehr zu verlieren. Dadurch angekommen bei sich.

Ich beginne noch einmal, noch einmal mit seinen Augen. Im Film wandelt sich ihre Ausdruckskraft mit der Figur. In der persönlichen Begegnung entscheidet das Gegenüber, welche Qualität ihr Ausdruck hat. Die einen nehmen Kälte, Arroganz oder Distanz wahr, für die anderen blickt er freundlich, amüsiert, warmherzig. Interessant ist dabei die Beobachtung, dass dieser Mensch, der in seiner Selbstwahrnehmung so sehr um Harmonie bemüht ist, oft deutlich polarisiert.

Das begann schon während seiner Zeit in der DDR. Da gab es einen beinahe gleichaltrigen Kollegen, mit dem er oft zusammengespielt hat, Manfred Krug. Dazu zwei »Fan«-Gemeinschaften, deren Mitglieder meist nur jeweils einen der beiden verehrten: Die jungen Draufgänger liebten den Raufbold Manne, die älteren Bedächtigen das verschlossene, feinsinnige Minchen. Dreißig Jahre später wurde der Gegensatz zwischen den beiden Künstlern noch einmal sinnfällig in ihrem unterschiedlichen Auftreten als Werbeträger: Während Manfred Krug auf allen Kanälen locker plaudernd für die Telekom auftrat, posierte Mueller-Stahl wortlos, distinguiert als »kluger Kopf« für die Frankfurter Allgemeine Zeitung.

Schon immer war Mueller-Stahl mit seinem freundlich-nachdenklichen Gesicht und seiner resonanzstarken, tiefen Stimme ein Sympathieträger, den man nicht schulterklopfend den eigenen Reihen eingemeindete, sondern eher bewunderte. Dass seine Popularität in DDR-Zeiten gleichwohl nicht elitär, sondern bürgernah war, zeigte eine Zeitungsumfrage in der Republik, derzufolge er 1965 der Mensch war, mit dem die meisten Ostdeutschen gern ein Bier trinken wollten.

Später wird er Menschen mehr an sich binden, indem er sich rar macht. Innerlich. Gerade meint man, ein Bild von ihm zu bekommen und auch eine Verbindung hergestellt zu haben, schon ist er wieder entwischt. Sitzt da wie in einem schützenden Kokon, ganz nah, ganz fern. Natürlich ist er ein Meister der Selbstdarstellung. Als Charakterdarsteller zumal. So auch im Leben: Er tritt auf als einer wie du und ich und ist zugleich unerreichbar.

An solchen Gegensätzen zeigt sich, dass die extreme Unterschiedlichkeit der Rollen und Charaktere, die Mueller-Stahl immer wieder und oft in dichter Folge gespielt hat, zwar kein schlichter Spiegel seines Wesens ist, ihren Ursprung aber gleichwohl in ihm selbst hat. Denn auch ihn durchziehen die Widersprüche. Wie jeden interessanten Menschen. Neben der Warmherzigkeit gibt es eine bisweilen abschätzige Haltung, neben dem Stolz die Verletztheit des gekränkten Kindes, neben dem ausgeprägten Selbstwertgefühl die Unsicherheit dessen, der sich immer wieder neu aussetzt und bewähren muss. Welchen der beiden Pole man im Kontakt mit Mueller-Stahl erlebt, hängt auch hier von der eigenen emotionalen Disposition ab und davon, was der jeweilige Gesprächspartner in Mueller-Stahl wachruft.

Aus der Verletzbarkeit erklärt sich der Impuls, sich erst mal aus der Distanz zu sichern. Hier regiert eine Vorsicht, die auch den affektiven Grundton bestimmt, den Mueller-Stahl als »überzeugter Einzelgänger« seinen Figuren mitgibt: egal ob Kommissar oder Verbrecher, Liebender oder Hassender, Held oder Betrüger – sie alle umgibt eine unaufhebbare Einsamkeit. Für die Täter gewinnt er dadurch wenn nicht Verständnis, so doch ein Verstehen. Den Opfern und Verlierern verleiht er Liebenswürdigkeit durch eine verhaltene Form von Güte oder Dignität.

Aus seiner Zurückgezogenheit und Empfindlichkeit machen auch die Freunde keinen Hehl. »Was wollen Sie, wir sind alle empfindlich, in diesem Beruf zumal. Das muss man akzeptieren«, verteidigt ihn Klaus Poche. »Mir hat er immer geholfen, und das mit großer Zuverlässigkeit und Diskretion. Man muss einfach Respekt füreinander haben, manchmal wird daraus Liebe.«

Und auch Frank-Thomas Gaulin winkt ab, wenn es um die vermeintliche Divenhaltung Mueller-Stahls geht: »Ich bin jetzt sieben Jahren mit ihm zusammen und wir sind oft sehr eng zusammen, im Flugzeug, unzählige Stunden im Auto nebeneinander, da ist man ja richtig eingesperrt. Als eitlen Typen habe ich ihn nicht erlebt. Natürlich haben wir alle unsere Macken und natürlich kann ich manche Geschichte, die er dann nicht mir erzählt, synchron mitsprechen, mit Varianten. Aber wir hatten noch nie einen richtigen Streit. Bei Horst

Janssen war das ähnlich – wir hatten einen Gleichklang in Sachen Kunst. Und letztlich ist es doch so, dass wir uns auch alle etwas aufbauen – dabei sind Künstler letztlich wie wir, haben Stärken und Schwächen.«

Nicht jeder kommt so fraglos mit der Distanz zurecht, die ihn umgibt. »Die hat er immer. Zumindest am Anfang. Das kann auch sehr verletzend sein. Aber wenn man das durchhält, dann hat er oft plötzlich Zeit und es wird ungeheuer spannend. Allerdings gibt es bei Armin wohl eine Grundangst, verraten, missbraucht, benutzt zu werden«, kommentiert Dietmar Mues seine Wahrnehmung des Freundes. »Da muss er ganz üble Erfahrungen gemacht haben. Als Draufgänger, wie er als Kind gewesen sein muss, habe ich ihn nie erlebt. Seine Spontaneität, die ganze Triebhaftigkeit ist ungeheuer gefiltert, da bricht nur ganz selten mal etwas aus ihm heraus. Aber er muss es haben, sonst hätte er ›Night on Earth‹ nicht so spielen können. Da steckt ja seine ganze Geschichte drin. Manchmal, ganz selten und kurz, zeigt er sich auch mal im Alltag so. Als Clown. Witzig und wehrlos im Spiel. Manchmal auch unter Freunden, oder in der Öffentlichkeit. Aber gleich danach nimmt er meist wieder seine Richard-von-Weizsäcker-Attitüde an und tut, als wäre nichts gewesen.«

In der Presse war Mueller-Stahl in der Tat einmal kurzfristig als Kandidat für das Amt des Bundespräsidenten im Gespräch. Natürlich hat er abgewinkt. Sein Gefühl für Stil und Stimmigkeit ebenso wie seine Gauklerseele standen einem solchen Angebot entgegen.

Viele seiner Freunde schätzen gerade seine Gelassenheit, die ruhige Überlegenheit und Zurückhaltung. Bob Balaban schwärmt regelrecht von seiner Würde, seiner inneren Stärke und introspektiven Wahrhaftigkeit. Hans-Christoph Blumenberg, Kritiker, Regisseur und ferner Freund, erwähnt den

»ausgeprägten Sinn für Selbstironie und konstanten Zweifel an der eigenen Arbeit«, der diesen »skrupulösen Intellektuellen« auszeichnet, und liefert mit dem »Intellektuellen« ein weiteres entscheidendes Stichwort. Zwar betont Mueller-Stahl selbst immer wieder, er lebe eher aus dem Bauch heraus und sei gewiss kein Intellektueller. Zu dieser Einschätzung aber kann er nur gelangen, weil ihm geistige Bildung und Interessen offenkundig so selbstverständlich sind, dass er sie gar nicht als etwas Besonderes wahrnimmt. Natürlich ist er ein Intellektueller, wenn auch nicht in einem streng akademischen Sinne. Und wenn Der Spiegel im Zusammenhang mit seinem Film »Conversation with the Beast« urteilte: »Mueller-Stahls Manko ist, dass er nicht analysiert, nicht reflektiert, nicht nachhakt«, dann zeugt das nur davon, wie weit weg von den Fakten Häme führen kann. Denn genau das tut Mueller-Stahl unentwegt.

Zudem hat er, auch das wird immer wieder spürbar, ein ausgeprägtes soziales Gewissen. Es dürfte nur wenige Texte internationaler Schauspielstars geben, in denen so ausgiebig von Obdachlosen gesprochen wird wie in seinem Erinnerungsbuch. Dabei sind seine Anteilnahme und Empörung keine eitle Geste, sondern ernst. Hier ist er ganz Sohn seiner Mutter.

Respekt für ein intensives soziales und politisches Engagement ist denn auch ein wesentlicher Bestandteil seiner Freundschaft mit dem Publizisten Freimut Duve. Mitte der achtziger Jahre lernten sich die beiden auf einem Flug nach Berlin kennen und schätzen. Duve, der selbst Erfahrungen als Schauspieler gemacht hat und damals als Verleger tätig war, begeisterte die Mehrfachbegabung seines Gesprächspartners: »Wir Europäer, in Deutschland zumal, wir kennen die Begabung, das Genie doch meist nur als gebrochene oder irgendwie unglückliche Figur. Mueller-Stahl aber vereint diese wunderbaren Begabungen und praktiziert sie alle und zerbricht keineswegs daran. Im Gegenteil. Ihm ist aus diesen vielen Talenten eine große innere Kraft und Souveränität erwachsen. Und er ist zugleich offen, interessiert sich zum Beispiel sehr für meine politische Tätigkeit. Er hat sich ja dadurch, dass er quasi dreimal angefangen hat, immer wieder neu verorten müssen. Aber er hat sich durch all die Wechsel nicht durcheinanderbringen lassen, sondern im Gegenteil immer besser gelernt, sich selbst zu stabilisieren. Das verleiht ihm eine überzeugende Form der Selbstdistanz. Er muss nicht immer im Mittelpunkt stehen, weil er seinen Mittelpunkt in sich hat. Das hat ihm sicher auch geholfen, mit den verschiedenen Systemen von Popularität und ›Startum‹ zurechtzukommen.«

Dabei diagnostizierte Duve schon in den neunziger Jahren eine ausgeprägte Skepsis gegenüber dem Starrummel im Schauspielgeschäft bei seinem Freund: »Wenn er malt, kommt er seinen produktiven Neigungen doch viel näher. Und dann hat er sich ja auch als Schauspieler immer eine eigenständige Position bewahrt. Für mich verkörpert er auch in vielen seiner Filmrollen eine sehr eigene, balancierende Lebenshaltung zwischen Souveränität und Verlust. Er ist in gewissem Sinne ›the winning loser‹, und das ist natürlich viel interessanter als diese einlinigen großen Helden, die entweder immer strahlen oder immer böse sind oder das Opfer. Es sind ja oft auch traurige Figuren, die er spielt, aber es gelingt ihm, immer wieder eine Balance herzustellen. Sowohl in seinem Leben wie in seinen Filmen.

Und dann gibt es diese enorme innere Kraft, die zwischendurch auch mal viel malt oder musiziert. Diese Kraft spürt auch ein Regisseur oder der Zuschauer und auch sie ist ein Teil seiner Ausstrahlung. Er ist in einer erstaunlichen Weise immer bei sich selbst. Und er tänzelt auch nicht mal so leicht versuchsweise in eine Rolle hinein, sondern entwirft sie aus sich heraus. Ausgangspunkt ist immer die Frage: Wer bin ich und wer ist die Figur, die ich spielen will.«

Kritische Selbstbeobachtung ist für Mueller-Stahl in der Tat offenbar selbstverständlich. Davon zeugt jedes Gespräch und jedes Buch, das er veröffentlicht. Und immer ist da der Zweifel:

Einfach als Maßstab für die eigenen Qualitätsansprüche. Man muss an die eigenen Produktionen immer wieder zweifelnd herangehen, um nicht stehen zu bleiben. So wie wir etwas heute geschrieben haben, würden wir es morgen vielleicht nicht mehr schreiben. Gut, um die eigenen Werke zu betrachten, ist vor allem die ganz lange Distanz. Aber der tägliche Zweifel ist immer wichtig, auch wenn die Erfahrung einen über die Jahre hin etwas sicherer macht. Auf jeden Fall möchte ich nie einer dieser alten Männer werden, die plötzlich alles wissen. Lieber den Zweifel als produktiven Motor.

Über fehlenden Antrieb kann er wahrlich nicht klagen. Zwar sieht er sich selbst als einen langsamen Menschen, der ebenso gut hätte ein Baum sein können. Dann vermutlich ein zerzauster, winddurchwehter Knorren irgendwo an der Ostseeküste. Andererseits konstatiert er mit einem gewissen Befremden, dass er eigentlich sein ganzes Leben über gehetzt, zumindest beschäftigt gewesen sei.

Bis jetzt war mein Leben doch sehr busy, war Arbeit, Arbeit, Arbeit. Jetzt, wo der Sarg näher rückt, möchte ich das ändern. Ich möchte malen, reisen, und leben, leben, leben.

Was sein Privatleben betrifft und auch seine Beziehungen zu Freunden und Kollegen, bleibt Mueller-Stahl konsequent zurückhaltend. Möchte das Publikum nicht, wie er sagt, zum »Schlüssellochgucker« degradieren. Beharrlich meidet er auch den, wie er es nennt, roten Bereich. Indiskretion soll man ihm auf keinen Fall nachsagen können. Üble Nachrede, ein ungerechtes Urteil würde er sich selbst am wenigsten verzeihen.

Manchmal sieht man regelrecht, wie bei einem Stichwort oder Namen eine ganze Kaskade von Erinnerungen und Gefühlen in ihm abläuft. Seine Augen verlieren den Blick nach außen und auch die Mimik ist wie angehalten. Dann wird die Gelassenheit zur undurchdringlichen Wand.

Ein Rätsel dieser Mensch.

Im Herbst 1996 hat die Schauspielerin Vera Tschechowa ein Fernsehporträt über ihren berühmten Kollegen Armin Mueller-Stahl gedreht. Dessen programmatischer Titel »Jetzt ist Sonntag angesagt« bezieht sich noch einmal auf sein erstes Buch, und die beiden sprechen über Jim Jarmusch, »Shine« und natürlich die Schauspielerei. Zwischendurch sieht man den Regisseur und Schauspieler bei den Dreharbeiten zu »Conversation with the Beast«; ruhig und zugleich sehr präsent. Das Ambiente für dieses Porträt liefert die Ostsee. An deren Küste stapft Mueller-Stahl, die Hände in der Jacke, den Kopf erhoben, ein Einzelgänger im rauen Wind. »The lonely heroe«, so endet der Film. Beinahe. Denn plötzlich, als man sich schon abwenden will, huscht wie ein Kobold Helmut Grokenberger noch rasch ins Bild. Verschmitzt bläst er auf seinen beiden kleinen Flöten einen hellen Abschiedston. Ein ernster Gaukler, ein verlorener Clown.

Gut zehn Jahre später hat der Clown seine kleinen Flöten beiseitegelegt. Im Gespräch mit Gero von Boehm lässt Mueller-Stahl sein Leben Revue passieren, Mutter und Vater, den Krieg, Berlin als Inspirationsquelle in den ersten Nachkriegsjahren – »damals wollte ich alles sein, Celibidache, Horst Kasper, Hamlet, Oistrach ...«, Einsichten und Ernüchterungen, seinen schauspielerischen Wandel – »anfangs wollte ich immer mit viel Aufwand mein Bild von der Figur vermitteln, später habe ich begriffen, dass man das, was man zeigen will, nicht spielen muss, sondern nur denken« – den Reichtum, den Musik und Malerei für ihn bedeuten und die Einsamkeit, die das Alter mit sich bringt. Später sieht man ihn am Meer, in Venice Beach zwischen Touristen und trommelnden Reggaemusikern flanieren, unerkannt, ein Mensch unter vielen, dann wandert der Blick hinaus aufs Meer, wo ein prachtvolles Segelschiff vorübergleitet. Armin Mueller-Stahl, das vermitteln diese Bilder, ist im Unterwegssein angekommen. Unterwegs zwischen Künsten und Kontinenten, unterwegs zu den Menschen, bei denen er sich wohl fühlt, unterwegs auch zu sich selbst – denn letztlich »bleibt man sich ja ein Geheimnis«.

9 Weltbürger und Brückenbauer

Es mag ein Zufall sein, aber es ist ein sinnfälliger: So wie Mueller-Stahl in den neunziger Jahren gern die Geschichte erzählte, in der Achim Detjen auf Erich Mielke trifft und er, der Darsteller Detjens, sich mit einer intuitiven Geste von der Vereinnahmung durch den Machthaber rettet, so erzählt er zehn Jahre später mindestens ebenso gern vom überraschenden Zusammentreffen mit Nelson Mandela.

Ich war mit Morgan Freeman, mit dem ich mich angefreundet hatte, auf einem Empfang – wir haben zusammen in »The Power of One« gespielt. Plötzlich kommt Nelson Mandela vorbei, Freeman stellt mich vor, kurze Begrüßung, man trennt sich. Mandela ist ja ein beeindruckender Mann, mit dem Alter immer schöner geworden – und er lacht so wunderbar. Später treffe ich ein zweites Mal auf ihn, wir nehmen einander wahr, gehen wieder auseinander. Schließlich begegnen wir uns tatsächlich ein drittes Mal. Und dann passiert etwas: Nelson Mandela schaut mich länger an, zögert, öffnet die Arme – und wir umarmen uns, als würden wir uns ein Leben lang kennen. Es war so simpel. Und so sollte es eigentlich zwischen den Menschen sein. Aber das geht nur so selten. Von Mensch zu Mensch.

In der Geschichte stecken zwei Pole – die Größe und die Einfachheit. Darin liegt vermutlich die Bedeutung, die dieses Erlebnis für Mueller-Stahl hat. Berühmte Menschen trifft er nahezu täglich. Aber bedeutende – für andere, ganz konkret politisch und sozial bedeutsame Menschen nicht. Dass eine Symbolfigur wie Mandela ihn, Armin Mueller-Stahl, der ja in dem Moment eigentlich als Repräsentant der Glitzerwelt fungiert, so umarmt, war für ihn ein Moment tiefer Erfüllung. Es ist mehr als das berufliche und menschliche Ankommen in Amerika, es ist wie die Aufnahme in einen sozialen Olymp, die Versammlung der humanen und geistigen Autoritäten dieser Welt.

»Armin hat schon auch seine innere Promi-Familie,« erzählt dazu Frank-Thomas Gaulin, »Menschen, mit denen er sich schmückt. Aber in diese Familie nimmt er weniger Stars auf als eben geistige und politische, musische, künstlerische Größen. Im glücklichsten Falle so jemanden wie Mandela. Diese Geschichte erzählt er immer wieder – und andere, mit denen er sich als Schauspieler eher profilieren könnte, kaum. So habe ich mal erlebt, wie er in Berlin auf Roger Moore traf. Die beiden gehen aufeinander zu, bleiben im Abstand von dreißig Metern voreinander stehen und zielen aufeinander. Peng! Das will doch etwas heißen, dass Moore ihn aus dem ›Unsichtbaren Visier‹ kannte. Aber darüber spricht er kaum.«

Mir gefällt der thailändische König, der eigentlich Forscher werden wollte. Der läuft zwar auch in seinen Prunkgewändern rum, der ganze Reichtum bedeutet ihm aber nichts.

Wichtiger, als überall mitzumischen, finde ich, herauszufinden, welche Aufgabe man im Leben hat – nicht nur, seinen Beruf gewissenhaft auszuüben. Wir sind es so gewöhnt, unser Selbstbewusstsein auf unseren beruflichen Erfolg zu gründen. Das ist ja auch ganz richtig so. Für eine Weile. Aber irgendwann, wenn man älter wird, kann man das Gefühl für sich selbst vielleicht doch ablösen vom Erfolg, es eher aus den eigenen Lebenserfahrungen ableiten. Dann muss man sich nicht mehr dauernd beweisen und bewähren. Dann erlebt man, wie großartig es ist, sich frei zu fühlen.

Was für ihn zählt, neben der Familie, sind Freundschaften! Freundschaften, in denen Respekt, Vertrauen, Humor und geistige Größe regieren. Mit Peter Ustinov hatte er so eine Freundschaft, früher mit Klaus Poche und Frank Beyer.

Und jetzt, ja, ich könnte mich auch mit Tom Hanks befreunden, oder George Clooney – aber das muss nicht sein. Ich habe neue Freunde in Deutschland und wir haben auch viele deutsche Freunde in Amerika – Architekten, Ärzte, Juristen. Da gibt es einen Freundeskreis, der langsam zusammenwächst. Man lädt sich gegenseitig ein, es ist immer intelligent, es ist heiter, großzügig und tolerant. Das ist eine Herzenssache. Oder George Gallo, der ist ein richtiger Herzensfreund für mich geworden, ja, das kann man so sagen.

So ist es denn sicher auch kein Zufall, dass er mit George Gallo, der nicht nur Regisseur und Drehbuchautor ist, sondern auch Maler, jetzt, gegen Ende seiner Schauspielzeit, einen Film gedreht hat, in dem nahezu alle wichtigen Facetten des Menschen und Künstlers Armin Mueller-Stahl und seiner wiederkehrenden Rollen zusammenfließen.

Ich hatte fünf Drehbücher auf dem Tisch, aber ich habe ohne zu zögern zugesagt. Eine Woche vor dem Hurricane Katrina haben wir in New Orleans gedreht. Local Color ist in gewisser Weise Gallos Hommage an seinen Lehrer. Und ich wollte ihn spielen, diesen Nikolai Seroff. Ich mag den Film, weil ich die Figur, die ich darin spiele, sehr mag. Er ist sicher nicht makellos, aber doch von einer Idee durchdrungen – und er hat Herz.

10. Schlussbild

*Lachend, weinend, zärtlich, zornig, besessen und einsam –
als Maler auf der Leinwand*

Die Figur ist Nikolai Seroff, ein in Amerika lebender russischer Maler. Ein kauziger, sperriger Typ, der den jungen John T. anfangs barsch abweist, als der ihn bittet, ihn zu unterrichten, zu korrigieren, mit ihm zu sprechen über das, was John einzig interessiert und worin er Seroff bewundert: die Malerei.

Aber John ist hartnäckig und die aus Trauer, Einsamkeit und künstlerischer Radikalität sedimentierte Schutzschicht Seroffs nicht wirklich massiv. Schon bald lässt er den jungen Künstler in sein Haus, gewährt ihm Einblicke in sein Leben und kritisiert – meist harsch und voller Ungeduld – die Malversuche seines Adepten. Moderates Auftreten, höfliche Kontrolle sind Seroffs Sache nicht, die Wodkaflasche begleitet ihn vom Frühstück an, er ist gemein, heftig, autoritär, sentimental – ein Egomane, dessen Ausbrüche allerdings ganz im Dienste der Kunst stehen. Das fasziniert nicht nur John, sondern offenkundig auch Armin Mueller-Stahl. Jedenfalls spielt er den radikalen, abseits von der Gesellschaft und modischen Kunstszene arbeitenden Seroff mit einer solch schutzlosen Präsenz, dass man den grantigen Maler – genau wie John – trotz Willkür, Trunksucht und Tyrannei ins Herz schließt. In Mueller-Stahls Seroff verschmelzen zwei gegensätzliche, in seinen Filmen wiederkehrende Rollen – die des weisen, generösen Mentors mit der des unbarmherzigen, tyrannischen Patriarchen – zu einer turbulenten Mischung: Er könnte ein Ekel sein – tatsächlich aber wird Seroffs exzentrische Egomanie aufgewogen durch seine kindliche Offenheit – und die Unbedingtheit, mit der er für seine Kunst lebt. Solche Extreme in einer Person sind nicht leicht zu spielen – Mueller-Stahl nahm die Herausforderung gern an. Denn eine solche Koinzidenz zwischen Filmrolle und eigener künstlerischer Entwicklung wird ihm kaum noch einmal begegnen. Also zieht er alle Register, spielfreudig auftrumpfend wie bei Fassbinders Baudezernent von Bohm, tyrannisch und bedürftig wie Peter Helfgott, warmherzig-vergnügt wie Großvater Krichinsky. Zwar wird der widerspenstige Russe gegen Ende plötzlich fürsorglich und versöhnlich, im Schlussbild aber entlässt Gallo Nikolai Seroff und mit ihm Armin Mueller-Stahl in eine stimmige, würdige Einsamkeit:

Da steht der Künstler hinter seinem Haus im Schnee, mit hohen Stiefeln und Gutsherrenjacke vor der Staffelei. Er hat der Welt den Rücken zugewandt, den Blick ganz auf das Bild konzentriert, das er da gerade in weit ausholenden Bewegungen entstehen lässt; kraftvoll, frei – versunken in die Welt visueller Imagination.

ANHANG

Zeittafel

17.12.1930	Geburt in Tilsit/Ostpreußen
1949	Musikstudium am Sternschen Konservatorium, Berlin
1951	Schauspielunterricht und Hinwendung zur Malerei
1952	Theater am Schifferbauerdamm, Berlin
1952–56	Malt das Bild »Skatrunde« (Öl auf Pappe)
1953	Abschluss des Musikstudiums Berliner Volksbühne
1956	Erste Spielfilmrolle »Heimliche Ehen«
ab 1959/60	Theater, Fernsehen und Kino der DDR
1963	Kunstpreis der DDR
1964	Silberner Lorbeer des DDR-Fernsehfunks für seine Verkörperung des Wolfgang Pagels in »Wolf unter Wölfen«
1967/68	Konzertreisen nach Kopenhagen, Wien, Warschau, Kairo, Westberlin
1972	Nationalpreis zweiter Klasse der DDR für »Die Verschworenen«
1973	Heirat mit Gabriele Scholz, Hautärztin
1974	»Jakob der Lügner«, Oscar-Nominierung
1975	Theodor-Körner-Preis (im Kollektiv) für seine Rolle als Stasiagent in »Das unsichtbare Visier«
1976	Unterzeichnung der Protestresolution von DDR-Künstlern gegen die Ausbürgerung Wolf Biermanns
1979	Ausreise aus der DDR, erste Rollen in Westdeutschland
1980	Veröffentlichung seines ersten Romans »Verordneter Sonntag«
1982	Bundesfilmpreis (Filmband in Gold) für seine Verkörperung des Landrats Bohm in Fassbinders »Lola«
1983	Deutscher Darstellerpreis: Chaplin-Schuh

1984	»Bittere Ernte«, Oscar-Nominierung »Oberst Redl«, Oscar-Nominierung
1985	Darstellerpreis der Internationalen Filmfestspiele von Montreal für die Rolle des Bauern Leon in »Bittere Ernte«
	Bundesfilmpreis (Filmband in Gold) für den Film »Oberst Redl«
	Einladung des Hollywood-Agenten Paul Kohner nach Los Angeles
1991	Veröffentlichung seines Buches »Drehtage – Music Box und Avalon«
1992	Übersiedlung in die USA (Los Angeles, Marina del Rey)
	Silberner Bär für die Darstellung des Baron Kaspar von Utz in »Utz«
1996	Golden Satellite für die Verkörperung des Peter Helfgott in »Shine«
	Australischer Filmpreis für die Hauptrolle in »Shine«
1997	Veröffentlichung seiner Erinnerungen »Unterwegs nach Hause«
	Oscar-Nominierung für seine Rolle des Peter Helfgott in »Shine«
	Verleihung der Berlinale-Kamera für sein Lebenswerk
1998	Ehrendoktor des Spertus Institute for Jewish Studies in Chicago
2001/2002	»Rollenspiel«, Texte und Malerei; ein während der Dreharbeiten zu den »Manns« geführtes Tagebuch
	Erste Lithographien auf Anregung des Galeristen Frank-Thomas Gaulin, Kunsthaus Lübeck
	Lithographische Einzelblätter zum Thema »Biographische Bilderwelten«
	Lithograhie-Zyklus »Hamlet in Amerika«, 13 Lithographien zu einem Drehbuch des Künstlers
	Für die Darstellung des Thomas Mann in »Die Manns – Ein Jahrhundertroman« Grimme Preis in Gold und Bayerischer Filmpreis

	»Emmy« (US-Oscar für Fernsehserien) für »Die Manns« in New York
2003	»Urfaust«, 20 großformatige Lithographien zu Johann Wolfgang von Goethe
2004	Das Landesmuseum für Kunst- und Kulturgeschichte Schloss Gottorf, Schleswig, nimmt das gesamte druckgraphische Werk in seine Sammlung auf
	Großes Verdienstkreuz der Bundesrepublik Deutschland
	Das neue Buch »Hannah« wird auf der Frankfurter Buchmesse vorgestellt
	»Night on Earth – Day on Earth«, Zyklus mit 21 Lithographien zu dem Jim Jarmusch Film »Night on Earth«
2005	Kulturpreis der HSH Nordbank und des Landeskulturverbandes für das graphische Werk
	»Venice. Ein amerikanisches Tagebuch« erscheint
2006	Carl-Zuckmayer-Medaille von Rheinland-Pfalz
	Veröffentlichung des Erzählungsbandes »Kettenkarussell«
	Neuausgabe der Autobiographie »Unterwegs nach Hause«, Veröffentlichung des Bildbandes »Portraits. Malerei und Zeichnung«
2007	Deutscher Filmpreis für hervorragende Verdienste um den deutschen Film sowie Osgar-Medienpreis
	Gestaltung der Künstler-Ausgabe des Brockhaus
2008	Bundesverdienstkreuz
2010	Bundesverdienstorden
	Veröffentlichung des Buches »Die Jahre werden schneller. Lieder und Gedichte«

Ausstellungen (Auswahl)

2001	Erste Ausstellung von Malerei und Zeichnung im Filmmuseum, Potsdam
2002	Buddenbrookhaus und Kulturforum Museum Burgkloster, Lübeck
2003	Kulturhistorisches Museum, Stralsund
	Stadt- und Industriemuseum und Galerie am Dom, Wetzlar
	Festival Mitte Europa, Städtische Galerie e. o. plauen, Plauen
	Kunsthaus Lübeck
2004	Kunstraum Akademie, Stuttgart
	Casa di Goethe, Rom
	Wenzel Hablik Museum, Itzehoe
	Landesmuseum für Kunst- und Kulturgeschichte Schloss Gottorf, Schleswig
	Kulturbund Altenburger Land, Altenburg
	Heidelberger Kunstverein
2005	Municipal Art Gallery, Barnsdall Art Park, Los Angeles
	Manus Presse, Stuttgart
	Ostholsteinisches Landesmuseum, Eutin
2006	»Urfaust«, Museum für Bildende Künste, Leipzig
	Kunsthaus Lübeck
	Museum Schloss Güstrow
	Museen der Stadt Meiningen
2007	Museum für Kunst und Gewerbe, Hamburg
	Kunsthalle Mannheim
	Kunstforum Altes Rathaus, Potsdam

2008	Galerie umeni Karlovy Vary, Karlsbad (Tschechien)
	Landesmuseum Schloss Gottorf (Internationaler Museumstag)
	Art Karlsruhe, Kunsthaus Lübeck
2009	Museum Schloss Burgk
	Landesmuseum für Kunst- und Kulturgeschichte Schloß Gottorf, Schleswig
	Städtisches Museum, Göttingen
	NRW-Forum Düsseldorf
	Galerie Ketterer, München
	Horst-Janssen-Museum, Oldenburg
	Sparkassenstiftung Schleswig-Holstein, Kiel
2010	Baden-Württembergische Bank Stuttgart
	Art Karlsruhe, Kunsthaus Lübeck
	Ostholstein-Museum, Eutin
	Städtische Galerie »Leerer Beutel«, Regensburg
	Historisches Museum der Stadt Sovetsk (Tilsit)
	»spinart« one-man-show Malerei (Kunsthaus Lübeck in der Baumwollspinnerei Leipzig)
	Ostholstein Museum Eutin

Filmographie

Abenteuer in Bangkok (BRD 1986, TV-Episodenfilm)
R.: Hagen-Mueller-Stahl. B.: Ulrich del Mestre, Felix Huby, Chris Brohm. K.: Lajos Koltai, Herbert Schramm. D.: Ulrike Blohm, Chaiwat Thirapantu, Hagen Mueller-Stahl u. a.
Mueller-Stahl in den Hauptrollen als falscher Kommissar, dubioser Trauzeuge und Beamter beim Kartellamt, den es mehr zufällig ins Chaos der östlichen Großstadt verschlagen hat. Vor allem in dieser Rolle der ersten Episode tritt er ungewohnt übermütig auf, wird durch die Liebe zum Luftikus und selbst Fremdenführer in Bangkok.

Akte X – Fight the Future (USA 1998)
R.: Rob Bowman. B.: Chris Carter. K.: Ward Russel. D.: Davis Duchovny, Gillian Anderson, John Neville, Martin Landau u. a.
Mueller-Stahl absolviert als Strughold eine Nebenrolle als bedrohlicher Unhold, der skrupellos die Interessen einer kleinen Gruppe verfolgt und dadurch ins Visier von Scully und Mulder gerät.

Alaskafüchse (DDR 1964)
R.: Werner W. Wallroth. B.: Egon Günther. K.: Otto Merz. D.: Wolf Kaiser, Hans-Peter Minetti, Friederike Sturm u. a.
In der kleinen Rolle eines russisch radebrechenden Arztes (eine Synchronisation, über die sich Mueller-Stahl sehr geärgert hat) rettet der Mime zwar einigen verwundeten Amerikanern das Leben, nicht aber das Niveau des Films.

Amerika (USA 1986/87, TV-Siebenteiler)
R.: Donald Wrye. K.: Hiro Narita. D.: Kris Kristofferson, Robert Urich, Wendy Hughes, Sam Neill u. a.
Mueller-Stahl als russischer General Samonov, der das Weiße

Haus in die Luft sprengt. Wegen der politischen Brisanz wurde diese seine erste Rolle in Amerika von vielen Seiten kritisiert; ihn selbst hat sie vor allem durch die Darstellung eines großen inneren Konflikts gereizt.

Der Angriff der Gegenwart auf die übrige Zeit (BRD 1985)
R. und B.: Alexander Kluge. K.: Th. Mauch, W. Lüring, H. Fahr. J. Kaufmann. D.: Jutta Hoffmann, Michael Rehberg, Peter Roggisch, Rosel Zech u. a.
In diesem Film-Essay über die Befindlichkeit des modernen Menschen spielt Mueller-Stahl in der letzten Episode mit bestechender Präzision einen Regisseur, der seine Falstaff-Verfilmung einfach fortsetzt, nachdem er erblindet ist, weil er »alle Bilder in seinem Kopf trägt«.

Der Andere neben dir (DDR 1963, TV)
R.: Ulrich Thein, Doris Borkmann. B.: U. Thein. K.: Hartwig Strobel. D.: Erwin Geschonneck, Inge Keller, Jana Brejchova, Erik S. Klein, Manfred Krug u. a.
Prag 1962: Die Dolmetscherin Bara empfängt eine Ärztedelegation aus der DDR. Plötzlich steht sie Professor Marschner gegenüber, in dessen Haus sie 20 Jahre zuvor »dienstverpflichtet« war. In Rückblenden entfaltet der Film die Konfrontation zwischen Bara und der deutschen Familie im Krieg. Mueller-Stahl spielt als Sohn der Familie und SS-Offizier Reinhard Marschner zwar wunderschön Geige, aber seine Ansichten sind furchtbar, er ist schwach und verrannt. Als die schöne Bara seinen sexuellen Wünschen nicht entgegenkommt, liefert er sie gnadenlos der Gestapo aus.

An uns glaubt Gott nicht mehr (BRD 1982, TV)
R.: Axel Corti. B.: Georg Stefan Troller. K.: Wolfgang Treu. D.: Johannes Silberschneider, Barbara Petritsch, Fritz Muliar u. a.
Wien 1938: Fritz von Gandersheim, dem man in Dachau den »Spitznamen« Ghandi verliehen hat, flüchtet zusammen mit dem jüdischen Waisenjungen Ferry und der schönen Alena quer durch Europa. Eine der packendsten und beeindruckendsten Fernsehrollen von Mueller-Stahl.

Arzt wider Willen (DDR 1971, TV)
R.: Margot Thyret. Inszenierung: Benno Besson. Literar. Vorlage: J. B. Molière, B. Besson, Heiner Müller. D.: Rolf Ludwig, Carmen-Maja Antoni, Angelica Domröse u. a.
Als Léandre in Molières turbulenter Komödie über medizinische Scharlatanerie kann man Mueller-Stahl hier quasi auf der Bühne erleben.

The Assistent (GB/Kanada 1997)
R. und B.: Daniel Petrie (basierend auf dem gleichnamigen Roman von Bernard Malamud). K.: Ph. Earnshaw, A. Dostie. D.: Gil Bellows, Kate Greenhouse, Joan Plowright, Jaimz Woolvett, Frank Moore, Darlene Mignacco, Alon Nashman u. a.
Mueller-Stahl in der Hauptrolle des Morris Bober, der während der Zeit der großen Depression Opfer eines verzweifelten Verbrechens wird. Der reuige Täter Frank Alpine sucht Bober später auf und will seine Tat sühnen, ohne dass er sich zu erkennen gibt.

Auf den Tag genau (BRD 1985/86)
R. und B.: Michael Lähn (nach einem Roman von Stefan Murr). K.: Jörg Seidl. D.: Günther Maria Halmer, Werner Kreindl, Ivan Desny, Günther Mack u. a.
Mueller-Stahl soll hier als Kriminalkommissar Zuessy das Attentat auf den Spitzenpolitiker Dax aufklären, muss aber bald erkennen, dass er nur Statist auf der Bühne politischer Machenschaften ist. So wird, was erst wie eine Routineaufgabe aussieht, zu seinem letzten Fall.

Avalon (USA 1990)
R. und B.: Barry Levinson. K.: Allen Daviau. D.: Leo Fuchs, Eve Gordon, Lou Jacobi, Elizabeth Perkins, Joan Plowright, Kevin Pollak, Aidan Quinn, Israel Rubinek, Elijah Wood, Grant Gelt u. a.
Als Familienoberhaupt Sam Krichinsky eine der Traumrollen Mueller-Stahls. Mit seiner Fabulierfreude, dem bestechenden Witz, der wahrhaft komischen Verzweiflung und sanften Melancholie ist er einer der tragenden Pfeiler dieser Geschichte einer jüdischen Einwandererfamilie in Baltimore.

Beton (DDR 1959, TV)
R.: Fred Mahr. B.: Werner Dworski. D.: Ruth-Maria Kubitschek, Johannes Maus, Maika Joseph u. a.
Ein Stück Arbeitswelt pur, angesiedelt in dem riesigen Braunkohlenkombinat »Schwarze Pumpe«. Als Friedel Döhring spielt Mueller-Stahl den Partner der heldenhaften Bauleiterin Selte Weyer, die sich im Konflikt zwischen Verordnung und kreativer, Gewinn bringender Lösung für den unkonventionellen Weg entscheidet und »ohne der Anarchie das Wort zu reden die Kumpels und die Intelligenz mitreißt«. (Tribüne, 6. 6. 1959)

Die Bibel – Jesus (Italien/BRD 1999, TV)
R.: Roger Young. B.: Suzette Couture, R.Young. K.: Raffaele Mertes. D.: Jeremy Sisto, Jacqueline Bisset, Luca Zingaretti, Debora Messing, Gary Oldman u. a.
In dieser mit Prominenz besetzten und reich ausgestatteten Verfilmung der Bibel spielt Mueller-Stahl den Vater von Jesus, Josef.

Bittere Ernte (BRD 1984)
R.: Agnieszka Holland. B.: A. Holland und P. Hengge, nach einem Roman von Herrmann H. Field und Stanislaw Mierzenski. K.: Josef Ort-Snep. D.: Elisabeth Trissenaar, Käthe Jaenicke, Hans Beerhenke u. a.
In der Hauptrolle des Bauern Leon verkörpert Mueller-Stahl eine explosive Mischung aus Unterwürfigkeit und Jähzorn, Bigotterie und Begehren, Feigheit und Mut. Eine seiner großen Rollen, durch die er, da der Film oscarnominiert war, besonders das Interesse der Amerikaner auf sich zog.

Brennende Liebe (USA 1995)
R.: Joshua Brand. B.: Morgan Ward. K.: John Schwartzmann. D.: William Baldwin, John Leguizamo, Sadie Frost, Eriak Eleniak, Joan Plowright u. a.
Mr. Linzer, der gutherzige Bäcker, der auf Umwegen die Liebe seiner Frau verliert und wieder gewinnt, ist sowohl durch die väterliche Klugheit wie die ausgelassenen und etwas skurrilen Freuden(tänze) der Figur eine dankbare Rolle.

Bronsteins Kinder (D 1990)
R.: Jerzy Kawalerowicz. B.: J. Kawalerowicz und J. Becker, nach dessen gleichnamigem Roman. K.: Witold Sobocinski. D.: Matthias Paul, Angela Winkler, Rolf Hoppe u. a.
Mueller-Stahl übt als Arno Bronstein zusammen mit zwei Lagerfreunden Selbstjustiz an einem ehemaligen Aufseher. Eine der Rollen, in denen die harten, unnachgiebigen Ausdrucksformen überwiegen, auch wenn hinter der Unversöhnlichkeit immer wieder das eigene Elend aufscheint.

Die Buddenbrooks (D 2008)
R.: Heinrich Breloer. B.: Heinrich Breloer und Horst Königstein nach dem gleichnamigen Roman von Thomas Mann. K.: Gernot Roll. D.: Mark Waschke, Jessica Schwarz, August Diehl, Iris Berben u. a.
In der aufwändigen Verfilmung des berühmten Familienromans übernimmt Mueller-Stahl die Rolle des Patriarchen, der den Niedergang der Kaufmanndynastie nicht aufhalten kann und spielt dabei mit Lust eine seiner vielzitierten Großvaterrollen – ehrwürdig, liebevoll, verschmitzt und müde.

Collin (BRD 1981, TV-Zweiteiler)
R.: Peter Schulze-Rohr. B.: Klaus Poche, nach dem Roman von Stefan Heym. K.: Karl Steinberger. D.: Curd Jürgens, Hans Christian Blech, Thekla Carola Wied, Margot Werner u. a.
Als Andreas Roth, ein pragmatischer und doch sensibler Arzt in einem Volkskrankenhaus, schaut Mueller-Stahl dem Leben ins Gesicht und hat mehr Respekt vor der Würde eines sterbenden Mannes als vor der zweifelhaften Autorität irgendwelcher Parteikader.

Columbus 64 (DDR 1966, TV-Vierteiler)
R. und B.: Ulrich Thein. K.: Hartwig Strobel. D.: Sepp Wenig, Tery Tordai, Otmar Richter u. a.
Der erfolglose Dichter Georg Brecher, der wegen zu parteikritischer Prosa nicht gedruckt wird, geht von Berlin aufs Dorf, um dort als Journalist über das Arbeitsleben in der Zeche zu schrei-

ben. Mueller-Stahl hier als Frauenheld, Luftikus und Malocher, wobei der Film über die vier Teile hin zunehmend Parteiideologie predigt.

The Commissioner (D/B/GB 1998)
R.: Georg Sluizer. B.: Christina Kallas, G. Sluizer, nach einem Roman von Stanley Johnson. K.: Bruno de Keyzer. D.: John Hurt, Rosana Pastor, Alice Krieg u. a.
Mueller-Stahl gibt als Hans Konig brisantes Material über die Chemiefabrik, in der er arbeitet, an einen englischen Politiker weiter und wird wegen Industriespionage inhaftiert.

Die Dame aus Genua (DDR 1969, TV-Dreiteiler)
R. und B.: Kurt Jung-Alsen. K.: Siegfried Peters, Adam Poepperl, Hans-Jürgen Sasse. D.: Hans-Peter Minetti, Volkmar Kleinert, Martin Flörchinger u. a.
Die »Dame aus Genua« ist ein Gemälde im Wert von anderthalb Millionen Mark, das beim Umbau von Schloss Aarthenau gefunden wurde. Bei dem Versuch, den rechtmäßigen Besitzer des Bildes zu ermitteln, tauchen immer neue dubiose Interessenten auf. Dr. Eck (alias Mueller-Stahl), der Assistent des Museumsdirektors, soll die Herkunft des Bildes ermitteln und gerät durch seine These, das Bild sei gefälscht, in eine prekäre Situation.

Der Dritte (DDR 1971)
R.: Egon Günther. B.: E. Günther, nach der Erzählung »Unter den Bäumen regnet es zweimal« von Eberhard Panitz. K.: Erich Gusko. D.: Jutta Hoffmann, Rolf Ludwig, Barbara Dittus, Peter Köhncke u. a.
Mueller-Stahl als Margits zweiter Ehemann: Als Blinder fasziniert er sie durch seine Sensibilität und die Poetik seines Werbens, zugleich aber ist er sentimental und brutal, sobald die Behinderung für ihn Kontrollverlust und Schwäche bedeutet. Ein bedrückendes Charakterporträt, das später beim blinden Regisseur Alexander Kluges (»Der Angriff der Gegenwart auf die übrige Zeit«), aber auch bei Figuren wie dem Bauern Leon (»Bittere Ernte«) und Oberst Mayer (»Eine Liebe in Deutschland«) wieder auflebt.

Die eigene Haut (DDR 1973/74)
R. Celino Bleiweiß. B.: C. Bleiweiß, nach dem Roman »Nebel fallen nicht von selbst« von Karl Wurzberger. K.: Hans-Jürgen Reinecke. D.: Klaus Brasch, Monika Woytowicz, Katrin Martin, Dieter Mann u. a.
Als Vater Klemm begleitet Mueller-Stahl den 18-jährigen Wolfgang auf dessen Weg vom Schulabgang bis zur Einberufung in die Nationale Volksarmee der DDR, wo er für den Dienst an der innerdeutschen Grenze ausgebildet wird.

Eine Liebe in Deutschland (BRD/F 1983)
R.: Andrzej Wajda. B.: Boleslaw Michalek, Agnieszka Holland, Andrzej Wajda, nach einem Roman von Rolf Hochhuth. K.: Igor Luther. D.: Hanna Schygulla, Piotr Lysak, Daniel Olbrychski, Bernhard Wicki u. a.
Untersturmführer Mayer, ein Feigling in Uniform, der die schöne Pauline retten will und dafür sogar den Polenjungen Stani zu germanisieren versucht. Einmal mehr kann Mueller-Stahl die Schwäche hinter der Stärke, die Unehrlichkeit hinter rigidem Auftreten sichtbar machen.

Ein Lord am Alexanderplatz (DDR 1966/67)
R.: Günter Reisch. B.: Kurt Belicke, G. Reisch. K.: Jürgen Brauer. D.: Erwin Geschonneck, Angelica Domröse, Monika Gabriel u. a.
Als verschrobener Kriminalpsychologe Dr. Engelhardt, der vor lauter Wissenschaft lange an der Liebe vorbeiläuft, zeigt Mueller-Stahl erstmals im Film sein komisches Talent.

Eugenie Marlitt und die Gartenlaube (BRD 1982, TV)
R.: Herbert Ballmann. B.: Traute Hellberg. K.: Ingo Hamer, Hans Ulrich Thormann. D.: Cordula Trantow, Ursela Monn, Gerhard Wollner u. a.
Mueller-Stahl agiert als Verleger Ernst Keil in dieser Geschichte einer auflagenstarken Illustrierten und ihrer erfolgreichen Autorin im politischen Spektrum der Zeit.

Fall Franza (BRD 1985/86, TV)
R. und K.: Xaver Schwarzenberger. B.: Rolf Basedow, Consuelo Garcia, nach dem gleichnamigen unvollendeten Roman von Ingeborg Bachmann. D.: Elisabeth Trissenaar, Gabriel Barylli u. a.
Mueller-Stahl als Jordan, der sadistische Arzt und Ehemann der unglücklichen Franza. Er treibt seine Frau in den Wahnsinn. Vor diesem Ehemartyrium flieht Franza zusammen mit ihrem Bruder nach Ägypten – aber auch durch diese Reise gelingt es ihr nicht, wieder eine gesunde, lebenstüchtige Frau zu werden.

Der Fall Sylvester Matuska (BRD/USA 1982, TV)
R.: Sandor Simo. B.: Egon Eis. K.: Tamás Andor. D.: Michael Sarrazin, Towje Kleiner, Herlinde Latzko, Constanze Engelbrecht u. a.
Ein historisches Zugattentat, das Anfang der 30er Jahre die Gemüter bewegte, wird zum Anlass genommen, eine wahnwitzige Zeit vorzustellen, in der sich bereits der Nationalsozialismus und der Zweite Weltkrieg ankündigen. Als Tetzlaff erscheint Armin Mueller-Stahl im Umfeld des ungarischen Attentäters Sylvester Matuska.

Die Flucht (DDR 1976/77)
R.: Roland Gräf. B.: Hannes Hüttner, R. Gräf. K.: Claus Neumann. D.: Jenny Gröllmann, Gerhard Bienert, Wilhelm Koch-Hooge u. a.
Dr. Schmith, Oberarzt und Fachmann für pränatale Diagnostik, fühlt sich in seiner Arbeit und Forschung nicht ausreichend gewürdigt und heuert einen Fluchthelfer an, um die DDR zu verlassen. Als er sich aber verliebt und auch beruflich plötzlich Anerkennung erhält, versucht er, seine (Flucht-)Pläne rückgängig zu machen – ergebnislos. Für Mueller-Stahl eine seiner letzten Rollen in der alten Heimat, die ihn als Drohung noch bis in den Westen hinein verfolgen wird.

Flucht aus der Hölle (DDR 1960, TV-Vierteiler)
R.: Hans-Erich Korbschmitt und Hans-Jürgen Brandt. B.: Rolf Guddat und Gottfried Grohmann. K.: Erwin Anders und Günter

Saar. D.: Albert Hetterle, Wolfgang Sasse, Erich Gerberding u. a.
Hans Roeder, der als Westdeutscher zur Fremdenlegion nach
Algerien geht, wird dort Zeuge der Verbrechen französischer Militärs. Er flieht über Tunis nach Deutschland. Der französische
Geheimdienst aber »erwartet« ihn hier schon. Er wird von Mordanschlägen verfolgt und findet erst Ruhe, nachdem er in die rettende DDR entkommen ist.
Mit dieser Rolle, in der er als couragierter und gradliniger junger
Mann glänzte, wurde Mueller-Stahl in allen ostdeutschen Wohnzimmern bekannt.

Flucht aus Pommern (BRD 1982, TV)
R. und B.: Eberhard Schubert. K.: Wedigo von Schultzendorff.
D.: Marie-Charlotte Schüler, Edith Behleit, Klaus Höhne u. a.
In diesem Film über Schicksale im Kriegswinter 1944/45 erscheint Mueller-Stahl in der tragenden Rolle des Lyssek.

Die Flügel der Nacht (BRD 1982)
R.: Hans Noever. B.: H. Noever, Ursula Jeshel. K.: Robert Alazrak.
D.: Christine Boisson, Michael König, Laurens Straub, Reinhardt
Forchow u. a.
Der Film verschwand nach kritischer Rezeption auf den Hofer
Filmtagen 1982 völlig von der Bildfläche. Es geht darin um eine
radikale Konzeption von Liebe, die die beiden Protagonisten zu
Außenseitern der Gesellschaft macht. Als leitender Angestellter
Goedel beim »Kulturinstitut für soziale Integration« soll Mueller-Stahl den rebellierenden Elser in seine frühere berufliche
Funktion zurückholen und gerät durch seine Zuneigung zu den
Liebenden selbst in Konflikt.

Freiwild (BRD 1983, TV)
R.: Wolfgang Staudte. B.: Heinz-Dieter Ziesing. K.: Gerard Vandenberg. D.: Volker Brandt, Helmut Gauss, Hans-Peter Hallwachs, Tilly Lauenstein u. a.
Nach dem Tod einer Frau im Tiergarten fällt der Verdacht auf
eine Gruppe von Stadtstreichern, die am Ort des Geschehens die
Nächte verbringen. Hauptkommissar Walther und sein Assistent

Stettner verhören die Verdächtigen. Derweil macht Dr. Konrad Ansbach, gespielt von Armin Mueller-Stahl, bei Forschungen in seinem Labor eine erschreckende Entdeckung. Da geschieht ein zweiter Mord und eine Spur führt zu Dr. Ansbach ...

Fünf Patronenhülsen (DDR 1959/60)
R.: Frank Beyer. B.: Walter Gorrish. K.: Günter Marczinkowsky. D.: Erwin Geschonneck, Ulrich Thein, Edwin Marian, Ernst Georg Schwill, Manfred Krug, Günter Naumann u. a.
Während des spanischen Bürgerkriegs erhalten fünf Interbrigadisten im von Franco besetzten Gebiet von ihrem sterbenden Kommissar einen geheimen Plan. Dieser ist in fünf Patronenhülsen versteckt, von denen jeder Einzelne eine erhält. Nur wenn sie die Flucht gemeinsam überstehen, können sie den vermeintlichen Plan überbringen. Doch der Franzose Pierre (Armin Mueller-Stahl) wird schließlich vom Durst übermannt; er verlässt die Gruppe und wird erschossen.

The Game (USA 1997)
R.: David Fincher. B.: John Branco, Michael Ferres. K.: Harris Savides. D.: Michael Douglas, Sean Penn, Deborah Unger, James Rebhorn u. a.
Mueller-Stahl hat in diesem abgründigen Spiel um Schein und Wirklichkeit eine kleine und angenehme Rolle. Anson Baer darf als ehemaliger Geschäftsfreund des geplagten und gejagten Protagonisten die Freuden des Müßiggangs und luxuriösen Lebens preisen.

Gauner im Paradies (BRD 1985, TV)
R.: Thomas Fantl. B.: Maria Matray. K.: Norbert Stern. D.: Jutta Speidel, Walo Lüond, Helmut Förnbacher, Gerhard Friederich u. a.
Otto Flamm (Mueller-Stahl) träumt vom Nummernkonto in der Schweiz – und durch einen Trick gelingt ihm der große Coup tatsächlich. Aber statt des erhofften Paradieses müssen er und seine Lebensgefährtin manche Unbill erleben.

Das Geisterhaus (BRD 1993)
R.: Bille Auguste. B.: B. Auguste, nach dem Roman von Isabel Allende. K.: Jorgen Person. D.: Jeremy Irons, Meryl Streep, Vanessa Redgrave u. a.
In diesem aufwändig gestalteten Epos übernimmt Mueller-Stahl neuerlich eine der kleinen Rollen, die er gerne spielt, wenn er darin eine eigene Idee zum Ausdruck bringen kann. Hier als Vater der mit hellseherischen Fähigkeiten begabten Clara.

Gespräch mit dem Biest / Conversation with the beast (D 1996)
R.: Armin Mueller-Stahl. B.: A. Mueller-Stahl, Tom Abrams. K.: Gerard Vandenberg.
D.: Bob Balaban, Katharina Böhm, Harald Juhnke, Dieter Laser, Dietmar Mues, Otto Sander u. a.
Berlin in der Gegenwart. In einem dunklen Keller in der Kantstrasse 204 begegnen sich ein Greis, der behauptet, der 103-jährige Hitler zu sein, und der amerikanische Journalist Webster, der diese Behauptung innerhalb von zehn Tagen überprüfen will. – Der ganze Film wie auch die Rolle Mueller-Stahls als überlebender Hitler wurden heftig und kontrovers diskutiert.

Geschlossene Gesellschaft (DDR 1978, TV)
R.: Frank Beyer. B.: Klaus Poche. K.: Hartwig Strobel. D.: Jutta Hoffmann, Sigfrit Steiner, Walter Plathe u. a.
Bergmans »Szenen einer Ehe« unter den Lebensbedingungen eines sozialistischen Staates. Robert, resigniert und wach zugleich, kämpft mit, um und gegen seine Frau Ellen und immerfort wird die Verstrickung zwischen privater Misere und gesellschaftlicher Enge deutlich.

Glut (BRD/Schweiz 1983)
R.: Thomas Koerfer B.: Th. Koerfer, Dieter Feldhausen. K.: Frank Brühne, Pio Corradi. D.: Katharina Thalbach, Thomas Lücking, Matthias Habich, Sigfrit Steiner u. a.
Der Industrielle François Korb (Armin Mueller-Stahl), ein geldgieriger Waffenfabrikant, der während des Krieges skrupellos mit den Nazis kollaboriert, aus der Perspektive seines empfindsamen

Sohnes Andres. Mueller-Stahl hier zum ersten Mal in einer Doppelrolle, da er auch den erwachsenen Andres Korb spielt.

Der Gorilla und der Berliner Kongress (D 1990, TV)
R. und B.: Joseph Rusnak, nach Charakteren von Antoine Dominique. D.: Karim Allaoui, François Périer, Herb Andress, Charles Logan u. a.
Eine Geheimdienstgeschichte, in der Mueller-Stahl als deutscher Professor Keibel – unter Aufsicht des westdeutschen und des amerikanischen Geheimdienstes – in der Waffenforschung tätig ist. Als der Professor auf dem Weg zu einem Kongress von Unbekannten entführt wird, setzen die Franzosen ihren besten Mann, Géo Paquet, genannt der Gorilla, auf den Fall an.

Die grünen Fensterläden (Österreich 1987, TV)
R. und B.: Milan Dor. K.: Toni Peschke. D.: Jessica Kosmalla, Hertha Schell, Eduard Erne u. a.
Für den Schauspieler Emil Mertens (Armin Mueller-Stahl) ändert sich von einem Tag auf den andern alles, als er erfährt, dass er als 59-Jähriger das Herz eines 75-Jährigen hat.

Hautnah (BRD 1985, TV)
R.: Peter Schulze-Rohr. B.: Norbert Ehry. K.: Johannes Hollmann. D.: Wolf-Dietrich Berg, Walter Tschernich, Brigitte Karnen, Wilfried Baasner u. a.
Als professioneller Schnüffler Dold liefert Mueller-Stahl hier die eindringliche Studie eines Menschen, der in seiner Obsession menschlich immer wehrloser wird und sich schließlich im selbst installierten technischen Netz verfängt.

Heimliche Ehen (DDR 1955)
R.: Gustav von Wangenheim. B.: G. v. Wangenheim. K.: Eugen Klagemann. D.: Eduard von Winterstein, Franz Kutschera, Helga Jordan, Paul Heidemann u. a.
Es geht um Intrige und Liebe und Mueller-Stahl war über seine erste Kinorolle als schöner Jüngling Norbert gar nicht glücklich.

Die Hosen des Ritters von Bredow (DDR 1972/73)
R.: Konrad Petzold. B.: Günter Kaltofen, frei nach Willibald Alexis. K.: Hans Heinrich. D.: Rolf Hoppe, Lissy Tempelhof, Kati Bus, Petr Skarke u. a.
Als schlitzohriger und lüsterner Dechant von Krummensee bereichert Mueller-Stahl diese ohnehin turbulente Geschichte aus dem Mittelalter um einige Szenen voller Witz und hintergründigem Humor.

Ich bin die andere (D 2006)
R.: Margarethe von Trotta B.: Peter Märthesheimer, Pea Fröhlich K.: Axel Block D.: Katja Riemann, August Diehl, Barbara Auer u. a.
Ein beklemmender Psychothriller über sexuelle Abhängigkeit, Masochismus und Wahn, in dem Mueller-Stahl eine der fiesesten Rollen seiner Karriere spielt – einen eloquenten, furchterregenden Sadisten.

Ich möchte fliehen (BRD 1980, TV)
R.: Tom Toelle. B.: Leo Lehmann. K.: Jan Kalis. D.: Ulli Philipp, Hans-Günter Martens, Anneliese Römer u. a.
Zehn Jahre nach ihrer ersten, intensiven Begegnung treffen sich Beate und Martin wieder und starten nun eine schon damals geplante Reise von Köln über die Alpen bis nach Venedig. Doch die erhoffte romantische Erfüllung bleibt aus: Obgleich sie nun nicht mehr durch andere Partner blockiert sind, müssen die beiden einsehen, dass ihre Liebe nicht genug Boden für ein gemeinsames Leben bietet.

Ich werde warten (BRD 1980, TV)
R.: Stanislav Barabas, B.: St. Barabas, nach einem Roman von Raymond Chandler. K.: Petrus Schloemp. D.: Monika Bleibtreu, Kurt Raab, Franz Xaver Kroetz u. a.
Der Film spielt im Umfeld eines 6-Tage-Rennens in Berlin, 1932. Nationalsozialistische Umtriebe und kriminelle Prozesse verknüpfen verschiedene Handlungsstränge. Mueller-Stahl agiert als Hoteldetektiv Tony Sikora inmitten des Gewirrs von Intrigen

und Mordplänen souverän und verhilft sogar einem bedrohten Exsträfling zur Flucht vor seinen Peinigern. Als er aber erfährt, dass ebendieser Sträfling seinen, Sikoras, Bruder erschossen hat, wird der integre Kriminalist selbst zum Rächer.

Illuminati (USA 2009)
R.: Ron Howard B.: David Koepp, Akiva Goldsman, nach der Romanvorlage von Dan Brown. K.: Salvatore Totino D.: Tom Hanks, Ewan McGregor, Stellan Skarsgard, Ayelet Zurer u. a.
In diesem Sakrileg-Nachfolgefilm hetzt Tom Hanks beim Kampf zwischen Wissenschaft und Kirche atemlos durch Rom, McGregor gibt einen abgründigen Bösewicht und Mueller-Stahl verkörpert in roter Soutane einen cleveren Kirchenmann, der mit Raffinesse und Güte seine Fäden spinnt.

Im Glanz der Sonne / The Power of One (USA 1992)
R.: John G. Avildsen. B.: Robert Mark Kamen, nach dem gleichnamigen Roman von Bryce Courtenay. K.: Dean Semler. D.: Stephen Dorff, John Gielgud, Morgan Freeman u. a.
Als (groß)väterlicher Begleiter des verwaisten P. K. erscheint Mueller-Stahl (Doc) in der vertrauten Rolle des nachdenklichen Pädagogen mit persönlicher Autorität, der sich gerade in Krisenzeiten an der Musik und geistigen Inhalten aufrichtet.

The International (D / USA 2009)
R.: Tom Tykwer. B.: Eric Singer. K.: Frank Griebe D.: Clive Owen, Naomi Watts, Ulrich Thomsen u. a.
In dieser visuell eindrucksvollen Geschichte über einen Komplott zwischen Banken und Waffenhändlern spielt Mueller-Stahl eine jener schillernden, abgründigen Figuren, die er in vielen Filmen überzeugend verkörpert. Sein Oberst Wexler in diesem Film steht allerdings in einer besonders komplexen Verbindung zu seiner eigenen Lebensgeschichte.

In the Presence of Mine Enemies (USA 1997, TV)
R.: Joan Micklin Silver. B.: Rod Serling. K.: Pierre Gill. D.: Charles Dance, Elina Lowensohn, Chad Lowe, Don McKellar u. a.

Als Oberhaupt einer polnischen Familie im Warschauer Ghetto 1943 kämpft Mueller-Stahl um deren Zusammenhalt.

Jakob der Lügner (DDR 1974)
R.: Frank Beyer. B.: F. Beyer, nach dem gleichnamigen Roman von Jurek Becker. K.: Günther Marczinowsky. D.: Vlastimil Brodsky, Erwin Geschonneck, Manuela Simon, Henry Hübchen u. a.
Mueller-Stahl spielte in dieser ersten Verfilmung des Ghetto-Romans von Jurek Becker eine kleine Rolle als einer der Schtamm-Brüder.

Jakob der Lügner (USA 1999)
R.: Peter Kassovitz. B.: P. Kassovitz, Didier Decoin. K.: Elemér Ragályi. D.: Robin Williams, Hannah Taylos Gordon, Justus von Dohnányi, Bob Balaban u. a.
Als Dr. Kirschbaum, distinguiert und gebildet, bietet diese Rolle Mueller-Stahl die Gelegenheit, die ganze Kraft seiner moralischen und geistigen Autorität zu entfalten.

Januskopf (DDR 1971/72)
R.: Kurt Maetzig. B.: Helfried Schreiter. K.: Werner Bergmann, Jürgen Brauer. D.: Katja Paryla, Norbert Christian u. a.
Der Film diskutiert die politische und ethische Verantwortung des Wissenschaftlers gegenüber der Gesellschaft. Als Staatssekretär Dr. Bock versucht Mueller-Stahl einen ehemaligen Studienkollegen und mittlerweile berühmten Biologen und Biochemiker zu einem gemeinsamen Projekt zu überreden.

Jokehnen oder Wie lange fährt man von Ostpreußen nach Deutschland? (BRD 1986/87, TV-Dreiteiler)
R.: Michael Lähn. B.: Claus Hubalek, nach dem Roman von A. Surminski. K.: Frank Brühne, Bernd Gaebler. D.: Ursela Monn, Christian Mueller-Stahl, Günter Lüdke, Monika Bleibtreu, Dietmar Mues u. a.
Ostpreußen während des Krieges: Als Bürgermeister Steputat verkörpert Mueller-Stahl jenen bornierten Kleinbürger, der nicht durch Gewalt, sondern durch Anpassungsbereitschaft und Feigheit den Nazis zuarbeitet.

Der Joker (BRD 1987)
R.: Peter Patzak. B.: P. Patzak, Jonathan Carroll. K.: Igor Luther, Dietrich Lohmann. D.: Peter Maffay, Thanee Welch, Elliott Gould, Michael York u. a.
In diesem undurchsichtigen Kriminalfilm spielt Mueller-Stahl den zwielichtigen Kommissar Baumgartner, der in die Verbrechen, die er eigentlich aufklären soll, selbst verwickelt ist.

Kämpfer und Sieger (DDR 1967, 15-teilige TV-Serie)
R.: Jürgen Hartmann, Bruno Kleberg. B.: J. Hartmann. K.: Rolf Sperling, Helmut Gerstmann, Rudi Funk, Horst Sauer. D.: Otto Mellies, Herwart Grosse, Günter Benser u. a.
Mueller-Stahl tritt in der 11. Folge »Zum ersten Mal in Deutschland« auf.

Kafka (USA 1991)
R.: Steven Soderbergh. B.: Lem Dobbs. K.: Walter Lloyd. D.: Jeremy Irons, Theresa Russell, Joel Grey, Ian Holm, Jeroen Krabbé, Alec Guinness u. a.
Als Inspektor Grubach aktiviert Mueller-Stahl hier sein Repertoire an hintergründigen und abschätzigen Ausdrucksformen auf ebenso eindringliche wie subtile Weise.

Kein Mann für Camp Detrick (DDR 1970, TV)
R.: Ingrid Sander, Anita Francke. B.: I. Sander. K.: Erwin Anders, Klaus Goldmann, Ullrich Möller. D.: Horst Drinda, Christine Schorn, Annekathrin Bürger u. a.
Mueller-Stahl als Stasi-Leutnant Heide, der einem Erbbetrug auf die Schliche kommen soll. Starke Kontraste zwischen den degenerierten, zumindest skrupellosen Amerikanern und der soliden Provinzialität der DDR-Figuren.

Killing Blue (BRD 1988)
R.: Peter Patzak. B.: Julian Kent, Paul Nicholas, P. Patzak. D.: Morgan Fairchild, Allegra Curtis, Michael York, Frank Stallone u. a.
Peter Patzak macht wieder einen Ausflug ins Krimi-Genre, Muel-

ler-Stahl fungiert wieder als Polizist Glass, dieses Mal in der Hauptrolle, aber vom Pech verfolgt.

Der Kinoerzähler (D 1993)
R.: Bernhard Sinkel. B.: B. Sinkel, nach dem Roman von Gert Hoffmann. K.: Axel Block. D.: Martin Benrath, Andrej Jautze, Tina Engel, Eva Mattes, Katharina Tanner, Udo Samel, Otto Sander u. a.
Der Kinoerzähler ist eine der liebsten Rollen Mueller-Stahls: Ergriffen kommentiert dieser als phantasievoller und ein wenig verschrobener Enthusiast mit Frack und Geige das stumm ablaufende Geschehen auf der Leinwand und mag auch dann von seiner Leidenschaft nicht lassen, als der Tonfilm ihm seine Rolle streitig macht und braune Truppen den Kinosaal stürmen.

Kit & Co – Lockruf des Goldes (DDR 1974)
R.: Konrad Petzold. B.: Günther Karl, basierend auf fünf Kurzgeschichten von Jack London. K.: Hans Heinrich. D.: Dean Reed, Rolf Hoppe, Renate Blume, Manfred Krug u. a.
Goldgräber- und Abenteuergeschichte, in der Mueller-Stahl eine weitgehend von ihm selbst geschaffene Figur spielte: Sein ostpreußisch parlierender Saloonbesitzer wurde von der Kritik, obwohl eine kleine Rolle, als Kabinettstück gefeiert.

Königskinder (DDR 1961/62)
R.: Frank Beyer. B.: Edith und Walter Gorrish. K.: Günter Marczinowsky, Karl Drömmer. D.: Annekathrin Bürger, Ulrich Thein, Marga Legal, Charlotte Küter u. a.
Das Thema der beiden Liebenden, die nicht zueinanderkommen können, hier entwickelt anhand von zwei Arbeiterkindern – Magdalena und Michael –, die durch die zerstörerischen Kräfte von Krieg und Faschismus immer wieder voneinander getrennt werden. Mueller-Stahl zeigt sich als Michael in diesem bei den Arbeiterfestspielen in Erfurt zur Uraufführung gelangten Film erstmals in der Rolle des engagierten und zuverlässigen Sozialisten, den er in den folgenden Jahren mehrfach verkörpern wird.

Die längste Sekunde (BRD 1980, TV)
R. und B.: Kristian Kühn. K: Petrus Schloemp. D.: Christine Ostermayer, Kristina van Eyck, Hans Korte, Heinz Meier, Niklaus Schilling u. a.
In diesem Krimi spielt Mueller-Stahl in der Hauptrolle des Viktor Pacek das Opfer eines Mordanschlags, das dabei sein Gedächtnis verliert und erst langsam der eigenen kriminellen Vorgeschichte auf die Spur kommt.

The last good time (USA 1994)
R.: Bob Balaban. B.: B. Balaban, John McLaughlin. K.: Claudia Raschke. D.: Maureen Stapleton, Lionel Stander, Olivia D'Abo u. a.
Als siebzigjähriger Witwer Joseph Koppel, der aus seinem zurückgezogenen Leben in eine überraschende, zärtliche Verbindung zu einer jungen Frau gerät, hat Mueller-Stahl eine seiner schönsten und von ihm selbst geschätztesten Rollen in diesen Jahren.

Die letzte Chance (DDR 1962, TV)
R.: Hans-Joachim Kasprzik. B.: Hans Oliva. K.: Otto Hanisch. D.: Raimund Schelcher, Harald Halgardt, Hilmar Thate u. a.
Mueller-Stahl als Konzertpianist Klaus Seiser. Ausgelöst durch die markante Narbe eines Konzertbesuchers, der sich als Nazi und sein früherer Peiniger Dr. Becker entpuppt, erinnert sich Seiser an Haft, Folter und Flucht während der Nazizeit. In der Mischung aus Mut, Wärme, Entschiedenheit und Ritterlichkeit eine der wiederkehrenden Rollen Mueller-Stahls während der DDR-Zeit.

Die Lindstedts (DDR 1975/76, siebenteilige TV-Serie)
R.: Norbert Büchner. B.: Kurt Kylian, Klaus-Dieter Müller. K.: Walter Küppers. D.: Günter Grabbert, Helga Raumer, A. P. Hoffmann u. a.
Mueller-Stahl tritt im sechsten Teil auf als »der erste Geiger«, der sich – anfangs scheu und ein wenig geheimnisvoll – schließlich doch der großen Gruppe der Musizierenden anschließt.

Local Color (USA 2006)
R und B.: George Gallo. K.: Michael Negrin. D.: Trevor Morgan, Ray Liotta u. a.
Die Geschichte über den erfolgreichen Maler Seroff, der den talentierten John bei sich aufnimmt und als Mentor begleitet, ist nicht nur für den Autor und Regisseur Gallo stark autobiografisch – in der Figur des Seroff verbinden sich auch für Mueller-Stahl Rolle und eigenes (Künstler)Leben auf einzigartige Weise.

Lola (BRD 1981)
R.: Rainer Werner Fassbinder. B.: Peter Märthesheimer, Pea Fröhlich. K.: Xaver Schwarzenberger. D.: Barbara Sukowa, Mario Adorf, Matthias Fuchs, Ivan Desny, Helga Feddersen, Karin Baal u. a.
Als Baudezernent von Bohm, der in seinem neuen Arbeitsfeld Coburg den Sumpf der Korruption durchdringen will, durch seine Naivität und die Netze der Liebe aber selbst hineingerät, spielt Mueller-Stahl eine seiner schönsten Rollen während der BRD-Zeit.

Loin de Berlin (F 1993)
R. und B.: Keith Mc Nally. D.: Werner Stocker, Tatjana Blacher, Fritz Schaap, Nikolai Volev u. a.
In dieser Geschichte über einen Generationenkonflikt zwischen Vater und Sohn erscheint Mueller-Stahl in der Rolle des Otto Lindner.

The Long Run (Südafrika 2000)
R.: Jean Stewart. B.: Johann Potgieter. K.: Cinders Forshaw. D.: Nthati Moshesh, Joseph Paterson, Seputia Sebogodi, Desmond Dube u. a.
Als Berry Böhmer spielt Mueller-Stahl hier einen Trainer, der eine Liebegeschichte mit der Schwarzen erlebt, die er für einen 90 km langen Marathonlauf trainiert.

Das Mädchen ohne Mitgift (DDR 1962, TV)
R.: Lothar Bellagh, Faisal Al Yasiri. Literar. Vorlage: Alexander N. Ostrowski. K.: Hans Joachim Mirschel, Jürgen Gumpel, Hans

Mortan, Ingrid Gericke. D.: Erika Pellikowski, Gudrun Ritter, Adolf Peter Hoffmann u. a.

Larissa, Tochter einer mittellosen Witwe, ist klug und schön, aber ohne Mitgift. Als sie erkennt, dass der Mann ihrer Wahl, Paratow, ihr nur leere Versprechungen macht, verlobt sie sich mit dem mittelmäßigen Kapitonitsch. Der aber greift, als sie ihr Jawort zurücknimmt, zur Waffe. In der Rolle des Julih Karadnysche begegnet auch Mueller-Stahl der reizvollen Larissa.

Die Manns – ein Jahrhundertroman (D 2001)
R.: Heinrich Breloer. B.: Heinrich Breloer, Horst Königstein K.: Gernot Roll D.: Monica Bleibtreu, Jürgen Hentsch, Sebastian Koch, Sophie Rois, Veronica Ferres u. a.

In Heinrich Breloers Doku-Drama über die Familie Mann – besonders die beiden Schriftsteller Heinrich und Thomas Mann – spielt Mueller-Stahl den distinguierten, einsamen Thomas Mann mit solcher Intensität, dass er für viele Fernsehzuschauer seitdem fest mit dem Dichterfürsten assoziiert ist. Der vielfach prämierte Fernsehfilm hat Mueller-Stahl mit einem Schlag in Deutschland wieder berühmt gemacht.

Marquis von Keith (DDR 1958)
R.: Fred Mahr. Literar. Vorlage: Frank Wedekind. K.: Franz Lindlar, Rosemarie Kapp, Klaus Unzu. D.: Alexander Hegarth, Herbert Grünbaum, Hans-Jürgen Gruner u. a.

Der Hochstapler v. Keith lebt, ohne wirklich vermögend zu sein, auf großem Fuß. Mit dem Bau eines »Feenpalastes« will er nun den Sprung in die große Gesellschaft schaffen. Seine Frau Molly aber hält den permanenten Drahtseilakt zwischen Sein und Schein nicht mehr aus und ertränkt sich. Plötzlich hat v. Keith die Münchner Society gegen sich – er verlässt die Stadt, um anderswo sein Glück zu suchen. Mueller-Stahl hat in diesem gesellschaftskritischen Hochstaplerstück die Rolle des Literaten Sommersberg inne.

Mission to Mars (USA 2000)
R.: Brian di Palma. B.: Jim Thomas, John Thomas, Graham Jost. K.: Stephen H. Burum. D.: Gary Sinise, Tim Robbins, Don Che-

adle, Connie Nielsen, Jerry O'Connell, Elise Neal, Kim Delaney, Peter Outerbridge u. a.

In diesem vor allem ästhetisch ambitionierten Film über eine gefährliche Mission ins All spielt Mueller-Stahl die kleine Rolle des Chefs der Bodenstation, der Glückwünsche ebenso wie Katastrophenmeldungen gefasst entgegennimmt.

Die Mitläufer (BRD 1983/84)
R.: Erwin Leiser und Eberhard Itzenplitz. Autor der Spielszenen: Oliver Storz. K.: Gerard Vandenberg, Jochen Radermacher. D.: Karin Baal, Horst Bollmann, Gottfried John, Therese Lohner u. a.

Leiser setzt zehn Spielszenen, die 1983 gedreht wurden, mit Ausschnitten aus Filmen zusammen, die im Dritten Reich entstanden sind. In den Spielszenen wird die Privatsphäre des »kleinen Mannes« rekonstruiert, die subtilen und offenen Drohungen und Einschüchterungen, die allmähliche Anpassung, die damit endet, dass aus »netten Leuten« Mitläufer eines verbrecherischen Systems werden. Mueller-Stahl erscheint hier als Herr Kurz.

Momo (BRD 1985/86)
R.: Johannes Schaaf. B.: J. Schaaf, Rosemarie Fendel, Michael Ende, Marcello Coscia, nach einem Roman von Michael Ende. K.: Xaver Schwarzenberger. D.: Radost Bokel, Mario Adorf, Sylvester Groth u. a.

Mueller-Stahl hier sehr verfremdet als Chef der »grauen Herren«, der unentwegt an seiner Zeit-Zigarre zieht und hinter der Machtgeste die eigene Bedrohtheit versteckt.

Morgengrauen (BRD 1984, TV-Dreiteiler)
R.: Michael Mackenroth. B.: Karl Heinz Willschrei. K.: Josef Vilsmeier. D.: Heidelinde Weis, Désirée Nosbusch, Günter Strack, Claus Theo Gärtner, Thekla Carola Wied u. a.

Auf schwierigen Wegen gelingt es dem Spürhund Matula in diesem dreiteiligen Krimi, die dunklen Machenschaften des Wissenschaftlers Dr. Winzer (Armin Mueller-Stahl) aufzudecken.

Music Box – Die ganze Wahrheit (USA 1989)
R.: Constantin Costa-Gavras B.: Joe Eszterhas. K.: Patrick Blossier. D.: Jessica Lange, Frederic Forrest, Donald Moffat, Lukas Haas u. a.
Mike Laszlo, der bei Kriegsende aus Ungarn in die Staaten kam, soll dort Jahrzehnte später wegen Kriegsverbrechen die Staatsbürgerschaft entzogen bekommen. Seine Tochter Ann glaubt an eine Verwechslung und verteidigt ihren Vater vehement, bis sie eines Tages die schreckliche Wahrheit erkennt. In ihrer beängstigenden Mehrschichtigkeit ist diese Rolle eine Herausforderung für Mueller-Stahl, die neben Sam Krichinsky in »Avalon« zur Eintrittskarte in Amerika wurde.

Nackt unter Wölfen (DDR 1962)
R.: Frank Beyer. B.: Bruno Apitz, Frank Beyer, nach dem gleichnamigen Roman von B. Apitz. K.: Günter Marczinkowsky. D.: Erwin Geschonneck, Krystyn Wojcik, Fred Delmare u. a.
Als Kapo Höfel in dieser authentischen Geschichte über einen kleinen jüdischen Jungen, der in ein Gefangenenlager eingeschmuggelt wird, spielte Mueller-Stahl eine seiner eindrucksvollsten Rollen bei der DEFA.

Nelken in Aspik (DDR 1975/76)
R.: Günter Reisch. B.: Kurt Belicke, G. Reisch. K.: Günter Haubold. D.: Helga Sasse, Erik S. Klein, Eva-Maria Hagen, Winfried Glatzeder u. a.
Als mittelmäßiger Werbezeichner Wolfgang Schmidt zeigt sich Mueller-Stahl hier wieder einmal von der humorvollen Seite. Auch wenn der Film vor lauter Klischee-Satire zur Klamotte gerät, ist es ein Vergnügen, den Eskapaden des erst bramarbasierenden, dann gänzlich verstummten Schmidt alias Mueller-Stahl zu folgen.

Night on Earth (USA 1991)
R. und B.: Jim Jarmusch. K.: Frederick Elmes. D.: Winona Ryder, Gena Rowlands, Beatrice Dall, Roberto Benigni, Matti Pellonpää u. a.
In diesem aus fünf Episoden bestehenden und in fünf verschie-

denen Großstädten spielenden Film hat Mueller-Stahl eine für ihn einmalige Rolle: Helmut Grokenberger als grundsympathischer Loser. Der Circusclown, den es von Dresden nach New York verschlagen hat, wo er sich hartnäckig und erfolglos als Taxifahrer versucht, hat mit seinem arglosen Humor und der roten Clownsnase die Herzen aller Zuschauer erobert.

Oberst Redl – Redl Ezredes (BRD/Österreich/Ungarn 1984)
R.: Istvan Szábo B.: I. Szábo, Peter Dobai. K.: Lajos Koltai. D.: Klaus Maria Brandauer, Gudrun Landgrebe, Hans Christian Blech u. a.
Als Thronfolger Franz-Ferdinand zeigt Mueller-Stahl einmal mehr den raschen, subtilen Wechsel zwischen Verbindlichkeit und Kälte, freundlichem Interesse und abschätziger Distanz. Mit dieser Rolle hat sich Mueller-Stahl durch die Oscar-Nominierung des Films auch in den USA profiliert.

Preludio 11 (DDR 1963)
R.: Kurt Maetzig. B.: Wolfgang Schreyer, nach seinem eigenen Roman. K.: Günther Haubold. D.: Aurora Depestre, Roberto Blanco, Günther Simon, Gerry Wolff u. a.
Auf dem Höhepunkt der Kuba-Krise gedreht, war dieser Film für Mueller-Stahl eher lebensgeschichtlich – bei der kubanischen Premiere von »Fünf Patronenhülsen« lernte er Fidel Castro und Che Guevara kennen – als künstlerisch interessant. Als Hauptmann Ramon Quintana hatte er, wie ein Kritiker damals urteilte, »lediglich die Aufgabe, Treue zur Revolution und Liebesempfinden plakathaft zu bekunden«. (Der neue Weg, 31. 3. 1964).

Project Peacemaker (USA 1997)
R.: Mimi Leder. B.: Michael Schiffer. K.: Dietrich Lohmann. D.: George Clooney, Nicole Kidman, Alexander Baluyev u. a.
In diesem ersten von der neu gegründeten Produktionsfirma Dreamworks SKG (Steven Spielberg u. a.) geförderten Film erscheint Mueller-Stahl als russischer Oberst Dimitri Vertikoff, der einem amerikanischen Freund bei einer gefährlichen Mission Unterstützung leistet. Leider kommt er dabei rasch zu Tode, sodass

Mueller-Stahl mit dieser sympathischen Rolle in dem ansonsten eher klischeehaften Actionfilm nur sehr kurz zu sehen ist.

Der Querkopf (DDR 1955, Kurzspielfilm)
R.: Kurt Jung-Alsen. B.: Stacheltier-Kollektiv. K.: Günter Eisinger. D.: Albert Garbe, Barbara Berg, Gerhard Bienert, Ernst Kahler, Regine Lutz, Hans-Peter Minetti, Steffie Spira u. a.
Thema sind die Konflikte in der Arbeitswelt, hier zwischen dem Dreher Kulicke und dessen Meister sowie einigen Kollegen. Mueller-Stahl verliebt sich als Sohn Kulickes in Margot, die vor dem Studium noch eine Dreherlehre absolvieren will – und ausgerechnet den aufbrausenden Kulicke als Lehrmeister zugeteilt bekommt.

Die Rache eines V-Mannes (BRD 1981, TV)
R.: Alfred Weidenmann. B.: Harald Vock. K.: Hans-Joachim Theuerkauf. D.: Klaus Löwitsch, Franziska Bronnen, Peter Kuiper, Volker Lechtenbrink u. a.
Als Alex Matuschek spielt Mueller-Stahl hier einen St.-Pauli-Boss. Für Matuschek arbeitet der vorbestrafte Buchhalter Wolters, um dessen Schicksal sich die Beamten vom »Sonderdezernat K1« kümmern.

Der Raub der Sabinerinnen (DDR 1961, TV)
R.: Ernst Gladasch, Maja Kayser. Literar. Vorlage: Franz und Paul von Schönthan. Inszenierung: Hans-Joachim Martens. K.: Hans Dietze, Winfried Bessiger, Horst Netzband, Hubert Dzikowski. D.: Wilhelm Gröhl, Helga Piur, Gerd Andreae u. a.
Professor Gollwitz gestattet einem Wanderzirkus, ein Jugenddrama von ihm aufzuführen. Bedingung: Der Name des Autors darf nicht genannt werden. Bei der Premiere kommt es zu einem handfesten Skandal. Mueller-Stahl ist als Dr. Neumeister an diesem turbulenten Schwank beteiligt.

Rauhreif (DDR 1963, TV)
R.: Hans-Erich Korbschmitt, Maya Löffler. B. und literar. Vorlage: Bernhard Seeger. K.: Otto Hanisch. D.: Annekathrin Bürger, Martin Flörchinger, Manja Behrens u. a.

Thomas Rothart, Sohn eines angesehenen Genossenschaftlers, hat zwar studiert, nun aber kommt er mit dem Leben auf dem Land, der Arbeit in der Genossenschaft und letztlich auch mit Frau und Familie nicht zurecht. Eine unzugängliche, mürrische Figur, wie sie Mueller-Stahl in dieser frühen Zeit nur selten gespielt hat.

Red Hot (USA 1992)

R.: Paul Haggis. B.: P. Haggis, Michael Maurer. K.: Vernon Layton. D.: Balthazar Getty, Carla Gugino, Jan Niklas, Donald Sutherland u. a.

In dieser Mischung aus Liebes- und Politdrama, angesiedelt im Lettland der 60er Jahre, spielt Mueller-Stahl die Rolle des Dimitri.

Rita Ritter (BRD 1983)

R. und B.: Herbert Achternbusch. K.: Jörg Schmidt-Reitwein. D.: Annamirl Bierbichler, Christiane Cohendy, Barbara Valentin, Eva Mattes u. a.

Mueller-Stahl hat hier eine der von ihm geschätzten Cameo-Parts: Als Autorenfilmer Cloos tritt er nur einmal auf und hält einen weitgehend improvisierten Monolog über den Unterschied zwischen Kapieren und Denken und manch anderes.

Rose Bernd (DDR 1958, TV)

Inszenierung: Paul Lewitt. Bildregie: Ilse Barwisch. D.: Otto Dierichs, Ruth-Maria Kubitschek, Micaela Kreisler, Wilhelm Koch-Hooge, Helga Göring, Helmut Mueller-Lankow u. a.

Mueller-Stahl spielt den aufrechten Ehemann der Rose Bernd, August Keil. Doch obwohl er weiß, dass diese von den lüsternen und erpresserischen Machenschaften mehrerer Männer verfolgt wird, ist er zwar loyal, greift aber nicht helfend ein.

Ruhe sanft, Bruno (BRD 1982, TV)

R.: Hajo Gies. B.: Walter Kempley. K.: Axel Block. D.: Wolf-Dietrich Sprenger, Christina Amun, Branko Samarovski, Harry Wolf u. a.

Eine Filmkomödie im Geheimdienstmilieu: Zwei Diener sollen

eine Leiche aus dem Brunnen auf dem Gelände der russischen Botschaft in Bonn entführen und in die Schweiz befördern. Dabei erregen sie das Aufsehen sämtlicher Geheimdienste, vor allem aber das Misstrauen des russischen Abwehrchefs Fjodor Kuschnik alias Armin Mueller-Stahl.

Schweinegeld – Ein Märchen der Gebrüder Nimm (BRD 1989)
R.: Norbert Kückelmann. B.: N. Kückelmann, Michael Jucker, Dagmar Kekulé. K.: Frank Brühne D.: Claudia Messner, Rolf Zacher, Stefan Suske, Hans Michael Rehberg u. a.
Eine der »Hutrollen« von Mueller-Stahl, der Film hatte allerdings in den Kinos nur wenig Erfolg: Als Penner Maxwell, der sich endlich mal so richtig den Bauch vollschlagen will, tut sich Mueller-Stahl mit zwei anderen Glückssuchern zusammen, die gemeinsam versuchen, ein Stück vom großen Kuchen zu bekommen.

Die Sehnsucht der Veronika Voss (BRD 1981/82)
R.: Rainer Werner Fassbinder. B.: Peter Märthesheimer, Pea Fröhlich. K.: Xaver Schwarzenberger. D.: Rosel Zech, Hilmar Thate, Annemarie Düringer, Cornelia Froboess u. a.
Ernst, verantwortungsvoll und zugleich völlig desillusioniert begegnet Mueller-Stahl als Exgatte seiner drogensüchtigen Frau Veronika. In dieser kleinen Rolle zeigt er eine ganz eigene Mischung aus Strenge und Zartheit, die man so selten bei ihm sieht.

Shine (Australien 1996)
R.: Scott Hicks. B.: Jan Sardi. K.: Geoffry Simpson. D.: Geoffry Rush, Noah Taylor, Alex Rafalowicz, Lynn Redgrave, Sir John Gielgud u. a.
Die Geschichte des Pianisten David Helfgott, der nach großen künstlerischen Erfolgen einen psychischen Zusammenbruch erleidet und viel später, aus der Psychiatrie entlassen, eine zweite Existenz als öffentlich auftretender Solist beginnt, ist authentisch. Mueller-Stahl spielt dessen Vater Peter Helfgott, der seine traumatischen Kindheitserfahrungen als Terror an der eigenen Familie und speziell an seinem hoch begabten Sohn auslebt. Für diese Rolle wurde er 1997 für den Oscar nominiert.

Die sieben Affären der Dona Juanita (DDR 1972/73, TV-Vierteiler)
R. und B.: Frank Beyer. Literar. Vorlage: Eberhard Panitz. K.:
Günther Marczin-kowsky. D.: Renate Blume, Winfried Glatzeder, Jürgen Holzapfel u. a.
In der Geschichte der Architektin Anita, die als ledige Mutter und selbstbewusste Frau ein ungewöhnliches (Liebes-)Leben führt, taucht Mueller-Stahl erst in der vierten Folge auf: Als Brigadier Sawallisch, der auf der Baustelle, auf der Anita mittlerweile arbeitet, zum Jahresende plötzlich vermisst wird. Anita macht sich auf die Suche nach ihm. Ihre Begegnung wird zu einem überwältigenden emotionalen Erlebnis für die beiden. Nach der gemeinsam verlebten Silvesternacht aber verunglückt Sawallisch am nächsten Tag tödlich.

Das Spinnennetz (BRD/Österreich/Italien 1989)
R.: Bernhard Wicki. B.: Wolfgang Kirchner, B. Wicki, nach dem gleichnamigen Roman von Joseph Roth. K.: Gerard Vandenberg. D.: Ulrich Mühe, Andrea Jonasson, Corinna Kirchhoff, Elisabeth Endriss, Klaus Maria Brandauer, Alfred Hrdlicka u. a.
Gegenstand des Films ist die politische Entwicklung in Deutschland von 1918 bis zu Hitlers Putsch in München. Mueller-Stahl erscheint als Baron von Rastschuk, einer der zentralen Köpfe der reaktionären Bewegung, die jede sozialistische und kommunistische Initiative mit allen Mitteln bekämpft.

Stellen Sie sich vor, man hat Dr. Prestel erschossen (BRD 1984, TV)
R.: Zbyneck Brynych. B.: Herbert Reinecker. K.: Rolf Kästel. D.: Ursula Lingen, Jutta Kammann, Klaus Herm, Peer Augustinski u. a.
Der Anwalt Dr. Prestel ist in seiner Garage erschossen worden. Inspektor Derrick findet heraus, dass Prestel der Liebhaber von Dora Kolberg war, der Frau eines wohlhabenden Verlegers, der seit einem Unfall gehbehindert ist und allein nicht mehr ans Steuer kann. Kolbergs (Armin Mueller-Stahl) Alibi scheint daher unangreifbar.

Stülpner-Legende (DDR 1973, TV-Siebenteiler)
R. und B.: Walter Beck. K.: Günter Heimann. D.: Manfred Krug, Renate Reinecke, Jan Pohan u. a.
In der Geschichte um den Volkshelden Karl Stülpner, der verehrt und verfolgt wird, spielt Mueller-Stahl die kleine Rolle eines Invaliden.

Tagebuch für einen Mörder (BRD 1988, TV)
R.: Franz Josef Gottlieb. B.: Dorothee Dhan, Bearbeitung eines Kriminalstücks von Francis Durbridge. K.: Klaus Günther, Hans Knoll. D.: Iris Berben, Monika Woytowicz, Sigmar Solbach u. a.
Vor Abschluss seines »Tagebuchs« handelt der englische Schriftsteller Max Telligan (Armin Mueller-Stahl) in München ein fantastisches Geschäft mit dem amerikanischen Filmproduzenten Wilde aus. Kurz nach Telligans Abreise aber wird Wilde in seinem Mietwagen am Münchner Flughafen ermordet aufgefunden.

Tanger – Legende einer Stadt (D/F 1997/98)
R.: Peter Goedel. B.: Alfred Hackensberger, Roberto de Hollanda, Peter Goedel, Yves Pasquier. K.: Ulrich Jaenchen. D.: Lisa Martino, Martin Kluge, Ulrich Klaus Günther, Mohammed Mrabet u. a.
Armin Mueller-Stahl in der Rolle des Hanson in diesem Film über eine Stadt, die vor allem in den 40ern und 50ern einen legendären Ruf hatte als Tummelplatz verrückter Millionäre und berühmter Künstler, ein Brennpunkt für Geheimagenten, Ganoven und Hasardeure aller Art.

Tausend Augen (BRD 1983/84)
R. und B.: Hans Christoph Blumenberg. K.: Martin Schaefer. D.: Barbara Rudnik, Wim Wenders, Vera Tschechowa, Gudrun Landgrebe, Peter Krauss, Hannelore Hoger u. a.
Ohne Schnauzer und mit Silberhaarperücke spielt Mueller-Stahl den Manager einer Peepshow Arnold, der sich durch Videopiraterie Geld für einen neuen Anfang verdienen will und durch sein Doppelspiel alles verliert, auch das von ihm verehrte und begehrte Peepshow-Girl Chérie.

Taxandria (Belgien/D/F 1994)
R.: Raoul Servais. B.: Frank Daniel, R. Servais, Alain Robbe-Grillet. K.: Gilberto Azevedo, Walther van den Enck. D.: Julien Schoenarts, Daniel Emilfork, Katja Studt u. a.
In der Doppelrolle als Leuchtturmwärter Karol und Staatsminister Virgilius sieht man Mueller-Stahl in diesem aufwändig gestalteten Märchen für Erwachsene einmal mehr als großväterlichen Freund eines kleinen gelehrsamen Jungen, den er in die Grundsätze des Lebens einweist.

The Third Miracle (USA 1999)
R. Agnieszka Holland. B.: John Romano, Richard Vetere. K.: Jerzy Zielinski. D.: Ed Harris, Anne Heche, Caterina Scorsone, Michael Rispoli, Charles Haid u. a.
Mueller-Stahl als Erzbischof Werner, der als Advocatus Diaboli eine Heiligsprechung und die ihr angeblich zugrunde liegenden Wunder anficht.

The Thirteenth Floor (USA/D 1999)
R.: Josef Rusnak. B.: J. Rusnack und Ravel Centeno-Rodriguez, nach dem Roman »Simulacron-3« von Daniel F. Galouye. K.: Wedigo von Schultzendorff. D.: Craig Bierko, Gretchen Mol, Vincent D'Onofrio, Dennis Haysbert u. a.
Hannon Fuller (Mueller-Stahl) ist der Leiter eines Hightechkonzerns, in dem man sich aus dem Jahr 1997 in das virtuelle Los Angeles von 1937 hineinversetzen kann. Dort begegnet sich Fuller als Gierson, der in dubiosen Lokalitäten jungen Frauen nachstellt. Ein Film über die Brüchigkeit unseres Identitätsbegriffs angesichts der Möglichkeit totaler Computersimulation.

Tödlicher Irrtum (DDR 1969)
R.: Konrad Petzold. B.: Günter Karl, Rolf Römer. K.: Eberhard Borkmann. D.: Gojko Mitic, Annekathrin Bürger, Rolf Hoppe u. a.
Amerika, Ende des 19. Jahrhunderts. Ohne jede Erlaubnis bohrt der Agent einer großen Firma in einem Indianerreservat nach Öl. Um sich gegen den Diebstahl und die mörderischen Methoden

des Agenten zu wehren, ruft einer der Häuptlinge seinen Halbbruder Chris zu Hilfe. Als Hilfssheriff mit Colt und Pokerkarten besteht Mueller-Stahl sein Indianerdebüt absolut überzeugend.

Tödliche Versprechen (GB/Kanada 2007)
R.: David Cronenberg. B.: Steve Knight. K.: Peter Suschitzky. D.: Viggo Mortensen, Naomi Watts, Vincent Cassel u. a.
Als Exilpatriarch Semyon, der seine Liebenswürdigkeit subtil im Dienste seiner grausamen Herrschaft einsetzt, spielt Mueller-Stahl in diesem Film die wohl brutalste Figur seiner Karriere – in ihrer Komplexität und Unergründlichkeit erschreckend und grandios.

Trauma (BRD 1982/83)
R. und B.: Gabi Kubach. K.: Helge Weindler. D.: Birgit Doll, Lou Castel, Hanne Wieder, Eva-Maria Hagen u. a.
Ein Psychothriller, bei dem der Film die Spannung des Buchs offenbar nicht eingelöst hat. Mueller-Stahl als Detektiv Sam, der als väterlicher Freund der jungen Ann in deren traumatische Suche nach einer fremden Frau hineingerät.

T-Rex (USA 1995)
R. und B.: Jonathan Betuel. K.: David Tattersall. D.: Whoopi Goldberg, Pons Maar, Richard Roundtree u. a.
In einer fernen Zukunft wird einer resoluten Polizistin ein ungewöhnlicher Partner zugeteilt: Ein intelligenter Dinosaurier, der jedoch weniger kriminalistisches Gespür beweist als Tollpatschigkeit und Fresssucht. Whoopi Goldberg zugesellt ist Armin Mueller-Stahl in der Rolle des Elizar Kane. Nicht nur, dass dies einer der Filme war, bei denen Mueller-Stahl später lieber nicht beteiligt gewesen wäre – bei der deutschen Synchronisation gab man ihm auch noch eine fremde Stimme.

Unser Mann im Dschungel (Videotitel: Amazonas Mission, BRD 1985/86)
R.: Rudolf Steiner, Peter Stripp. B.: P. Stripp. K.: Helge Weindler. D.: Katja Rupé, Siemen Rühaak, Caento Padille u. a.

Lutz Kehlmann (Mueller-Stahl) soll im Auftrag seiner deutschen Firma den Bau eines Wasserkraftwerks im südamerikanischen Dschungel leiten. Sein Vorgänger ist auf mysteriöse Weise gestorben. Und als Kehlmann mit dem Flugzeug zu einer Begutachtung des Bauterrains aufbricht, begibt auch er sich in tödliche Gefahr.

Der Unhold (D/F/GB 1996)
R.: Volker Schlöndorff. B.: Jean-Claude Carriere und V. Schlöndorff, nach einem Roman von Michel Tournier. K.: Bruno de Keyzer. D.: John Malkovich, Gottfried John, Marianne Sägebrecht, Volker Spengler, Dieter Laser u. a.
In dieser Geschichte um Schuld und Verführung verkörpert Mueller-Stahl in einer exquisiten kleinen Rolle als Graf Kaltenborn den Widerstand gegen die Barbarei der Nazis.

Das unsichtbare Visier (DDR 1972–1976, sechsteilige TV-Serie)
R.: Peter Hagen. B.: Herbert Schauer, Otto Bonhoff. K.: Peter Brand. D.: Albert Hetterle, Günter Grabbert, Giso Weissbach u. a.
Mueller-Stahl als eine Art Ost-James-Bond. Der Rolle des Kundschafters Werner Bredebusch alias Achim Detjen verlieh er ein eigenständiges Profil und begeisterte nicht nur Erich Mielke, sondern auch das Publikum.

Utz (GB/D/I 1991)
R.: George Sluizer. B.: Hugh Whitemore, nach dem Roman von Bruce Chatwin. K.: Gerard Vandenberg. D.: Brenda Fricker, Peter Riegert, Paul Scofield, Christian Mueller-Stahl u. a.
Mit Baron Kaspar von Utz, einem passionierten Sammler von Meißner Porzellan, erreicht Mueller-Stahl einen der Höhepunkte seiner Karriere. Für diese Rolle wurde er bei den Filmfestspielen in Berlin 1992 mit einem Silbernen Bären ausgezeichnet.

Der verführte Mann / L'Homme Blessé (F 1983)
R.: Patrice Chéreau. B.: Hervé Guibert, P. Chéreau. K.: Renato Berta. D.: Jean-Hugues Anglade, Vittorio Mezzogiorno, Roland Bertin, Liza Kreuzer, Annik Alan u. a.

Während eines heißen Sommers in einer französischen Provinzstadt entdeckt der junge Henri seine Homosexualität. Patrice Chéreau, der Regisseur, übertrug Mueller-Stahl, den er in »Lola« bewundert hatte, die kleine Rolle des Vaters von Henri.

Vergeßt Mozart (BRD 1984)
R.: Slavo Luther. B.: Zev Mahler. K.: Joseph Simoncic. D.: Max Tidof, Catarina Raacke, Wolfgang Preiss, Uwe Ochsenknecht, Winfried Glatzeder, Katja Flint u. a.
Als Chef der Geheimpolizei, Graf Pergen, soll Mueller-Stahl am Sterbebett Mozarts durch Konfrontation von Verwandten und Freunden das Leben Mozarts vergegenwärtigen und die Umstände seines Todes klären.

Die Verschworenen (DDR 1971, TV-Vierteiler)
R.: Peter Wekwerth, Martin Eckermann, Gernot Schulze. B.: Martin Eckermann. K.: Werner Helbig, Juergen Heimlich, Detlef Steppat. D.: Raimund Schelcher, Manfred Krug, Monika Woytowicz, Hans-Peter Minetti u. a.
Der eindrucksvolle Mehrteiler beginnt mit dem Schicksal einer Gruppe kommunistischer Zuchthäusler gegen Ende des Krieges und führt bis in die Anfänge einer neuen sozialistischen Heimat. Kurt Lindow hat wegen Hochverrats mehrere Jahre in Einzelhaft gesessen. Seine Erscheinung spiegelt die Strapazen und Ängste dieser Zeit und er wird als befreiter Kommunist immer ein nachdenklicher Genosse bleiben – im Gegensatz zu Thiel, der von Manfred Krug in bewährter Unerschrockenheit gespielt wird.

Wege übers Land (DDR 1968, TV-Fünfteiler)
R. und B.: Martin Eckermann. Literar. Vorlage: Helmut Sakowski. K.: Hans-Jürgen Heimlich. D.: Ursula Karusseit, Manfred Krug, Christa Lehmann u. a.
Die Geschichte beginnt 1939 in Mecklenburg und reicht bis in die ersten Jahre der DDR. Mueller-Stahl als Jürgen Lesstorff, ein reicher, politisch anpassungsbereiter Bauer, kein schlechter, sondern letztlich nur ein schwacher Mensch, der aber gerade dadurch Unheil anrichtet.

Der Westen leuchtet (BRD 1981)
R. und B.: Nikolaus Schilling. K.: Wolfgang Dickmann. D.: Beatrice Kessler, Melanie Tressler, Harry Baer, Gunther Malzacher u. a.
Harald Liebe wird als DDR-Agent zur Überprüfung eines Informanten in den Westen geschickt. Er verliebt sich in das zu observierende Objekt, das sich als schöne und verführerische Frau entpuppt, und gerät in seiner Leidenschaft selbst ins Netz von Intrige und Überwachung.

Wolf unter Wölfen (DDR 1964/65, TV-Vierteiler)
R.: Hans-Joachim Kasprzik. B.: Klaus Jörn, nach dem Roman von Hans Fallada. K.: Otto Hanisch. D.: Annekathrin Bürger, Wolfgang Langhoff, Herbert Köfer u. a.
Als Spieler und Hallodri wird Wolfgang Pagel (Armin Mueller-Stahl) eingeführt. Er verlässt seine schwangere Freundin und folgt Rittmeister von Prachwitz auf dessen Gut Neuenlohe. In den Wirren der Inflationszeit durchläuft Pagel dort eine menschliche und politische Erziehung und kehrt schließlich gereift zurück nach Berlin zu Frau und Kind.

Zwei Profis steigen aus/ Un Dimanche de Flic (F/BRD 1982/83)
R.: Michel Vianey. B.: M. Vianey, nach einem Roman von Andrew Coburn. K: Robby Müller. D.: Jean Rochfort, Victor Lanoux, Barbara Sukowa, Corinne Brodbeck u. a.
Als Mafiaboss, genannt »der Advokat«, heftet sich Mueller-Stahl in diesem Krimi an die Fersen zweier diebischer Polizisten, die sich durch einen großen Coup den Weg in ein neues Leben ebnen wollen.

Die 12 Geschworenen (USA 1997)
R.: William Friedkin. B.: Reginald Rose und Augie Hess. K.: Fred Schuler. D.: Courtney B. Vance, Ossie Davis, George C. Scott, Hume Cronyn, Dorian Harewood, Jack Lemmon, Edward James Olmos, William Peterson, Mary Donell u. a.
Zwölf Geschworene sollen – isoliert in einem abgeschlossenen Raum – abstimmen über das Todesurteil gegen einen jungen

Mann, der beschuldigt wird, seinen Vater ermordet zu haben. Mueller-Stahl vertritt als Nummer vier ganz das Prinzip von Ratio und Objektivität – und wird schließlich durch seine eigenen Mittel in Frage gestellt.

Bibliographie

Hans-Christoph Blumenberg, In meinem Herzen, Schatz ... Frankfurt am Main, 1991, S. 93, 88.

Günter de Bruyn, Vierzig Jahre. Ein Lebensbericht. Frankfurt am Main, 1996, S. 110, 212.

Jerome Charyn, Movieland. Hollywood und die große amerikanische Traumkultur. Frankfurt am Main, 1995, S. 79, 18, 40.

Volker Handloik/Harald Hauswald (Hg.), Die DDR wird 50. Texte und Fotografien. Berlin, 1998, S. 29, 28, 32 f.

Axel Geiss (Hg), Filmstadt Babelsberg. Zur Geschichte des Studios und seiner Filme. Berlin 1994.

William Goldman, Das Hollywood-Geschäft. Hinter den Kulissen der amerikanischen Filmindustrie. Bergisch Gladbach, 1999.

Ulrich Gregor, Geschichte des deutschen Films ab 1960. München 1978.

Matthias Hoferichter: Making off zu den Buddenbrooks. Erstausstrahlung im WDR 2009.

Wolfgang Jacobsen, Anton Kaes, H. H. Prinzler, Geschichte des deutschen Films. Stuttgart/Weimar, 1993.

Gebhard Hölzl/Thomas Lassonczyk, Armin Mueller-Stahl. Seine Filme – sein Leben. München, 1992.

H. G. Pflaum/H. H. Prinzler, Film in der BRD. München/Wien, 1992.

Ralf Schenk (Red.), Das zweite Leben der Filmstadt Babelsberg. Herausgegeben vom Filmmuseum Potsdam. Berlin, 1994, S. 12.

Norbert Stresau, Der Oscar. München, 1994.

Arno Surminski, Im Herzen von Ostpreußen. Freiburg, 1991, S. 14, 10.

Stefan Wolle, Die heile Welt der Diktatur. Alltag und Herrschaft in der DDR 1971–1989. Berlin, 1998, S. 83, 127, 44, 45, 126.

Inga Wolfram: Deutschland deine Künstler. Armin Mueller-Stahl. Erstausstrahlung am 2. 7. 2008 in der ARD.

Danksagung

Es ist ein Ritus, einer der sinnvollen: Die Danksagung am Ende einer Arbeit wie dieser, an der so viele Menschen beteiligt waren.

Danken möchte ich den Mitarbeitern des Instituts für Filmkunde in Frankfurt/Main, des Rundfunkarchivs, des Bundesfilmarchivs und des Progress Filmverleihs in Berlin sowie Frau Schultz vom Volksbühnenarchiv, die jeder Rückfrage geduldig nachgegangen ist. Danken möchte ich ebenso den Sachbearbeiterinnen diverser Fernsehanstalten, darunter vor allem Frau Nägeli vom ZDF, die mich über zwei Jahre hin zuverlässig mit Videokassetten und Informationen versorgt hat.

Klaus Poche, Frank Beyer, Hans-Christoph Blumenberg, Dietmar Mues, Hagen Mueller-Stahl, Frank-Thomas Gaulin und Herwig Guratzsch, zahlreiche Regisseure und Regisseurinnen sowie Schauspielerkollegen und besonders Gabriele Mueller-Stahl waren für all meine Fragen jederzeit offen und dadurch sehr hilfreich.

Entwürfe gelesen und mit mir diskutiert haben viele; ihnen allen mein Dank, besonders Andrea, Anne, Eva, Ina, Hella sowie Kathrin und Jochen. Vita Funke hat das Manuskript als freie Lektorin so umsichtig redigiert und kommentiert, wie man es sich als Autorin nur wünschen kann. Segensreich für die Recherchearbeit waren zudem meine Schwiegereltern Friedel und Dietrich Clute-Simon: Wann immer ich auf Reisen war, haben sie mir die Kinder abgenommen und sie liebevoll betreut.

Personenregister

Abakanowicz, Magdalena 246
Abrams, Tom 284 f.
Achternbusch, Herbert 176 f. 181 f.
Adorf, Mario 145 f. 159 248 378
Adorno, Theodor W. 255
Albers, Hans 30 61
Ali, Muhammad 353
Allen, Woody 287
Améry, Jean 279
Anderson, Gillian 209
Apitz, Bruno 76 137
August, Bille 276
Avildsen, John 245

Bach, Johann Sebastian 297 315 384 327
Balaban, Bob 258 260 286 288 401
Baker, Josephine 216
Barlach, Ernst 349
Bartók, Béla 327
Bausch, Pina 356
Beck, Ludwig 301
Becker, Jurek 73 78 101 180 205 f. 235 275
Beckmann, Max 341 351
Beethoven, Ludwig van 48
Beneckendorff, Wolff von 333 f.
Benigni, Roberto 227 237

Benrath, Martin 289
Bergman, Ingmar 121
Bergman, Ingrid 376
Besson, Benno 103 107
Beyer, Frank 63 ff. 76 78 86 101 113 116 119 121 123 152 234 f. 296 317–319 380 409
Biermann, Wolf 95 108 110–113 131 136 270 318 369
Blech, Hans Christian 146 164
Bloch, Ernst 53
Blumenberg, Hans-Christoph 61 126 174 181 ff. 401
Boehm, Gero von 405
Bogarde, Dirk 316
Böhme, Marita 85
Böll, Heinrich 172 175
Brahms, Johannes 47 315 327 339
Brandauer, Klaus Maria 194 ff. 318
Brander, Uwe 175
Brando, Marlon 264 299 318 376 388
Brauner, Artur 286 f.
Brecht, Bertolt 54 73
Breloer, Heinrich 275 293–296 300–303 358
Brice, Pierre 104
Brodský, Vlastimil 234

Brooks, Mel 292
Brown, Dan 282 310
Bruyn, Günter de 70 112
Buchholz, Horst 378
Büchner, Georg 175

Cage, Nicolas 287
Carné, Marcel 338
Carrière, Matthieu 181
Carstens, Karl 170
Carter, Chris 208
Caspar, Horst 42
Castro, Fidel 358
Celibidache, Sergiu 47 358 405
Chailly, Riccardo 373
Chaplin, Charlie 144 288 292
Charyn, Jerome 217 f. 388
Chatwin, Bruce 256 f.
Chéreau, Patrice 181 f. 187 196
Chruschtschow, Nikita S. 44
Clooney, George 208 272 409
Cocker, Joe 341
Connery, Sean 105
Cooper, Gary 376 388
Corinth, Lovis 351
Corti, Axel 164
Costa-Gavras, Constantin
    142 149 170 209 211 f.
    215 223 227
Cronenberg, David 298 ff. 308
Cronyn, Hume 265 269
Cruise, Tom 301
Cukor, George 392
Cunningham, Michael 21

Dahlke, Paul 30
Dalichow, Bärbel 334

Daumier, Honoré 341
Davis, Bette 204
Dean, James 380 388
Debussy, Achille-Claude
    315
DeMille, Cecil B. 217
Départdieu, Gerard 279
Dessau, Paul 72
Dix, Otto 341
Dobai, Peter 194
Dobbs, Lem 232
Döblin, Alfred 175
Domröse, Angelica 74 85 89
Dörrie, Doris 286
Dostojewski, Fjodor M. 316
Douglas, Kirk 376
Douglas, Michael 237
Duchovny, David 209
Dudow, Slatan 101 f.
Durbridge, Francis 163
Duve, Freimut 402 f.
Dylan, Bob 20 182

Eastwood, Clint 231 392
Eichinger, Bernd 276
Eisler, Hanns 72
Emmerich, Roland 238
Ende, Michael 182
Engel, Erich 74
Engholm, Björn 350
Esposito, Giancarlo 285
Eyck, Peter van 60

Fairbanks, Douglas 264
Fassbinder, Rainer Werner
    117 145 ff. 150–
    155 157 159 163 172 174 f.

177 f. 182 184 186 f.
215 238 343 371 f. 410
Feuchtwanger, Lion 255 358
Field, Hermann H. 190
Fischer, Günther 93 97 273 f.
Fleischmann, Peter 173
Flimm, Jürgen 274 284 293
Flörchinger, Martin 368 f.
Fonda, Henry 266 375
Fontane, Theodor 175
Franck, César 48 386 315
Franz Ferdinand, Erzherzog 13 194
Freeman, Morgan 407
Friedkin, Billy 264 268 f.
Frisch, Max 18
Fuchs, Leo 199
Fuhrmann, E. O. 74
Furtwängler, Wilhelm 43
Fußmann, Klaus 350

Gabriel, Monika 89
Gallo, George 409
Ganghofer, Ludwig Albert 175
Gatti, Armand 89
Gaulin, Frank-Thomas 331 335 339 f. 342 349 379 400 408
George, Heinrich 206
Gerhardt, Hans 242
Geschonneck, Erwin 85 89
Gibson, Mel 377
Goethe, Johann Wolfgang 56 347 f.
Goldman, William 17 244
Gooding, Cuba Jr. 377
Gordon, Eve 199
Gorrish, Edith und Walter 66 f.

Goya y Lucientes, Francisco José de 341
Gräf, Roland 11 123
Grass, Günter 279 317 335
Grieg, Edvard 327
Grosz, George 341
Grube-Deister, Elsa 73
Grüber, Klaus Michael 143
Gründgens, Gustaf 74
Guinness, Alec 231 ff. 376
Günther, Egon 87 101 104 f. 123 185
Guratzsch, Herwig 336 338 341 343 346 350 f. 356

Hacks, Peter 103
Hagen, Hans 72
Haken, Toni Nelisson von 28 f.
Hanks, Tom 283 310 409
Hauff, Reinhard 175
Heesters, Johannes 30
Heine, Heinrich 317
Heise, Wilhelm 341
Heisig, Bernhard 342 346 351
Heller, André 349
Hengge, Paul 190
Hepburn, Audrey 388
Hepburn, Katherine 375
Hermlin, Stephan 110
Herzog, Werner 172 f. 176 f.
Hesse, Hermann 316
Heym, Stefan 110 112 f. 120 146 164
Hicks, Scott 261 263
Hill, Virgil 352 f.
Hitchcock, Alfred 20

Hitler, Adolf 195 288–291
    393 396
Hochhuth, Rolf 189
Hoferichter, Matthias 14 303
Hoffman, Dustin 198 231 250
Hoffmann, Jutta 85 121
Hofmann, Gert 277
Holland, Agnieszka 190 192 f.
    196 215 255 372
Honecker, Erich 102 f. 109 119
    127 129 f. 368 f.
Honnef, Klaus 345
Hopkins, Anthony 291
Hoppe, Rolf 275
Howard, Ron 310 f.
Hrdlicka, Alfred 349
Hundertwasser, Friedensreich
    349 352
Huppert, Isabelle 252
Hurt, John 251

Irons, Jeremy 232 252 296

Jackson, Michael 356
Jacobi, Lou 199 201
Jannings, Emil 264
Janssen, Horst 335 342 ff.
    400 f.
Jarmusch, Jim 226–229 274
    294 332 397 405
Jin, Mike 315
Johnson, Stanley 251
Jung-Alsen, Kurt 52
Jürgens, Curd 146 164 f.

Kafka, Franz 42 232 f. 341
Kassovitz, Peter 101 143 235

Kaurismäki, Aki 204
Kawalerowicz, Jerzy 275
Ketterer, Robert 361
Keusch, Erwin 175
Kidman, Nicole 272
Kilb, Andreas 218
Kinski, Klaus 388
Kirsch, Sarah 180
Kleist, Heinrich 54 175
Kluge, Alexander 172 f.
    176 181 183 ff. 187
Kramer, Stanley 376
Kniebe, Tobias 282 f.
Koerfer, Thomas 187 f.
Kohlhaase, Wolfgang 113
Kohner, Walter 203
Kokoschka, Oskar 349
Königstein, Horst 294
Konwitschny, Franz 55 f.
Kristofferson, Kris 204
Krug, Manfred 67 73
    79 ff. 85 95 112 126
    273 f. 398 f.
Kubrick, Stanley 20

Lamberz, Werner 119 f. 128
Lange, Jessica 212 214 f. 391
Laughton, Charles 318
Leander, Zarah 30
Leder, Mimi 272
Lemmon, Jack 265 f. 268 f.
    284 318 354 f. 392
Lennon, John 340
Leonardo da Vinci 335
Lessing, Gotthold Ephraim 57
Levinson, Barry 197 ff.
    201 207 223 227 263 290

Liebe, Harald 156
Lilienthal, Peter 254
Lindgren, Astrid 25
Liszt, Franz 340
Lowitz, Siegfried 159 ff.
Lucas, George 311
Ludwig, Rolf 57
Lukasch, Eduard 73
Lumet, Sidney 265
Lumière, Auguste und Louis Jean 46
Lüpertz, Markus 350

Maaß, Editha
(s. Mueller-Stahl, Editha)
Maetzig, Kurt 87 92 104
Magritte, René 351
Mahler, Gustav 339
Mahlke, Hans 41 48
Malamud, Bernard 250
Malkovich, John 279
Mandela, Nelson 407
Mann, Heinrich 294
Mann, Thomas 13 255 257 ff. 271 293 294 ff. 300 316 383
Markus, Winnie 30
Márquez, Gabriel García 317
Märthesheimer, Peter 296
Maske, Henry 352 ff.
Mastroianni, Marcello 198
Masur, Kurt 330
Mattes, Eva 372
Matthau, Walter 391 f.
Mattheuer, Wolfgang 351
May, Karl 31 175
McCarthy, Joseph 44
McGregor, Ewan 283

Mendelssohn Bartholdy, Felix 327 339
Menuhin, Yehudi 384
Michelangelo, Buonarroti 344
Mielke, Erich 104 109 369 ff. 407
Mierzenski, Stanislav 190
Minetti, Hans-Peter und Bernhard 89
Mitič, Gojko 104
Moese, Maria und Willy 113
Molière, Jean-Baptiste 101
Monet, Claude 340
Monroe, Marilyn 388
Montand, Yves 100 282
Moore, Cornelia 330
Moore, Roger 408
Morbitzer, Egon 100
Moreau, Jeanne 388
Mozart, Wolfgang Amadeus 48
Mueller-Stahl, Alfred 24 f. 30 f. 34 320 360 393 ff.
Mueller-Stahl, Christian 89 100 117 132 137 ff. 179 207 241 256 320 330 363
Mueller-Stahl, Dietlind 24 37
Mueller-Stahl, Editha 15 23 ff. 29 f. 31 33–37 39 320 331 f. 360
Mueller-Stahl, Gabriele 58 115 117 132 ff. 137 ff. 162 178–181 195 207 241 252 312 f. 320 334 362–366 377
Mueller-Stahl, Gisela 24 106
Mueller-Stahl, Hagen 15 24 f. 32 34 f. 37 39 42 ff. 44 47 f. 51 ff. 132 393 f.

Mueller-Stahl, Roland
 24 36 f.
Mues, Dietmar 143 f. 209
 290 f. 330 379 387 401
Mühe, Ulrich 195
Müller, Heiner 255 318
Musil, Robert 38

Nabokov, Vladimir 231
Neill, Sam 204 242
Newman, Paul 231 282 388
Nicholson, Jack 299
Nielsen, Asta 277

O'Casey, Sean 52
Owen, Clive 307 309

Pacino, Al 299 392
Paul, Matthias 276
Pauli, Werner 93 97
Penn, Sean 388
Petrie, Daniel 250
Petrie, Donald 143
Picasso, Pablo 351
Piscator, Erwin 83
Plowright, Joan 199 249 f.
Poche, Klaus 72 85 f. 113
 118-121 137 152 164 180
 270 318 322 397 400 409
Prévert, Jacques 338
Proust, Marcel 279
Putlitz, Gisbert Freiherr zu 32

Raab, Kurt 155
Rademann, Wolfgang 161 f.
Rauch, Neo 349
Redford, Robert 231

Redl, Alfred 194
Reich-Ranicki, Marcel 296
Reinhardt, Max 203
Reisch, Günter 89
Reitz, Edgar 172
Rembrandt van Rijn 341 f. 351
Riefenstahl, Leni 281
Roch, Ocka 39
Rökk, Marika 30
Rossellini, Roberto 376
Roth, Joseph 194
Rubens, Peter Paul 335
Rubin, Israel 318
Ruttmann, Walter 46

Saint-Saëns, Camille 315
Sakowski, Helmut 79
Sand, George 342
Sanders-Brahms, Helena 174
Schaaf, Johannes 182
Schächter, Markus 357
Schiller, Friedrich 82 f.
Schilling, Niklaus 139 f. 156
Schinkel, Bernhard 276
Schlöndorff, Volker 172 174 f.
 177 279 281
Schmidt, Helmut 373
Schneider, Romy 388
Schnurre, Wolfdietrich 61
Scholl-Latour, Peter
Schönberg, Arnold 255
Schostakowitsch, Dmitri 314
Schweiger, Til 285 292
Schygulla, Hanna 190
Scott, George C. 264 f. 268 f.
Sellers, Peter 230
Servais, Raoul 248

Shakespeare, William
  39 42 53 55 82 313
  316 386
Shaw, George Bernard 54
Shillo, Michael 210 f.
Simmel, Johannes Mario 175
Sinatra, Frank 99
Sinkel, Bernhard 175
Sluizer, Georg 251 256 258
Soderbergh, Steven 208 341
Spielberg, Steven 208
Spitzer, Sarah 315
Spoerri, Daniel 246
Stander, Lionel 260 318
Staudte, Wolfgang 60 f. 163
Stauffenberg, Berthold Schenk Graf von 301
Stewart, Jean
Steiner, Rudolf 289 291 f.
Storm, Theodor 175
Sukowa, Barbara 145 f.
Surminski, Arno 23 164
Szabó, István 194 196
Szell, Georg 345

Tabori, George 291
Taylor, Elizabeth 375
Thate, Hilmar 152
Thein, Ulrich 65 87 f. 113
  118 317 f.
Tolstoi, Lew 316
Tornatore, Guiseppe 277
Toulouse-Lautrec, Henri de
  341
Tournier, Michel 279
Trebitsch, Gyula
Troller, Georg Stefan 164

Trotta, Margarethe von
  176 296 ff.
Truffaut, François 20
Tschechowa, Vera 405
Tübke, Werner 351
Tucholsky, Kurt 317
Tukur, Ulrich 330
Tulpanow, Sergej 60
Tykwer, Tom 294 304 f.
  308 354 356

Ulbricht, Walter 97 102
Ustinov, Peter 230 330
  383 409

Vandenberg, Gerard 194 f.
Villon, François 342
Vilsmaier, Joseph 287
Vivaldi, Antonio 100 386
Vogel, Frank 65 67
Voigt, Peter 72 74

Wagner, Richard 56 340
Wajda, Andrzej 170 187
  189 396
Walter, Bruno 386
Wangenheim, Gustav von 58
Waschke, Mark 301
Wayne, John 376
Wenders, Wim 172 176 f.
Werfel, Franz 255
Wexler, Haskell 390
Whitemore, Hugh 256
Wicki, Bernhard 32 194 f. 258
Wied, Thekla Carola 146
Wiens, Paul 67
Wilder, Billy 391

Williams, Robin 235
Wisten, Fritz 51 ff. 333
Wolf, Friedrich 53
Wolf, Markus 370
Wolle, Stefan 71 103 109
Wood, James 377
Wussow, Klaus Jürgen 162

Zech, Rosel 151 f.
Ziemann, Sonja 61
Zimmermann, Friedrich
 176 182
Zinnemann, Fred 376